将新丝绸之路延伸至西亚和非洲：经济复兴的愿景

侯赛因·阿斯卡里（Hussein Askary）（著）
杰森·罗斯（Jason Ross）（著）
任铮、吴丽娟（译）

席勒研究所特别报告

2017年11月首版

2026年2月增订版

原标题：Extending the New Silk Road to West Asia and Africa:
A Vision of an Economic Renaissance

ISBN：978-1-882985-05-0

目 录

序 言

在人类文明的长河中，“丝绸之路”曾经是连接东西方的纽带，承载着贸易、文化与智慧的交融。如今，随着全球化进程的加速，这条古老的商路正以全新的形态焕发活力——“一带一路”倡议正将亚洲、欧洲与非洲的命运紧密编织在一起，而西亚与非洲的广袤大地，正成为这一史诗级经济交响曲中最具潜力的乐章。

本书《将新丝绸之路延伸至西亚和非洲：经济复兴的愿景》以宏大的历史视野与严谨的实证分析，揭示了一个被忽视的真理：发展，而非援助，才是治愈贫困与冲突的良药。西亚与非洲的困境，本质上是基础设施匮乏与工业体系缺失的产物。当西方主导的新自由主义道路和发展—援助模式陷入停滞，中国提出的“共商共建共享”理念，正以铁路、港口、能源网络为支点，重塑这片土地的经济地理。中国的技术转移与融资创新，使西亚和非洲得以跨越传统工业化陷阱，直接拥抱核能、高铁与数字经济的未来。正如书中所述，非洲的年轻人不再是“人口负担”，而是掌握技能的产业大军；撒哈拉沙漠的荒芜，终将被跨大陆运河与光伏矩阵点亮。

本书更深刻指出，西亚与非洲的复兴不仅是经济命题，更是文明复兴的契机。从林登•拉鲁什的“实体经济学”到席勒研究所的“全球安全架构”，一种超越零和博弈的新范式正在形成：基础设施的互联互通，本质是人类创造力的延伸；工业化进程的加速，终将催生新的文明对话。当中国工程师与埃及工人并肩铺设铁路，当尼日利亚和埃塞的青年在中国工业园掌握智能制造技术，一条连接古老文明与现代发展的“世界陆桥”正在崛起。

本书呼吁西方摒弃傲慢与偏见，以平等姿态参与这场关乎人类未来的变革。西方的技术、资本与非洲的潜力、中国的经验，完全可以在互利共赢中书写新篇。正如非洲谚语所言：“独行快，众行远。”唯有放下地缘博弈的执念，拥抱共同发展的理念，人类才能真正走出资源争夺的丛林，迈向星辰大海的文明新纪元。而“一带一路”倡议提供了这一可能性。

侯赛因•阿斯卡里先生是一名思想深邃，富有人文情怀的学者，也是“一带一路”研究领域的海外著名专家。这本书是对他为学为人的生动诠释。我初读本书还是在 2017 年，当年人们对“一带一路”在非洲的前景还有点将信将疑，而如今的蓬勃发展局面凸显侯赛因先生的战略眼光和远见卓识。作为侯赛因的多年好友，我很荣幸有机会为本书中文版的出版撰写序言，并再次对他表示衷心祝贺。我相信通过此书中国读者一定会对侯赛因的学识以及他关于“一带一路”的丰富而高质量的研究成果会有更好了解。

唐志超

中国社会科学院西亚非洲研究所研究员 中国中东学会副会长兼秘书长

2025 年 11 月于北京

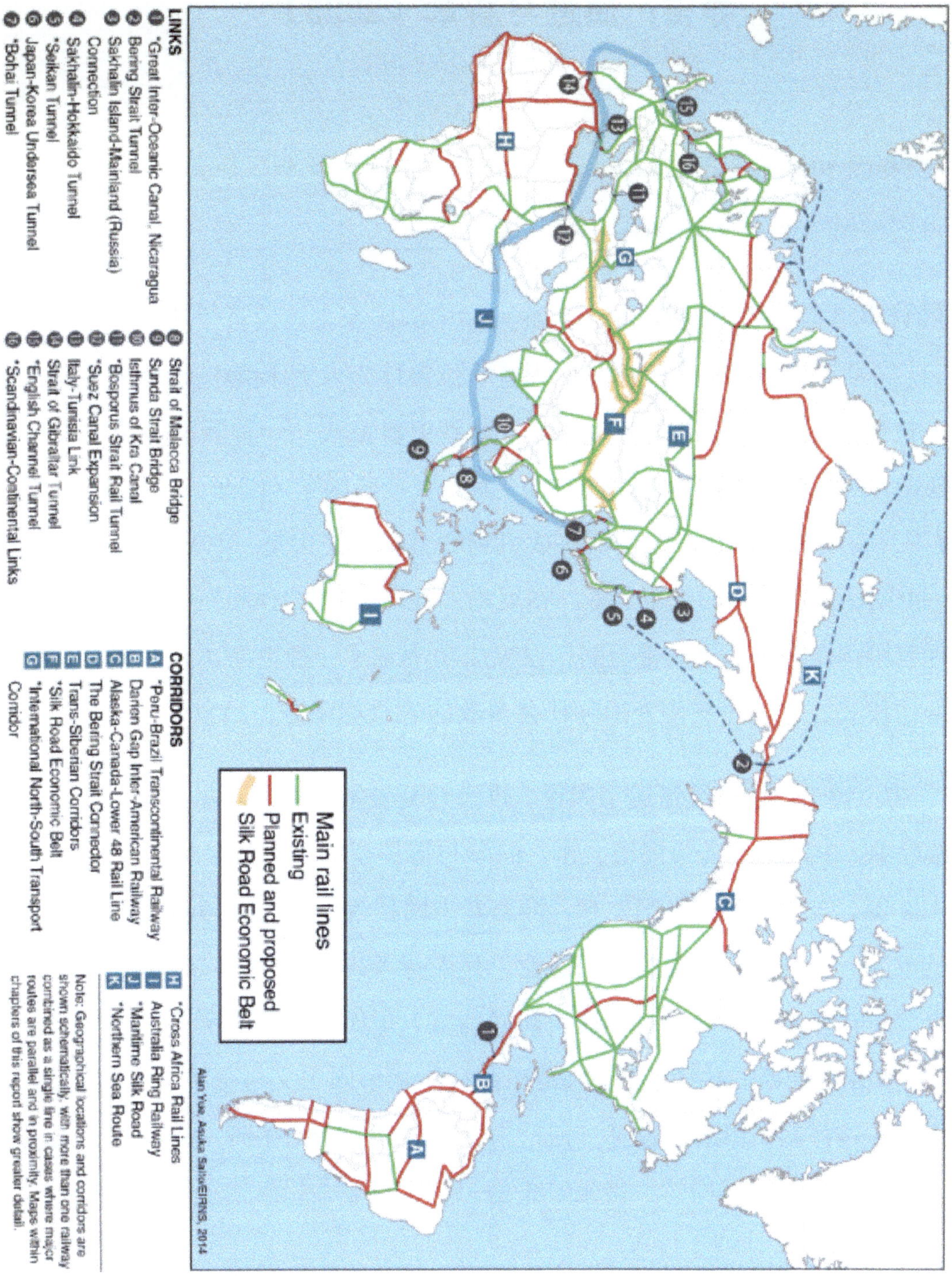

“世界陆桥”，正如 2014 年 EIR 报告《新丝绸之路成为世界陆桥》所呈现的那样

导言：演进与新章（2025）

侯赛因·阿斯卡里（Hussein Askary） 杰森·罗斯（Jason Ross）

自本书2017年11月首版问世以来，世界正如中国国家主席习近平所言，经历着“百年未有之大变局”。席勒研究所创始人黑尔佳·策普·拉鲁什夫人[1]所构想的、已故美国思想家兼经济学家林登·拉鲁什先生[2]所预言的国际关系与世界史新范式——一种新型多边主义—正逐步形成。这一新范式的核心要素主要体现在两方面：其一，金砖国家（巴西、俄罗斯、印度、中国、南非）已发展为具有明确发展目标与信贷生成机制的重要经济力量，并于2024年吸纳了埃及、埃塞俄比亚、伊朗、阿联酋和印度尼西亚，拓展为“金砖+”的合作机制，其中前四国均位于本书研究的地理范围内；其二，“一带一路”倡议成功确立了一种旨在实现各国共同发展的新型双边与多边合作模式，尤其是在作为国际社会多数的“全球南方”国家中成效显著。

尽管 “一带一路”倡议持续遭遇了舆论、政治乃至安全层面的攻击，如在建设中巴经济走廊（CPEC）过程中，中国工程人员屡遭袭击。但参与该倡议的国家数量仍稳步增长，截至2025年初已达到152国。该倡议虽由中国发起，标志着中国作为世界工业与科技强国和平崛起的历程，如今却已成为一项属于全人类的共同事业。其秉持“共商、共建、共享”[3]原则，以合作共赢与利益融合为理念基石，共同构筑了这一新兴范式。正如本书首版所述，这些理念不仅深植于亚洲文明，也曾存在于西方传统之中，只是在数百年来帝国主义与殖民主义的侵蚀下被淡忘。它们更在犹太教、基督教、伊斯兰教等一神论宗教的教义中熠熠生辉，为构建真正包容共生的文明对话、创建“人类命运共同体”带来了希望。

与此同时，近几十年地缘格局的“板块”变迁也使新的危险浮现，威胁着人类安全乃至生存根基。两大“板块”正剧烈碰撞：一方面，是西方列强在金融、经济乃至文化上的衰落；另

---

[1] 黑尔佳·策普·拉鲁什在席勒研究所2013年1月会议上的主旨演讲：《拯救人类的新范式》

https://archive.schillerinstitute.com/conf-iclc/2013/0126_ny/hzl.html。

[2] 林登·拉鲁什先生于2019年2月逝世，享年96岁。他毕生致力于建立公正的世界经济新秩序，其关于新世界秩序的预言与构想详述于2005年著作《地球未来五十年》中。

[3] 2023年10月18日，中国国家主席习近平在北京举行的第三届“一带一路”国际合作高峰论坛开幕式上发表主旨演讲，纪念“一带一路”倡议提出十周年。

一方面，则是中国、亚洲以及整个"全球南方"的崛起。不幸的是，此类地缘格局剧变往往伴随着巨大经济、地缘政治与社会震荡。正如近年来我们在西亚与北非地区所见证的，旧有单极世界秩序还在绝望地攥着日渐凋零的霸权优势。当今世界经历着经济重心自西向东的转移进程，而对这一变革进程的认知缺失，正是我们目击诸多乱象的根源所在。

本书 2017 年首版封面

自 2008 年全球金融危机爆发以来[4]，跨大西洋金融与银行体系长期依赖量化宽松政策勉强维持运转。数十年来，美国与西欧的实体经济要素持续衰退——交通、水利、电力等硬基础设施以及教育、医疗等软基础设施投资不足，不断侵蚀西方社会的生产力与繁荣根基。与此同时，更多资源却被注入濒临破产的金融银行体系以及无休止的战争与军备竞赛。

然而，西方政客却屡屡将自身政策造成的破坏归咎于外国势力和/或移民问题。事实上，西亚和非洲移民大量涌入欧盟的根本原因有二：一是 2001 年以来美国、英国及其盟国发起的"政权更迭"战争造成地区动荡；二是国际社会长期忽视这两大区域的人民追求经济发展的迫切愿

[4] 保罗·加拉格尔，《为何新总统与国会必须将美联储国有化》，《行政情报评论》，2025 年 1 月 10 日。

望。后殖民时期形成的剥削性依附关系——即这些国家在一方面依赖昂贵的西方技术，另一方面又向西方输送廉价原材料——使这种单向度的不平衡关系最终难以为继。

正是在这样的现实背景下，加之世界两大拥核国家（美国与俄罗斯）在乌克兰冲突中陷入对抗，威胁全人类的生存，席勒研究所呼吁构建一个新的全球安全与经济架构[5]。新架构应立足于共同安全理念，兼顾各国安全需求而非仅服务于少数强国，并以经济发展视角弥补传统安全治理的不足，从根源上应对当前人类所面临的多重危机。更重要的是，建立文明对话与跨文化理解也是不可或缺的—各国应相互尊重并理解彼此的历史、文化、宗教与社会差异。人类社会文化多样，却完全可以在不相互强加价值体系的前提下实现和谐共处。以共同繁荣与和平共生为核心目标，应成为全球治理的最高准则；而一切具体分歧都应通过文化交流、对话与外事协商予以解决。

席勒研究所弥合东西方、南北方分歧的主要路径之一是推行“三方合作”模式。正如本书首版及当前版本所倡导的，美国与欧盟不应相互掣肘，甚至破坏彼此与第三方的关系，而应携手与中国、俄罗斯在第三国及地区（如西亚与非洲）开展项目合作，助力这些资源丰富却发展滞后的区域摆脱贫困、获取技术、实现繁荣。这意味着各方首先要协力为基础设施建设提供融资与建设支持。中国通过“一带一路”倡议已证明，一套成熟可行的模式确实存在：为基础设施发展、工业化与现代化提供长期信贷已非理论假设，而是在西亚非洲众多地区成为现实。这种方法不同于已显疲态的传统“援助”政策，而是通过“赋能”与“增能”，帮助各国依据自身目标、愿望与潜力实现自立与自主发展。正如本版后续内容将要阐释的，将发展潜力转化为实际行动，完全具有现实可行性。

愿景与方法

需要重点说明的是，与前一版相同，本书并非已建成或规划中项目的目录册，尽管书中收录了大量案例。正如书名所示，我们的根本目标在于阐释发展愿景与实施路径。中国与合作伙伴在推进“一带一路”倡议过程中所采取的有效方法，恰恰印证了我们在第一版中提出的方法论。这一点本身，就充分说明了本书论述的正确性。然而，愿景的实现依然任重道远：尽管已

---

[5] 黑尔佳·策普·拉鲁什，《新国际安全与发展架构十项原则》，2022。

取得显著进展，但全球南方国家的发展需求远未得到满足。例如，亚洲开发银行（ADB）在 2018 年估算，其 45 个发展中成员国在 2016 至 2030 年间需投资 26 万亿美元（年均约 1.7 万亿美元）以弥补亚洲基础设施融资缺口[6]。非洲开发银行也保守估计，非洲每年基础设施融资需求在 1300 亿至 1700 亿美元之间，未来十年总额仍将达 1.5 万亿美元[7]。而这正好与中国在“一带一路”倡议启动十年间投入的约 1.5 万亿美元相当。

“一带一路”所倡导的健康模式不仅需要加速推进，更应实现规模化拓展。基础设施融资已成为众多国家面临的核心挑战，不仅涉及发展中国家，也包括传统工业化国家。自 20 世纪 80 年代“华盛顿共识”确立以来，新自由主义理念在西方及其主导的国际货币基金组织、世界银行等机构中占据主导地位。各国政府被不断“鼓励”乃至“迫使”放弃其在社会公共物品方面的职责，尤其是在硬件与软件基础设施建设上的责任。于是，一个所谓“由私营部门主导的基础设施投资”神话便被创造出来。正如第四章所述，基础设施本质上是公共产品，其真正的价值不在于直接创造货币利润，而在于其为经济带来的社会与物质经济效益。因此，私营市场天然规避这种投资周期长、回报率低的项目。后续推出的公私合作模式（PPP），本质上是通过向公众征收基础设施使用费用，并为资本提供高额补贴与盈利空间。

这也是我们认为美国和欧盟为对抗“一带一路”而提出的“重建更美好世界”（Build Back Better World，简称 B3W）或“全球门户”（Global Gateway）等计划并非真正严肃之举的原因之一——因为它们仍坚持认为基础设施项目的资金来源应依靠“私营市场”[8]。

部分西方机构仍在鼓吹“中国债务陷阱论”，我们在本书第四章已对此进行了系统驳斥。他们试图以此胁迫亚非发展中国家放弃中国贷款融资项目。然而，这种施压难以持续：面对全球金融危机、地区冲突及大宗商品价格波动带来的财政压力，这些国家必须在持续贫困与实施基于国家信用的发展政策（包括自主融资及对华合作）之间作出抉择。

---

[6]亚洲开发银行，《填补亚洲基础设施融资缺口》，2018 年 6 月，

https://www.adb.org/sites/default/files/publication/431261/swp-057-financing-gap-asian-infrastructure.pdf。

[7] 非洲政策研究所，《非洲贸易基础设施融资：地缘政治基金推动私营部门参与的路径探索》，2024 年 11 月 6 日。

[8] 侯赛因·阿斯卡里，《七国集团“一带一路”替代方案：闪光未必是金!》，瑞典“一带一路”研究所，2021 年 6 月 21 日，https://brixsweden.org/g-7-alternative-to-the-belt-and-road-all-that-glitters-is-not-gold/。

在 2024 年 9 月于北京举办的中非合作论坛北京峰会开幕式上，中国国家主席习近平明确提出了以“现代化与工业化”为重点的合作路径。未来数年，中国将实施对非合作“十大伙伴行动计划”，推进非洲现代化进程。其中，“产业链合作伙伴行动”将支持非洲构建本土价值链、提升关键矿产制造与深加工能力，在五大区域建设中非产业合作增长极，为非洲国家援建 10 个产业园配套项目，并开展百场工业化培训课程；共建中非数字技术合作中心，推动中方企业承接 20 个数字基建与数字化转型项目。“互联互通伙伴行动”则意味着中方将通过 30 个新建基建项目支持非洲联盟与非洲大陆自贸区建设，推动中资在非建设的交通基础设施与产业园区协同发展，构建由中国中西部地区直通非洲的多式联运海铁网络。另一重点是加强金融市场联通，深化中非本币结算与金融科技合作。非洲大陆自贸区自 2018 年成立以来，已有 43 个成员国。然而，若缺乏连接贸易伙伴的基础设施，自由贸易便难以真正落地。正如第七章所述，受殖民历史影响，非洲各国与外部世界的联系紧密度始终高于大陆内部的互联互通水平。

2018 年在北京举行的中非合作论坛北京峰会将中非合作推向新高度。

中非合作论坛框架下的中非合作，其核心理念并非单向“援助”，而是致力于“赋能”为导向，助力非洲自主开发利用其自然与人力资源。2015 年，在南非举行的中非合作论坛约翰内斯堡峰会上，中国国家主席习近平指出，非洲要实现工业化和农业现代化，必须破解三大发展瓶颈：基础设施滞后、人才不足和资金短缺。自此，中方始终围绕这三大关键领域开展系统性合作。随着交通、电力设施以及本地人才队伍的持续壮大，非洲的工业化进程逐步加快。在中国投资带动下，产业加速向非洲转移，工业园的建设呈现出蓬勃发展的态势。从沙特的吉赞经济城、埃及苏伊士运河经济区的中埃·泰达苏伊士经贸合作区，到埃塞俄比亚的多个工业园、坦桑尼亚中坦工业园、摩洛哥的穆罕默德六世丹吉尔科技城，乃至乌干达姆巴莱市中乌姆巴莱工业园等内陆园区，都标志着非洲正迎来前所未有的发展浪潮。非洲国家已不愿继续扮演廉价原材料供应地与高价制成品输入国的传统角色，而是积极寻求融入全球价值链。如今，在非洲消费市场中，“非洲制造”的比重正在稳步提升。

所谓“湖南模式”的中非合作路径，得名于中国湖南省—中非合作论坛部长级会议常在此举行，用以落实历次峰会决策。该模式聚焦湖南省具有优势的三大领域展开合作：现代农业与农机装备、减贫实践，以及职业教育。通过向非洲国家分享现代农业技术，这一模式着力破解两大现实困境：一方面，针对部分国家因农业生产力低下面临的粮食安全问题，中非共建的农业示范研究中心和试验农场正助力提升主粮产量，逐步缓解粮食危机；另一方面，针对农业资源丰富但冷链物流基础设施薄弱的国家，中方协助建设储运设施，帮助其优质农产品进入更广阔的市场。例如，曾长期与饥荒联系在一起的埃塞俄比亚，在 2020 年通过中国修建的亚的斯亚贝巴—吉布提铁路，将首批新鲜牛油果以冷藏集装箱形式运往欧洲红海沿岸。这条铁路如今也成为埃塞俄比亚进口化肥和农机的重要通道，为其不断扩大的农业部门提供支撑。

在职业教育领域，中国将加快实施“未来非洲—中非职业教育合作计划”，重点推进工程技术学院和 10 所鲁班工坊的建设。鲁班工坊这一以中国古代杰出工匠命名的国际合作项目，致力于为非洲青年提供实用技能培训。相关项目累计将为非洲青年提供 6 万个培训机会。值得关注的是，2017 年，中国高校招收的非洲留学生数量已超越美英两国，其中多数职业教育和培训项目聚焦农业、工程与科技领域。

人口鸿沟

据联合国预计，到 2050 年世界人口将达到约 97 亿[9]，其中非洲的人口增长最快，而欧洲将出现人口下降（见图表）。到 2100 年，全球人口预计将稳定在约 102 亿左右，非洲将占全球人口的近 40%。非洲在人口增长上占据主导地位：从 2025 年的 15.5 亿增长到 2100 年的 38.1 亿。这意味着非洲将成为世界人口的“中心”。

[9] https://population.un.org/wpp/

然而，故事并不止于此。全球大多数地区都将经历显著的老龄化进程，欧洲的老龄化最为严重，而非洲的人口年龄结构则始终最为年轻。非洲的中位年龄将维持在 30 岁以下，这一独特的人口特征会深刻塑造未来全球劳动力市场和人口迁移的走向，其影响取决于各国政策选择的方向。

东亚也将面临严重的老龄化问题，日本和韩国的中位年龄都将超过 45 岁；相比之下，南亚则相对年轻（中位年龄约 33—35 岁）。欧洲的人口挑战最为严峻，中位年龄高达 47 岁，劳动力将持续萎缩，抚养比不断攀升。

这一人口结构变化的影响深远。经济层面上，非洲年轻的人口有潜力成为全球增长的重要引擎，使非洲既可能成为世界的“工厂”和“农场”，也可能成为未来科学技术创新的源头——前提是非洲以及全球主要经济与政治力量能够采取稳健而有效的政策。否则，这一趋势可能演变为全人类的噩梦：正如当下已出现的那样，非洲和西亚的大量年轻人为了寻求更好的生活涌向欧洲，而欧洲在基础设施、教育、医疗和养老体系等方面的经济与社会状况正处于逐步崩塌之中。

因此，人口增长既可能成为非洲和世界的福祉，也可能带来沉重的负担。中国与其在西亚和非洲的合作伙伴正在努力解决发展的“三大瓶颈”——基础设施缺乏、资金短缺和技能劳动力不足。真正的挑战在于欧洲和美国。非洲的人口规模已经超过中国，在人口与土地面积上更是超过欧洲和北美的两倍。解决非洲的发展难题并非中国一国之力所能承担，但中国已经启动了一套明确且有效的发展实践模式，欧洲和美国应当加入其中。日本、韩国、印度及东盟国家也被呼吁共同参与，携手开发这片蕴藏巨大潜力的大陆。

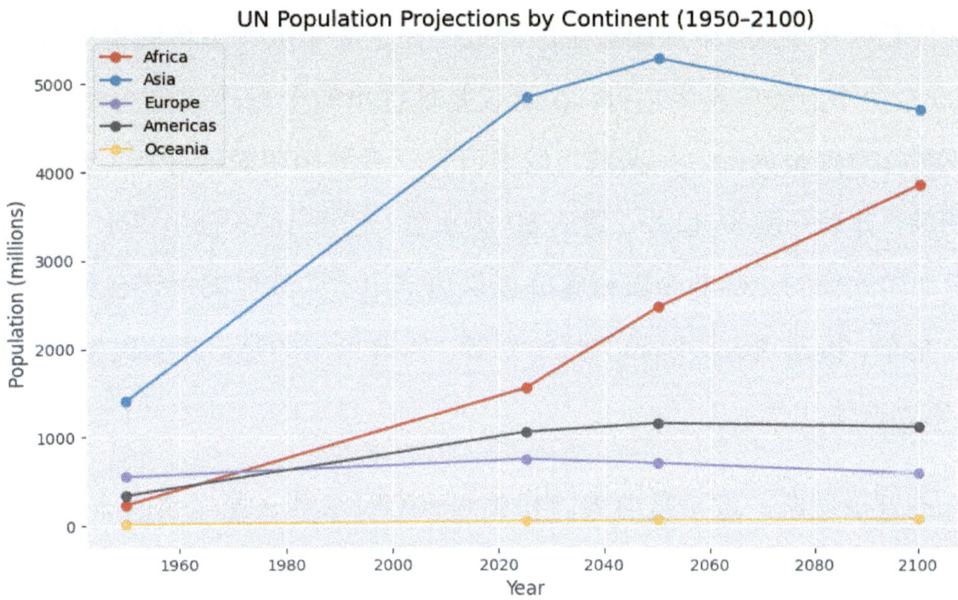

🌍 UN Population Projections for 2050 (by Continent)

Continent	Population in 2050 (millions)	Trend vs. 2025
Africa	**2,467 million**	Rapid growth (+917 million)
Asia	**5,280 million**	Moderate growth (+445 million)
Europe	**703 million**	Decline (−41 million)
Americas	**1,157 million**	Slight growth (+102 million)
Oceania	**58 million**	Modest growth (+11 million)
World Total	**9,664 million**	+1.43 billion

“小而美”的迷思

在 2023 年 10 月“一带一路”倡议十周年之际，部分批评者散布不实言论，声称中国已停止向亚非地区的基础设施项目提供贷款和投资，并鼓吹中国应只专注于“小而美”项目。这些论调有意忽略了新冠疫情对发展中国家及中国经济造成的严重冲击，而事实是，中国从未放弃此前行之有效的成功合作模式。中国国家主席习近平在十周年庆典主旨演讲中确实提出将在共建国家实施 1000 个“小而美”民生项目，但这仅是他提出的十大计划之一。以 2025 年启动的塞内加尔北部农村综合项目为例——据城市发展研究学者陈向明教授介绍，该项目利用中国进出口银行优惠贷款，计划开凿 85 口井、建造 89 座水塔、铺设 1450 公里供水管道、建设 300 座供水站，为塞内加尔北部的 18200 个农村家庭提供清洁用水。其他案例还包括为乌兹别克斯坦城市提供电动公交车、援建地方医院和医疗中心等。需要指出的是，此类民生项目中国早自 20 世纪 60 年代起就已持续开展。

“小而美”的发展理念，最早是由美国和英国政府经亨利·基辛格等人自上而下推动的，目的是阻止所谓“第三世界”实现工业化。他们通过倡导“适当技术”（appropriate technology）政策来影响贫困国家，即让这些国家无法接触现代工业技术[10]。这与中国的政策形成鲜明对比。这种反增长思维的理论奠基人之一是英国经济学家舒马赫（E. F. Schumacher），其 1973 年出版的《小即是美》吸引了众多西方环保主义者与左翼人士。舒马赫的核心观点是：鉴于世界资源有限，现代经济模式不可持续。他主张去工业化，并呼吁第三世界仅开展“环境可持续”的发展。这显然是谬论——“资源”的存在取决于社会科技发展水平，而非单纯取决于已知矿藏储量。正是人类的智慧将地质学家研究的矿藏转化为矿工采集的矿石。例如，除化石燃料外，人类还拥有近乎无限的核裂变与核聚变潜力。

该理念与美国当时的政策相呼应：美国将全球南方人口增长视为对国家安全的潜在威胁。1975 年，时任国家安全顾问的基辛格委托起草的《世界人口增长对美国安全及海外利益的影响》[11]，将这一立场制度化。报告的基本前提是：发展中国家人口增长将推动其政府投资现代技术以提高生产力、维持人口增长，避免政治动荡，从而导致这些国家将自然资源用于本土发展，而非低价出口需要原材料的西方工业化盟国。因此，人口增长被视作“国家安全威胁”。报告主张在第三世界实施严格人口控制，并锁定了 15 个重点国家。然而，所有这些预测均被证明错误：相关国家人口持续增长，经济也逐渐发展。但由于美国胁迫多国控制人口，同时以“适

[10] 特别报告：“亨利·基辛格的‘适宜技术’——一个与世界萧条及第三世界种族灭绝‘相得益彰’的技术”，《行政情报评论》，1978 年 10 月 10-16 日。

[11] **原书中此条脚注留白，待补充。**

宜技术”限制其技术发展，这一进步被延迟数十年，相关政策所造成的负面影响延续了 40 余年。

“小而美”最终成为世界银行及美欧援助项目的标准模式。数以千亿美元被投入非洲各类微型项目，却从未触及贫困与发展不足的根源。由于缺乏大型发电设施、国家及交通网络、现代灌溉系统与医疗教育体系，许多西方援助项目如沙中注水，未能产生实质性发展效果，反而在部分区域固化了原有的贫困格局。

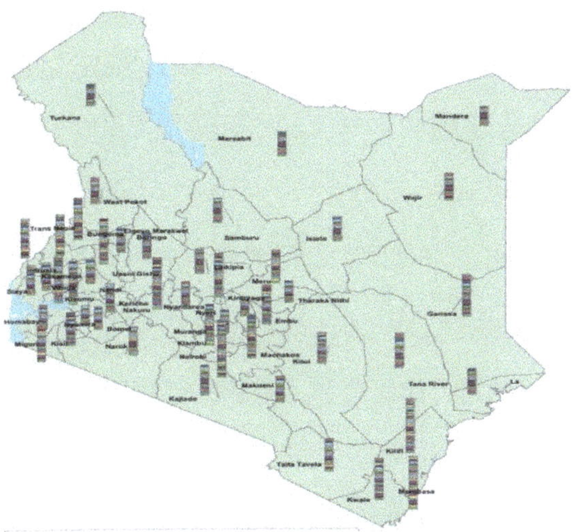

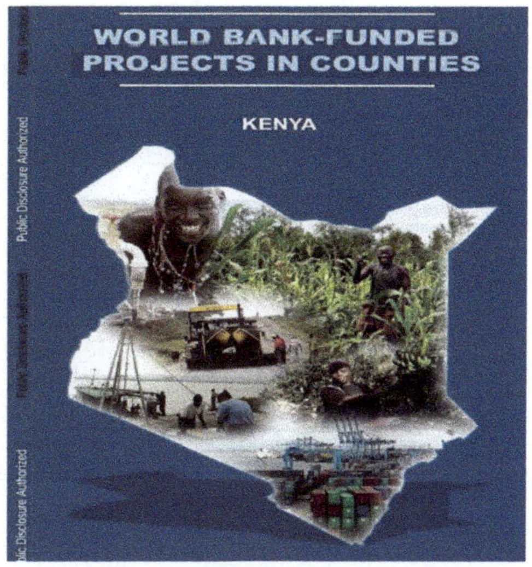

世界银行在 2014 年的一份报告中，自豪地展示了在该国实施的数百个“小而美”项目。然而，这些项目中，没有任何一个涉及全国性地交通、能源或水利工程。

中国的发展模式则呈现出截然不同的路径——它既重视大型基础设施工程的引领作用，也统筹城乡社会经济利益协调发展的中小型项目，从而构建了一套完整、长期且渐进式的发展体系，而非零散被动地应对临时需求的碎片化干预。缺乏电力、道路、清洁饮水、住房、适宜营养等基础要素，现代医院或学校的建设根本无从谈起。新冠疫情时期，席勒研究所曾发布关于重建全球医疗体系以应对疫情及未来生物威胁的研究报告[12]，其中详细阐明了建设现代医疗系统所需的物理条件——能源与水资源的根本支撑。该研究引用美国能源信息署 2007 年报告指出：全美 3040 家大型医院（当时约 91.5 万张病床）年能耗达 458 万亿英热单位，其中 194 万

[12] 席勒研究所，《拉鲁什的“阿波罗使命”一击败全球大流行，立即建立世界卫生体系！》，2022 年 4 月 11 日，https://schillerinstitute.com/blog/2020/04/11/larouches-apollo-mission-to-defeat-the-global-pandemic-build-a-world-health-system-now/。

亿英热单位为电力消耗（570 亿千瓦时），其余为天然气、区域供热及燃料油；年用水总量约 1330 亿加仑（约 5 亿立方米）。

若使非洲达到同等公共医疗标准，预计整个大陆需新建至少 1.5 万所现代化医院，新增 400 万张病床。这意味着需新增约 2.8 万至 3.2 万兆瓦的发电能力，以及 22-25 亿立方米清洁用水。非洲还需建立本土医疗器械与药品产能，同时大幅提升粮食产量作为健康保障基石——这一切都要求对交通基础设施、机械装备与能源供应进行大规模战略性投资。

正是这种宏阔的视野与雄心，才应成为探讨“全球南方”经济与社会发展的常态。。

与西方狭隘的非洲发展观形成鲜明对比的是，在 2024 年 9 月中非合作论坛峰会上，中国国家主席习近平宣布中方将实施 30 个互联互通基建项目，未来三年提供 3600 亿元人民币（约合 500 亿美元）资金支持，其中三分之二为贷款形式，三分之一为中企对非援助与投资。这些项目涵盖交通、水电、水利系统等大型工程。例如，非洲第二大水电站——尼日利亚曼比拉水电站（仅次于装机容量 6000 兆瓦的埃塞俄比亚复兴大坝）由中国进出口银行提供 58 亿美元贷款支持，计划 2029 年竣工，装机容量 3050 兆瓦，配套 700 公里高压输电系统，由葛洲坝集团、中国水电、中地海外集团联合承建；中国同时资助安哥拉建设非洲第三大水电站——装机容量达 2172 兆瓦的卡库洛卡巴萨水电站，由中国工商银行提供 45 亿美元贷款，预计 2026 年投运。

这些事实充分说明，“一带一路”倡议从未放弃大型项目。2024 至 2025 年间，中国持续为亚洲基建项目提供融资支持。继中老铁路、雅万高铁成功运营后，中国正与周边及共建国家合作推进多个铁路互联互通重大项目。其中，2025 年启动的中吉乌标准轨铁路全长 600 公里，总投资 40 亿美元，中资银行与企业承担 75%的资金；已获批的中越铁路约 80 亿美元的总投资中，中方承诺承担 65%的融资；2025 年 1 月泰国政府批准修建 375 公里高铁连接中老铁路，总投资约 100 亿美元，中方企业将深度参与。

显然，巨型工程的时代远未终结。“全球南方”国家及“一带一路”合作伙伴对发展现代化与工业化的迫切需求与宏伟愿景，唯有通过如此规模的投资方能将其经济推升至更高平台。

非洲领导人挑战现状

非洲领导人正日益清醒地认识到重大基础设施项目对解决大陆发展瓶颈的关键意义。我们在本书首版就已强调、并在第十三章继续探讨的英加水电站三期工程，已成为非洲国家集体追求的发展目标。当前阻碍这些成就实现的，主要是西方精英阶层及其追随者的旧有思维定式。

在 2023 年 6 月于巴黎举行的“新全球融资契约峰会”闭幕式上，南非总统西里尔·拉马福萨对法国总统马克龙以及与会西方政要及金砖国家领导人直言：“非洲获得过无数承诺，但均未兑现”。他主张改革全球金融体系及其机构，强调非洲“需要规模化的资本投入”，并掷地有声地表明“非洲人不是祈求施舍，而是应当获得平等对待”。拉马福萨总统当场向西方领导人提出了一个具体而直接的方案：如何解决目前仍有约 6 亿非洲人缺乏电力供应的问题。他呼吁道：“请各位真正拿出资金，在浩瀚的刚果河上建设这一大型工程，它将能为 12 至 15 个非洲国家提供电力。”他估算，刚果河的水电潜力高达 7 万兆瓦。然而，欧洲及其他西方领导人的反应却相对冷淡，这恰好印证了他关于“参加此类峰会收效甚微”的判断。此番宣言及非洲国家与金砖成员、“一带一路”框架下对华合作的持续推进，充分表明非洲已挣脱新殖民主义单极体系的束缚，迈入多边合作的新纪元。

西方要求非洲国家以“政治改革”作为经济发展前提的说教已日益失去市场。萨赫勒地区多个国家通过政权更迭，实现了对旧有体系的突破。马里、尼日尔和布基纳法索的执政当局掌权后，相继要求外国驻军撤离、关闭西方军事基地。尽管转型过程伴随暂时性动荡，但这正是非洲拒绝现状、追求经济政治主权的重要体现。

非洲大陆的重大突破

自本书 2017 年首版问世以来，多个非洲国家实现了经济社会发展的跨越式进步。首版提及的埃及与埃塞俄比亚两国表现尤为瞩目：在人口突破一亿、成功加入金砖国家机制的同时，尽管面临严峻安全挑战，仍为经济发展奠定了坚实基础。

埃塞俄比亚连续数年保持经济高速增长，位居非洲增长最快的经济体之列。其在第一版中提到的多项基础设施投资项目持续推进，当年在建或规划的多座工业园现已全面投产——这主要得益于中国企业的积极参与。更重要的是，通过农业部门改革及现代农业技术、机械与基础设施的引进，该国已摆脱周期性粮食短缺的困境。通过建设大型水电项目（如装机容量达 6000

兆瓦的“埃塞俄比亚复兴大坝”，简称 GERD，预计将于今年 9 月正式启用），该国也在逐步解决电力短缺问题。在西方机构与势力抵制的背景下，埃塞俄比亚不仅自主推进与意大利、法国和中国企业的工程合作，更通过国内融资破解资金难题。如本书第八章所述，埃塞俄比亚与埃及之间的水权争议——常被媒体过度渲染——完全可以通过建立覆盖整个尼罗河流域的新型综合水资源管理体系得以妥善解决。

埃及同样在财政压力与安全挑战中开启了经济振兴进程：全长超 5000 公里的国家高速公路网即将竣工；铁路系统的现代化改造和新的高速铁路建设也在稳步推进。这条高速铁路由红海畔的艾因苏赫纳港出发，途经新行政首都，直抵地中海沿岸的亚历山大和阿拉曼，由德国西门子公司参与建设；可容纳 700 万居民的新行政首都即将正式启用，这个在开罗东部 45 公里荒漠中拔地而起的城市综合体堪称当今世界最具雄心的城市化工程之一，其核心中央商务区的摩天建筑群主要由中建国际建设有限公司承建。此外，苏伊士运河经济特区及其工业园区正在稳步发展，虽然未完全达到最初规划进度，但总体势头良好。中国企业是这些园区中最大的投资方，如下文所述。值得一提的是，日本企业也在该经济特区投资了约 30 亿美元。

制造业本土化已成为“一带一路”合作进程的显著特征。图为艾因苏赫纳的中埃泰达工业园内，埃及员工正在工作。图片来源：新华社。

然而，埃及发展最具前景之处在于突破了长期制约其发展的地理局限——该国此前有 90%的人口挤居在不足国土面积 10%的尼罗河沿岸及三角洲地带。我们在首版提出的“新尼罗河谷”构想（参见第五章），即通过系统开垦沙漠发展农业与推动工矿开发，已逐步从蓝图走向现实。历史上，埃及因本土主粮产量不足、依赖进口甚至举债购粮而长期陷入财政困境。在乌克兰战争等地缘危机频发、引发国际粮价与化肥价格飙涨的背景下，其财政负担进一步加剧。通过持续推进沙漠拓垦，埃及计划在现有 600 万英亩耕地基础上，新增 400 万英亩耕地。

在能源安全方面，埃及与俄罗斯正在地中海沿岸的达巴市共建非洲首座大型商业核电站。这座配备 4 台 1200 兆瓦反应堆的电站由俄罗斯提供 280 亿美元长期贷款。其中首两台机组于 2022 年开工，第三、四台分别于 2023 和 2024 年陆续开工。除反应堆主体工程外，埃及政府还在当地筹建核技术学校，计划培养数百名核技人员参与电站建设运维，核心工程师团队则由俄罗斯国家原子能公司负责培训。

近年来，非洲最瞩目的突破当属埃及与坦桑尼亚企业依靠本土实力完成重大基建项目—坦桑尼亚鲁菲吉河上的朱利叶斯·尼雷尔水电站(JNHPP)。该工程由埃及国企阿拉伯承包商公司与民营跨国企业 Elsewedy Electric 联合承建。据我们的同仁迪恩·安德罗米达斯的相关报道[13]，项目曾一度遭到西方企业与政府以环保为理由的抵制，但最终得以顺利推进。由于非洲尚未掌握发电涡轮机制造技术，电站所需的九台水轮机由中国东方电气集团供应。项目于 2025 年 3 月全面投运后，使坦桑尼亚发电容量从 160 万千瓦跃升至 370 万千瓦以上，增幅近 150%。该水坝形成的 340 亿立方米水库对国家农业举足轻重，还有效缓解了周期性洪灾威胁。

这一项目被视为非洲自主发展能力提升的重要标志。埃及的参与和贡献也超越了水电站建设本身，进一步扩展到为坦桑尼亚国家电网升级提供设备与技术支持。

如前所述，本书并非罗列亚非地区的基建项目清单。我们所选取的案例，意在印证全球南方国家正在形成一种新的发展范式：非洲国家重新调整经济计划，以最大限度利用本土资源。借助中国“一带一路”及金砖合作提供的机遇，非洲发展潜力的释放正迎来前所未有的历史窗口。然而，正如首版各章所指出，当前面临的挑战规模依然巨大，需要与之匹配的投入力度——投资规模至少需提升一个量级，首版中设定的诸多长远目标仍有待实现，亟需更多工业化国家的深度参与。席勒研究所通过数十场会议、数百次专题研讨及系列公开报告强调：欧美国家必须参与新范式，全力投入技术、资金和人力资源，这既是拯救其自身经济困境的关键，也是助推发展中国家迈向更高经济平台的必然选择。正如下节将探讨的，当前的核心挑战在于如何

---

[13] 迪恩·安德罗米达斯，《非洲发展斗争的又一胜利：尼雷尔水电站准备就绪，即将运行》，《行政情报评论》，2024 年 1 月，https://larouchepub.com/other/2024/5109-nyerere_hydroelectric_power_pr.html。

推动西方领导人从根本上转变思维模式与哲学观念，转向更具包容性、更崇尚和平的全球发展视野。

西亚的两种发展路径

在本书编纂期间，西亚地区（即通常所称的“中东”）正处于极度紧张的临界点。以色列于 2025 年 6 月 13 日对伊朗发动大规模空袭，目标既包括平民与军事领导人，也涉及伊朗核计划科学家及其家属，以及关键基础设施。伊朗则以每日发射高超音速导弹和无人机袭击以色列目标作为回应，此举前所未有。这场持续 12 天的冲突最终以美国袭击伊朗核设施告终，随后宣布停火，然而，美国与伊朗之间仍未就伊朗核计划的谈判性解决方案或恢复 2015 年签署、2018 年被特朗普总统单方面取消的《联合全面行动计划》（JCPOA）达成任何协议。因此，局势依旧悬而未决，充满不确定性。

这场冲突的背景是以色列持续对加沙地带巴勒斯坦人民发动军事攻击——许多国际专家将其定性为种族灭绝。截至本文撰写之日（2025 年 8 月 26 日），加沙 80%地区已被摧毁，超过十万人丧生，其中多数是妇女儿童。当地居民因全面封锁而陷入饥荒，国际援助无法送达这两百万被困民众。此次危机的导火索是 2023 年 10 月 7 日哈马斯对加沙地带附近以色列定居点发起的突袭。尽管国际社会密切关注这场危机，但由于美国政府否决所有相关决议并持续支持以色列，有效的国际干预始终未能实现。

更深层的历史背景是殖民主义与帝国主义势力长期通过制造分裂来掌控这一战略要地。1916 年英法签订的《赛克斯-皮科协定》秘密瓜分原属奥斯曼帝国的领土，随后 1917 年英国发表《贝尔福宣言》为以色列建国铺路，这些历史事件共同造就了持续至今的冲突循环与难民问题。尽管联合国已承认巴勒斯坦人民建立独立国家的权利，但在美国支持下，以色列始终拒绝承认这一权利。

席勒研究所很早就指出，相关各方的经济与战略利益是解决这一不稳定局势的关键。正因如此，研究所重新推出了《绿洲计划》（参见第六章，附录二）。该计划早由林登·拉鲁什在 1975 年提出，旨在通过经济发展促进和平。

分而治之，还是共同发展？

席勒研究所倡导的和平合作理念，在本书首版引言中已有系统阐述（下附首版引言原文）。这种理念体现了真正意义上的欧美人文主义与革命思想的优秀传统，正是这些思想催生了辉煌的欧洲文艺复兴、美国革命及美利坚合众国的建立。然而，这种传统正遭受霍布斯式[14]“弱肉强食”哲学的侵蚀——这种本质上具有对抗性的思想渗透在过去五百年欧洲殖民势力（尤其大不列颠帝国）的行为中，并通过美英“特殊关系”影响着美国，在约翰·F·肯尼迪总统遇刺后深刻塑造了美国外交政策。

要理解“分而治之”与“共同发展”两种理念的本质差异，有必要回顾巴勒斯坦与西亚地区当前危机形成前的若干重要发展[15]。

除以色列外，本地区所有国家在 2013 年“一带一路”倡议启动后便纷纷参与其中。中国与西亚北非国家的合作呈现非线性加速发展态势，其进展程度与英美联盟在该地区的地缘政治困境形成鲜明对比。中国已成为所有阿拉伯国家和伊朗的第一大贸易伙伴，2004 至 2024 年间双

---

[14] 托马斯·霍布斯（1588-1679）是英国哲学家，其名著《利维坦》提出了“自然状态”学说。他认为，在这种如同丛林般的原始状态下，道德无处容身，社会陷入“一切人反对一切人的战争”；唯有权力与对惩罚的恐惧，方能约束个人与社会。

[15] 复旦大学中国研究院院长张维为教授，在 2025 年 7 月 12 日于柏林举行的席勒研究所会议上发表演讲时，曾使用过这一表述。

边贸易额增长了900%，在2024年达到4070亿美元的历史新高。中国在阿拉伯国家参与大量港口、铁路、公路及能源基础设施项目。近年来，合作重点逐渐转向工业化与技术转移。

一项突破性进展发生在2022年12月于沙特阿拉伯利雅得举行的中国一阿拉伯国家峰会期间。在2022年12月10日的讲话中，中国国家主席习近平提出了中国愿与海湾合作委员会（GCC）国家开展合作的具体经济与金融措施。任何严肃的观察者都应对习主席提出的“五点合作倡议”[16]予以关注研究。这些倡议包括以本币开展油气长期贸易，延伸至核能、空间探索与空间技术、电信与人工智能、工业项目以及交通基础设施项目等领域的合作。在峰会前夕，习近平主席与沙特国王萨勒曼·本·阿卜杜勒-阿齐兹达成了一项全面战略伙伴关系协议。据沙特领导人表示，这一伙伴关系与“沙特2030愿景”能够形成共生互补。中沙双方签署了三十份谅解备忘录，并在2023年6月于沙特举行的中阿经贸论坛上落实为价值300亿美元的合同，涉及电动车制造、可再生能源、云计算、信息技术、石化工业及基础设施建设等多个领域。

沙特主权财富基金—公共投资基金（PIF）正积极推动多项关键项目：2023年沙特投资部与中国电动车制造商华人运通签署了一项价值56亿美元的协议，在沙特生产并销售电动车；今年初，中国联想集团与沙特阿拉特电子公司达成一项价值20亿美元的合资协议，将在利雅得综合物流区建设工厂，生产标有“沙特制造”的笔记本电脑、台式机及服务器。该合资项目由PIF通过联想专项债券融资支持。

“沙特2030愿景”旨在推动经济多元化，减少对石油出口的单一依赖。过去十年间，国际油价在2014年、2016年及2021年多次跌至每桶30美元左右或以下，对沙特经济造成严重冲击。通过与中国等国合作，沙特正借助“一带一路”倡议，努力打造成为连接亚、非、欧的工业强国与物流枢纽，以增强经济抗风险能力。

埃及是本地区另一个通过“一带一路”深化对华合作、推动经济工业化现代化的国家。自2015年新苏伊士运河及经济区竣工以来，中资企业始终在这条海上丝绸之路战略要地创造投资机遇。中埃泰达苏伊士经贸合作区是“一带一路”联通三大洲市场与供应链的典范——这座红海沿岸的沙漠奇迹已吸引超过160家企业入驻，生产多种消费品和工业制品，为当地创造7万

[16] 中国国家主席习近平在中国—海湾阿拉伯国家合作委员会峰会的主旨演讲，2022年12月10日，https://www.chinadaily.com.cn/a/202212/10/WS6393e690a31057c47eba3b6c.html。

多个就业岗位。随着艾因苏赫纳港的扩建，中方企正参与建设新港口及连通全国的高速铁路网络。

中国家电领军企业海尔集团生动展示了通过“一带一路”实现技术与供应链本土化的路径。去海尔去年将其在埃及的投资提升至 1.68 亿美元，新增产能每年约 100 万台家电产品，主要为空调。约 70%的产品面向本地市场，30%用于出口。据海尔埃及总经理表示，公司计划到 2025 年实现 70%的零部件本地化，到 2026 年提升至 80%。

在 2022 年 12 月中阿峰会期间，中国国家主席习近平表示，中国支持双方金融机构深化合作，欢迎阿拉伯国家在华发行熊猫债券，并欢迎阿拉伯银行加入人民币跨境支付系统（CIPS）。埃及率先响应，于 2023 年发行 35 亿元人民币（约 4.787 亿美元）的熊猫债券，成为首个在中国融资的阿拉伯国家。阿联酋则已建立本币数字货币双边贸易机制。

2023 年 2 月，伊朗总统莱希访华期间，中伊两国敲定了为期 25 年的全面战略合作协议（伊朗虽非阿拉伯国家）。值得注意的是，仅一个月后，，即 2023 年 3 月，中国成功斡旋促成伊朗与沙特阿拉伯恢复外交关系，此前两国自 2016 年断交。至 2023 年底，伊朗、沙特、阿联酋、埃及、埃塞俄比亚均获邀加入金砖合作机制，形成“金砖+”格局（沙特尚未正式加入）。这些国家同时是上海合作组织正式成员或观察员，而上合组织本身也在逐渐从传统安全合作框架向更广泛的经济合作机制转型。

未来几十年，中国的能源安全将在很大程度上取决于通过合作与外交确保整个地区的稳定。中亚与波斯湾国家是中国油气资源的主要供应方，俄罗斯则成为补充中国能源需求的重要来源。中国经济的稳定运行，在很大程度上取决于这些地区能否向中国港口安全、持续地输送油气资源。然而，霍尔木兹海峡与马六甲海峡等战略要道所面临的地缘政治紧张局势，可能为中国及其合作伙伴带来重大的能源安全风险。

破坏性轨迹

与此形成鲜明对比的是，美国前总统乔·拜登于 2022 年 7 月访问沙特时声称[17]，此行的“底线”是为未来再次确立美国在本地区的地位，并强调“不会在中东留下真空让俄罗斯或中

[17] https://www.whitehouse.gov/briefing-room/speeches-remarks/2022/07/15/remarks-by-president-biden-on-his-

国填补”。然而，数月后中国国家主席习近平的访问却使形势走向截然相反的方向——中国不仅填补了美国缺乏建设强劲经济伙伴关系意愿所留下的巨大真空，海湾国家与石油输出国组织（OPEC）更在“OPEC+”框架内持续与俄罗斯协调石油出口政策。真空的出现并非源于俄中两国的行动，而恰恰在于美国只专注于本地区安全与军事事务，却对贸易与经济发展毫无兴趣。

2023 年 9 月 22 日，一个更令人不安的信号出现在以色列总理内塔尼亚胡在联合国大会的演讲中。他在展示的“中东”地图上将巴勒斯坦历史领土全部划入以色列版图，并将该地区国家划分为“愿与以色列关系正常化”与“拒绝正常化”两大阵营。后者包括黎巴嫩、叙利亚、伊拉克、也门和伊朗，这些国家均遭受过以美英为首的军事打击与颠覆行动。内塔尼亚胡的这一姿态，部分源于一周前二十国集团峰会上宣布的美版“印度-中东-欧洲经济走廊”（IMEC）。分析认为，该倡议缺乏实质经济内涵，实则是一项破坏区域稳定的重大地缘政治行动[18]，其主要目标在于削弱中国“一带一路”倡议的影响力，在对全球经济至关重要的这一地区构筑一堵“地缘政治之墙”。当前，中国推动地区国家合作共赢的努力，正面临一系列有针对性的操作，这些操作意图通过分化策略，破坏全球范围内的经济合作与和平共处的局面。

就在内塔尼亚胡于联大发表演讲后不足一月，哈马斯于 2023 年 10 月 7 日对以色列发动了突袭，随之而来的是加沙地带持续至今的军事行动。

一年后的联大会议上，内塔尼亚胡再次展示了升级版地图：新增了代表美版“印度-中东-欧洲经济走廊”（IMEC）的箭头，并将其标注为“福音”；与此同时，黎巴嫩、叙利亚、伊拉克、也门和伊朗等国则被归入“诅咒”之列—这些国家早已成为以色列及其盟友长期战略中的打击目标。美国、英国、以色列及其盟国通过政权更迭战争、广泛经济制裁与隐蔽情报操作等手段，持续塑造着中东地缘政治格局，致使该地区长期陷于动荡。部分行动被指隐含着遏制中国“一带一路”倡议与中阿战略合作的深层意图。

在此背景下，深化与中国合作成为地区国家寻求发展自主性的重要路径。2019 年 9 月，伊拉克总理阿迪勒·阿卜杜勒-马赫迪率史上最大规模部长代表团访华，双方签署系列协议。其

---

meetings-in-saudi-arabia/。

[18] 侯赛因·阿斯卡里，《印度-中东走廊是个骗局》，《行政情报评论》，2023 年 9 月 29 日，

https://larouchepub.com/other/2023/5038-the_india_middle_east_corridor.html。

中最关键的是为期 20 年的“石油换重建”信贷协议：伊拉克将每日对华石油出口总量（约 70-80 万桶/日）中的 10 万桶原油收益存入专项基金；以此为基础，中国银行按该基金累计金额的 6 倍提供由中国出口信用保险公司承保的专项贷款。这笔资金将定向用于重建伊拉克亟需的基础设施。自 1991 年以来，伊拉克的基础设施多次被美英及其盟友发动的战争摧毁，在 2003 年英美入侵后更从未重建。该协议为期 20 年，是利用自然资源丰富国家实现长期发展的最切实可行的融资方式之一。（详见第四章，附录三）。

2019 年 9 月，伊拉克总理阿迪勒•阿卡杜勒-马赫迪在北京与时任中国国务院总理李克强举行会晤。图片来源：阿迪勒•阿卜杜勒•马赫迪博士办公室。

本书作者侯赛因•阿斯卡里于 2023 年在阿卜杜勒-马赫迪博士位于巴格达的住所与其进行交流。阿卜杜勒-马赫迪博士系经济学家，拥有经济史博士学位。图片来源：阿卜杜勒-马赫迪博士办公室。

然而，阿卜杜勒-马赫迪总理刚返回巴格达，伊拉克就爆发了大规模抗议浪潮。表面上，抗议是针对国内腐败、公共服务和失业问题的。但事实上，抗议者被国内外势力操控，这些势力要求推翻现政府。讽刺的是，公众几乎没有讨论过伊拉克与中国签署的协议正是为了解决这些问题的事实。事态发展愈发诡谲，抗议很快演变为暴力事件，一股身份不明的“第三方势力”在多座城市街头游走，暗杀抗议者和警察，使局势更加混乱。2020 年 1 月 3 日，当伊朗伊斯兰革命卫队“圣城旅”指挥官卡西姆·苏莱曼尼少将与伊拉克人民动员部队指挥官阿布·马赫迪·穆汉迪斯乘车行至巴格达机场附近时，时任美国总统的唐纳德·特朗普下令发动无人机袭击，将二人刺杀。这一事件使得本已混乱的局势更加危如累卵。最终，阿卜杜勒-马赫迪总理于同年 5 月被迫辞职，伊中合作协议也被大幅缩减为几个小型项目。而抗议活动背后的真实动机—推翻政府—至此昭然若揭。随着原政府倒台和羸弱的新政府上台，尽管新政府既未能改善民生又深陷腐败丑闻，所有抗议却瞬间平息，再未爆发新的示威浪潮。

美国干扰中阿合作的另一典型案例发生在黎巴嫩。2020 年春夏期间，时任总理哈桑·迪亚卜领导的政府正与中国密集磋商，旨在制定一套涵盖铁路、公路、发电厂、水利系统及新港口设施的整体重建战略融资方案。在此期间，特朗普政府通过施压黎巴嫩政府要求解除真主党武装，并试图排挤经合法程序产生的真主党议员，不断制造紧张局势。当真主党领袖纳斯鲁拉公开表态支持黎政府“向东看”政策后，美国的干预行动进一步升级。2020 年 6 月初，美国驻黎大使多萝西·希娅通过一家黎巴嫩反对派电视台，对黎巴嫩与中国的合作发出警告，并援引了一些未经证实的所谓“他国受害案例”；中国驻黎使馆随即发表声明驳斥其不实指控，引发外交风波，最终导致黎巴嫩外交部召见希娅大使，抗议其干涉内政。6 月下旬，特朗普政府派遣美国国务院近东事务助理国务卿卿戴维·申克赴黎巴嫩进一步施压。申克在接受黎反对派报纸采访时，声称纳斯鲁拉呼吁“向中国寻求经济复苏”的言论“令人震惊”，并诬蔑中国设置“债务陷阱”。他声称：“我们都看到，中国是如何试图吞并任何物理偿还债务的国家的”，并列举了被广泛宣扬的两个例子：吉布提和斯里兰卡。在后者的案例中，斯里兰卡因无法偿还债务，才将汉班托塔港租予中国 99 年。

席勒研究所通过社交媒体与专题报告介入此事，批驳了美国官员论调中的谬误，并呼吁黎巴嫩民众及其政府认清：这些言论本身可能构成对国家稳定的潜在威胁[19]。在席勒研究所发布

[19] 侯赛因·阿斯卡里，《黎巴嫩应加入“一带一路”新范式—但须警惕战争党！》，《行政情报评论》，2020 年 7 月 24 日，https://larouchepub.com/other/2020/4730-lebanon_should_join_the_new_pa.html。

相关警告7日后，贝鲁特港发生硝酸铵储存库大爆炸。这场人类史上最大规模的非核爆炸几乎彻底摧毁港口及毗邻城区，造成218人死亡、7000人伤亡。本已受疫情冲击的黎巴嫩陷入紧急状态，迪亚卜政府被迫下台，对华谈判随之中止。时至今日，爆炸真相仍未被查明。

地缘政治已然失效

尽管遭遇种种破坏行径，中国与阿拉伯国家在“一带一路”框架下的合作仍持续深化。这种韧性在很大程度上源于该倡议为地区国家的发展需求提供了切实的解决方案。相比之下，传统地缘政治中的零和博弈思维，其带来的往往是地区局势的持续紧张与破坏。地缘政治是一种陈旧而贫瘠的思维方式，建立在零和博弈之上。它依靠冲突而存在——这些冲突虽具破坏性，却往往转瞬即逝。它的信奉者必须不断制造新的对立与纷争，才能维持自身的存续。

国际关系新范式正在颠覆这种徒劳的全球治理方式。阿富汗和也门的例子正是说明：单凭压倒性的军事力量、而缺乏尊重他人尊严与人性的建设性要素，只会暴露无能。

2021年8月，美国、英国等北约成员国在历时20年的“反恐战争”失败后仓促从阿富汗撤军，这可能成为中亚历史的转折点。两个多世纪以来，阿富汗始终深陷大英帝国“大博弈”的地缘政治泥潭。而今，以实体经济学智慧为指导，通过将阿富汗重建融入“一带一路”倡议，方能真正彰显经济发展对地缘政治的超越性价值。美军撤离后，席勒研究所与黑尔佳·策普-拉鲁什立即发出重建阿富汗的“伊本·西那行动”国际倡议[20]。随后数月间，该研究所通过与阿富汗工程师、民间组织及专家的对话研讨，制定了振兴阿富汗经济与民生的综合战略。2023年11月，负责推进该行动的席勒研究所工作组亲赴喀布尔，出席关于阿富汗经济发展的重大国际会议[21]。

---

[20]席勒研究所，《伊本·西那计划：复兴阿富汗昔日辉煌》，2021年11月21日，

https://schillerinstitute.com/blog/2021/11/26/project-ibn-sina-restore-afghanistans-ancient-greatness/ 。

[21] 席勒研究所，《席勒研究所出席阿富汗经济发展会议》，2023年11月7日，

https://schillerinstitute.com/blog/2023/11/07/schiller-institute-participates-in-conference-on-afghanistans-economic-development/。一份关于“伊本·西那行动”关键要点的总结报告，由玛西亚·梅里·贝克与卡雷尔·韦雷肯撰写，已于2024年8月30日发表在《行政情报评论》上，

https://larouchepub.com/eiw/public/2024/eirv51n34-20240830/eirv51n34-20240830_031-after_three_years_of_independenc.pdf。

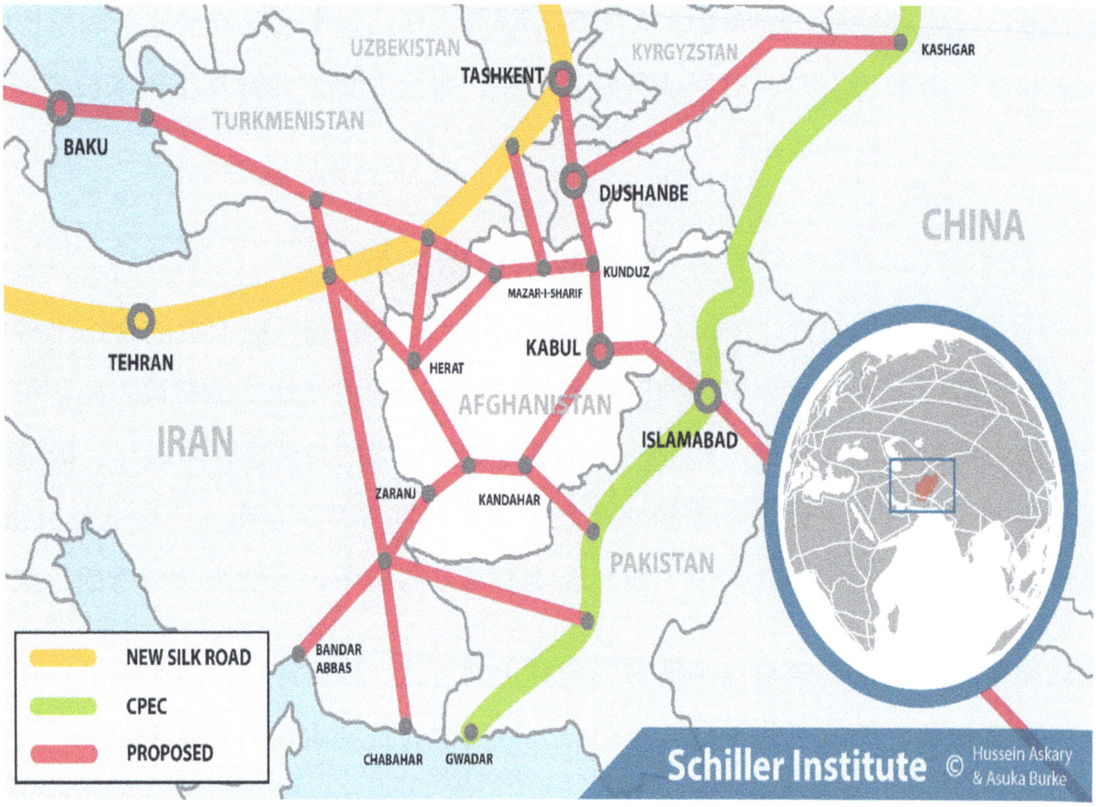

席勒研究所绘制的阿富汗融入“一带一路”走廊的规划示意图。

2023 年 11 月，席勒研究所代表团在喀布尔参加阿富汗重建与投资会议，前排自右至左第六位为本书作者杰森·罗斯。

与此同时，中国迅速与喀布尔新政府建立联系，承认塔利班驻北京外交代表，并任命阿富汗事务特使，重启一系列基础设施与矿产开发协议。阿富汗政府自主启动一系列项目，重点提高农业产量、根除美英占领时期泛滥的鸦片种植。中亚各国也相继承认喀布尔政府，签署互联互通与贸易新协定。通过中国外交斡旋，塔利班与巴基斯坦政府的紧张关系逐步正常化，但受昔日“反恐战争”遗留问题影响，某些分歧依然存在。

作为该地区最贫穷的国家之一，也门经历了长达八年的战争。自 2015 年 4 月起，由沙特阿拉伯和阿拉伯联合酋长国主导的联军以执行联合国安理会第 2216 号决议为名，对胡塞武装发动战争，试图恢复被推翻的也门政府。然而，这场军事行动未能实现其目标，反而在该国制造了一场严重的人道主义危机。在此，席勒研究所也介入其中，试图应对人道危机，并在停火协议达成前夕，与也门专家及也门投资总局合作，撰写了一份关于也门重建的研究报告。这份以阿拉伯语发布的研究（英文简版见第六章，附录二）题为“‘菲利克斯行动’：也门重建的奇迹与‘新丝绸之路’的联结”。该报告于 2018 年 6 月 16 日在也门首都萨那的也门投资总局总部发布。席勒研究所建议萨那政府及相关联合国机构，将“菲利克斯行动”纳入未来的解决方案与民族和解中，因为若没有全民族的经济与社会发展，和平与安全将无法持续。

结语

席勒研究所持续强调，美国与欧盟应当加入这一“新范式”，而不是试图破坏它。中国与“全球南方”的崛起势不可挡，任何破坏这种进程的企图只会引发一场新的世界大战—而这场战争极有可能以热核武器为手段，最终导致人类文明的终结。唯有达成具有人道主义特质的共存方案，构建新的安全架构与和平共处秩序，西方强国方能摆脱过去五十年来金融、经济与文化领域的螺旋式衰退。在席勒研究所的倡议中，改革金融与银行体系之后的首要任务，是将美国的“军工复合体”转化为促进和平与繁荣的力量工具。[22]。

我们此次以全新版本呈现此书，完整保留首版所有章节，并将其视为实现全球发展新范式的关键理论贡献。书中所阐述的思想在某种意义上具有跨越时代的价值，同时也反映出管已有许多积极努力，但距离最初确立的目标仍有不小差距。我们应当充分肯定西亚与非洲各国同中国及其他金砖国家协作所取得的成就。我们期望通过本书及席勒研究所的其他活动，能够让尤其是西方国家的领导人和民众，对未来的道路既有清晰的认识，也怀抱真正的乐观。非洲、西亚与中国的领导人和人民，似乎已经更清楚地看到了那条前行的道路。

侯赛因·阿斯卡里、杰森·罗斯

2025 年 9 月

[22] 《军金复合体饱食战争“血钱”》,《行政情报评论》，2023 年 12 月，

https://schillerinstitute.com/blog/2023/12/23/the-military-financial-complex-is-bloated-on-blood-money-from-wars/。

致谢

2014年，本书作者曾参与《行政情报评论》（EIR）杂志社特别工作组，该小组发布了题为《新丝绸之路成为世界陆桥》的专题报告[23]。这份由席勒研究所创始人兼主席的黑尔佳·策普·拉鲁什女士委托撰写的报告，其英文版于2014年11月发布，并随后被翻译成多种语言，包括中文、阿拉伯语和德语。该报告在中国尤其受欢迎，中国国家领导人习近平主席在2013年9月，也就是一年前，发起了一带一路倡议。

自2014年该报告发布以来，西南亚和非洲部分地区相继爆发政治经济危机，局势急剧恶化。2015年夏秋之际，从这两个地区涌入欧洲的移民人数之多堪比末日浩劫。虽然2014年EIR简要涉及“新丝绸之路”向中东和非洲延伸的构想，但面对危机升级的严峻形势，亟需进一步完善并拓展针对这些地区经济重建与发展的具体方案。

尽管各国政府和政治团体都在为这些危机积极寻找政治解决办法，但本书的作者清楚地认识到，如果没有实质意义上的大规模经济发展，任何政治协议或和平条约都难以持久。

本书由EIR杂志社与席勒研究所的联合工作组编写。报告中的整章或相关部分由以下EIR/席勒研究所工作组成员（按字母顺序排列）撰写：迪恩·安德罗米达斯、玛西娅·贝克、克劳迪奥·切拉尼、大卫·切里、道格拉斯·德格鲁特、本杰明·丹尼斯顿、玛莎·弗里曼、保罗·加拉格尔、丹尼斯·斯莫尔和黑尔佳·策普·拉鲁什。在报告制作过程中，阿里·沙拉夫、查尔斯·诺特利和马修·奥格登提供了协助。

作者谨向以下科学家和专家致谢，感谢他们提供的宝贵背景信息与建议：

哈尔·库珀博士，产品工程师，咨询工程师，库珀咨询公司，美国华盛顿州柯克兰市。

阿兰·加谢博士，地质学家，法国雷达成像技术国际公司创始人兼总裁。

恩佐·西维罗教授，桥梁设计师、意大利eCAMPUS大学校长兼构工程师世界大会（SEWC）副主席。

[23] https://worldlandbridge.com/

马塞洛·维基博士，意大利博尼菲卡公司公司前外事主管。

安德烈亚·曼加诺博士，意大利水利工程师协会副主席。

我们同时感谢所有未在此列名、但以各种方式为本书作出宝贵贡献的人士。

主要作者，

侯赛因·阿斯卡里和杰森·罗斯

2017 年 11 月

导言：缘起与基石（2017）

侯赛因·阿斯卡里（Hussein Askary） 杰森·罗斯（Jason Ross）

全球媒体对非洲和中东（或者更准确地说，是西南亚[24]）的报道，往往聚焦于战争、恐怖主义、饥荒、流行病和大规模移民等话题上。很少有人将这两个地区与经济发展、科学突破或文化进步联系在一起。

遗憾的是，外界对这两个地区的刻板印象在很大程度上也是基于现实的。这一现状既受到地区内部因素的影响，也与全球地缘政治因素密切相关。此外，在世界大国与其他全球及区域对手的竞争中，各国试图确保自身在势力范围、自然资源、市场以及战略和政治优势方面占据有利地位，这也进一步加剧了非洲和西南亚的问题。

然而，本书的目的并不是要详述造成这一现实的各种弊端（本书作者及其同仁已在其他出版物中对此进行了深入探讨）。我们的使命在于寻找并展示一条走出当前这一危险局势的前进之路。

新的全球模式

令人振奋的是，一种新的范式在世界政治版图中悄然兴起，并逐渐改变了所谓的旧范式的游戏规则。正是这一旧范式导致了西亚和非洲所面临的问题。

这种新范式并非未来的规划，也不是假设性的学术推测，而是当今世界正在形成的现实。尽管这种新模式已经酝酿多年，但在过去四年中，它在两个相互关联的事件中得到了具体体现：

1. 2013 年底，中国国家主席习近平宣布了“一带一路”倡议[25]，这是中国自 1996 年以来实施的新丝绸之路政策的一个突破。习近平主席的这一倡议，将原本的政策转化为全球战

[24] 本书并没有在此处采用“中东”这一术语，原因有二：首先，该词不属于科学术语，因为地理区域应按大陆的子区域划分，而不应从世界某一部分的视觉或政治视角来命名。因此，更科学的术语应该是“西南亚”，而在本书中则使用“西亚”来指代这一地区。其次，“中东”一词是大英帝国遗产的一部分，由英国印度事务部于 19 世纪 50 年代创造，用从伦敦的视角区分帝国各“领地”的地理概念。参见皮特·博蒙特、杰拉德·布莱克，以及马尔科姆·瓦格斯塔夫所著的《中东：地理学研究》（1988）。

[25] 2013 年 9 月，习近平主席在阿斯塔纳的纳扎尔巴耶夫大学发表演讲，首次提出共建“丝绸之路经济带”倡议。这一经济带是一条陆上经济走廊，从中国东部延伸至欧洲西部，沿途涵盖 69 个国家。一个月后，他在印度尼西亚雅加达首次正式提出建

略，并依托中国过去 20 年快速工业化过程中积累的巨额金融、技术与政治实力。该战略以基础设施大型项目建设为核心，其规模自二战前的美国新政、二战后德国重建以及 1960 年代的美国航天计划以来，世界上未曾见过。

2. 2014 年 7 月，金砖国家（巴西、俄罗斯、印度、中国和南非）发表了《福塔莱萨宣言》[26]。这一宣言巩固了这些国家之间的经济和金融合作，提出联合建立新的金融机构，如专注于基础设施建设、贸易、工业、科学合作与研究的新开发银行。这些国家，尤其是中国，证明了消除贫困、饥荒和疾病，只有通过全面工业化并利用最先进的技术来释放社会的创造力和生产力才能实现，这与美国和欧洲在前几个世纪的做法相似。而单靠零敲碎打的小规模措施（自 20 世纪 60 年代起，美国和欧洲对非洲和亚洲一直采取的方式）、或“人道主义”紧急援助——例如在非洲，援助往往成为常态而非例外——是无法实现这一目标的。以中国为首的金砖国家甚至已经重新定义了“可持续发展”，将其视为工业化、粮食安全和消除贫困的代名词，而不是将人们的生活水平局限于现有资源和技术水平。多年来，工业化国家推行技术隔离政策，以各种借口阻止发展中国家获取先进技术。而如今，由中国引领的金砖国家正在打破这一“规则”，使亚洲和非洲国家能够获得先进技术。

2014 年 7 月，俄罗斯、印度、巴西、中国和南非（金砖国家）的国家领导人在巴西的福塔莱萨出席了第六次峰会会议。图源：俄罗斯总统府官方网站。

设 21 世纪海上丝绸之路。这包括在太平洋、印度洋和地中海的海上航道沿线建设众多港口。这两个项目相互补充，由此共同构成“一带一路”重大倡议。更多相关信息参考 http://english.gov.cn/beltAndRoad/。

[26] 资料来源：http://brics.itamaraty.gov.br/media2/press-releases/214-sixth-brics-summit-fortaleza-declaration。

这些发展态势出现之际，西方世界正经历自大萧条以来最严重的金融与实体经济危机。这种局面削弱了西方抵制并遏制金砖国家崛起的能力——按过去的地缘政治趋势，它们肯定会这么做。尽管对许多身处危机之中的前工业化国家或经合组织国家而言，这被视为一种挑战，他们仍生活在所谓的“旧范式”中，但新范式实际上是一个包容性的进程，而不是发展中国家的排他性俱乐部。美国、欧盟和日本经常受到中国、俄罗斯和印度的邀请，参与这些国家在本国以及全球范围内推动的发展进程。

2017 年 5 月 14 日至 15 日，在北京举办的“一带一路”国际合作高峰论坛[27]，证明了中国将新丝绸之路政策转化为全球现象及国际和平合作与发展的战略政策的成功。此次峰会共有 29 位外国元首出席，来自 130 多个国家的政府官员、70 个国际组织及超过一千名代表参与。其中出席的还有席勒研究所的黑尔佳·策普·拉鲁什女士及其他席勒研究所代表，本书的两位作者即为该研究所的成员和研究人员。

习近平主席在开幕致辞中清晰阐释了“一带一路”的方法和目标[28]，并强调需要一套新的国际关系来取代地缘政治。他表示：

“第一，我们要将‘一带一路’建成和平之路。古丝绸之路，和时兴，战时衰。‘一带一路’建设离不开和平安宁的环境。我们要构建以合作共赢为核心的新型国际关系，打造对话不对抗、结伴不结盟的伙伴关系”。

他还指出，在过去几十年里，由于大国不合理的军事干预，国家主权和独立原则遭受了巨大损失。因此，“各国应该尊重彼此主权、尊严、领土完整，尊重彼此发展道路和社会制度，尊重彼此核心利益和重大关切”。

关于中国“可持续发展”理念的本质，习近平主席解释说：“产业是经济之本。我们要深入开展产业合作，推动各国产业发展规划相互兼容、相互促进，抓好大项目建设，加强国际产能和装备制造合作……设施联通是合作发展的基础。我们要着力推动陆上、海上、天上、网上四位一体的联通，聚焦关键通道、关键城市、关键项目，联结陆上公路、铁路道路网络和海上港口网络”。

[27] 参见：http://www.beltandroadforum.org/english/index.html。

[28] 演讲全文参见：http://news.xinhuanet.com/english/2017-05/14/c_136282982.htm。

中国在西亚和非洲经济复兴中的作用

“一带一路”倡议是在中国过去几十年经济奇迹的坚实基础上建立起来的。它已从中国国内的经济发展与工业化项目，发展成为一项跨洲的互联互通与经济合作的大型倡议。迄今为止，已有 152 多个国家加入，有望成为人类历史上最大的经济工程。西亚和非洲拥有巨大的地理优势和丰富的人力资源、自然资源，预计将从这一全球性倡议中获得重大收益。

2015 年在南非举办的中非合作论坛约翰内斯堡峰会，从左至右依次为时任南非总统的雅各布·祖马、习近平主席、时任津巴布韦总统的罗伯特·穆加贝。图片源自南非政府。参见：https://www.flickr.com/photos/governmentza/。

中国将过去三十年工业化和发展取得的卓越经验分享给世界，这是其成功的关键因素之一。世界银行等机构证实[29]，1981 年至 2004 年间，中国通过对城乡基础设施项目以及交通、水电等大型项目的投资，使 6 亿公民摆脱了贫困。这是一个无与伦比的成就，值得中东和非洲地区借鉴。在这一时期，中国建设的水利工程甚至超过了美国一百年的总和。另一个令人惊叹的迹象是，中国在 2011 年至 2013 年的三年中使用的水泥总量超过了美国在整个 20 世纪的使用量[30]！中国的高速铁路网已达 4.5 万公里，超过西欧国家铁路网络的总和。此外，中国目前有 37 座正在运行的核电站（其中 70%是在过去 10 年建成的），还有 20 座正在建设中[31]。

---

[29] 参见：http://www.worldbank.org/en/news/feature/2010/03/19/results-profile-china-poverty-reduction。

[30]资料来源：

https://www.washingtonpost.com/news/wonk/wp/2015/03/24/how-china-used-more-cement-in-3-yearsthan-the-u-s-did-in-the-entire-20th-century/。

[31] 具体参见：安娜·斯旺森：《中国在 3 年内的水泥使用量如何超过了美国整个 20 世纪的总和》，《华盛顿邮报》，2015 年 3 月 24 日。

通过“一带一路”，中国正在向世界其他国家提供知识、经验和技术，并以 3 万亿美元的金融储备为后盾。这为西亚和非洲实现二战后独立时代的梦想提供了巨大机遇。然而，多年来，这些梦想却屡屡受挫。讽刺的是，西亚和非洲在国家和区域间基础设施的严重缺口，反而可以被视为这一新背景下的重大机遇。尽管欧洲、亚洲和美洲的许多其他工业国家拥有与中国类似的技术和劳动力能力，但它们缺乏将这些能力付诸实践并提供资金支持的远见与政治意愿。由于西亚和非洲对东方和西方都具有重要的战略意义，因此，它是一个发挥这些能力的绝佳之地，能够将世界各国凝聚成一个具体的和平合作与发展的项目。

非洲国家正展现出令人振奋的迹象，它们认识到融入并受益于以工业化和大规模基础设施项目为基石的新发展范式的重要性。例如，埃及和埃塞俄比亚都精心设计了令人瞩目的国家发展计划，并正在迅速推进。然而，即便是在这些国家，尤其是埃塞俄比亚，中国的作用仍显得至关重要。

中国在助力非洲国家的经济发展中的承诺和远见，充分体现在习近平主席 2015 年 12 月 4 日在中非企业家大会上的讲话中[32]。

习近平主席指出：“截至 2014 年底，中国对非洲各类投资存量达 1010 亿美元，在非洲建立企业 3100 多家；2014 年，中非贸易额达到 2219 亿美元。中国在贸易、投资、基础设施建设、经贸合作园区等领域已经成为非洲主要合作伙伴”。

借鉴中国自身在发展与扶贫方面的经验，习近平主席强调：“工业化是一个国家经济发展的必由之路。中国一个半世纪的工业化历程充满艰辛和曲折。早在 19 世纪中叶，中国在列强坚船利炮撞击之下，被迫打开国门，开始了被称为“洋务运动”的早期工业化。改革开放以后，中国驶入工业化的快速路。中国用了短短几十年时间，走过了发达国家几百年的历程，建成了体系完整、产能巨大的工业体系”。

习近平主席鼓励非洲领导人走工业化道路，这在西方工业化国家领导人中是前所未有的呼吁。他说：“非洲作为全球发展潜力最大的地区，完全可以发挥优势，大有作为……工业化是非洲实现包容性和可持续发展的前提，是创造就业、消除贫困、提高生活水平的关键”。

习近平主席强调，“非洲工业化之路，需要非洲人民去实践、去探索。中国真诚希望同非洲国家分享中国经验，愿为非洲工业化进程提供资金、技术、人才支持”。

---

[32] 演讲全文参见：
https://www.fmprc.gov.cn/web/gjhdq_676201/gj_676203/fz_677316/1206_678746/1209_678756/201512/t20151205_9328197.shtml

习近平主席提出了打破技术垄断的想法，并宣布："中方愿意毫无保留地同非方分享先进适用技术，愿意将中国优势产业同非洲发展需要相结合，深化产业合作"。此外，他还承诺"派遣专家、建立职业培训中心、加强中非人才培训和企业家交流，切实帮助非洲解决工业化人才需求和能力建设问题"。

约翰内斯堡峰会的成果与习近平主席的呼吁相一致。峰会的最终宣言[33]强调，中非双方将致力于推动非洲工业化和农业现代化进程，重点加强基础设施项目的合作，涵盖铁路、公路、区域航空、电力、供水、信息和通信、机场港口、人力资源开发等多个领域。此外，宣言还强调了将非洲纳入"一带一路"倡议的重要性。

至此，人类历史上一项最伟大事业的舞台已经正式搭建好了。

何为共赢思想？

据中国官方媒体报道[34]，中国原国家主席胡锦涛是第一位在讲话中使用这一术语的中国领导人。他在 2004 年博鳌亚洲论坛上发表关于中国与亚洲其他国家合作的讲话中首次提出了这一概念[35]。此后，在访问美国华盛顿州西雅图期间，胡锦涛再次使用这一说法，阐述了中国的立场。他指出："只要中美两国从战略高度和长远角度看待和处理双边关系，抓住两国共同的战略利益，在相互尊重、平等相待的基础上加强交流与合作，就能实现互利共赢"。

2011 年 4 月，时任中国外交部部长杨洁篪在"第十届外交官之春暨第七届杰出华商大会财富领袖论坛"开幕式上发表题为"合作共赢、和谐发展"的演讲，他说："中国将始终不渝奉行互利共赢的开放战略。中国的发展离不开世界，也惠及世界。中国不以牺牲别国利益为代价，不追求利益最大化，而是坚持把共同利益的蛋糕做大，把自身利益与世界人民的共同利益结合起来，实现共同发展"。

2015 年 9 月，中国国家主席习近平在纽约联合国总部出席第七十届联合国大会一般性辩论，并对这一概念作了最为全面而深刻的阐释[36]。

他说："我们要继承和弘扬联合国宪章的宗旨和原则，构建以合作共赢为核心的新型国际

[33] 约翰内斯堡峰会宣言全文参见：http://www.focac.org/eng/ltda/dwjbzjjhys_1/hywj/t1327960.htm。

[34] 资料来源：http://english.cntv.cn/2015/10/20/ARTI1445325120332760.shtml]。

[35] 演讲全文参见：http://english.gov.cn/archive/publications/2016/01/13/content_281475271412746.htm]。

[36]演讲题为《携手构建合作共赢新伙伴 同心打造人类命运共同体》，参见：

https://www.gov.cn/xinwen/2015-09/29/content_2940088.htm

关系，打造人类命运共同体”。他强调，为实现这一目标，各国“要建立平等相待、互商互谅的伙伴关系。联合国宪章贯穿主权平等原则。世界的前途命运必须由各国共同掌握。世界各国一律平等”。习近平主席强调，“我们要坚持多边主义，不搞单边主义；要奉行双赢、多赢、共赢的新理念，扔掉我赢你输、赢者通吃的旧思维。协商是民主的重要形式，也应该成为现代国际治理的重要方法”。

2014 年 4 月 14 日，席勒研究所主席黑尔佳·策普·拉鲁什接受了中国中央电视台英语频道的采访，并在节目中被称为“新丝绸之路夫人”。在冷战结束后的 20 世纪 90 年代初，席勒研究所提出了建设欧亚大陆桥和新丝绸之路的构想，旨在通过跨洲的经济合作与基础设施发展，建立一种新的世界秩序。此后，她和丈夫林登·拉鲁什及其遍布全球的同仁，已在五大洲多个国家组织了数十场国际会议和研讨会，以为政策制定者提供建议，并向公众传播对这一可能改变历史进程的项目的认识与理解。在这些努力的过程中，席勒研究所和《行政情报评论》杂志社出版了多种语言的专题报告、书籍和期刊（包括当前这份报告），为该项目的成功提供必要的科学、经济和哲学标准。正因如此，出于对其思想和努力的认可，中国的学术机构经常邀请拉鲁什夫人及其同仁参加有关新丝绸之路的会议和活动。

习近平主席经常用“一带一路”倡议来阐述中国的发展规划，指出“‘一带一路’建设秉持的是共商、共建、共享原则，不是封闭的，而是开放包容的；不是中国一家的独奏，而是沿线国家的合唱[37]”。然而，在讨论中国“一带一路”倡议背后的意图时，仍有一些质疑的声音。

---

[37] 2015 年 3 月，博鳌亚洲论坛年会上的主旨演讲参见：http://english.boaoforum.org/hynew/19353.jhtml。

部分源于某些人根深蒂固的地缘政治观念。这些观念是几个世纪以来帝国主义对抗、殖民主义与奴隶制所遗留下来的竞争与恐惧心理的反映。具有讽刺意味的是，这些观念的受害者也常常持有类似想法，他们往往将任何大国都视为只知索取、不愿给予、也不愿合作的自利性力量。此外，相当大一部分怀疑则是基于对中国文化及其历史特征的无知。

这两个问题已经得到了有力的回应，回应者并非中国人，而是在西方世界对这一中国倡议最为了解并亲身参与其中的欧洲人士一黑尔佳·策普·拉鲁什夫人。她是德国公民，国际席勒研究所的创始人和主席，也是美国经济学家和政治家林登·拉鲁什的妻子。40 年来，她与丈夫和全球的席勒研究所同仁们一起合作，致力于阐释原则、宣传通过基础设施与发展走廊将世界各大洲连接起来的重要性。因此，她在中国媒体上赢得了“新丝绸之路夫人”的称号。

2017 年 5 月，在北京举办的“一带一路”国际合作高峰论坛，吸引了来自 100 多个国家的与会者，其中包括 28 位国家元首。这场盛会是拉鲁什夫人受邀发言的活动之一。

2017 年 1 月，拉鲁什夫人在瑞典首都斯德哥尔摩发表演讲，详细阐述了欧洲人在探索“一带一路”时所面临的意识形态问题[38]。

她指出：“欧洲的问题在于，欧盟的官僚机构和一些政府仍然停留在旧范式中，即全球化和

---

[38] 演讲全文参见：

http://newparadigm.schillerinstitute.com/blog/2017/01/11/helga-zepp-larouchelifts-stockholm-audience-sublime-schiller-instituteeir-seminar/。

新自由主义的地缘政治范式”。拉鲁什强调，“在欧洲和美国，大多数人无法想象政府是为了共同利益行事，因为我们已经很长时间没有经历过这种情况了。几乎所有智库，或大多数智库的共同观点是‘中国一定别有用心’，或者‘中国只是试图以中国式帝国主义取代英美帝国主义’”[39]。

拉鲁什表示，她自 1971 年访问中国以来，对中国进行了广泛的研究。她的研究结果表明，这些说法是不正确的。她说道：“我见过当时的中国。我去过北京、天津、青岛、上海和农村，所以我深知中国在这期间发生了多么巨大的变化”。

在 2015 年 6 月于巴黎举行的一次会议上，拉鲁什探讨了中国当前政策中合作共赢理念背后的核心理念，以及这一理念为何与欧洲真正的基督教人文主义价值观完美契合。以下是她演讲的一些节选[40]：

> 孔子（公元前 551-479）和孟子（公元前 372-289）的思想对中国产生了深远的影响，实际上塑造了中国的国家理念，这种影响持续了大约 2500 年。这种理念认为人性本善。中国哲学的核心思想是“仁”，它与基督教传统中的“博爱”和仁慈相契合；另一个重要概念是“礼”，即“原则”之意，其核心观念是：如果每个人、每件事物都能以最佳方式发展，那么社会便能实现和谐。这一观点与尼古拉·库萨的观点一致，他认为，如果每一个“小宇宙”都得到最好的发展，那么“大宇宙”就能达到和谐一致；也类似于莱布尼茨“单子”学说中的理念，即如果每个人都能充分发挥自身潜能，就能实现和谐。

尼古拉·库萨，欧洲文艺复兴黄金时代的杰出人物。

> 如今，和谐已成为儒家哲学的核心思想。它并非一种审美关系，而是一种相互促进、共同向前发展的关系：当所有“小宇宙”都以最佳方式成长时，“大宇宙”便能实现和谐。
>
> 此外，还有一种观点认为存在“天命”，即人与自然必须和谐相处。这一思想最早可追溯到西周时期（公

[39] 拉鲁什夫人在这里所指的现象是学术界普遍存在的一种观点。具体参见伊恩·约翰逊于 2014 年 9 月 25 日发表于《纽约书评》的一篇文章，名为《中国人入侵非洲》：http://www.nybooks.com/articles/2014/09/25/chinese-invade-africa/，以及 BBC 的报道，名为《中国追随英国的脚步获取非洲财富》：http://news.bbc.co.uk/2/hi/programmes/from_our_own_correspondent/9023642.stm。

[40] 全文参见：http://www.larouchepub.com/hzl/2015/4225paris_conf_jun13.html。

元前 1046 - 771 年）的“天意”观念，即认为天与人之间必须和谐相处，彼此紧密相关。

“和而不同”是孔子在《论语》中所提出的观点。“多样性中的统一” 则是尼古拉·库萨所阐述的理念。在《礼记》中，有一篇被视为《大学》序文的文字（一般认为出自孔子），其中写道：“物有本末，事有终始，知所先后，则近道矣”。这一观点与弗里德里希·席勒在《美育书简》一书中所表达的观点一致，他认为只有科学家和古典艺术家才能理解真理。

孔子的哲学思想在当今中国正经历着复兴。图片源自费里德·伊斯特古·吉莱斯贝格

习近平主席在其著作《习近平谈治国理政》中（收录了他 2013 - 2014 年的 71 篇讲话），体现了浓厚的儒家精神。他引用中国古语“学如弓弩，才如箭镞”，鼓励人们以学为先，以学为责，以学为德，以学为业，树立‘梦想从学习开始’的信念。”他还借孔子的“吾日三省吾身”强调日复一日地自我更新的重要性。人生从不偏爱那些墨守成规、安于现状的人，也不会等待那些没有志向、坐享他人成果的人。

……

因此，这种国家间的合作新模式并非乌托邦，而是对未来发展的展望。在欧洲哲学传统中，最接近孔子的思想家尼古拉·库萨创造了一种划时代的新哲学方法，真正区分了中世纪和现代时代。他提出，带来秩序和整体性的原则是和谐的概念，即宇宙中普遍的和谐。和谐并非单纯的审美存在，而是通过对位式的发展，使不同的小宇宙相互促进，充分发展自身，同时造福他者，这与“共赢”理念一致。这种思想也体现在《威斯特伐利亚和约》（1648 年）的原则中。

超大项目的时代回来了

20 世纪 70 年代初，美国和欧洲开始出现消极的范式转变。这一转变始于 1971 年 8 月，当时尼克松政府正式废除了罗斯福时代的布雷顿森林体系。此后，在 20 世纪 80 年代和 90 年代，这一转变在全球范围内引发了一系列金融和债务危机。此前，国家资助的工业发展政策曾帮助美国从 20 世纪 30 年代的大萧条中实现经济复苏，并助力欧洲从二战的废墟中恢复。然而，随着消极范式转变的出现，政策重点逐渐从这些工业发展政策上转移开。金融和信贷市场的放松管制以及全球化的新趋势，使得金融和货币收益成为投资的主要标准。创造越来越大的金融泡沫和衍生品泡沫成为金融实践的关键因素。公共投资机构和私人资源逐渐流入金融部门，以追求纯金融工具和产品带来的更高利润，而非实体经济发展。

这些新自由主义政策在反对大规模现代工业发展的环保主义运动中找到了盟友，两者共同作用，阻挠政府为大型基础设施建设、工业扩张或科学项目提供资金。政策重点仅转移到维护既有建设成果和建设更小的项目上。发展中国家因此无法从工业化部门获得信贷和技术来实现其发展目标，而越来越依赖紧急援助和经济援助项目。以非洲国家为例，它们没有得到修建水坝、供水和卫生系统等基础设施建设的支持，而是得到了蚊帐来对抗疾病，得到了避孕用品来降低出生率——这些都无法帮助他们建立现代医疗保健体系。

新千年之初，中国经济快速增长。然而，2008 年全球爆发的前所未有的金融和银行业危机敲响了警钟。尽管中国受危机的直接影响较小，但欧美经济衰退导致的贸易大幅下降对中国经济增长产生了影响。然而，与这些采取更多紧缩措施并向制造危机的金融机构提供救助的跨大西洋国家不同，中国选择通过加大基础设施建设和工业发展投资的方式来应对危机。中国模式由此成为许多国家的灵感来源。然而，尽管各方普遍认可大规模基础设施投资和整体经济增长对于解决全球金融与经济危机的重要性——正如 2015 年 11 月在土耳其安塔利亚举行的 G20 峰会上[41]所表达的——G20 对“超大项目”的定义、应用的技术水平，以及最重要的，这些大规模基础设施项目的融资方式，与中国模式仍存在巨大差异。此外，许多智库和大众媒体仍在警告所谓“超大项目”（通常被定义为投资超过 10 亿美元的项目）不值得投资，因为它们不太可能产生短期货币回报。一些对超大项目流传较广的批评甚至没有任何意义，因为批评者似乎认为：“好吧，政府有时会管理不善大项目……因此，我们永远不该建任何大项目[42]！”

正如本书的相关章节所示，基础设施投资所创造的价值远超投资者的直接利润。这些投资的目标是提升个人和整个社会的生产力，而这种生产力的提升才是真正的财富创造过程。超大项目本质上是具有变革性的，它们能够催生巨大的发展链条。同时，它们也是技术的催生者，迫使技术能力超越现有界限，因为项目会提出社会必须解决的新类型问题——正如 20 世纪 60

[41]资料来源：http://www.consilium.europa.eu/en/press/press-releases/2015/11/16-g20-summit-antalyacommunique/，同样可参见世界银行和国际货币基金组织的联合报告：《从数十亿到数万亿：变革发展融资》：

http://siteresources.worldbank.org/DEVCOMMINT/Documentation/23659446/DC20150002%28E%29FinancingforDevelopment.pdf。

[42] 例如，参见美国卡托研究所的这份报告：

https://www.cato.org/policyreport/januaryfebruary-2017/megaprojects-over-budget-over-time-over-over，

或加拿大《环球邮报》的报道：

https://www.theglobeandmail.com/opinion/move-over-megaprojects-here-comethe teraprojects/article27973165/。

年代美国阿波罗登月计划在实现目标过程中所取得的巨大技术进步所示。

在工业化国家经济低迷时期仍得以完成的超大项目极为特殊，因为它们是在普遍缺乏基础设施的环境中完成的。项目通常是在巨大的资金压力和环保主义阻力下完成，其动力多源于迫切需求，例如解决区域间交通问题，而非作为更大规模国家或地区经济规划的一部分。典型案例包括：葡萄牙里斯本的瓦斯科·达·伽马大桥（1998 年建成），丹麦和瑞典之间的厄勒海峡大桥/隧道（1999 年建成）、美国波士顿“大开挖”中央隧道项目（1991-2007 年）、韩国仁川大桥（2009 年建成）、西班牙国家高速铁路网（1992-2016 年建投），以及瑞士阿尔卑斯山圣哥达基线隧道（2016 年建成）等。

在过去 20 年中，中国在类似大型基础设施项目方面一直处于领先地位，并积极参与海外类似项目。然而，中国投资的海外基础设施项目并不是孤立的，而是更大发展进程的一部分。在规划西亚和非洲的发展时，这一点必须被充分考虑，本书后续章节将对此进行详细说明。

重新定义“可持续发展”

“可持续发展”这一概念是由联合国在 1987 年发布的《布伦特兰报告》[43]中正式提出的。它通常与推动使用所谓的“可再生”能源（如太阳能和风能）有关，也常常与人类活动对环境的所谓负面影响联系在一起。报告指出，“可持续发展”的定义是满足贫困社会的“基本需求”，即确保生存的最低标准，同时强调所有国家和人民都有权利追求更高生活水平。然而，报告也指出，现代社会中大多数人的生活方式“超出了地球生态承载能力，例如当前的能源使用模式”，因此，报告认为世界将不可避免地陷入贫困，技术进步和工业发展并非真正的解决办法，因为“可持续发展“意味着“技术水平与社会组织状态对环境满足当前及未来需求能力所施加的限制”。

然而，正如本书第三章所示，关于自然资源有限性以及生态系统所谓“承载能力”的概念并不适用于人类社会，因为定义“资源”范围的是科学技术的发展水平，而非先验的“自然”界限。因此，按照《布伦特兰报告》中提出的这些概念设定“可持续发展”目标，将对消除贫困、提升所有个人和国家的生活水平及生活质量构成重大障碍。所需要的是对这些概念进行全

[43] 挪威前首相格罗·哈莱姆·布伦特兰曾担任联合国世界环境与发展委员会主席，并于 1987 年发布了《我们共同的未来》报告，该报告也被称为“布伦特兰报告”：http://www.un-documents.net/wced-ocf.htm。

新的定义，或者采用完全不同的理念。

中国已经证明，摆脱贫困、走向进步的途径在于通过快速的“工业化”和大型开发项目，充分利用科学、人才及自然等各类资源。例如，必须利用所有可用的能源，如煤炭、石油、天然气、水电和核能。尽管具有更高能量通量密度的能源（如核裂变和核聚变）取代能量密度较低的能源是必然趋势，但要求贫困国家放弃使用那些曾使美国、欧洲、日本等国家和地区实现现代工业社会的能源，这既不合理，也不道德。

中国的经济奇迹是建立在健全有效政策的基础上的，而这些政策似乎与世界银行、国际货币基金组织、国际环保组织以及金融咨询公司和智库等国际机构所倡导的政策背道而驰。具有讽刺意味的是，中国所遵循的政策正是使美国在 20 世纪 40 年代末成为世界最强经济体、以及战后使破败德国成为第二大工业强国的政策。

中国采取的是一种“国家主导型”的政策，即通过国家信贷进行长期发展投资，以集中、国家资助的方式发展基础设施和工业，利用现有技术和科学创新，并推动新的技术发展。在中国的政策中，不存在国际上大力宣传的公私合营模式（PPP)、国有资产大规模私有化、经济政策制定的分权化，或将商业银行业务与投机性投资银行业务混合的做法。尽管如此，西方机构仍然坚持认为，发展中国家应该致力于私有化、分权化，PPP 融资模式，并减少国家在经济计划和政策执行中的参与[44]。

这种差异——一方面是历史和现行实践中已被证明成功的发展模式（如美国和德国的工业化经验），另一方面是国际机构所推广的模式——必须被澄清和消除。中国和金砖国家引领的新发展范式是这一进程中的关键要素。

因此，在此背景下，有必要明确指出，“可持续发展”这一术语的定义应该是：通过科学创造力和技术革新，使整个社会不断获得更高物质与文化生活水平的能力。所谓“可持续发展”不应被理解为社会对有限资源不断萎缩的现状的适应，因为根本不存在所谓的“有限资源”！制约发展的不是资源本身，而是文化、科学与技术的停滞。

[44] 上述资料来源：世界银行与国际货币基金组织联合报告《从数十亿到数万亿：变革发展融资》(“From Billions to Trillions: Transforming Development Finance”)：

http://siteresources.worldbank.org/DEVCOMMINT/Documentation/23659446/DC20150002%28E%29FinancingforDevelopment.pdf) and Antaliya G-20 Summit Communiqué；

http://www.consilium.europa.eu/en/press/press-releases/2015/11/16-g20-summit-antalya-communique/。

用来描述这一演进过程的更合适术语是“进步”或“渐进发展”。

“援助”非洲还是赋能非洲？

在非洲与欧洲和美国之间建立公平伙伴关系的最大障碍之一在于：在殖民时期，非洲被视作单纯的被掠夺对象；而在后殖民时代，非洲仍被视为原材料的供应地，同时日益被视为负担——只能通过“救济”和“外国援助”获得帮助，而不是通过合作建设使非洲国家能够自力更生、满足自身经济和社会需求的能力。欧美看到的只是问题，而中国看到的则是潜力和机遇。

1943 年，富兰克林·德拉诺·罗斯福和温斯顿·丘吉尔在德黑兰

这种积极的思维方式并不仅限于中国。美国总统富兰克林·德拉诺·罗斯福对非洲也有类似的看法。罗斯福在大萧条期间拯救了美国经济，并在第二次世界大战期间通过美国的工业和后勤能力帮助世界摆脱了法西斯主义和纳粹主义。他在新政经济复兴时期帮助世界摆脱了法西斯主义和纳粹主义，并对殖民主义抱有强烈的反感和批判态度。据罗斯福之子、曾随父亲出席部分战争时期国际会议的美国空军军官艾略特·罗斯福记载，他与英国首相温斯顿·丘吉尔的

激烈交锋，充分显示了他对战后世界应有秩序的构想[45]。遗憾的是，罗斯福在战争结束前去世，他的继任者未能延续他的进步观点和政策。

以下是罗斯福与丘吉尔交流中的两段摘录，体现了两人观点差异之大[46]：

> 丘吉尔在扶手椅中微微挪动了一下身体，语气沉重地说道："英帝国的贸易协定—"
>
> 父亲打断了他："是的，这些帝国贸易协定就是一个很好的例子。正是因为这些协定，印度和非洲的人民，以及所有殖民地的近东和远东地区的人民，才仍然像现在这样落后。"
>
> 丘吉尔的脖子涨红，身体向前倾："总统先生，英国绝不打算放弃在大英帝国各自治领中的优先地位。英国强大的贸易将继续下去，而且会在英国大臣们规定的条件下进行"。
>
> 父亲缓缓说道，"你看，温斯顿，这大概是我们意见不合的地方。我坚信，如果我们要实现稳定的和平，就必须促进那些落后国家和民族的发展。该如何做到呢？显然，不能依靠十八世纪的旧方法。现在——"
>
> "谁在说十八世纪的方法？"丘吉尔打断道。
>
> 父亲接着说："无论是哪位英国部长，若提出的政策只是将殖民地的原材料财富掠夺出去，却不给当地人民任何回报，那就是十八世纪的方法。二十世纪的方法是将工业引入这些殖民地。它包括通过提高人民的生活水平、教育他们、改善卫生条件，使他们从自身社区的财富中获得回报，从而增加人民的财富"。

在书中的其他地方，罗斯福对丘吉尔说道：

> "财富！帝国主义者没有意识到他们能够做什么，能够创造什么！他们从这片大陆掠夺了数十亿财富，只是因为他们目光短浅，没有意识到与这些可能性相比，他们的数十亿不过是零头！这些可能性必须包括让居住在这片土地上的人们过上更好的生活……"

非洲联盟志存高远

2014年，在经历过一个关键的准备阶段之后，非洲对未来的新愿景以一种极为显著的方式呈现。2014年1月，非洲联盟委员会（AUC）主席恩科萨扎娜·德拉米尼-祖马发布了一份具有里程碑意义的文件。这份文件可以被视为非洲工业化和一体化的新愿景，甚至是第二个宣言，即她的《来自未来的邮件》。自1960年塞内加尔的谢赫·安塔·迪奥普发表他关于创建"强大的国家工业，优先发展工业化、农业机械化"的激情愿景以来，非洲尚未出现过如此具有前瞻性的文件。迪奥普的愿景包括核能生产，以及在核物理、化学、电子学和航空学等领域建立研究机构（见第9章）。

2014年1月，在非洲联盟（AU）执行理事会的部长级会议期间，德拉米尼-祖马发布了她的愿景。该愿景以个人信件形式呈现，由"恩科萨扎纳"写给名为"夸梅"的朋友，信中设定

---

[45] 艾略特·罗斯福：《他所看到的》，1946。

[46] 同上。

的时间为 2063 年——非洲联盟前身非洲统一组织成立 100 周年[47]。在这封内容丰富的信中，非洲基础设施的建设和整合被置于重要位置。从 2063 年回溯，她写道……

> 经济一体化与基础设施建设的协同推进，极大地促进了非洲内部贸易的快速增长。从 2013 年不足 12% 的水平，到 2045 年接近 50%的占比。随着商品交易所和大陆商业巨头的成长，这一一体化进一步巩固。从非洲制药公司起步，如今泛非公司不仅主导我们超过 20 亿人口的国内市场，还在全球市场上超越了其他跨国企业。
>
> 更为重要的是，围绕矿产和自然资源的增值，非洲发展出了多个区域制造业中心。例如，刚果东部、安哥拉东北部、赞比亚的铜矿带，以及基加利、亚历山大、布拉柴维尔、马塞卢、拉各斯和蒙巴萨等主要的“硅谷”地区。我的朋友，非洲已经从 2013 年以原材料出口为主、制造业衰退的状态，转变为重要的食品出口地、全球制造业中心和知识中心。自然资源和农产品的深加工成为工业化的强大驱动力。泛非公司涵盖采矿、金融、食品饮料、酒店与旅游、制药、时尚、渔业及信息通信技术，推动一体化，并在各自领域成为全球领先企业。
>
> 我们现在是世界上第三大经济体。正如 2014 年 1 月在巴赫达尔举行的外长会议所强调的，我们通过在市场力量与强大且负责任的发展型国家以及区域经济共同体（RECs）之间找到平衡，推动了基础设施建设、社会服务提供、工业化和经济一体化。
>
> 让我回顾一下我们共同的朋友最近写到的内容：
>
> “（非洲的）农业革命起步微小。扎根于农村地区的成功商人（以及地方政府）开始实施大规模灌溉计划，以利用非洲大陆庞大河系的水资源。泛非河流项目——涵盖刚果河、尼罗河、尼日尔河、冈比亚河、赞比西河、库内内河、林波波河等众多河流——由涉及非洲及金砖国家投资者及非洲侨民的公私合作伙伴关系（PPP）资助，释放了大陆未被开发的农业潜力……”
>
> ……非洲快线铁路如今连接了我们曾经各个国家的首都，人们可以纵横交错地领略这片人类摇篮的美丽、文化和多样性。该铁路的奇妙之处在于，它不仅是一条高速铁路，配有相邻的公路，并包含用于输送天然气、石油和水管以及信息通信宽带电缆。这是非洲所有制、一体化规划和执行的最佳典范！

作为这一愿景的旗舰项目，非洲快线铁路被正式更名为非洲一体化高速铁路网络（AIHSRN）项目。该项目由非洲联盟执行理事会于六个月后在非洲联盟峰会期间正式启动。

这一令人振奋的发展背景既来自非洲，也来自中国。德拉米尼-祖马于 2012 年成为非洲联盟委员会主席。此前，她曾于 1999 年至 2009 年担任南非外交部长，因此对非洲的发展方向已有明确的思路。习近平于 2012 成为中国国家主席，并提出了“新丝绸之路”的构想。2013 年 2 月，德拉米尼-祖马与习近平主席在北京会晤，这次会面也成为了一场思想的碰撞。

2013 年 5 月，由祖马主导制定的愿景，名为《2063 议程》，在非洲联盟首脑会议上进行了讨论。随后，她在 2014 年 1 月发布了《来自未来的电子邮件》。

2014 年 5 月，时任中国国务院总理的李克强访问位于埃塞俄比亚的斯亚贝巴的非洲联盟委员会总部，这是他非洲之行的一部分。他承诺推进“非洲和中国在高速铁路、航空、公路

---

[47] 恩科萨扎娜·德拉米尼-祖马：《2063 年议程：一封来自未来的邮件》，非洲联盟出版，2014。http://africanmarads.com/documents/AU/Agenda2063AnEmailFromTheFuture.pdf。

和工业化基础设施方面的合作”，并将连接所有非洲首都城市的高速铁路项目纳入该合作范畴。

位于埃塞俄比亚亚的斯亚贝巴的非洲联盟总部大楼于 2008 年至 2011 年建成。建筑设计由上海同济建筑设计研究院有限公司负责，项目管理方为中华人民共和国商务部，主要承包商为中国建筑集团有限公司。

2015 年 9 月，《2063 议程框架文件》获得非洲联盟国家元首和政府首脑的通过。随后在 11 月，应中国外交部长王毅的邀请，德拉米尼-祖马前往北京进行了为期六天的访问，旨在推动非中合作的进一步发展。在这次访问中，她首次体验了北京至天津的高速列车，陪同她的还有时任中华人民共和国驻非盟使团团长、特命全权大使旷伟霖。这一常驻机构是应非盟的请求而设立的。德拉米尼-祖马乘坐高速列车的行为象征着《2063 议程》的一个核心原则：非洲必须通过跨越式发展，采用最先进的解决方案和技术，推动自身进步。

非洲必须跨越前进，而非爬行！

一些西方人士认为非洲的发展应通过“适宜的技术”来实现，主张采取逐步改进的方法，例如推广脚踏水泵取水或在茅屋上安装太阳能板等小规模升级措施。这样的观点必须予以拒绝。

相反，非洲应直接采用最先进的技术和解决方案，并且应有更大的雄心壮志，不仅要使人民摆脱贫困和欠发达状态，还要将他们引向一个全新的经济平台。例如，刚果河的水电开发潜力巨大，估计可达 100 吉瓦，足以满足数亿人的用电需求，仅规划中的英加水电站就可提供 40 吉瓦。此外，跨流域调水项目 Transaqua 利用刚果河及其支流的小部分水源补充乍得湖，同时在中非地区提供航运通道并产生大量水电——将成为世界上规模最大的水利项目之一（见第 13 章：Transaqua—非洲发展的核心项目）。

非洲铁路线的扩展目前处于世界领先水平。新的交通线路将非洲内陆与城市和港口连接起来，促进现代化发展。有了高效的交通，地区能够引进设备和物资，出口产品，居民也能更便捷地出行。电力的普及则进一步释放了更高的生产能力，提升了土地和人口的价值。

非洲和西亚地区拥有巨大的增长潜力！本书将介绍已提议和正在进行的项目，提出区域互联互通和经济基础设施建设的新方案，并讨论实现这些项目所需的经济前景和融资方式。

然而，在任何项目破土动工之前，需要对一些危险的错误观点进行全面的审查和清理。这些观点涉及人类与自然的关系、资源的定义、社会的发展方式、发展融资方式，以及工业化国家在西亚和非洲的角色等。这些观点被当作法律或神启来对待，但实际上，它们正是导致非洲当前贫困和落后的部分原因，并且已成为扭转这些状况的巨大障碍。这些问题将在本书的第 3、4 和 5 章中进行讨论。

第一章 西亚：通往地中海和非洲的丝绸之路十字路口[48]

侯赛因·阿斯卡里 (Hussein Askary)

西亚国家（即中东地区）地处亚洲、非洲和欧洲三大洲之间最重要的海陆空交通要道，这种得天独厚的地理位置赋予其独特优势。若这些国家能实现经济一体化转型，为欧亚大陆和非洲的未来发展铺路，它们将在这些进程中发挥关键作用，同时确保自身在摆脱对化石燃料的依赖后，仍能在经济、政治和文化领域保持长期繁荣。

这一地区独特的人力与自然资源，对世界经济与政治稳定具有重要意义，其充分开发长期以来却受困于 19、20 世纪主要帝国主义大国地缘政治的遗留问题。1916 年英法签订的《赛克斯-皮科协定》导致该地区内部分裂，这些地方又在冷战时期深陷“亲西方君主制”与“社会主义共和国代理人”之间的权力博弈，其影响至今仍在中东和北非地区持续发酵。

2002 年 6 月，林登·拉鲁什在阿布扎比扎耶德中心主办的“石油与天然气在世界政治中的作用”研讨会上发表演讲时，从经济视角剖析了海湾国家及西南亚地区的发展前景——这些国家作为欧亚非三大洲的“十字路口”，具有独特战略价值[49]。事实上，西亚丰富的石油和天然气资源对全球经济发展至关重要，尤其是东亚地区。数据显示，全球 48%的原油出口来自西亚，其中近八成被亚洲国家（特别是中国、印度、日本、韩国）进口。更值得注意的是，西亚及周边的北非、中亚地区坐拥全球近三分之二的石油和天然气资源储备，堪称当今能源供应的关键枢纽。尽管本书建议未来应将石油转型为石化产品和塑料的原料，而非作为能源使用，但现实是许多国家至今仍依赖石油维持能源供给。

中国国家主席习近平 2016 年 1 月对沙特阿拉伯、埃及和伊朗的访问，可视为西亚地区在经济与战略层面的转折点。在与三国领导人的会晤及公开讲话中，习近平主席邀请这些国家加入“一带一路”倡议，并明确指出这些地区需要通过经济发展来奠定和平的新模式。习近平主席的访问正值该地区历史上最黑暗的时刻之一:叙利亚、伊拉克和也门同时爆发了三场战争，埃及、利比亚、土耳其、黎巴嫩、科威特和沙特阿拉伯等许多国家都成为恐怖主义活动的目标。

---

[48] 本章选自 2017 年首版

[49]《作为战略十字路口的中东》演讲全文：
https://www.schillerinstitute.org/lar_related/2002/lar_abu-dhabi.html。

习近平主席此次出访紧随中国外交部首次发布《中国对阿拉伯国家政策文件》[50]之后仅一周，该文件强调经济合作的重要性，主张要沿着“新丝绸之路”推进基础建设项目，并推动核能与工业发展，作为稳定局势、解决该地区危机的关键要素。此次访问期间，中国与三国签署的经贸协议，共同营造出对“新丝绸之路”倡议充满期待与开放包容的积极氛围。

埃及：亚洲、欧洲和非洲之间的桥梁

自 2013 年 6 月，21 世纪埃及“二次革命”及阿卜杜勒·法塔赫·塞西总统当选以来，埃及已着手摆脱长期深陷危机的依赖型国家模式，迈向真正的新兴发展中国家行列。尽管数十年来积累了大量经济社会痼疾，且面临“伊斯兰国”（IS）恐怖组织的残酷袭击，埃及仍然做出了转型的努力。这种新趋势的典型体现，是埃及正全力开发其长期闲置的国家资源——包括金融与人力资源。这些资源如今被注入一项全面而周密的国家发展战略。该战略以大型工程项目为基础，并设定了超常加速的完成进度表，就像第二条苏伊士运河的开挖工程一样——这一工程仅用一年时间便告竣工（于 2015 年 11 月完工）[51]。

2015 年，塞西总统与苏伊士运河管理局负责人穆哈卜·马米什在新苏伊士运河工地。图片来源：《金字塔报》

[50] 中国外交部《中国对阿拉伯国家政策文件》（2016 年 1 月）全文：

http://english.gov.cn/archive/publications/2016/01/13/content_281475271412746.htm。

[51] 参见《可持续发展战略：埃及 2030》：http://sdsegypt2030.com/。

埃及正重新聚焦工业发展，通过着手沙漠开垦促进农业与城市建设，以缓解国内人口结构失衡的问题。中国将埃及视为亚欧海上丝绸之路战略运输枢纽，这使埃及获益匪浅。与此同时，塞西总统与俄罗斯总统普京建立了特殊政治战略关系，两国在经济领域的合作不断推进，包括签署了在地中海沿岸的达巴地区建设埃及首座商用核电站的协议。埃及还深化了与中国“一带一路”倡议的联系，承诺通过新苏伊士运河提升通航条件，并在其港口设施及规划中的苏伊士运河经济区（SCZ）提供物流和其他服务，以支持“海上丝绸之路”的建设。中国对埃及项目的投资是双方战略伙伴关系的重要体现，彰显了中国愿与埃及构建深度战略合作关系的决心。

埃及的作用不应局限于通过苏伊士运河和“海上丝绸之路”促进东西方贸易，同时收取相关费用，其地理、战略、经济和文化潜力远不止于此。作为亚非之间的天然纽带，只要基础设施建设到位，埃及所处的位置，有望使其成为全球最繁忙的工业发展区的核心地带。此外，埃及还拥有庞大且受过良好教育的年轻人口，他们渴望在塑造国家和地区经济未来方面发挥作用——无论是在西亚还是非洲大陆。

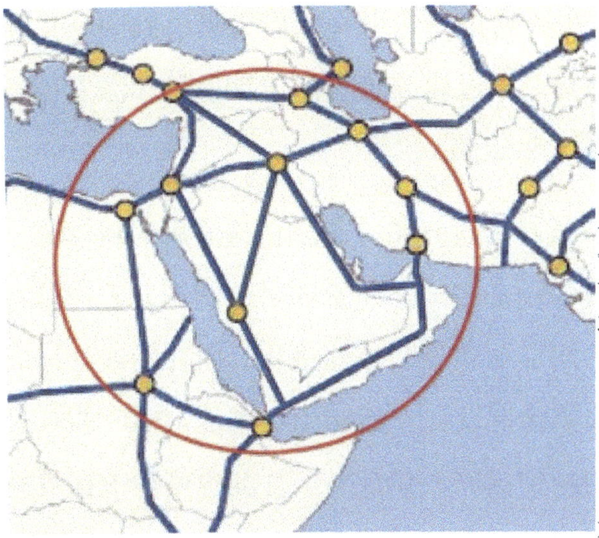

这片区域独具特色：地处三大洲交汇之地，是全球重要贸易通道之一；拥有全球 44%的碳氢化合物储量，以及数万亿美元外汇储备，人口达 4 亿（其中以青少年人口为主）；它还拥有世界上最多元的文化与族群，并孕育了一些最古老的文明。然而这些优势却因地缘政治博弈而成为劣势，新丝绸之路的双赢理念，为当前冲突状态提供了和谐出路，引领各方走向和平繁荣的新篇章。

这片涵盖伊朗、土耳其、叙利亚、埃及、苏丹、埃塞俄比亚、吉布提、索马里及海湾阿拉伯国家合作委员会（简称海湾合作委员会，GCC）国家的区域，不仅坐拥全球最丰富的石油资源，更是连接各大洲的天然纽带。这里不仅是众多古老文明的发源地，更承载着约 4.5 亿人口的生活图景——其中多数人年龄在 30 岁以下，且该年龄段人群中不乏受过良好教育的群体。预计未来三十年内，这一人口规模将会翻一番。此外，该地区蕴藏着丰富的非燃料类矿产资源，若能合理开发，其水资源储量也相当可观。这片土地有望成为工业与高科技产品的重要市场，而这些产品在过去数十年几乎无法进入该地区。如今，这些对发展至关重要的产品正为这一地区所迫切需要。整体而言，该地区并不缺乏资金，仅海湾合作委员会国家的主权财富基金就超过

2 万亿美元[52]。

真正值得关注的并非这些国家经济的过去或现状，而是若此刻启动所提议的发展进程，其未来潜力将何等巨大。诚然，该地区多数国家在过去数十年间饱受发展困局，其根源错综复杂：战争频发、经济制裁不断、大规模移民潮与人才流失，以及由目光短浅的国际金融机构制定、被机会主义的各国政府执行的错误经济政策。更令人唏嘘的是，过去两百年间该地区还长期遭受国际地缘政治干预，沦为世界大国代理人战争的角斗场。

如今，随着“一带一路”倡议的推动以及众多发展中国家乃至发达国家的参与和合作，世界经济格局正迎来全新发展范式，新的发展机遇已然显现。对于这个长期缺乏内在动力的地区而言，通过加入新丝绸之路战略（作为外部推动力），其发展将获得新动能。借此，资金、矿产财富与人力资源便能被引导至一个共同的使命——推动各国乃至整个地区的国家与区域一体化发展。

这一发展进程中的关键因素在于该地区的青年群体。通过培训，青年人能够进入劳动力市场，为国家建设贡献力量、治理沙漠，其方式类似于罗斯福时期（1933 年）美国在大萧条期间推行的新政和“平民保育团”（CCC）计划。这些计划将失业男女从街头吸引到国家重建项目中，助力美国在二战期间成为全球最强大的经济体。通过培养青年的未来愿景和激发创造力与生产力的教育，可以让他们远离绝望与破坏性的人生道路。

因此，人才流失现象将得到有效遏制。成千上万在欧洲和美洲流亡或旅居的科学家、高学历人才将重拾信心，安心回国为祖国效力。区域内较富裕国家积累的财政资源、矿产财富及国家信誉，可与欠发达地区的专业技能相结合，共同启动建设与重建进程。由开发银行建立的统一信用体系，能有效填补各国间的信用缺口。本书建议设立一所初始资本达 1000-1500 亿美元的“阿拉伯基础设施投资银行”，至于其他非阿拉伯国家如伊朗、土耳其也可在该行成立后加入成为成员，正如欧洲和非洲国家加入“亚洲基础设施投资银行”（AIIB）那样。

将这一地区纳入欧亚—非洲大陆桥至关重要，它不仅将使这些国家和地区受益，也将惠及整个世界。详细内容将在第七章展开。

---

[52] 主权财富基金研究所：http://www.swfinstitute.org/fund-rankings/。

第二章 丝绸之路延伸至非洲[53]

侯赛因·阿斯卡里 (Hussein Askary)

2014 年 5 月，时任中国国务院总理李克强在访问多个非洲国家期间，勾勒出一幅关于中国援助非洲工业化与基础设施建设的蓝图。此次访问从埃塞俄比亚开始，最终抵达肯尼亚，并途经中国在非洲最大的贸易伙伴安哥拉以及第三大贸易伙伴尼日利亚。与西方媒体及智库那些充满焦虑的报道形成鲜明对比的是，李克强此行并非为采购原材料[54]，而是倡导增加中国对非洲的工业投资与基础设施建设合作。这些政策旨在提升民生水平，推动非洲迈向新的经济发展平台。

李克强于2014年5月11日在内罗毕与东非领导人举行联合记者会。

[53] 本章选自 2017 年首版

[54] 例如，可参见英国查塔姆研究所发布的亚历克斯·瓦因斯博士的评论文章：《中国总理李克强在非洲：安哥拉对中国的重要性》：(https://www.chathamhouse.org/expert/comment/14134)。《纽约书评》刊发的另一篇更具敌意的文章《中国人入侵非洲》声称："人权观察等组织详细揭露了劳工权益遭践踏的现象，揭示了中国如何将限制言论自由的手段输出海外—尤其针对非洲等依赖中国的地区。这些经济往来常被包装成北京与非洲腐败领导人之间的暗箱交易。这些交易非但未能助力非洲构建公民社会，反而损害其长远利益，助长了当地贪腐势力以及低廉代价赚取资源的恶性循环。(http://www.nybooks.com/articles/2014/09/25/chinese-invade-africa/)。

5 月 5 日，李克强在埃塞俄比亚首都亚的斯亚贝巴的非洲联盟总部发表讲话时强调，中国的目标之一是实现高速铁路连接所有非洲国家首都的梦想，促进泛非交流与发展。李克强强调，中国在这一领域已掌握了世界一流的技术。

自 1979 年林登·拉鲁什提出包括全非洲铁路网、大型水利工程、核能与工业化在内的快速基础设施发展研究以来，这是首次有主要国家倡导非洲的广泛工业与基础设施发展规划。

中国已经在非洲大陆范围内率先开展交通与能源基础设施建设。据"人民网"5 月 10 日报道，李克强出访期间最重要的成果之一，是中国铁建股份有限公司与尼日利亚交通部签署了一项价值 131 亿美元的沿海铁路建设项目合同——这条从拉各斯延伸至卡拉巴尔的铁路，是中国迄今签署的最大海外铁路项目之一[55]。报道称，尼日利亚铁路局局长表示，该工程将修建一条全长 1385 公里的单轨铁路，列车最高时速可达 120 公里。拉各斯-卡诺标准轨距铁路于 2016 年 7 月正式通车，而拉各斯-伊巴丹段的建设工程则于 2017 年 3 月启动。

时任肯尼亚总统乌胡鲁·肯雅塔为蒙内铁路（蒙巴萨-内罗毕标准轨铁路）主持通车仪式。来源：http://www.vision2030.go.ke/。

---

55 卢亚楠：《中国与尼日利亚签署 131 亿美元铁路协议》：http://en.people.cn/business/8623229.html。

另一项重大进展是2014年5月11日中国代表团与东非共同体（EAC）领导人达成协议，将在肯尼亚印度洋港口城市蒙巴萨与首都内罗毕之间修建一条耗资38亿美元的铁路。这是连接乌干达、卢旺达、布隆迪、南苏丹和埃塞俄比亚的铁路线首阶段工程。根据协议条款，中国进出口银行将承担90%的费用，用于更换已破旧不堪的英国殖民时期铁路线——“疯人快车”，并将其升级为全长609.3公里的现代化标准轨距铁路。该铁路为标轨铁路，剩余10%的费用由肯尼亚承担。2014年10月下旬，由中国交通建设公司作为总承包商开始施工，这条铁路于2017年5月提前近一年完工。蒙巴萨-内罗毕（肯尼亚）新线路将旅客行程时间从12小时缩短到4小时左右。

该铁路项目的签约仪式上，时任中国国务院总理李克强与时任肯尼亚总统乌胡鲁·肯雅塔、乌干达总统约韦里·穆塞韦尼、卢旺达总统保罗·卡加梅、南苏丹总统萨尔瓦·基尔，以及布隆迪和坦桑尼亚的高级官员共同出席。李克强表示：“这个项目充分展现了中国与东非国家之间的平等合作与互利共赢，铁路建设是交通基础设施发展的重要组成部分”。肯雅塔盛赞中肯关系蓬勃发展，称其“建立在相互信任的基础上”，并表示肯尼亚“找到了值得尊敬的合作伙伴——中国”。穆塞韦尼则对西方列强直言不讳：“我们欣慰地看到中国专注于解决实际发展问题，而不是空谈如何管理地方政府”。

该协议只是一系列协议中的一个，中国已经与尼日利亚、安哥拉和坦桑尼亚签署了类似 协议，涉及铁路、港口、发电和工业项目，旨在将非洲与“一带一路”连接起来，建设发展走廊，推动非洲经济进入21世纪。

非洲另一项重大成就是2016年10月建成的亚的斯亚贝巴-吉布提750公里电气化标准轨距铁路。这条铁路将内陆国家埃塞俄比亚及其9000万人口与世界交通干线及通过吉布提港的海上丝绸之路连接起来。该项目始于2011年埃塞俄比亚铁路公司与中国中铁、中国铁建签署协议后启动，由中国进出口银行提供30亿美元贷款融资。这条铁路是埃塞俄比亚《增长与转型计划》的重要组成部分。这条铁路是埃塞俄比亚雄心勃勃的工业化计划——《增长与转型计划》的一部分。该计划包括建设全国铁路网以连接国内主要城市、开发五大工业园区，以及开展水利、电力和农业项目。

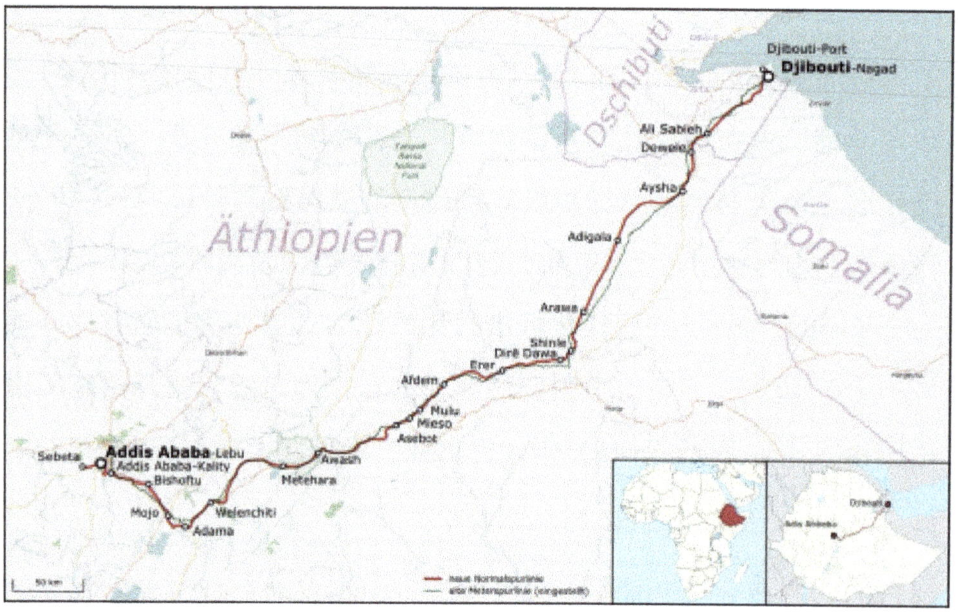

亚的斯亚贝巴-吉布提铁路线

中国在非洲：神话还是事实

麦肯锡 2017 年 6 月发布的一份报告披露了中国在非洲经济参与程度上的惊人事实，并驳斥了许多关于这种参与的误解。这份题为《狮龙共舞》[56]的报告是基于对分布在八个非洲国家的 1000 家中国企业的调查。

研究报告了以下内容：

• 中国在非洲的参与远远超过中国官方统计数据所提供的预估。

• 过去二十年间，中国已成为非洲最大的经济伙伴，2015 年中非货物贸易额达到 1800 亿美元，而非洲其他主要贸易伙伴分别是：印度（590 亿美元）、法国（570 亿美元）、美国（530 亿美元）和德国（460 亿美元），中非贸易额以每年约 20%的速度持续增长。

• 过去十年间，中国对非洲的直接投资增长更为迅速，年均增长率高达 40%。

• 中国是一个规模大、增长快的援助来源。

---

[56] 麦肯锡公司，《狮龙共舞：非洲与中国如何互动，伙伴关系将如何演变？》，2017年6月。(http://www.mckinsey.com/global-themes/middle-east-and-africa/the-closestlook-yet-at-chinese-economic-engagement-in-africa)。

• 中国是“近年来非洲许多最雄心的基础设施建设项目”中最大的建设融资来源国。

• 有上万家中国公司活跃在非洲，其中大约 90%是私营企业，这与外界认为由大型国有企业主导的说法相反。

• 其中三分之一的公司从事制造业，承担着“非洲约 12%的工业产出，总价值约每年 5000 亿美元”。

• 与指责中国攫取非洲自然资源的说法相反，研究表明，这些公司的活动不是集中在将商品出口到非洲以外，而是致力于满足非洲自身不断增长的需求。

• 在基础设施方面，中国公司承揽了非洲国际建筑承包市场的 50%。

• 外界普遍认为中国企业把数十万中国劳工带到非洲而不是雇佣当地人，这种观点已经被推翻了。在调查的 1000 家中国公司中，89%的员工是非洲人，为非洲工人创造了近 30 万个就业岗位。将这些数字推算到非洲的所有 10000 家中国公司，这意味着中国企业在非洲可能提供了数百万个就业机会！

• 此外，这些企业中有 44%的管理人员是非洲人。

• 64%的中国雇主提供某种形式的技能培训。在建筑和制造业，技能型劳动力不可或缺，其中有一半企业提供学徒培训。

• 中国公司正在积极地向非洲转让技术，在许多情况下，他们将先进的技术和机器的价格降低 40%，使它们在非洲可以负担得起。

讽刺的是，麦肯锡公司这份报告本身揭示了西方金融机构目前占主导地位的思维模式。在详细列举了中国通过国家支持的公共信贷所取得的所有令人瞩目的成就之后，该报告却建议放弃这种融资形式，采取非洲国家和中国“转向公私合作”（PPP）融资模式[57]。

在非洲从事土地掠夺的不是中国，而是欧洲

针对中国的另一个广为流传的指控是，中国公司正在非洲通过抢购土地进行掠夺——把粮食出口到中国，把生物燃料出口到世界市场；为了实现这一目标，中国正将数百万农民送往非

[57] 同上，第 69 页，附件 21，关键建议第 10 条。我们将在第四章讨论问题重重的基础设施融资 PPP 模式。

洲。 这些指控在西方媒体上四处传播，仿佛它们是板上钉钉的事实，但它们没有任何现实依据，也没有提供任何确凿证据。例如，英国《卫报》在一篇耸人听闻的报道中以这样一个令人难以置信的指控作为前言："据估计，已有 100 万中国农民加入了涌入非洲的热潮，这突显出一种担忧，即一场自 19 世纪以来未曾见过的不受控制的'土地掠夺'正在上演"[58]。这类报道的荒谬之处在于，《卫报》所引用的国际农业发展基金（IFAD）和联合国粮农组织（FAO）联合发布的报告中[59]，压根没提"百万中国农民"这个说法，反而明确指出："迄今为止，并无已知的中国在非洲超过 5 万公顷土地收购的实例，这些交易既已完成并付诸实施的项目也不存在。中国在非洲一些国际设立的'友谊农场'名义上由中国国有企业持有，但大多规模有限，通常不足一千公顷"。可惜的是，《卫报》这类西方主流媒体留给读者的印象总是"百万中国农民"要入侵非洲，因为很多读者不查资料，只信这些媒体的表面可信度。

颇具讽刺意味的是，一项深入调查显示，真正大规模参与非洲土地收购行动的其实是欧洲企业。这些企业在本国政府，乃至欧盟委员会本身的财政和政治支持下，进行大规模土地兼并，用于生产面向欧洲市场的生物燃料，而这直接以饥饿的非洲农民为代价。非洲土地的大规模收购（用于甘蔗、麻疯树等生物燃料作物的生产）主要是由欧洲、北欧以及美国的公司和投资基金所为。

欧洲公司这种触目惊心的全面土地掠夺行为，甚至被欧盟自己记录在案，从而引发了 2016 年 6 月欧洲议会关于欧盟资助的"粮食安全与营养新联盟"（NAFSN）的争议性辩论[60]。"近期研究表明，存在私营企业进行土地掠夺的案例，而欧盟通过共同资助间接参与了这些行为。如果新联盟不能解决我们目睹的严重问题，欧盟应退出该倡议"，曾参与欧盟议会非洲调查团队的报告员玛丽亚·霍伊布赫（德国绿党）如此表示。

---

[58] 《粮食争夺战：中西方需求增长引发非洲圈地运动》，《卫报》，2009 年 7 月 3。
https://www.theguardian.com/environment/2009/jul/03/africa-land-grab。

[59] 《土地掠夺还是发展机遇？非洲农业投资与国际土地交易》，农发基金/联合国粮农组织，
http://www.fao.org/docrep/011/ak241e/ak241e00.htm。

[60] 参见：欧洲议会报告《撒哈拉以南非洲国家农业项目需设立土地掠夺防护机制》
http://www.europarl.europa.eu/news/en/press-room/20160603IPR30208/international-farmprojects-in-sub-saharan-africa-need-land-grab-safeguards。

make a contribution subscribe find a job

theguardian

news / opinion / sport / arts / life

environment / climate change / wildlife / energy / pollution / more

Food

The food rush: Rising demand in China and west sparks African land grab

Major economic powers buying and renting farmland in sub-Saharan states to satisfy soaring consumption

See the full FAO report into land deals in Africa here (pdf)

Farms in Kenya have been subcontracted for foreign produce. Photograph: Tony Karumba/AFP/Getty

David Smith in Johannesburg

Friday 3 July 2009 17.06 EDT

A million Chinese farmers have joined the rush to Africa, according to one estimate, underlining concerns that an unchecked "land grab" not seen since the 19th century is under way.

Some of the world's richest countries are buying or leasing land in some of the world's poorest to satisfy insatiable appetites for food and fuel. In the new scramble for Africa, nearly 2.5m hectares (6.2m acres) of farmland in just five sub-Saharan countries have been bought or rented in the past five years at a total cost of $920m (£563m), research shows.

"Lands that only a short time ago seemed of little outside interest are now being sought by international investors to the tune of hundreds of thousands of hectares," said a recent report by the International Fund for Agricultural Development (IFAD), the Food and Agriculture Organisation (FAO), and a London-based think tank, the International Institute for Environment and Development (IIED). It described the huge deals reported to date as "the tip of the iceberg".

The report said farmland purchases are being driven by food security concerns, rising demand and changing dietary habits, expanded biofuel production and interest in what is, in theory, an improved investment climate in some African countries.

这是西方主流媒体发表的一篇典型的危言耸听的文章，来自伦敦《卫报》。

另一个典型案例是瑞典调查记者安娜-克拉拉·班克尔的爆料。2013 年 3 月，瑞典广播节目《回声》[61]披露，瑞典国际发展合作署（IDC）曾参与资助多起涉嫌非法土地掠夺的交易。这些事实在 2013 年 3 月由瑞典广播电台的节目《Ekot》披露。报道显示，由 IDC 全额出资设立的对冲基金 Swedfund，在塞拉利昂和其他非洲国家实施所谓的援助项目时，与生物燃料公司 Addax 勾结，欺诈性地从农民手中夺取肥沃土地，用于生产生物燃料，导致当地农户面临缺水和粮食危机。以塞拉利昂的沃雷耶亚马村为例，村民们并未真正理解的情况下签署了一份条款模糊的合同，约定将土地以每英亩每年仅 3.20 美元的价格租给 Addax 公司，租期长达 50 年。虽然农民们被许诺会获得工作机会、医疗保障和子女教育机会，但这些承诺最终都未能兑现。该地区水资源被用于种植甘蔗，生产供欧洲汽车使用的乙醇燃料。报告的结论是，由于瑞典的援助项目，塞拉利昂的小农们在饥饿和干渴中挣扎。

---

[61] 参见：http://sverigesradio.se/sida/artikel.aspx?programid=83&artikel=5462789。

2010 年 8 月，“地球之友”组织发布了一份关于欧洲生物燃料生产商在非洲抢地的另一份令人震惊的报告，标题为《非洲陷于争夺：为生物燃料展开土地掠夺的规模和影响》[62]。这份由欧盟委员会资助的报告指出：“研究表明，非洲地区出售或收购的土地中有三分之一（约 500 万公顷）用于种植燃料作物。‘地球之友’组织调查了从埃塞俄比亚到莫桑比克等 11 个非洲国家的土地抢夺案例。虽然部分土地直接出售给私营企业、国有企业或投资基金，但大多数是通过租赁获得，有些则是与农民签订特定作物种植合同获得。多家欧盟公司参与其中，有的还得到本国政府的支持或介入”。报告进一步揭露：“对农田的压力导致森林被清理，为生物燃料种植园腾出空间，这破坏了宝贵的自然资源并增加了温室气体排放。在埃塞俄比亚，甚至连大象保护区内的土地被清理出来，以腾出空间种植燃料作物。农民发现，备受吹捧的神奇作物麻疯树不仅未能带来稳定收入，反而消耗了宝贵水资源，且需要昂贵农药。在某些情况下，粮食作物被清除，以种植麻风树，使农民没了收入和食物来源”。

“地球之友”的调查结果显示，绝大多数抢地行为都是由欧洲公司实施的，其中英国公司居首，其次是斯堪的纳维亚和巴西公司。中国在这份名单上远远落在后面，所占土地比例非常小。

对 2010 至 2014 年中国在非洲农田使用（租赁或收购）行为的更客观评估显示，中国在整个非洲大陆的总量仅约 8.5 万公顷，不存在掠夺模式。对中国的相关指控已被黛博拉·布劳提加姆在其 2015 年著作《非洲能否养活中国？》[63]中明确驳斥。此前，2009 年发布的研究报告已指出：“迄今为止，并无已知的中国在非洲超过 5 万公顷土地收购的实例，这些交易既已完成并付诸实施的项目也不存在”。该结论源自联合国粮农组织（FAO）委托伦敦国际环境与发展研究所（IIED）进行的一项研究[64]。

此外，非洲对华农产品出口仍以特色作物为主，这种贸易是互利的，例如芝麻、咖啡、烟草等中国需要的产品，而不是非洲亟需的主粮或大宗食品。这与所谓“养活中国”的说法截然不同。中国真正的大宗食品进口来源是美国、巴西、澳大利亚及其他少数出口国，主要包括大

---

[62]参见 2010 年完整报告《非洲陷于争夺：为生物燃料展开土地掠夺的规模和影响》

http://www.foeeurope.org/agrofuels/FoEE_Africa_up_for_grabs_2010.pdf。

[63] 黛博拉·布劳提加姆：《非洲能养活中国吗?》，牛津大学出版社，2015。

[64]参见2009年联合国粮农组织报告《土地掠夺还是发展机遇》
https://www.afdb.org/fileadmin/uploads/afdb/Documents/Generic-Documents/IFAD%20IIEE%20Land%20Grab%20in%20Africa.pdf。

豆、猪肉、牛肉等。这些出口国本身具有发达的农业生产能力，出口并不会威胁其国内粮食安全。这种贸易模式，在被中国更高生产力模式取代前，实际上是农业产能协调下的“互利共赢”的典型例子。

正如将在第十一章关于非洲粮食安全的讨论中所展示的那样，中国事实上正在对非洲农业发展和非洲人民的粮食安全作出巨大的贡献。

定义非洲的未来

上述研究揭示的国际经济关系新范式表明，非洲不再需要在昔日殖民宗主国的后门等待施舍。非洲既不必坐等国际货币基金组织和世界银行等国际金融机构的指令，也不必屈从于它们的附加条件。非洲国家可以在保持主权与独立的同时，以平等的姿态与其他经济大国开展互利合作，而不是作为接受慈善施舍的依附者。

数十年前，非洲国家及其领导人已提出——理所当然地提出——属于自己的非洲发展战略。如今，非洲联盟（AU）已成为推动非洲在物质和政治层面实现一体化的天然平台。为了推进这一进程，从世界其他地区的成功案例中汲取经验并受益，从而将发展规划建立在普遍的科学基础之上，具有重大意义。自 20 世纪 60 年代以来，区域一体化成为非洲经济转型战略的重要组成部分，尽管部分具体协议未达预期高度，但诸如《拉各斯行动计划》（1980 年）[65]和《阿布贾条约》（1991 年）等文件已获通过。然而，受制于全球及地区政治、经济与战略因素，包括货币主义与环保主义教条带来的弊端，非洲经济转型至今仍未真正实现。尽管人们早已认识到非洲国家需要来自工业化世界的技术和金融支持，但早在 20 世纪 70 年代初，西欧和美国的意识形态和金融实践已偏离了工业化和技术发展，转而走向逐利的金融投机与去工业化。

要将区域机制纳入非盟的整体愿景，必须基于实体经济的考量，而不是基于意识形态、宗教、种族、政治或货币因素。

我们在第三章即将探讨，历史经验表明，国家乃至整个大陆的正确发展模式，是通过富有远见并面向未来的战略，以及通过建立坚实的“实体经济平台”，以实现这一战略愿景，从而

---

65 《拉各斯非洲经济发展行动计划》https://www.merit.unu.edu/wpcontent/uploads/2015/01/Lagos-Plan-of-Action.pdf。

推动社会提升至更高的发展层次。这一进程中，社会将达到经济学家林登·拉鲁什所定义的“潜在相对人口密度”的更高水平，并不断增强劳动的生产力与创造力。在此过程中，基础设施发挥着不可或缺的作用——无论是硬件层面（交通、电力、水利）还是软件层面（教育、科研、医疗）。

虽然非洲各国作为主权国家都应拥有独立的发展愿景与规划，但整个非洲大陆若能通过整合愿景和联合行动计划，就能将这些发展蓝图推向更高层次的成功与福祉。非洲本质上是一个有机整体，其各区域虽具有不同特性和潜力，这些差异既能为共同目标作出贡献，也能从整体目标的实现中获益，从而实现“双赢”。

第三章 世界陆桥背后的经济科学[66]

杰森·罗斯（Jason Ross）

全球正在兴起的基础设施项目，预期带来的经济增长是巨大的，将对生活质量、经济发展产生深远影响，科学和基础设施投资在经济中起着独特的作用，其经济价值需要特别关注。

基础设施到底是什么？

在人类已知的一切生命形式中，唯有人类的经济进步是一种独特现象，它通过发现并在社会层面上应用普遍的物理原理而实现。这种创造能力是一切经济增长的根源，也是各国人民之间合作的持久基础。

虽然新概念诞生于个人思维（在教育领域则被重新塑造），但要将一项新发现推广至更广泛领域并投入更多资金，就必然是一个社会性工程。基础设施是现代科学原理得以社会化应用的首要手段，也是最强有力的现代途径。蒸汽机的发明可能只是少数人的工作，但修建一张铁路网并建立能够批量生产机车和车厢的工业体系，则需要成千上万人的共同努力。

为灌溉或排水而改造土地的做法可以追溯到古代，这体现了人类如何改善物质环境以造福自身，为更高水平的经济发展提供了基础平台。如今，高铁网络、核电站和海水淡化系统等基础设施投资，便是推动人类能力迈向新高度的基础设施投资的例证。

基础设施不仅为实体经济的其他方面提供了可能，它所创造的效益往往超出了当今标准经济学方法所能衡量的范围。在本章中，我们将：

- 重新审视经济财富的创造；
- 探讨将基础设施视为“平台”的含义；
- 研究能量通量密度作为经济衡量指标的相关性；

[66] 本章选自 2017 年首版

- 研究若干历史上的基础设施平台案例；
- 勾勒出即将到来的基础设施平台及更远的前景。

经济学：终极科学

经济学是最具包容性的科学，因为它以人类最普遍和最强大的特指所带来的变化和潜力为研究对象：发现新物理原理，并利用这些发现来改善人类生活。简而言之，经济学是推动人类进步的科学。这种进步潜力兼具物质与社会双重属性。其物质效益体现在生活水平的提升，而社会进步则在于让越来越多的人类能够参与伟大的发展征程——无论是作为个体还是社会成员，都能获得时间与机遇从事心智发展，并参与到探索与发现的伟大事业中。

美国经济学家兼政治家林登·拉鲁什在其经济学教育材料中，提出了能够反映经济进步的非线性和非局部特征的评估指标。在《那么，你想学透经济学吗？》这本教材中，他引入了“潜在相对人口密度”作为衡量整体经济相对实力的初步指标。人口密度是指每单位土地上居住的人口数量。拉鲁什写道[67]：

> “显而易见，人类掌控自然能力的增强，最直观的衡量标准便是维持个体生存所需宜居土地面积的减少”。

但并非所有土地都是平等的：

> “土地的居住适宜性存在三重差异。首先，不同文化技术水平下，各类土地本身的质量参差不齐……然而，人类活动并不会让土地永久保持原貌。土地的居住性和其他用途的质量可能因资源枯竭而下降，而通过灌溉、施肥等技术手段又能改善土地质量。最后，技术的进步会改变最适合人类使用的土地性质[68]”。

例如，在其他条件相同的情况下，温带气候可以养活比沙漠地区更多的人民；一个拥有发达运河网的地区可支持的人口数量也多于没有运河的地区。

但是，考虑到土地类型和人类对土地的改良，某一地区的潜在人口数量是多少？能够支持多少人口？

> “通常，现有技术水平能支撑的人口规模与实际人口数量之间存在显著差异。在比较不同文化的技术发展水平时，我们必须衡量的是前者，我们必须以此定义潜在人口，并进行测量。
>
> 我们必须衡量潜在相对人口密度，这是衡量一种文化水平优越性的大致指标，也是衡量经济进步的

---

[67] 林登·拉鲁什：《那么，你想学透经济学吗？》（第二版），1995 年。美国华盛顿特区《行政情报评论》杂志社，第 24 页。

[68] 同上，第 25 页。

标尺。也是劳动经济性的度量衡[69]”。

对于一个特定的文明或文化来说，积累的知识水平决定了“潜在的人口密度”水平，即在一定面积的土地上，能够被支持的最大人口数量，这取决于土地的类型以及人类对土地的改造程度。这种潜在人口密度的变化，可以通过历史上人类人口数量随时间演变的图表间接体现出来：

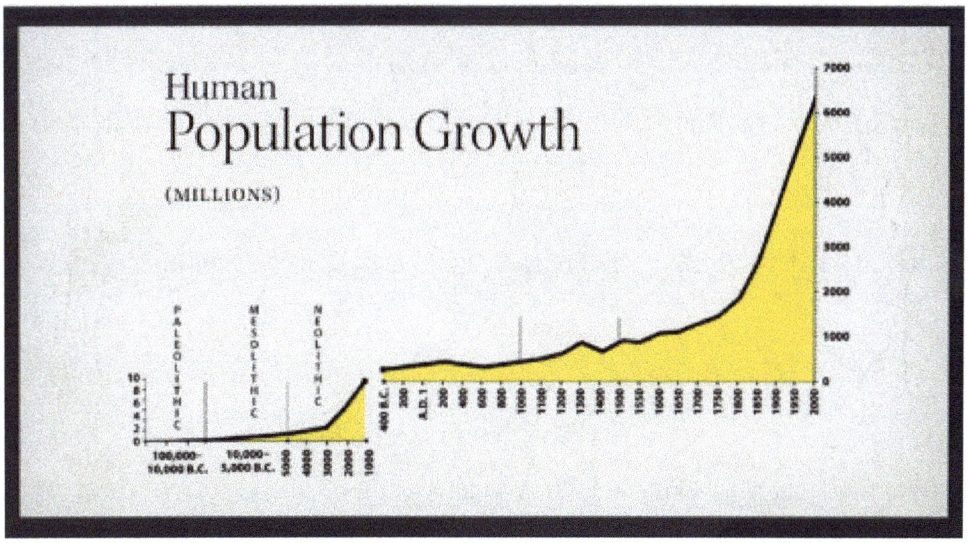

在人类历史进程中，人口数量的变化反映了人类作为一个物种所独有的特征。与众多环保组织的观点不同，人类的承载能力或“潜在人口密度”并非像其他生命体那样由自然决定，而是通过人类自身的探索实践不断改变。推动这一变化的源泉，是人类发现自然与文化规律的能力，并将这些发现付诸实践，从而建立起在更高物质文化生活水平中蓬勃发展的共同体，为未来更深层次的探索奠定基础。

随着人类精神和文化的发展，物质世界本身也在发生转变。随着人类文明不断创造自己的资源，从过去贫瘠或惰性的材料和环境中解放出新的潜力——例如煤炭、石油、天然气、金属矿石和铀矿床，“自然资源”的重要性逐渐减弱。

以金属为例。古代最早使用的金属包括金和银，这些金属在自然界中可以以纯净的形态存在。它们既可用于装饰品制作，也可作为货币流通，但作为工具材料却不太实用。青铜时代的到来，是以一种新型耐用材料——青铜的诞生为标志的。与黄金不同，青铜并不天然存在于地壳之中，其成分铜和锡需通过冶炼工艺从矿石中获得。该过程需要使用木炭进行加热并引发化学反应，使矿石转化为金属。借助冶炼技术，人类可用的金属资源从黄金等自然存在的金属，

---

[69] 同上，第 25 页。

扩展到那些被“锁”在岩石中的金属（如铜）。

正如人类不断超越自然资源的局限、开发新资源，并改造环境以满足自身需求，环境的“自然”属性逐渐失去重要性。灌溉工程让昔日荒漠重焕生机，道路与运河拉近了城市与地区的距离，电线几乎瞬间传递思想，输电线改变了沿途地区的生产潜力。如今，大多数人已不再依靠捕鱼、狩猎或采集食物，而是通过农业主动改造土地来创造资源，使其能够维持人类生存。

广义上说，潜在相对人口密度的增长率是衡量经济财富创造的指标，这种增长这种提升来自于新的科学知识与技术能力的发展、生产性资本的积累，以及环境本身的改造——也就是经济基础设施平台的建立。

接下来，让我们来思考“自然环境”与“人造环境”之间的关系。

平台：人工环境

林登·拉鲁什对基础设施平台的本质提供了重要见解。2010 年 4 月，他在论述基础设施时，将其视为一种人造“环境”[70]：

> 我们应当认识到，基础经济和基础设施的发展，始终是一种必需的创造——它为人类提供了一种“宜居”的发展环境，这种环境是“合成的”，而非被假定为“自然的”。正是这种环境，使得人类生活与实践在我们物种存在的某些时期成为可能，甚至得到提升……人作为“伟大创造者”的仿像，其本质正体现在人类对“人工环境”的创造上——我们有时称之为“基础设施”。文明社会的进步，乃至其持续的存在，都依赖于这种人工环境。

在那年的 9 月[71]：

> 事实上，文化要实现革命性的飞跃，提升到能够维持更高水平潜在相对人口密度的阶段，其前提条件在于潜在人口密度的“跨越式”提升。而这种提升，又依赖于更高质量的物质—文化“平台”作为运作基础……换言之，可实现的生产力水平，取决于通过基础设施的革命来提升“平台”；而社会在潜在相对人口密度上的全面进步，正是依赖于这一“平台”的提升。若缺乏基础经济设施的革新，即便局部技术进步再好，也无法完成物质—经济发展这一至关重要的使命，因为社会整体的成功，最终取决于基础设施平台质量的提升。

从长远视角来看，我们可以将这些平台理解为：沿海文明通过掌握天文导航实现的海上航行；灌溉技术的发展与人类进一步深入内陆；运河与道路的开辟；蒸汽机推动下铁路运输的发展；19 世纪至 20 世纪引发的电磁革命；尚未充分实现潜力的核能时代；以及人类向太空拓展的进程。

---

[70] 林登·拉鲁什：《你的会计师永远不懂的秘密：经济运行的深层逻辑》，《行政情报评论》，2010 年 4 月 17 日刊。

[71] 林登·拉鲁什：《经济旧世已成过往：货币还是信用？》，《行政情报评论》，2010 年 9 月 10 日刊。

蒸汽机与铁路运输发展所创造的价值，其价值不能仅仅通过计算货运成本的节约，或煤炭成本相较畜力饲料的减少来衡量。真正的价值在于它们为整个人类物种所开启的扩展潜能，而这种价值无法通过各项要素的简单相加来体现。因此，我们在考量基础设施项目时，不应孤立地逐一计算其“投资回报率”，而必须从国家与区域整体需求的角度加以考量。

这也引出了理解经济增长阶段（无论是历史上的阶段，还是未来所需阶段）的第二个重要指标：能量通量密度。

林登·拉鲁什（1922－2019），美国政治经济学家，其经济思想为本书的撰写提供了理论基础。

能量通量密度

当我们审视基础设施平台时，可以将其理解为人类对自然不断增强的掌控力，使更高平台成为可能。而这种掌控力正是通过能量通量密度的提升来实现的——从物理形态到化学形态，再到核能形态的“火”的演变。

动力和能源

纵观人类发展史，人均能源消耗量持续攀升，能源供给方式也不断演变。木材逐渐被煤炭取代，不仅保护了森林资源，还降低了能源成本，为蒸汽机的诞生创造了条件。随后，石油和天然气逐渐取代煤炭的主导地位。核裂变作为能源发展的自然的下一步，却在所谓的“第一世界”遭到恶意破坏，而如今才在发展中国家得到大规模应用，这在很大程度上归功于“金砖国家”的努力。以埃及为例，2017 年 8 月，该国与俄罗斯国家原子能公司（Rosatom）签署协议，计划建造一座四机组核电站，装机容量将达到 4.8 吉瓦[72]。

当人均和单位面积（每平方公里）的能源产出能够在社会付出相对相同物质成本的条件下提升时，现有应用的成本就会下降；总能耗需求更高的新型工艺将具备经济可行性，而与物理化学领域相关的新物理反应也将成为可能。

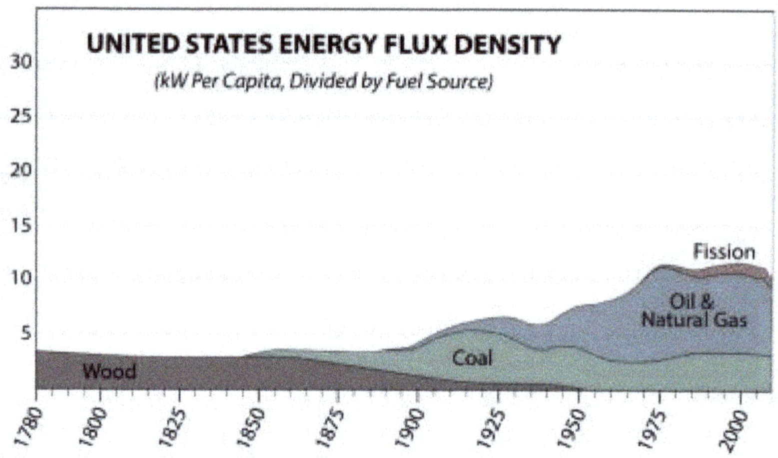

这张展示美国人均能源使用量的图表，体现了能源使用数量与类型的变化。自 20 世纪 70 年代以来，美国的人均能源使用量并未增加。

这在电化学革命中已经有所体现，以往难以获取或成本极其高昂的材料（如铝）被广泛用于生产；同时，新的电磁学原理取代了蒸汽机所依赖的单纯机械运动，如今在计算机控制机床、电子束焊接以及放电加工中得到广泛应用。

下一个阶段，则需要集中力量实现长期被延宕的“核能经济”。 这包括大规模生产更廉价、更安全的第四代核裂变反应堆（同时推进中期的钍燃料循环开发），并迅速转向核聚变研究。无论是风力、水力等物理能源，还是碳氢化合物等化学能源，其实际效能都存在根本性局限。相比之下，核力本质上比化学力强五到六个数量级，是人类未来能源发展的必经之路。而可控聚变技术，其能量密度比化学燃料高出百万倍，将成为最伟大的成就之一，可与最初的蒸汽动力革命相媲美。

---

[72] 该核电站将选址于埃及阿拉曼附近。详见塔斯社报道《埃及与俄罗斯完成埃尔达巴核电站反应堆谈判》：http://tass.com/economy/959346。

普罗米修斯的“火”

这些更高级能源形态的发展阶段，可以有益地类比为更高级的“火”。在这个意义上，它类似于传说中的普罗米修斯——他把火连同知识一起赠予人类。正是在这个过程中，普罗米修斯创造了人类，因为他赋予了人类与动物的根本区别——知识的区别，即使用火的能力。

2014 年，林登·拉鲁什阐述了普罗米修斯式的观点[73]：

> 普罗米修斯将火带给人类（这正是人与猿的根本区别）……他所要传达的核心——虽然其中有一处遗漏——其实就是现代科学所说的“现代化学”。从实践角度看，这种“化学”的最好体现，是在人类化学演进过程中能量通量密度不断提高的事实。把“火”的使用视为人类进步的主要驱动力，可以理解为：通过在人均能量通量密度和每一次跃迁中，越来越多地应用更高、更集中的能量通量密度，‘火’的品质便实现了飞跃式的提升。

他继续说道，并引用并修正了自己此前一次演讲的记录：

> 说到底，创造力根植于个体发现自然原理的能力，而这就是化学。人类的运作基点就是化学！这就是火！这就是普罗米修斯的火之力量！［即能量密度流］通过火的运用，人类不断攀升，进入化学的更高层次。许多化学家在这一点上容易迷失，因为他们被已有的操作能力所束缚，忘记了原理发现才是根本。化学中的一切成果，皆源于发现！皆源于人类心灵、人类想象力的创造！而真正的关键是批判你自己的想象力，并通过实验去检验你所称之为“原理”的东西是否成立。
>
> 如今，许多化学家并未正确践行这一理念，但化学体系的初衷始终存在。人类正是点火者！他是普罗米修斯式的点火者！而他正在探索更高层次的火的应用：比如利用氦-3（从月球上获取）在地球上为人类创造超强能源！

在最长远的尺度上，我们可以从人类使用材料与技术改造世界的历史来理解这一进程。火的使用，首先让人类从猿类中脱颖而出。农业的发展，则通过种植作物、修建灌溉系统，将土地本身转化为更高生产力的形态。更炽热、更纯净的木炭之火，使金属冶炼成为可能，开启了青铜器时代和铁器时代。更高级的化学“火”，则带来了现代化学的兴起。

1820 年开始的电磁学发现，引发了制造工艺组织上的革命。起初，当电动机仅取代蒸汽机时，生产效率提升幅度微乎其微。但随着小型电机被引入来控制单个设备，再结合通信、计算、激光和成像等全新工艺流程的整合，单个工人能监控的产量呈指数级增长。继电能之后，核能作为更高级的能源，涉及一种全新的物理原理。这种原理不仅超越了所有燃烧形式中化学键所涉及的电磁力，也突破了电力革命中的电磁学原理。原子核内部的强相互作用力，其能量密度比任何电场强度高出约 100 万倍，仅需几克铀-235 就能释放出相当于十吨煤炭的能量潜能。

我们来看看能源来源。按单位质量计算，煤的化学能是木材的两倍，石油的能量密度又比煤高出 50%。而当使用开采的铀时，其能量密度约是木材的 1 万倍，核裂变所用的特定铀同位

[73] 林登·拉鲁什：《心智主宰物质》，《行政情报评论》，2014 年 2 月 21 日刊。

素，其价值更高。

ENERGY SOURCES	kWh/lb
WOOD	1.9
COAL	3.8
PETROLEUM	6.4
URANIUM	18,900
DEUTERIUM	40,000,000
ANTI-MATTER	1,140,000,000

不同燃料的能量密度对比

然而这些数值虽然有参考意义，却未能揭示高阶能源形态的关键特性：能量的固有潜能无法用单一标量进行衡量。单凭能量密度表的直观数据，你可能会误以为开车时只需消耗三倍于汽油的木材就能完成行程。但事实根本不是这样！木柴根本无法为汽车内燃机提供燃料，更不能被直接注入喷气发动机。

因此，“能量”作为从能源产生的热量的度量是一个不够充分的指标。

林登·拉鲁什提出了“能量通量密度”这一概念作为改进的粗略衡量标准，用于评估不同能量形式所能产生的相对效应强度。以石油与木材为例，其能量密度是后者的三倍。再看煤炭与焦炭的对比——虽然两者能量密度差异小[74]，但由于煤杂质多且燃烧温度低，无法用于冶炼金属，而焦炭（或更早的木炭）提供的更高能量密度使之成为可能。

能量通量密度——尽管仍不应该被完全地看作一个标量值——提供了衡量技术本身能量强度的方法。

现在，我们关注的是特定技术和社会理念所代表的经济潜力。知识水平和基础设施的提升，如何为人类进步构建更高平台？

“合成环境”的多维审视

材料

正如一次新发现本身并非逻辑推理的必然产物，也不仅是已知观念的简单组合一样，发现的成果总是在某种程度上超越以往的可能性。

更高形式的“火”实际上创造了新的资源，虽然人们普遍认为人类是使用资源，但往往忽略人类也在创造资源。

新技术的发展为材料创造了新的用途，将地质学家的矿床转变为矿工的矿石。

[74] 根据所用煤炭类型的不同，焦炭的单位质量能量密度可能比煤炭高出 25%。

以三个例子说明：铝、固定氮和稀土元素。

在电磁革命之前，通过化学和物理手段分离提纯金属铝极其困难。据传闻拿破仑三世曾用黄金餐具招待宾客，自己却用价格昂贵得多的铝制餐具用餐，这个故事或许带有传奇色彩。与之形成鲜明对比的是，如今包装食物的铝箔纸往往使用后就被随手丢弃！植物需要氮元素，但无法直接利用大气中的氮（大气中近五分之四为氮气）。20 世纪 40 年代开发的哈伯法，使人类能够以大气中的氮气作为原料生产氮肥。这一技术突破使地球农田的潜在产量大幅提升；如今，人体蛋白质中约 80%的氮元素都源自哈伯法[75]。

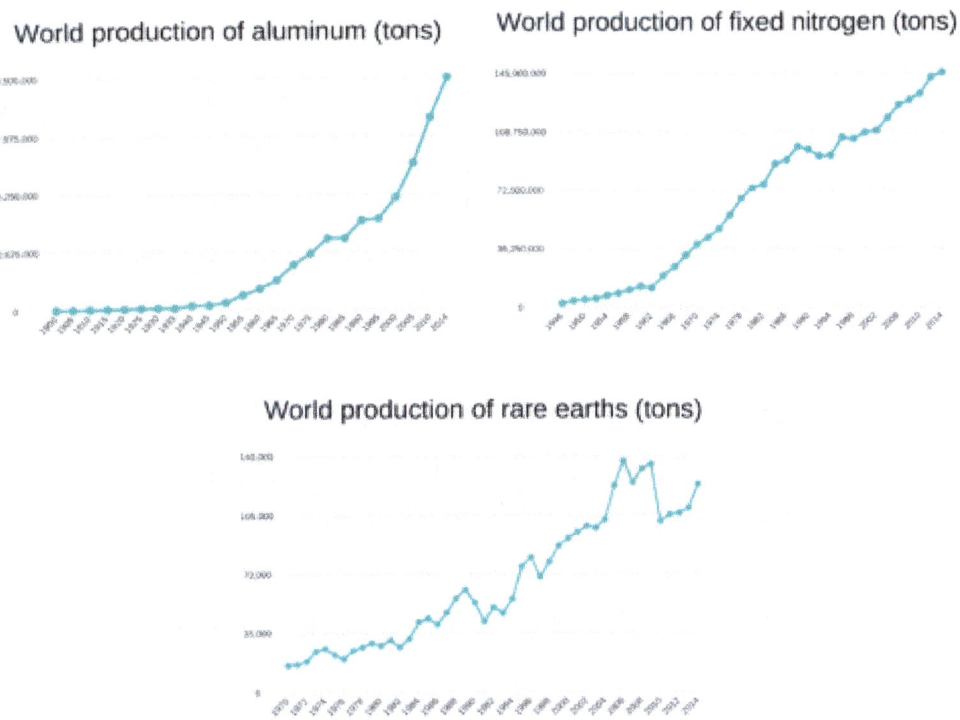

全球铝、固定氮及稀土产量的变化，源于其生产技术与应用技术的新发展

稀土元素很难通过化学方法分离，在电磁革命之前几乎没有使用价值。如今，它们因其独特的化学和电磁特性而备受青睐，应用于显示器、电机和发电机等领域。

冶金时代（青铜时代）将矿藏转化为资源：例如，通过将孔雀石这种矿物转化为铜矿石，

[75] 罗伯特·W.霍沃斯：《沿海氮污染：全球与区域的污染源及趋势综述》，《有害藻类》，2008 年第 8 期。https://doi.org/10.1016/j.hal.2008.08.015。

这些物质便成为了资源。曾被用作着色剂和化妆品的孔雀石，如今摇身一变成为重要的铜原料。始于 19 世纪中叶的化学革命，使得元素周期表中的元素越来越多地被人类所利用。

而核能时代——这个尚未真正到来的时代——为材料利用提供了另一维度：不同同位素在化学性质上处于元素周期表的同一位置，但在更先进的核能经济中，它们会表现出不同的特性。某些特定同位素目前的应用包括医学成像扫描以及利用放射性标记进行的原位生物研究。

新发现的物理原理使“火”的更高形式得以实现，从而释放出更大的能量和材料潜力。

从这个角度出发，可以进一步考虑基础设施的若干方面，以及其在当今全球发展中的应用。

水

水是人类创造的最古老资源，从远古时期的灌溉系统和水坝就能窥见一斑。如今，通过大规模调水工程、海水淡化和人工增雨等项目，水资源的潜力正被不断拓展。水利系统的规模也日益扩大，从地方性的灌溉渠道发展到跨大陆的工程项目，这些都得益于新技术和科学原理的应用。

与其坐等雨水降临，不如模拟宇宙射线对云层成核的影响来改变降雨模式。面对缺乏可用淡水的情况，我们可以通过海水淡化解决问题。不必对某些地区水资源过剩而另一些地方干旱缺水的现状感到无力，我们可以将富余的水资源从过剩之地输送到急需之处。

在水循环的每个阶段都可以实施干预措施。与等待海水自然蒸发后再降落到陆地不同，海水淡化技术可直接对海水进行脱盐处理并加以利用[76]。当水分进入大气层后，可通过人工催雨、空气电离等技术手段，调控水汽的凝结路径使其降落在陆地区域[77]。水落到陆地后，也可以通过

---

[76] 若按人均每日 400 升的较高生活用水标准，且海水淡化能效为每立方米 5 千瓦时计算，则每日淡化耗能需 2 千瓦时，对应的人均家庭用水功率约为 80 瓦。

[77] 《扩建 NAWAPA XXI:以天气改造终结饥荒》，《行政情报评论》2013 年 8 月 9 日刊，

http://www.larouchepub.com/other/2013/4031nawapa_weather.html。

《行政情报评论》特别报告《新丝绸之路成为世界陆桥》（第二辑）之“解决全球水危机”。

《致下任总统备忘录：西部水危机新解》，《行政情报评论》2015 年 4 月 3 日刊。

http://www.larouchepub.com/other/2015/4214memo_pres_water_crisis.html。

《天气控制终结干旱：普林涅茨教授专访》，拉鲁什政治行动委员会，2015 年 5 月 6 日。

https://larouchepac.com/20150506/end-droughts-weather-control-interview-prof-pulinets。

水资源调配工程，将水从富水区输送到缺水区[78]。

运输

先来个开放式问题：城市究竟建在哪里？文明又在何处孕育？纵观世界，人类文明总在水边扎根——无论是海洋沿岸还是大河之畔，这些地方的渔业资源、农业发展和交通网络最为便利。随着农耕技术进步和社会组织创新，内陆地区的聚居点逐渐兴起。如今蓬勃发展的都市，通常都能够方便地获取资源、人力、能源以及交通条件。

这是因为当土外部资源投入能够被轻松取得，并且产出的商品和理念能便捷地运往其他地区时，该地价值就会显著提升。这些投入要素包括：水、能源（通过细电线传输比用柴火运输方便得多）、实物投入（如原材料、资本及中间产品）、技术，以及劳动力与技能。

铁路的建设不仅仅使运输更快更便宜：铁路运输催生出现新型的生产方式，使原本无用的资源变得有价值，并加快思想和人员的社会交流。展望未来，先进的真空管运输系统可能在特定地区实现超音速通行。

在拟议的世界陆桥的总体构想中，区域性和跨大陆的运输网络将联通。非洲将通过直布罗陀、突尼斯和西南亚与欧洲相连接。南北美洲将通过穿越达连隘口的线路实现连通，亚洲将通过连接俄罗斯与阿拉斯加的白令海峡通道与美洲大陆贯通。该网络不仅能够开发丰富但目前难以到达的北极矿产及其他资源，还将大幅缩短跨洲货运时间，使海运运输时间减半。

《新范式研讨会·管理我们的星际环境（二）》，拉鲁什政治行动委员会，2015 年 5 月 13 日。

，https://larouchepac.com/20150513/new-paradigm-show-managing-our-galactic-environment-ii。

《电离作用：弱力量的强效应—滋养地球之水》，《行政情报评论》2016 年 4 月 8 日刊。

http://www.larouchepub.com/eiw/public/2016/eirv43n15-20160408/28-30_4315.pdf。

[78] Transaqua 调水工程（参见第 13 章）是水资源调配的卓越范例。

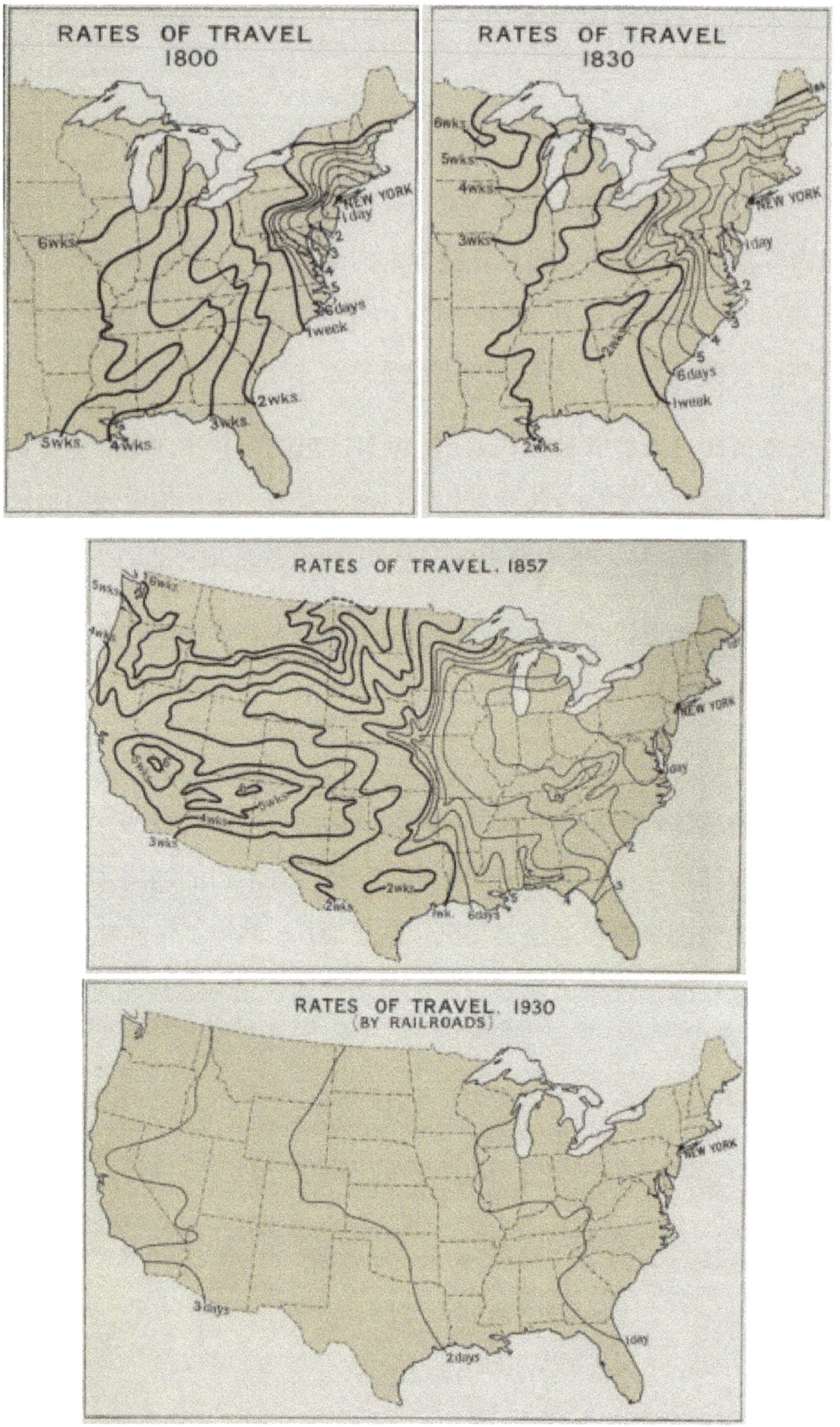

此图描绘了从纽约市前往美国各区域行程的时间。道路、运河和铁路的建设从根本上重塑了美国的国家“空间”格局。

庆祝美国横贯大陆铁路竣工。1852 年，当尤利西斯•S•格兰特从美国一端的纽约出发，经巴拿马到达另一端的旧金山时，旅程耗时 6 个月。而到 1869 年，随着横贯大陆铁路的建成，这旅程仅需 6 天！

“发展走廊”理念

交通网络不仅仅是从 A 点到 B 点的通道；它们重塑着沿途区域经济潜力，重构了整个经济时空的物理形态，更广阔的地域得以在更短时间内抵达，使得更多样化的人口中心、制造业能力和农业区都能为个人或生产流程提供经济支持。随着运输速度加快、可靠性提升，新型生产技术得以实现，中间产品附加值占比的攀升，既反映出生产环节资本密集度的提升，也得益于运输便利性降低了生产各阶段中间产品的流转成本。因此，交通改善不仅降低了现有商品的生产成本，更催生了全新的生产方式。

通过沿着运输和能源的中心轴线建设发展走廊，交通改善所创造的机会可以通过协调规划直接转化为电力、水资源和公共服务的布局。

林登•拉鲁什在 2001 年著作《胜利的哲学：我们能改变宇宙吗？》谈到这一主题：

> 这片广袤土地蕴藏着丰富的“自然资源”，但由于缺乏基础经济基础设施，至今仍处于严重欠发达状态。在这些地区，本可以居住着密集、高效的生产性人口。要实现这一转变，必须先完善基础经济设施——在宽度达百公里的开发走廊内，打造集大规模交通、水资源管理及电力生产分配于一体的综合发展走廊。通过构建这样的新兴走廊网络，将使这些资源匮乏的区域跃升为人口增长与繁荣发展的沃土。
>
> 此外，通过高速（如磁悬浮）运输货物……投资于实体商品生产的效率将大大提高。相较于当前对跨洋货运的高度依赖，每开发一英里（或一公里）的运输走廊，其带来的收益就足以完全覆盖建设维护成本。这种收益以沿走廊每约 50 英里发生的生产形式体现出来，而相比之下，跨洋运输的每 50 英里通常几乎没有生产。正因如此，经过充分开发和合理规划的运输走廊，不仅能大幅提升产出效率，还能让经济部门获得远超零成本的净收益。

能源

尽管人们普遍同意能源贫乏的国家必须向前迈进，但如何取得这种进步以及取得多大程度的进步是激烈争论的主题。

尽管所谓的工业化国家是通过开发现有碳氢燃料并有限度地利用核能实现发展的，但某些标榜环保的国家却极力阻挠发展中国家走这条道路，更遑论采用核能这类高能量密度能源的更为积极理性的方案。相反，他们提出采用替代性（“可再生”）能源形式，如风能、太阳能和生物质能。虽然这些替代能源对富裕国家而言不过是奢侈享受，但对于欠发达国家而言，“替代”能源——例如风车，这一技术在 150 年前就已达到使用巅峰——则几乎是死刑判决。

通过对比西方国家已安装的“可再生能源”装机容量与电价水平可以发现，可再生能源装机规模较大的国家电价涨幅尤为显著。以德国为例，其人均可再生能源装机容量达到 1000 瓦，但电价是法国、芬兰和波兰的两倍，而这些国家的可再生能源装机规模还不到德国的五分之一。如果将可再生能源视为整体能源结构而非单纯按单体装机计算，结果就更加触目惊心：可再生能源的高昂成本已成不争的事实。

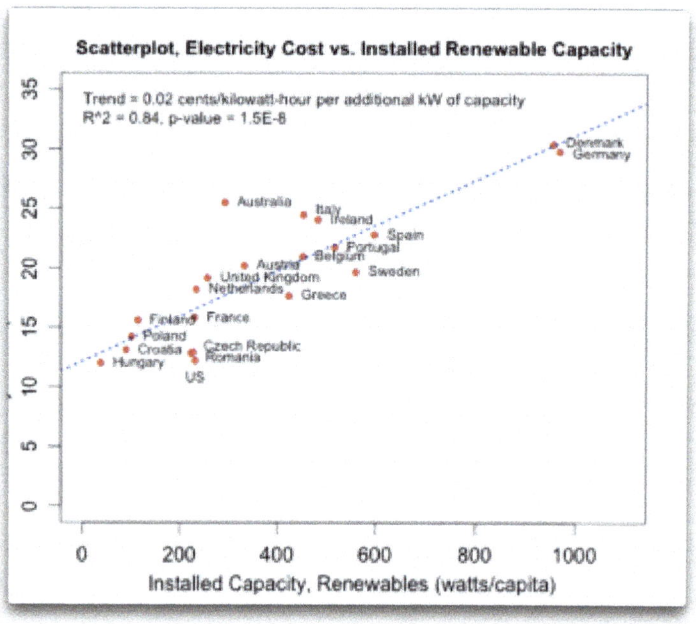

图片由威利斯 · 埃申巴赫制作，数据来源为《斯特罗姆报告》，发布于 https://wattsupwiththat.com/2015/08/03/obama-may- finally-succeed/。

考虑经济繁荣与用电量之间的关系。显然，提供一个稳定的能源和电力分配系统对任何国家的发展都是绝对必要的。

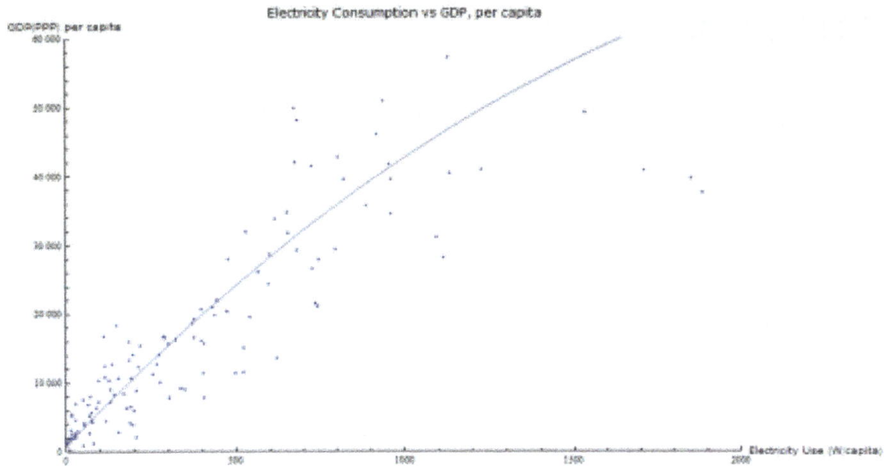

人均电耗与人均GDP的对比。数据来源：世界银行

接下来，我们来看看能源需求的规模。美国的人均能源消耗量为 10 千瓦，其中 1.4 千瓦来自电力[79]。根据国际能源署 2014 年发布的《非洲能源展望》报告[80]，撒哈拉以南非洲地区人口占全球 13%，但其能源消耗仅占世界总量的 4%。该地区五分之四的人口依靠生物质（主要是木材）满足烹饪用能需求。整个非洲大陆的发电装机容量为 90 吉瓦，人均年用电量不足 50 瓦，这一水平比美国平均电力使用量低约 30 倍。

所需新增发电容量的规模堪称惊人。若到 2050 年，非洲预计达 20 亿人口，人均用电量达到 2 千瓦 （比当前美国用电量高出 50%），这则需要 4 万亿瓦的发电容量。若采用热力发电方式（使用碳氢化合物或现有核能）提供这部分电力，假设热—电转换效率为 50%，则需消耗 8 太瓦的能量。

这样规模的发电量需要：20000 座装机容量 200 兆瓦的燃煤电厂，或 4000 座装机容量 1000 兆瓦的核电站，或 100 座相当于规划中的 40 吉瓦英加水电站规模的水电站[81]。若再考虑配电系统，整个电力系统需求的庞大程度便不言而喻了。

---

[79] 由于热电厂（燃煤、天然气、核能）存在热能转化为电能的效率损失，电力生产消耗的能源占总能耗的 40%，而终端电力消费仅占能源总消费量的 14%。数据来源：美国能源信息署《2016 年美国电流报告》，

https://www.eia.gov/totalenergy/data/monthly/pdf/flow/electricity.pdf。

[80] https://www.iea.org/publications/freepublications/publication/WEO2014_AfricaEnergyOutlook.pdf

[81] 全球实际可开发水电潜力远低于此估值。

电力在能源中的比重

从全球范围来看，大多数能源使用并非以电力形式提供，而是以直接热能形式用于烹饪或工业，或通过热机转化为机械运动。关注电力在能源使用中日益增长的作用十分重要，因为电力能够支持更高级的生产和技术过程。

虽然电能可以随时转化为热能或动能等原始形式，但许多应用场景却无法通过任何低级能量形式实现。举个例子，无论蒸汽机有多大，都无法在机械上完成激光加工，或实现工业和通信的计算机控制。当然，用蒸汽驱动的电子邮件系统或工业控制系统，这简直是天方夜谭。

以中国近半个世纪的电力占比变化为例，可以发现能源使用结构正经历深刻变革。随着社会不断发展，不仅需要消耗更多能源，还必须提供和利用效能更高的能源。这种现象可称为能源通量密度——即能源供给强度。相较于传统热机，电力能源体系的能源通量密度显然更高。

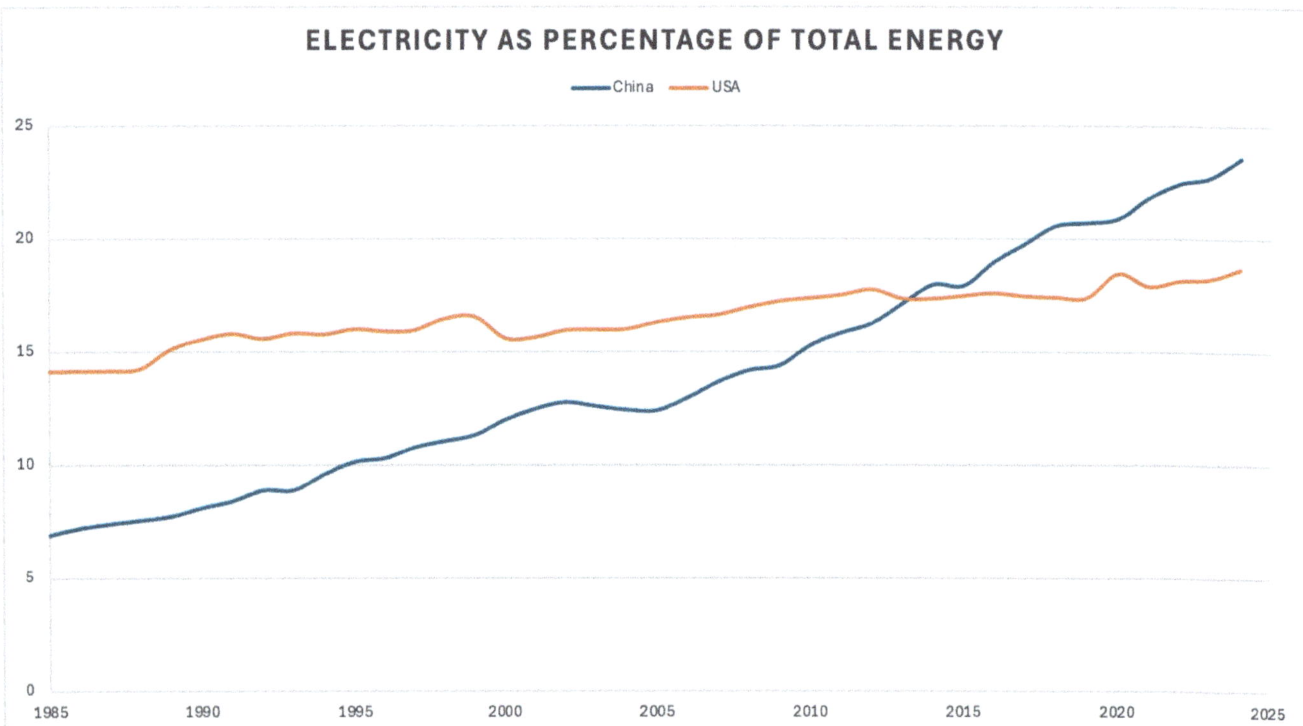

历经两代人的时间，中国电能占能源消费总量的比重增长了五倍。来源：《世界能源统计年鉴》，Ember能源智库，2024

空间

人类以天文导航的形式跨越地球边界已有数千年的历史。事实上，生命本身也实现了利用地外资源的转变——从早期生命的化学合成转向光合作用，如今生物圈所需的绝大多数能量都来自太阳。随着 20 世纪中叶太空时代的到来，人类的太空基础设施取得突飞猛进的发展。卫星与探测器不仅为我们提供地球导航与影像资料，更让我们得以了解天体邻居的奥秘、洞察太阳系演化规律，以及进一步探索和开发资源的可能性。卫星图像助力农民优化作物产量，而为实现太空目标所发展起来的精密加工技术，则催生出可跨领域应用的更强工业能力。我们在太空探索与研究中开发的科技成果，其投资回报率远超成本，通过开辟全新领域而非重复耕耘，真正实现了物超所值的效益。

然而，人类在扩展对近地空间控制能力方面正面临一个根本性限制：化学反应的极限。

问题的症结在于化学燃料的重量与其运载火箭的推力之间存在反差。将典型航天载荷送入近地轨道，需要超过其自身重量十倍的燃料。虽然诸如结合空气动力一级与火箭的不同太空技术可以在一定程度上改善这一情况，但化学键的潜在能量存在固有的极限。唯有转向核燃料，才能实现太空探索的新高度。搭载核动力引擎的火箭在火星之旅中可实现持续推进，将原本需要近一年的航程缩短至一两周。从物理学原理来看，核键的能量比组成化学燃料分子的化学键高出 10 万至 100 万倍[82]。

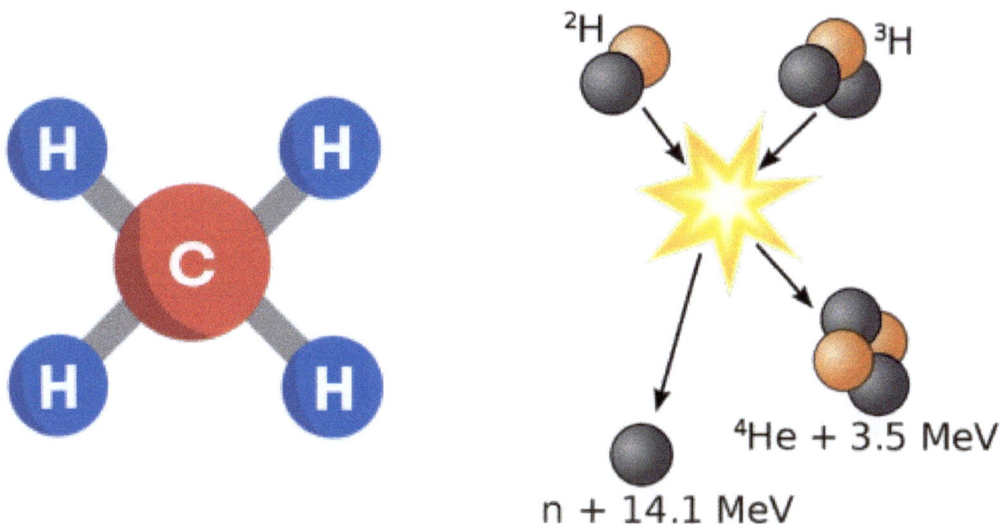

左图：甲烷分子由一个碳原子和四个氢原子组成。当它发生燃烧反应，与氧气结合生成水和二氧化碳时，会释放出 8 电子伏特的能量。右图：氘（^{2}H）与氚（^{3}H）通过核聚变反应结合，产生氦（^{4}He）和中子(n)，释放 17.6 兆电子伏特的能量，比甲烷分子的能量高出两百万倍。这种六个数量级的能量差异，充分展现了核键相较于化学键的惊人强度。

一个世纪后，在核裂变和核聚变火箭的推动下，人类对近地空间的控制能力将包括：抵御

[82] 单个甲烷分子的能量约为 10^1 eV，而每次核聚变反应释放的能量可达 10^7eV——二者存在六个数量级的差异。

威胁地球的小行星和彗星，利用月球和小行星上的资源，以及开采月球氦-3 作为地球上核聚变反应堆的理想燃料。

未来的平台：核聚变

最具变革意义的新经济平台将是核聚变能源，这是核能发展的下一阶段。

上文已经讨论了核能相对于化学能源（煤、石油、天然气）和物理能源（太阳能、水力、风能）的优点，而更广泛地利用核技术可以产生更多的好处，在这里重点讨论核聚变相对于目前的核裂变技术的独特优势。

核能：裂变与聚变

目前商用核技术主要应用于发电厂和大型船舶，其原理均基于核裂变。核裂变是指将一个大原子核劈开，释放出原子核内部核键所蕴含的巨大能量，同时形成多种裂变产物。需要注意的是，这与“放射性”不同——放射性指的是某种物质自发地发生微小核变化，并在过程中释放少量辐射。

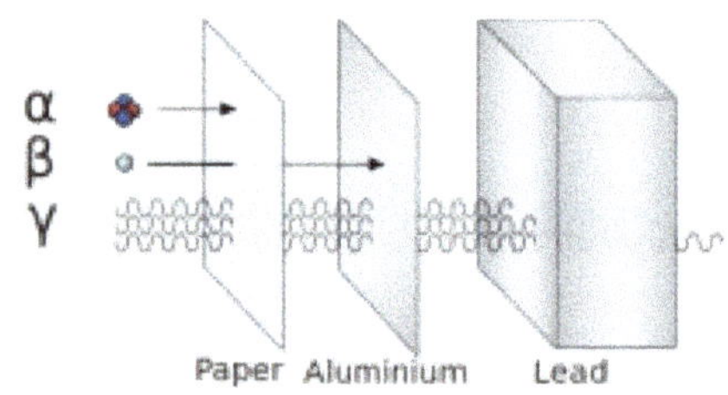

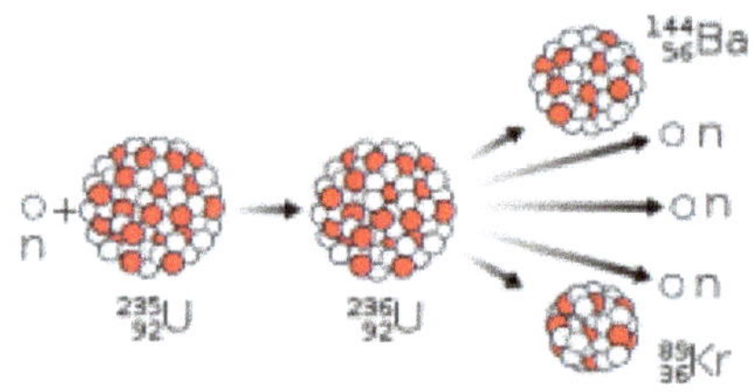

左图： 典型放射性衰变中产生的α 、β 、γ射线示意图。α粒子是氦核，β粒子是电子，γ射线则是光子。在放射性衰变过程中，发射这些辐射的原子核会发生变化，其原子序数（元素类型）也随之改变。

右图：铀的受激裂变示例，裂变过程中原子核分裂成两个较大的核，同时释放若干中子。某些原子核也可以自发发生裂变。来源：维基共享资源，贡献者：Stannered和MikeRun

同位素作为材料科学中的一个基本概念，虽然与化学关系不大，却是理解核反应过程的关键要素。铀作为核电的主要燃料，尽管具有“放射性”特性，但这与其作为能源的用途无关。地球上的铀矿主要由两种同位素构成：铀-235 和铀-238[83]。所有铀原子都含有 92 个质子（这决定了它是铀而非其他元素），但中子数量各不相同——铀-235 含有 235-92=143 个中子，而铀-

[83] 元素名称后的数字代表质量数，即原子核中质子与中子数量之和。

238 则有 146 个中子。铀-235 具备裂变能力（即可发生核裂变 ），而铀-238 则不然。开采的铀中铀-235 约占 0.7% ，铀-238 占 99.3%。铀-235 必须经过浓缩才能用于核电站。

在核电站中，铀的裂变由中子引发。铀-235 偶尔会自行分裂，但这种分裂释放的能量微乎其微。不过每次分裂都会释放中子。核电站通过特殊排列方式保证这些中子击中其他铀-235 原子，诱发它们裂变，从而释放更多中子。若以高浓度铀-235 进行高速裂变反应，就能制造核弹；如果裂变速率经过调控、使用低浓度铀-235，则过程可控，产生的热能可用于发电。

核裂变发电厂利用这些诱发裂变产生的热能来加热一种工作流体（如水），使其膨胀并驱动连接发电机的涡轮。也就是说，即便基于现代原子核知识，这类电站仍然通过热能方式发电。相比之下，核聚变是通过结合小原子核而不是分裂大原子核来实现的。简单的核聚变反应 包括：

$$D + T \rightarrow {}^{4}He + n$$

$$D + D \rightarrow T + p$$

$$D + D \rightarrow {}^{3}He + n$$

$$D + {}^{3}He \rightarrow {}^{4}He + p$$

$$P + {}^{11}B \rightarrow 3\ {}^{4}He$$

其中，D（氘）是质量数为 2 的氢同位素（一个质子和一个中子），T（三氚）是质量数为 3 的氢同位素（一个质子和两个中子）。

在各类核聚变反应中，D-T 聚变最容易实现，也是目前研究的主要对象。氘从海水中提取非常容易，每 3000 个水分子（H_2O）中约有一个氢原子被氘原子取代。而反应所需的氚，则可以通过约含一个氘原子代替其中一个氢原子。

桑迪亚国家实验室的Z装置（聚变试验设施）。

聚变的优势

由于水很容易获得，而且锂的价格相对较低，因此呵聚变的燃料需求相当低，能量密度（单位质量燃料释放的能量）大约是核裂变的四倍[84]。

核聚变技术面临的一个特殊挑战是中子问题。这些在聚变反应中产生的中子不带电荷，因因此不能像带电粒子那样用电场或磁场加以控制。一旦它们产生，就会沿着原本的方向高速射出，撞击到聚变装置的壁面，产生热量（同时也会使材料发生核嬗变）。这种热量可以像煤电或核电厂一样，用来驱动热机发电。

一个重大的改进方法是使用无中子聚变，即不产生中子的聚变反应。例如 3He + D →4He + p。由于这类反应产物均为带电粒子，因此可以通过电磁场直接控制和引导。该技术可直接用于发电（毕竟电力本质就是电荷运动），无需经过“热 → 机械能 → 电能”这一中间步骤。此外，由于不再产生高能中子，聚变装置材料的放射性嬗变问题也就不复存在。

理想的聚变燃料——氦-3（^{3}He）——在地球上极为稀少，地球上的储量根本不够支撑大规模发电。不过好在月球这个邻近天体存在丰富的氦-3，这要归功于它的两大特性：既没有磁场又没有大气层。太阳会产生氦-3，并以“太阳风”的形式不断喷射出去。地球因为有磁场保护，氦-3 无法进入大气层；但月球缺乏这种保护，因此太阳风中的氦-3 会直接打在月壤上，并被

[84] 以每次核反应释放 20 MeV 的典型聚变能计算，折合每核子获得 4 MeV 能量；而每次裂变释放 200 MeV 的典型能量，则对应每核子约 0.9 MeV 能量。

吸附在月球尘土中。据估计，月壤中大约含有 100 万到 500 万吨的氦-3。中国探月工程首席科学家欧阳自远教授指出，月月球氦-3 丰富到足以“至少满足人类一万年的能源需求”[85]。中国的首颗月球探测器“嫦娥一号”部分任务就是探测月球上的氦-3 分布[86]。

这些情况说明，能源供应即将迎来一场革命。而且，虽然电力成本的大幅降低会极大推动材料加工和海水淡化的经济性，但核能，尤其是聚变能的意义，并不局限于电力生产这一狭窄领域。

聚变的全新独特应用

借助聚变动力火箭，人类和机器人在太空中的进入能力与能源掌控能力都将得到极大提升。例如，利用聚变产生的高温来加热工作流体产生推力，或为离子发动机供能，从而实现长时间持续点火的火箭。无中子聚变可以通过直接引导带电的聚变产物来产生推力。有了聚变技术，火箭不再像传统方式那样只在两次关键时刻点火——一次将飞船推向火星轨道，另一次进入火星轨道——整个旅程需八到九个月。取而代之的是，火箭可以持续点火，不断加速。通过这种方式累积的速度，能够将飞往火星的航程缩短到几周时间；同时也使得深空探测器能够进入目标天体的轨道，停留更长时间进行科学观测。以 2015 年抵达冥王星的“新视野号”探测器为例（历时九年旅程），由于无法调整速度保持与冥王星同步，只能在几小时内飞掠而过。若采用聚变火箭技术，不仅能实现长期驻留，还能收集更多科学数据[87]。聚变火箭将改变“近”和“远”的含义。

---

[85] https://www.spacesafetymagazine.com/space-on-earth/everyday-life/china-helium-3-program/

[86] https://lunarnetworks.blogspot.in/2010/12/change-1-maps-moons-helium-3-inventory.html。

[87] 参见乔尔·德让：《聚变火箭技术的前景》，《行政情报评论》2017 年 7 月 21 日刊，第 7—13 页。

美国国家航空航天局提出的聚变动力飞船概念图：该技术可使火星航行时间缩短至数周，而非化学火箭所需的大半年时间。

而且，由于聚变火箭与地球上的聚变能源有着不同的要求，在其研制过程中可能会出现不同的技术突破和科学突破，例如聚变火箭不需要进行大规模发电，对辐射屏蔽的要求可能也不同。

聚变反应的独特产物能够催生全新的材料。以最简单的氘-氚（D-T）聚变为例，每次反应可产生一个能量高达 14 兆电子伏特的中子。作为强中子源，这类反应能用于制造新型材料。与其将这些珍贵中子用于烧水，不如将其用于物质嬗变——通过元素转换实现多种应用。例如，可以用来生产更多氚，或是从钍-232 嬗变来培育可裂变的铀-233。

激光和等离子体分离方面的突破将推动制造同位素纯材料，这可能在机械加工（用同位素纯碳制成的钻石比天然钻石更强）或电子学（同位素纯硅的导电性能更佳，且不易过热）中找到应用[88]。

由于没有任何物质能够承受核聚变的超高温度，“聚变炬”可以被用来处理或回收几乎任何物质，其原理是打断所有化学键。这种技术最早由美国原子能委员会的科学家伯纳德·伊斯特朗和威廉·高夫于 1969 年提出，其原理是将从聚变反应堆核心导出的聚变等离子体用于将

[88] 廖纳·范强：《聚变能：基础经济学分析》，《21 世纪科学与技术》，2014 年 8 月。

原料还原为基本元素。若应用于冶金领域，这将使我们无需依赖碳基冶炼工艺，就能直接从矿石中提炼金属[89]。

聚变反应堆产生的热量还能推动多种有益的化学反应。这些反应包括生成一氧化氮、乙炔、一氧化碳、石灰、水泥、石膏、铁（通过氢还原）以及氢气。低成本电力还可用于制造其他合成燃料，甚至聚变过程中产生的紫外线也能得到有效利用，例如促进化学反应，或在不使用氯等化学物质的情况下净化饮用水。通过用聚变能量替代碳氢化合物，所生产的合成燃料（如氢气和甲醇）将为整个经济带来巨大的益处[90]。

结论

本章运用林登·拉鲁什开发的经济理论框架，系统构建了涵盖经济学、科学与基础设施经济功能的多维度量化指标体系，为经济规划与政策制定奠定坚实基础。通过摒弃以货币为核心的经济学思路，人们得以从更高层次出发，更全面地把握人类心智的创造能力如何推动更高水平的经济平台的发展。鉴于在高端基建领域投资将带来巨大回报，本文建议采取"跨越式发展"的进路，使国家和地区能够直接迈向所能承受的最高水平的基础设施建设，从而获得最大化的利益，并减少因过早淘汰而产生的成本。

基础设施在经济中扮演着独特角色，它是支撑各类经济活动的基础平台。与动物不同，人类会主动改善土地和人造环境，使其更符合自身需求并适应未来规划。这种基础设施的独特价值体现在它所创造的"物质利润"与其建造所需的"物质投资"之间的间接关系之中。

在此基础上，我们接下来要探讨的问题是：国家如何促进那些处于经济价值核心的发展。下一章将讨论一国政府拓展信贷来源的独特能力，这些信贷可以为基础设施建设、制造业和科学研究提供资金支持

---

89 《聚变炬：开创 21 世纪新型原材料体系》，《21 世纪科学与技术》，2006 年秋冬季合刊。

90 详见 M. 斯坦贝格、M. 贝勒与 J.R. 鲍威尔合著《聚变能技术在化工与材料加工行业的应用前景综述》，布鲁克海文国家实验室，1974 年 5 月。

第四章 区域和国家基础设施的融资[91]

信用体系与货币主义体系之辩

保罗·加拉格尔（Paul Gallagher）

金钱与信用

在讨论国家或国际开发银行的创立和运作时，区分“货币”和“信贷”是最为重要的。

过去十年间，美国（美联储）、欧洲（欧洲央行）和日本（日本银行）这“三大”央行用实际操作划清了货币与信贷的界限。据粗略估算，自 2008 年末以来，这些央行通过量化宽松政策已创造约 13-14 万亿美元等值货币，并向商业银行发放了数万亿美元等值的临时流动性贷款。

然而所有这些资金，无论是新发行的货币还是电子记账，其创造都并非出于经济目的，也非为贸易需求而创造。它们完全服务于金融目的：为三边国家（美欧日）的大型银行提供充足资本和流动储备，以渡过巨额损失和坏账，并在认为合适的市场或证券中继续、扩大投资。那些声称通过这种方式创造巨额货币将促使银行恢复信贷并大幅增加放贷，从而实现最笼统的一般性“经济目标”的说法，在欧美日三国已被证明是站不住脚的。事实上，大部分资金以分红形式流向了投资者，通过股价暴涨惠及股东，而大企业则利用这些资金回购自家股票。

这种新创造的货币的一个特点是，它的流通速度相对较慢。

美国国会议员曾直接向联邦储备委员会主席提出质疑，为何不将美联储创造的货币用于购买各州和地方政府为交通及其他基建项目发行的债券。对此，美联储方面回应称其章程禁止进行此类投资。因此，尽管美联储的资本结构和与美国财政部的关系上类似于早期的国家开发银行，但其章程政策明确拒绝承担开发银行的职能。此外，美联储也不贴现银行向工业发放的中长期贷款。美联储的业务是货币，而不是信贷。其董事会也体现了这一点，完全由全球及地区的银行家组成，排除了来自工业、工程和科研机构的高管。

信贷与货币有很大不同，尽管它也可以以货币或电子记账的形式发放。信贷是向政府、机构、家庭或企业发放的，目的是促进未特定的未来改进——生产力的提高、技术进步、生活水

[91] 除了“附录二： 揭穿‘中国债务陷阱论’的三大要点”以外，本章其余内容选自 2017 年首版

平的改善、寿命的延长、公共安全的增强、未来人类的能力和各种生产能力的提高。

政府发行的信贷是这些政府承担的债务，但当信贷用于建设更具生产力的国家时，这笔债务将会通过未来一代更高的整体生产力“偿还”，并带来大量“利息”。本质上，未来生产力的增长是信贷发行的担保。

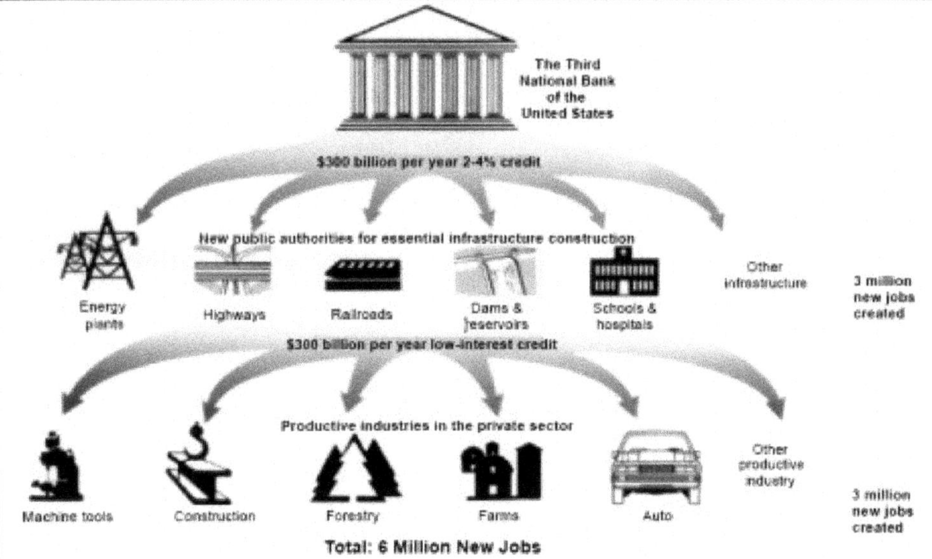

Figure 7

LAROUCHE'S THIRD NATIONAL BANK CREDIT STRUCTURE FOR FINANCING PHYSICAL-ECONOMIC GROWTH

In 1992, LaRouche proposed bankruptcy reorganization and massive investment in infrastructure and industry to create 6 million new jobs in the United States. He estimates that the comparable, scaled-up program required today would yield 10 million new jobs.

关于设立美国国家基础设施与制造业银行的建议。

信贷和生产力

在美国，曾经资助大型基础设施项目的极其强大的融资与投资机制——如 1932 年成立的复兴金融公司以及享誉世界的重大基础设施计划——田纳西河流域管理局（1934 年启动）——有一个共同的重要特点：它们的创立初衷都是为了实现美国的国家目标，并明确表示不以获取财务利润为目的。然而在数十年间，这两家机构不仅保持了债券债务的稳健性，最终还实现了财务盈利。

与三边国家（美、欧、日）中央银行的“三巨头”不同，中国的“四大”国有商业银行（进出口银行、中国建设银行、中国开发银行和中国农业银行）堪称全球信贷发行的标杆。过去十年间，这些机构通过贷款形式创造的新货币几乎与“三巨头”央行不相上下。虽然并非中国政府的存款银行，但它们并未声称可以像法定货币那样单纯创造信贷；相反，它们发放的信贷是有担保支撑的——以中国人民银行向其提供的贷款为基础，并以中国通过生产和出口获得的外汇储备作为支撑。

这些贷款为中国经济发展培育了交通、航运、水利、电力生产、农业生产及科研等领域的新型基础设施平台。自 2014 年以来，通过“一带一路”倡议向海外基建项目提供的新增信贷总额已达约 3000 亿美元。这使得中国在 20 年间将相当于 GDP 8%-10% 的资金投入经济基建领域；根据美国经济分析局的数据，2001 至 2014 年间，中国多要素生产率年均增长率达到 3.11%（而同期美国多要素生产率增幅仅为其七分之一）。

自成立以来，中国国有商业银行一直遵循“格拉斯-斯蒂格尔法案”原则实施银行分业监管，一般不得从事证券经纪业务或将资产证券化。这些机构在金融衍生品市场表现相对低调，这种制度安排对其两大核心能力至关重要：既能大规模发放信贷，又能在政府监管下妥善处理不可避免的不良债务。

新基础设施项目的信贷与多要素（或全要素）生产率是相关的。该指标旨在衡量经济增长中由技术进步驱动的部分，而非简单依靠增加劳动或资本投入所带来的增长。

FIGURE 3
Total Factor Productivity in the U.S. Economy
(Annual Growth by Decade)

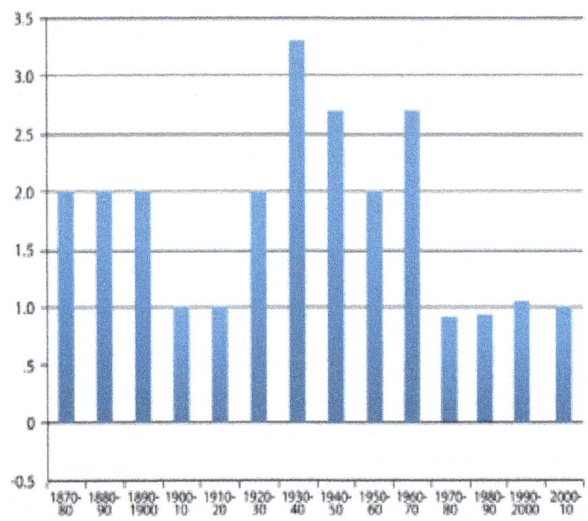

Source: NBER, Congressional Research Paper "Total Factor Productivity Growth in Historical Perspective", 2013

以这种方式衡量，美国生产率年增长率最高的时期，正是投资新基础设施最多、需要新技术的时期——包括道路、运河、铁路以及后来的航天运输技术、电力技术、水利与防洪技术以及通信技术。这些时期主要集中在 19 世纪美国内战后的数十年，以及 20 世纪 30 至 60 年代，被称作美国“生产率黄金时代”。其中，多要素生产率增速最快的是 1930 年代，年增长率达 3.30% ，这得益于富兰克林·罗斯福总统推行的新政，包括大规模就业计划和“四角”大型基础设施建设项目。

美国国家经济研究局在 2005 年的一份报告中指出，这种极为迅速的技术驱动型生产率增长，实际上是由以下领域的强劲发展推动的：电力生产与分配、交通运输、通讯、桥梁、隧道、水坝、高速公路、铁路和输电系统等土木工程及结构工程，以及私人研发活动[92]。

[92] 《黄金时代全要素生产率的增长源泉》，美国国家经济研究局，2005 年。

显然，由技术进步驱动的多要素生产率的高增长，其本身又得益于对精心遴选的新兴高科技基础设施平台的大规模投资。这些时期同时也是整体经济增长最快的时期。类似的紧密联系也出现在更为近代的中国经济中，尤其是过去 20 年：交通运输、水利管理、核电等尖端基建领域的投资规模空前，仅十年间高速铁路和磁悬浮铁路里程的新增量就超过全球其他国家总和，堪称典范，由此催生出多要素生产率的高速增长，进而带动整体经济持续繁荣发展。

这也正是政府发行信贷的目的——不是单纯发放货币性债务，而是向人类未来能力提供贷款。

历史与现代实例的不变性

美国在早期历史中曾两次设立国家银行（即美国第一银行和美国第二银行）。这些银行的设立初衷并非追求利润，而是服务于更为广泛的国家经济发展目标，重点在于新兴交通、航运和动力基础设施的建设，以及健全国家货币和规范私人银行的管理。这两家银行的设立都是通过将美国财政部的未偿债务转换为股份来作为新银行的资本。

一名埃及公民手持他在开罗银行购买的新苏伊士运河凭证。来源：english.ahram.org.eg。

1791 年认购美国第一银行股份的大部分未偿债务原本是无收益债务（前殖民地及邦联政府的战争债务），后来通过延长偿还期限和征收专门用于支付利息的新税收而变成了有稳定利息支付的“健全”债务。1816 年用于认购第二银行股份的财政部债务则几乎完全是稳健的，并且接近或等于面值。由于两家银行都肩负着为规划完善的制造业和基础设施提供信贷的使命，因此它们作为发展性银行取得了成功。正是通过这两家银行，美国才得以有能力建设完善的邮政系统、驿道网络、早期运河系统、工业水力发电站、港口及商船队，进而又推动了首条铁路的开通与快速扩张，并实现了农业技术与机械装备的升级。

这两家美国银行的设计是相同的，都是由第一任财政部长亚历山大·汉密尔顿制定的。两家国家银行都为以财政部债务认购的股份支付了相对较高的股息，但前提是这些股份必须在最初的一段较长期限内持有（长达 20 年，由银行自行决定）。两家银行支付股息和偿还本金的资金来源，是专门划拨的新税收收入（如邮费、消费税和关税），而不是依赖银行投资于项目和企业的收益——用今天的话来说，就是不依赖于“使用者付费”。

这两家银行均运营了 20 年，且没有通过借入资金进行大规模杠杆运作。它们同时也行使商业银行的职能，为个体企业、私人机构、地方政府等发放贷款并接受有息存款。与第一银行不同，第二银行还担任美国政府的存款银行和货币发行机关的双重职能——负责支付政府债务并开展更广泛的投资。但两家银行的总体宗旨都是投资于新型基础设施、制造业和农业技术的发展。

近年的一个例子是埃及为将苏伊士运河运力翻倍而进行的信贷发行（参见附录章节“埃及：内部融资与发展”）。历史上的一个例子则是林肯政府在美国内战初期创制“绿背纸币”。这些案例都揭示了一个与设立发展性银行相关的恒定原则——尽管在这两种情形中并未以新设立国家银行的形式出现。

1861 年，林肯政府面临战争危机，却无法在国际或纽约金融市场借到款，除非付出高昂代价（当时美国尚未发行统一认可的国家货币，流通中存在大量由私人或地方特许银行发行的地方性货币）。政府通过发行 20 年期大额债券向公众（包括这些私人银行）借款来筹措资金，利率通常为 6%；同时通过这些银行发行新国家货币（即绿背纸币），其规模与公债发行量大致相当。政府以所得税和新设营业税作为债券担保，并通过银行重组法案将私人银行纳入国家特许体系，前提是这些银行必须购买财政部发行的债券，并将这些债券作为该特许体系所要求的资本储备。实际上，林肯政府为大规模信贷发行创建了新的国家银行体系，这是因为在战时紧急情况下没有时间以设立新国家银行的方式来实现相同目标。

更重要的是政府承担新债务和大规模信贷发行的目的，正是这些战略目标使得相关举措取得非凡且持久的成功。为筹措战争资金的迫切需求，与积极的投资项目结合在一起，形成了对铁路建设（最终促成横贯大陆铁路）、港口建设、军事与民用的新工业技术、钢铁工业的发展、新电报网的建设，以及在联邦各州设立“农业推广学院”以推动科学农业与新农业技术的支持性投资。

尽管绿背纸币在战后不久即停止新增发行，但其给予美国工业与农业的推动力在随后数十年内把美国推上了世界工业领导国的宝座。林肯逝世后，他最亲近的经济顾问亨利·C·凯里主张应继续维持由向公众发行新债来支持新增绿背纸币发行、并以税收作为担保的体制。凯里认为未能持续扩大绿背纸币发行，是战败南方诸州相对落后发展的原因之一。这位经济学家的主张在俾斯麦时代的德国和明治时期的日本产生了深远影响，这两国有意识地沿袭了“美国体系”取得成功的路径。

2014 年，埃及在实施苏伊士运河快速扩建计划（旨在实现最大型船舶双向同步通航）时，未向国际金融市场寻求贷款。该国通过向本国公民和机构发行高息债券，在短短十天内便筹集到大约 82 亿美元的目标资金，并将项目交由埃及交通部负责。债券的保障来自政府的一般财政收入，以及项目成功的预期——即在一年内完成新苏伊士运河的建设，从而在全球贸易复苏的同时提升运河收入。

埃及仅在后续开发新运河经济区的工业设施时才寻求国际融资，而新运河工程本身则完全依靠国家信用与本币融资的方式来完成的。

罗斯福总统的复兴金融公司（RFC）

美国总统富兰克林·罗斯福时期的国家银行表现为对复兴金融公司（RFC）的扩充。在 1934 年至 1955 年间，该公司向各行各业提供了总额达 500 亿美元的信贷支持。

复兴金融公司在 20 世纪 30 年代成功构建了近似“汉密尔顿式”的国家信用体系：任何具有生产潜质的企业、行业或农业经营者，只要能提供合理的贷款偿还保证，均可获得信贷支持。由此带来的生产率提升，以及在最初十年里平均每年 6-7% 的快速经济增长，都使这些信贷得以兑现。

复兴金融公司的运作方式是作为一个独立于联邦预算授权与拨款之外的大规模资本投资预算，通过美国财政部发行的专项债券向公众募集资金。它的的各类项目、工业和农业贷款不仅在财务上获得了收益，更重要的是为整个国家带来了无法用金钱衡量的生产率提升。

在罗斯福执政时期，复兴金融公司体现了定向信贷的理念，其运作几乎与早期的美国国家银行的商业银行职能相同：通过直接和间接方式增加了经济中的长期信贷供应，并且以较少限制的条件直接向经济发放贷款。

如图所示，大古力水坝在建设时的样貌（左）和今日面貌（右）对比，该工程是罗斯福政府新政的主要项目之一。发电装机容量可达近700万千瓦。

西南亚/非洲区域基础设施银行

该地区多个经济实力雄厚的国家，例如海湾合作委员会成员国（沙特阿拉伯、阿联酋、科威特、巴林、卡塔尔和阿曼），以及埃及、土耳其、埃塞俄比亚、伊拉克和叙利亚等潜在大型经济体，应当共同组建一个西南亚区域基础设施银行（简称“银行”）。该机构将通过提供信贷支持，与亚洲基础设施投资银行（AIIB）牵头的新国际开发银行合作推进新型基建项目。尽管政治对立可能阻碍伊朗或以色列作为创始股东参与，但未来这种局面有望改变。在此期间，应允许这两个国家购买银行行为特定项目发行的债券。即便财政实力较弱，该地区所有国家都应认购债券并加入这个拟议中的银行。

20 多年前，美国曾提出在西亚成立一个 1000 亿美元的区域发展银行，这可以作为银行股本和借款资本的基准水平。

该银行应由具备基建与工程融资经验的银行家、来自经济生产部门的商业领袖，以及来自整个地区的政府科学和工程专家共同管理。他们的核心任务是：识别对区域生产力提升和经济增长至关重要的新型基础设施平台，制定项目融资方案与时间表，同时规划这些平台未来可能带来的经济活动增长及收入提升。

参与组建该区域开发银行的各成员国，应通过各自财政部新发行的全额信用债券形式，至少认购 20%的股本，并通过专门的未来税收收入作为债券的还款来源。银行将拥有与其投资的基础设施项目及这些项目周围经济扩展直接或间接相关的其他收入；但“偿债基金”用于支付银行股息的部分应提前确定，并独立于未来的扩展，以确保银行负债的稳健性。

创始国家将通过向其公民和私营银行直接发行股票，来认购剩余的 80%股本。这将包括已经持有政府发行债券的银行或公民，他们可以将这些债券认购为银行股票，从而增加政府未来向银行支付的款项。

银行还应被授权向公众发行债券，包括国际市场，以帮助通过借款资本达到其目标资本。但其核心目标应是通过创始国政府、公民及私人银行的股票认购，完全满足初始资本金需求。银行股票应当具有比发达国家主权债务和大型国际公司债券（当前利率极低）更高的股息回报。此类股票应采用优先股形式，并设置较长的赎回期限。

该银行将专门向负责实施重要基础设施开发的机构发放贷款，不论是地方政府机构还是为项目目的设立的机构。只有当私营银行向承包商和服务供应商发放项目相关贷款时，且仅在确有必要保障信贷流通之时，银行才会与私营银行进行贴现活动。同时，银行还将收购和/或联合承销由地区及地方政府为核准项目发行的基础设施债券。

与国际开发银行的合作

最近新兴的国际开发银行，尤其是金砖国家新开发银行和中国发起的亚洲基础设施投资银行，为无紧缩条件、基础设施专门贷款提供了前所未有的潜力——这在 1944 年布雷顿森林会议之后，是未曾见过的。这里提到的关键性大型项目或“基建平台”需要多国协作，包括提供大部分资本货物和工业产品的主要经济体之间的信用合作，但不涉及超国家层面的管理。

将新丝绸之路延伸至西亚和非洲所需的大型项目信贷规模，已超出单一区域性开发银行的承受能力，必须引入国际项目贷款机制。这一需求在叙利亚、伊拉克等经历战乱的地区的重建工作中尤为显著。埃及达巴核电站综合体与肯尼亚标准轨铁路等项目近期获得的长期低息国际贷款，即是明证。西南亚/非洲区域基础设施银行将为这类重大项目提供等额配套资金，或协助各国开发银行履行此职能；同时该行还将推动国际项目贷款资金转换为当地货币（这对防止资本外流和/或投机行为同样至关重要）。

西南亚/非洲地区基础设施银行将能够与中国进出口银行等机构合作，为重大项目开发信贷协议，并以政府间低利率提供资金，如果该国的公司参与提供资本货物和物流；同样也可与亚投行、新开发银行或丝路基金等机构建立类似合作机制。此类信贷伙伴关系将显著降低该行通过国际资本市场发行高息债券融资的必要性。

如果美国和日本同时加入亚投行和一带一路倡议（该倡议已暗示了横跨白令海峡的高铁走廊及其在南北美洲的发展），那么强强联合的国际开发银行组成的国际联盟将有能力成为一个拥有数万亿美元资本的国际开发银行。西南亚/非洲区域基础设施银行将能够成为该联盟的执行臂膀，担任它们与西亚和非洲国家银行之间的中介。

各国若要就联合基金或机构开展大型项目达成协议，就必须就长期低息信贷的发放达成共识。此外，参与国必须保持主权地位，维持本国独立的信用体系，因此需要以几种具有相对稳定平价的货币发行长期信贷，同时建立中央银行之间的货币互换机制。

在过去的三十多年里，经济学家林登•拉鲁什及其同僚主张回归新布雷顿森林体系，旨在恢复战后国家间的信贷、货币和银行合作机制，类似于美国的马歇尔计划与德国复兴信贷银行之间建立的信贷关系。

德国复兴信贷银行堪称主要国际发展信贷来源与区域/国家开发银行合作的典范。该机构在德国“经济奇迹”——第二次世界大战后的经济复苏中取得了极大的成功，秘诀在于：它成立时德国的非法纳粹债务在 1950 年被免除；初期资金由德国政府提供；作为再贷款工具，为美国马歇尔计划提供低利息美元贷款（欧洲合作署则扮演国际开发银行角色）。

马歇尔计划的赠款与贷款援助虽然实施时间短暂（1947-1951 年）且规模有限（按当前美元价值计算约 1250 亿美元），却对战后欧洲的复苏与发展产生了深远影响。该计划提供了低息美元信贷，由于在布雷顿森林体系下欧洲各国实施资本管制，这些信贷并未被再出口用于支付欧洲国家的战争和其他外债。（马歇尔计划鼓励通过伦敦债务会议减免德国大部分沉重的非法纳粹债务和《凡尔赛和约》赔款债务）。同时，该计划还提供了最终以马克等欧洲国家货币支付的资本货物。欧洲国家通过在本国货币中创建等额的“匹配”信贷资金来“支付”这些商品和贷款，其中德国复兴信贷银行无疑是该政策框架下最成功、影响最深远且持续最久的典范机构。除贸易用途之外，美元在当时未被大量使用。

在德国所扮演的内部发展信贷角色，相对于最初来自美国的信贷，类似于 1791 年亚历山大•汉密尔顿创立的美国第一银行在美国发展中的角色，后者与大量投资于汉密尔顿银行的欧洲银行相对应。

以德国复兴信贷银行为代表的国家信贷机构的存在，确保了国际贷款的切实落——将美元贷款转换为当地货币用于实际投资；通过发行本币债券在国内筹集额外资金；同时借助布雷顿森林体系的资本管制机制，防止借款资金变成资本外流或证券市场的投机行为。如今，对借款国资本外流的管控至关重要：这能确保国际基础设施信贷不被挪用于资本外逃或“套息交易”证券投资，并保证信贷资金用于开发项目，而非偿还借款国的其他主权债务。

参与项目融资的私人银行不能被允许在信贷上进行投机；必须根据《格拉斯-斯蒂格尔法案》原则实施银行分业（投资银行与商业银行分离），以此防范投机风险。

此外，对于新的国际开发银行的信贷发行有效性而言，至关重要的一点是，存在着债务过重的国家，其中一些主权债务部分或全部是非法强加的，这些国家应能够将非法债务暂停偿还，如果无法达成减免或免除该债务的协议，则应将其替换为长期债务。

关于此进程与国际开发银行生成新信贷之间的关联，《行政情报评论》2014 年特别报告《新丝绸之路迈向世界陆桥》已作深入探讨[93]。

[93]相关内容位于报告第二部分第 33 页，其表述如下：“该国际开发银行（IDB）可成为过度负债的国家或国家集团进行债务重组的工具，这些国家亟需 IDB 信贷支持以建设大型基础设施平台。

“世界上许多国家都承受着无法偿还的债务，而这些债务要么完全不合法，要么部分不合法，其成因包括：1）被迫接受的极端不利贸易条件，或发展贷款被腐败挪用，或两者兼有（例如阿根廷与墨西哥，它们分别以不同的方式处理了这个问题）；2）为纾困私营银行坏账而向政府快速转嫁债务（如爱尔兰与希腊案例）。此类过度负债国可在特定时间点，向 IDB 发行低息长期主权债券，用通过协议方式：a）置换其对主要经济强国的债务（这些国家如上文所述向 IDB 提供信贷）；b）置换其对国际贷款机构（如国际货币基金组织与欧洲央行）的债务。IDB 可将这些债券作为基础，以各国本币形式向该国国家开发银行发放信贷。

“当国家及地区主管部门获得 IDB 贷款用于实际建设重大基础设施项目和/或科技研发工程（这些项目将产生高效益的经济活动及收益）时，这些国家将以相同的方式‘偿还’这些 IDB 信贷，即通过创建国家信用银行（仿效二战后德国复兴信贷银行数十年的运作模式），从而为国家内部发展提供额外的信用，也以本国货币投资于 IDB。

“林登·拉鲁什在 1982 年提出的《华雷斯行动提案》中，向伊比利亚美洲国家提出了关于债务重组和发展的建议，他将这一过程描述为无论对债务国还是对（当时的）债权国——美国——的要求都是相同的：

1. 任何共和国不得允许其他信贷发行……除以下情况：(a) 买卖商品和服务之间的延期付款信贷；(b) 以法定货币和存放的金条为抵押的银行贷款；(c) 以法定货币形式（中央政府财政部票据）创设的信贷发行贷款。

2. 政府创设的信贷(货币票据)贷款必须用于那些能促进技术进步的投资形式，进而最大化地利用那些原本闲置的资本货物、闲置的商品生产能力以及闲置的生产劳动，用于商品生产或发展维护商品生产与流通所需的基础经济基础设施……

3. 各共和国须设立国有国家银行，该银行应在其合法职能范围内排除与英格兰银行相关的私营银行职能，以及美国联邦储备系统那些误导性的做法……

4. 任何境内贷款机构均须符合政府财政部和国家银行审计标准。任何外国金融机构不得在共和国境内开展业务，除非其国际运营符合该共和国法律规定的合法储备标准和适当的银行业务实践，且该标准应通过适当的审计定期确定（即确保外国贷款机构的“透明度”）。

随着参与重大项目建设协议的各缔约国之间贸易往来日益密切，无论是通过国际开发银行发放信贷的国家，还是接受贷款的国家，参与国的国家银行都必须创建足够大的货币互换，以便增加彼此货币间的贸易支付。

国际开发银行和西南亚/非洲区域基础设施银行的职责和宗旨是：保证各国发放的发展信贷专门用于发展新的基础设施平台和技术进步，这些对提高国民经济生产力和劳动人口的生产力至关重要。

公私伙伴关系无法替代

只有当公共信贷为新基建提供资金的模式屡屡失败时——正如过去几十年在美国和欧洲屡见不鲜的情况——“公私合作基建模式”才会成为财经媒体和政府机构的常见议题。这类与私营企业的合作模式，唯有在作为更大规模公共基建项目的补充时才奏效，例如将高速铁路干线延伸至次级城市并配套建设轻轨系统。在此类合作中，公共投资方通常是地方市政当局，而私营方则多为活跃于地方市场的大型企业，它们致力于开发和升级周边基础设施。这种公私合作模式在中国蓬勃发展的城市圈已蔚然成风。

PPP 项目很少尝试建立实质性的新经济基础设施；当他们接管先前由公共部门建造的基础设施时（特别是在美国），他们的特殊公司通常会失败，有些甚至破产并并多次需要公共救助。

2017 年 6 月 17 日，《纽约时报》刊发题为《世界给特朗普基建计划敲响警钟》的文章，讨论了对比公立基础设施资金的广泛学术研究。文章指出，那些过度依赖 PPP 模式的国家都遭遇了惨痛教训：“在印度，与政府关系密切的企业通过裙带关系拿下项目，导致工程存在缺陷却标价虚高；英国十多年前将伦敦地铁系统升级工程交给私营企业后，结果是质量不达标、预算超支，迫使政府重新介入；加拿大在通过私营部门推动的公共项目中也遭遇了高额成本，如温哥华的一座地标性桥梁和安大略省的医院”[94]。

---

5. 财政部与国家银行作为合作伙伴，持续拥有管理资本管制与外汇管制的权力，通过签发个别进出口许可证辅助此职能，并规范国外来源的贷款谈判……’”

[94] https://www.nytimes.com/2017/06/16/business/trump-train-road-india-china.html。

该文指出公共融资成效更为显著："相反，中国通过持续不断的基础设施投资，部分实现了现代历史上最为有效的经济转型，这些投资由国家进行强势资助和监督"。报告指出，在 1992 至 2016 年间，中国年均将 GDP 的 8.6%投入新基建项目。这一策略卓见成效：不仅实现了项目快速高效推进，更带来了高产出效益。此后，无论是国内还是国外资本，都纷纷涌入工业领域进行大规模私人投资。

原因显而易见：PPP 模式中的"私营"通常涉及由高盛、摩根士丹利等投行设立的基础设施投资基金，或黑石等大型私募股权公司；抑或是一些国际基础设施私有化公司，它们与投资者形成特殊合作伙伴关系，接管和运营现有的公共道路、水系统等。在这两种情况下，投资者都会为基金或特殊合伙企业设定项目条件：就美国特朗普政府计划中的基础设施项目而言，这些要求一再被明确：10%的年投资回报率，并且要求在 10 年内或更短时间内完全回收投资资本。

这些在本世纪始终存在的投资条件，注定会扼杀任何重大新技术基础设施项目。即便极少数 PPP 项目尝试新建基础设施，在 PPP 合作伙伴关系中，它们在少数进入新基础设施领域的情况下，往往会选择那些能够产生即时用户费用现金流的项目，例如收费公路和桥梁——而且这些桥梁不需要突破性的工程技术，例如土耳其的博斯普鲁斯海峡铁路-汽车隧道，以及中国近期建设的其他桥梁。

真正的新型基础设施开发（从新铁路公路走廊到核电综合体、重大水资源管理项目）必须满足两个信贷条件：2%-4%的低利率，以及接近项目主要使用寿命的长期限。由于新经济基础设施平台并非低风险投资，即便私人资本无意掠夺公众或投机房地产商品市场，也无法创造此类信贷。唯有公共基础设施银行能着眼于长期生产力提升与经济增长实现回报。

更令人担忧的是完全由私营部门主导的项目，比如美国德克萨斯州和佛罗里达州等大州规划的新客运铁路走廊。这些项目利用现有轨道进行提速改造，却通过设定"高端票价"将客源限制在大型企业的商务差旅和高收入群体的休闲旅行商。即便如此，美国近年来此类项目的运营历史表明，这类项目大多走向破产。

附录：埃及：发展的内部融资机制

新苏伊士运河项目于 2014 年启动并在一年内竣工，其融资方案是埃及政府与国家在当时政治经济限制条件下提出的一项卓越且正确的战略。基于信贷创造而非单纯依赖现有货币资源的"国家开发银行"，应采用类似但规模更大的融资模式，为 2030 年埃及整体经济发展规划提供资金支持。

新苏伊士运河的融资实践证明了这种模式的可行性。政府专门发行了新运河投资凭证，募集 80 亿美元预估建设资金。这些凭证完全面向国内销售，仅限埃及公民、银行及机构认购。埃及民众在短短 10 日内就认购了全部凭证，其中个人与家庭占比 82%，企业占 18%[95]。

相比之下，埃及从国际金融机构获取远小于此额度的融资时，往往需要历经数月甚至数年的谈判，且需接受不利附加条件。

值得注意的是，此次募资规模仅占埃及银行系统存款与资产总量（至少 2400 亿美元）的 3%[96]。此外，由于近年政治经济动荡，部分民众将大量金融资产转换为外币与黄金并游离于银行体系之外，这进一步削弱了本币价值，资本外流早已成为埃及长期存在的痼疾。

国家重建与发展银行

2013 年 7 月下旬，在本书合著者侯赛因•阿斯卡里向埃及临时政府提交的公开备忘录中（其时正值第二次革命推翻穆斯林兄弟会政府之后）[97]，提出新政府应规划并宣布建设中长期国家基础设施、能源、水利、农业及工业项目的具体计划。备忘录建议重新谈判与各国及国际机构的所有信贷和贸易协定，暂停并重组巨额债务负担。最后提议建立主权信用体系以支持"国家重建与发展银行"，为必要的发展项目提供融资。该银行债券/股票将主要面向埃及公民与

---

[95] 埃扎特•克纳维博士：《新苏伊士运河的经济影响》，
http://www.iemed.org/observatori/arees-danalisi/arxiusadjunts/anuari/med.2016/IEMed_MedYearBook2016_New%20Suez%20Canal_Ezzat_Kenawy.pdf
[96] 同上。

[97] 侯赛因•阿斯卡里：《埃及经济独立宣言提案》，《行政情报评论》，2013 年 7 月 26 日，

http://www.larouchepub.com/other/2013/4029egypt_decl_indep.html。

金融机构发行，同时邀请外国通过直接注资或提供担保（包括向埃及重建项目提供技术的企业提供出口担保）参与新国家信用机制，并实施严格的资本与货币管制以维护本币价值。

这家拟议银行将独立于中央银行运作，受财政部直接指导，能够在不耗尽自身资产的情况下为国家项目提供长期信贷支持。

附录一： 拉鲁什论“货币与信用”

“在现实宇宙中，货币本身并不具有内在价值”，美国经济学家林登·拉鲁什论证道[98]。他指出：“货币的正确用途并非作为实际经济价值的标准，而是如美国联邦宪法所规定，作为主权共和国发行信用的一种便利媒介——这种信用旨在增加整体经济中人均和每平方公里的物理净价值”。拉鲁什进一步阐述：“当货币被这样定义时，它只有通过促进更加富有生产性、资本密集型的投资，才能发挥其应有的功能。这些投资不仅应当投向基本经济基础设施，还应当投向长期发展的更先进、更具生产力的技术生产方法。这意味着这些发展既要（1）抵消衰退的影响，也要（2）代表一种发现的方式，体现在人类物种扩展的能力上，使其在每个人均和每平方公里的相关领土中得以持续生存并进入无限未来”。

论及基础设施领域，他写道：“我们应认识到，基本经济基础设施的发展一直是人类所需的创造，是‘可居住’环境的‘合成’发展，而非预设的‘自然’环境，这种环境对于人类物种存续过程中某个时期实现提升甚至实现人类生活与实践可能性至关重要”。

附录二： 揭穿“中国债务陷阱论”的三大要点

侯赛因·阿斯卡里（Hussein Askary）、李彤

自 2018 年 5 月以来，美国国务院大肆鼓吹“中国债务陷阱论”，并投入巨额资金加以支持，还通过媒体大加宣传。然而，通过调查研究，笔者发现这一叙事完全是无稽之谈。“中国

---

[98] 林登·拉鲁什：《你的会计师永远不懂的秘密经济》，2010 年 4 月 17 日，

http://www.larouchepub.com/lar/2010/3721secret_economy.html。

债务陷阱论”只是其开展地缘政治宣传的抓手，旨在阻碍“一带一路”倡议的推进、损害中国的国际形象。

在对斯里兰卡、巴基斯坦、赞比亚、肯尼亚和黑山等国家过去十年的金融和经济发展进行深入分析之后，笔者发现了这些国家的共同点。这些国家的财政困境都是由内部和外部因素共同造成的，而这些因素都不可直接归因于中国或“一带一路”倡议。

在调查中，笔者形成了揭露“中国债务陷阱论”叙事重大谬误的系统方法。这一方法可以用来研究被称为所谓“中国债务陷阱”受害者的任何国家，从而揭示真相、驳斥谣言。此外，这项调查将在推进“一带一路”倡议的下一个十年中，帮助政策制定者就基础设施发展融资制定健全的政策，为国家经济发展奠定基石。

根据该方法，任何相信“中国债务陷阱论”叙事的人都应弄清楚三个基本问题：债务国的债务构成如何、是否为优质债务、财政困难的根源是什么。

债务构成

债务构成是指一国外债总额中各种债务的百分比（见图 1）。不难看出，肯尼亚和斯里兰卡欠中国的债务仅占其外债总额的一小部分。2024 年，中国占肯尼亚外债总额的 15.5%；2022 年，中国占斯里兰卡外债总额的 10%。

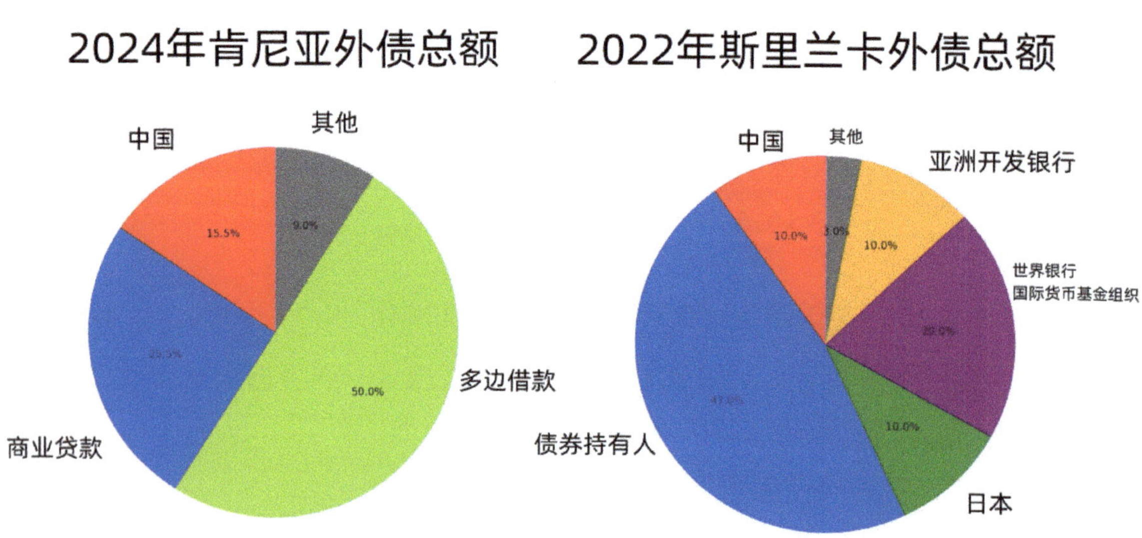

图 1：2024 年肯尼亚外债总额、2022 年斯里兰卡外债总额（数据来源：肯尼亚财政部、斯里兰卡财政部/瑞典“一带一路”研究所编制）

然而，西方智库和媒体刻意曲解，将重点放在“双边”债务而非外债总额上，强调“中国是某国最大的双边债权国”（见图 2）。这种选择性的报道旨在扭曲大众观点，使人误认为中国是造成某国财政困境的主要原因。

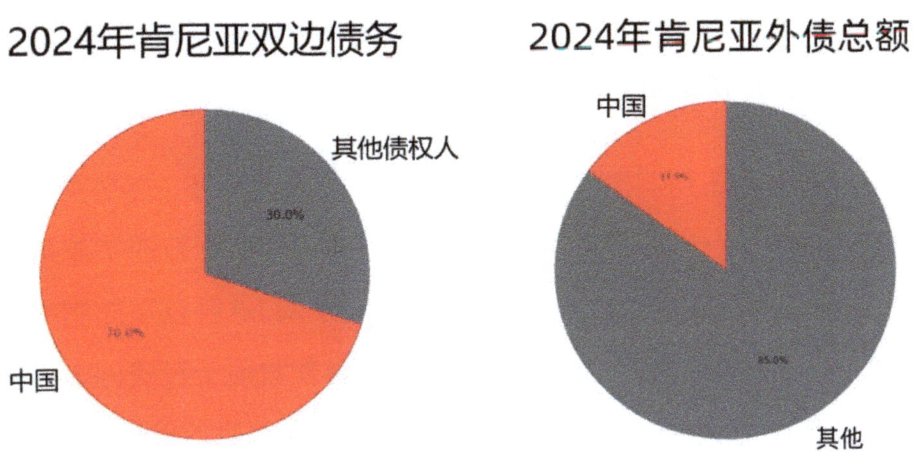

图 2：西方智库和媒体强调肯尼亚与中国的双边债务（左），而不是外债总额（右）（数据来源：肯尼亚财政部/瑞典“一带一路”研究所编制）

因此，研究人员不应仅仅依靠从媒体或智库获取信息，而应查阅有关国家财政部或央行公布的官方数据。图二所示数据来自肯尼亚财政部。

斯里兰卡债务总额构成图显示，2022 年中国仅占斯里兰卡外债总额的 10%，而其他 80%至 90%的债务都来自西方机构或与西方国家相关的实体。更重要的是，这些数据揭露了人们避而不谈的明显问题，即斯里兰卡 47%的外债来自西方私人债券持有人的商业贷款，例如美国贝莱德和英国阿什莫尔公司。这种贷款在斯里兰卡债务中的占比是中国的四倍以上。

再看肯尼亚，不仅商业贷款远高于中国在其债务总额中的占比，而且来自世界银行和国际货币基金组织等机构的多边借款，在肯尼亚债务总额中的占比是中国的三倍以上。

债务质量

中国“一带一路”专项贷款几乎全部用于建设交通、电力、水利、教育和医疗保健等领域的现代基础设施。这些项目是提高受援国生产力的生产性投资。通过这些贷款加强基础设施，工业、农业和服务业都能得到发展，从而创造国家收入、增强还贷能力。相反，商业贷款或多边贷款大多用于弥补财政赤字和贸易逆差。当债务国陷入严重财政困境时，会从国际债券市场大量举债，以借款来渡过眼前的经济危机。

如果从国际债券市场借款来偿还到期债券，通常利率很高。今年2月，肯尼亚政府陷入困境，无力偿还6月份到期的价值20亿美元的欧元债券。肯尼亚通过发行新的7年期债券，总算筹集了15亿美元，但新债券的利率为10%，而之前的利率为6%。这种以更高利率“拆东补西”的做法是“饮鸩止渴”，会导致债务越积越多。即使短期借款被用于投资回本周期较长的基础设施建设项目，也会是个典型的错误。这是导致一国陷入债务陷阱的关键原因之一。

中国的贷款偿还期限长且利率低，这是对华欠债与其他债务在质量上的另一关键差别。例如中国进出口银行为黑山巴尔—博利亚雷高速公路提供的贷款偿还期限为20年，包括6年的宽限期，利率为2%。肯尼亚的蒙内铁路等项目也采用类似的利率和条款。相比之下，商业贷款的偿还期限较短，为5至7年，利率却高达6-12%。

中国经常为经济困难的国家提供债务重组或减免，而西方债券持有人则诉诸于法律手段，通过西方法庭迫使有关国家按时全额偿还债务。

中国的贷款不附带任何政治或经济条件，而西方的多边贷款往往有附加条件，例如债务国货币贬值、削减公共基础设施投资、推行政治变革、将国有企业和自然资源私有化等。这些因素叠加起来，会导致国家经济生产力降低。根据国际货币基金组织的要求，赞比亚铜矿在进行了私有化后由西方跨国公司控制，使得本属于赞比亚的自然资源几乎没给本国带来任何经济回报。因此，在调查研究不同案例时，必须考虑债务之间的质量差异。

导致债务国财政困难的根源

笔者所研究的国家中，许多在 2013 年“一带一路”倡议提出之前就已经陷入财政困境。随后，许多内部和外部的事态发展让它们的日子更加艰难。所涉及的原因有很多，包括内战、恐怖袭击、地区性和全球性流行病、财政管理不善、腐败以及全球金融和货币体系变化等。然而，这些问题都与中国不相关。下文列举了一些导致这些国家财政困境的关键原因：

1. 一些国家严重依赖某一个或两个收入来源，容易受到价格冲击或突发事件影响。例如，旅游业是斯里兰卡和黑山国民收入的主要来源，两国都严重依赖旅游业。2019 年，斯里兰卡遭受恐怖袭击，游客大幅减少，到 2020 年，其旅游业刚恢复又受到新冠疫情打击。2021 年至 2022 年，新冠疫情也使得黑山经济严重受挫。

2. 斯里兰卡经济生产率低，其纺织业所需的机械、燃料、棉花都依赖进口，只能通过低成本劳动力创造附加值。2022 年乌克兰危机爆发后，全球燃料价格上涨，斯里兰卡纺织业已无法盈利。

3. 在这类国家中，农业都依赖进口石油、天然气和化肥，一些国家甚至靠借外债进口食品。当全球价格上涨时，这些国家就会受到严重冲击。

4. 货币贬值大大加重了这些国家的债务负担，因为它们的外债，包括欠中国的债务，都以美元计价。当这些国家的本国货币对美元贬值时，就不得不支付更多的本国货币，也即更多的本国财富来偿还美元债务。2022 年，拜登政府批准通过《通胀削减法案》，导致美元对几乎所有货币升值，对负债国造成了沉重打击。

结论

研究并回应以上三个关键问题，可以使人们对这些国家的债务危机有更准确、更客观的评估。显然，债务国经济困境并不是中国造成的。事实上，中国向这些债务国发放生产性信贷，可帮助这些国家摆脱长期困扰它们的债务陷阱。这些国家获得基础设施优惠融资后，就能够更好地提高生产率，重新实现财政收支平衡，并向中国和其他债权人偿还欠款。就这些国家的债务问题而言，中国和“一带一路”倡议是解决方案的一部分，而非导致其负债的原因。然而，仅靠中国无法解决这些国家的所有问题，还需要为基础设施融资和开发融资制定新的方法。对此，笔者将另篇阐述。

第五章 人口与发展[99]

侯赛因·阿斯卡里（Hussein Askary） 杰森·罗斯（Jason Ross）

不存在所谓“人口过剩”，只有发展不足。

西方媒体和主流政治讨论常将亚洲和非洲的粮食危机、水资源危机或疫情爆发归咎于人口增长。这种论调如此普遍，以至于连“科学”版编辑都将其视为科学定论，包括所谓“每两分钟诞生 100 个婴儿会对地球构成威胁”的说法[100]。

亚非地区的新生儿并非负担或威胁；若能获得必要的基础设施、医疗保健和教育投入—这本就是他们应得的权利—这些新生儿将成为宝贵的人力资源。

非洲人口在 2017 年达到 12 亿，不仅年轻化且在持续增长。非洲大陆半数人口年龄在 20 岁以下，预示着未来劳动力市场的巨大增长潜力。2015 年非洲适龄劳动人口为 5.36 亿，预计到 2035 年将突破 9 亿大关，届时全球劳动力增长的一半都将来自非洲[101]。

与此同时，这些新增人口和劳动力正加速向城市聚集。根据麦肯锡全球研究院的数据显示，非洲的城镇化速度已超越全球其他地区，预计到 2045 年，每年将新增 2400 万城市居民[102]。

---

[99]本章选自 2017 年首版

[100]在任意搜索引擎输入“人口过剩”一词，便会涌现大量相关文章与报告。以2006年1月7日《独立报》刊载的《人口过剩成为地球主要威胁》为例—这无疑是此类论调的典型代表。
http://www.independent.co.uk/environment/overpopulation-is-main-threat-toplanet-521925.html。

[101] 联合国经济和社会事务部人口司。

[102] 麦肯锡全球研究院，《前进的雄狮 II》报告，2016 年，第 6 页。http://www.mckinsey.com/global-themes/middle-east-and- africa/lions-on-the-move-realizing-the-potential-of-africas-economies

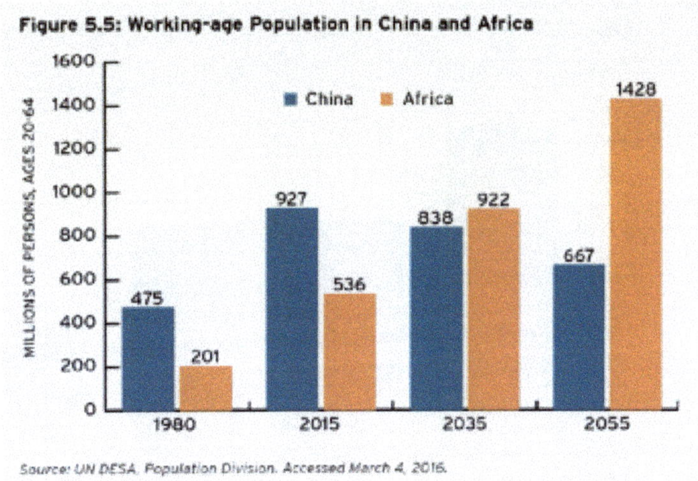

资料来源：戴维·多拉尔 ，《中国与非洲的接触》，布鲁金斯学会，2016年，第80页。

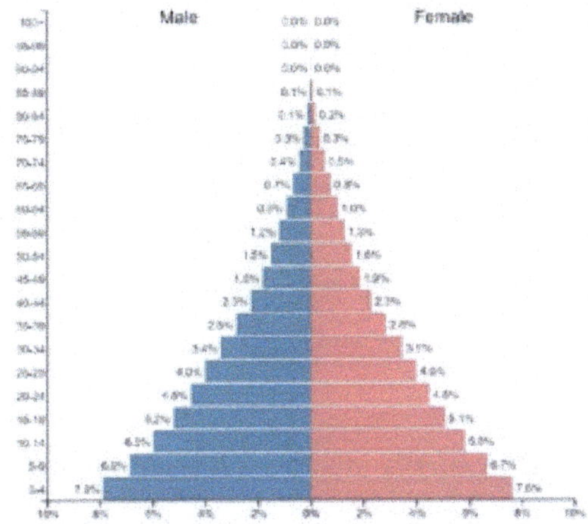

非洲人口。来源：PopulationPyramid.net

随着非洲劳动力规模持续扩大且日益城市化，该地区的经济发展有望迎来爆发式增长，但前提是这些未来的劳动者能够获得支持其增长的物质基础、文化教育和政府基础设施。当前中国劳动力成本上升正推动全球制造业重新布局，但仅凭低廉的劳动力成本并不足以刺激制造业增长。劳动生产率的高低取决于多重因素：包括劳动者受教育水平、电力供应等关键要素的稳定性、高效低成本的交通运输体系，以及生产过程中的资本密集程度。

在这些因素中，物质基础设施最为关键。2016 年，布鲁金斯学会在关于中国对非投资的研究报告中，援引国际货币基金组织 2015 年的文件指出，在基础设施、国内信贷、法治水平和关税政策这四大要素中，若将撒哈拉以南非洲地区的基础设施水平提升至世界平均水平，该地区贸易额将增长 42%。

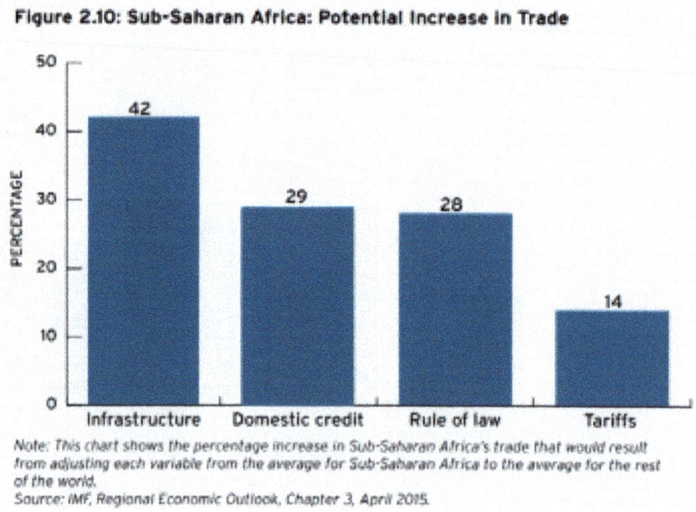

资料来源：戴维·多拉尔，《中国对非洲的参与》，布鲁金斯学会，2016年，第27页。

其中一个方面是用本土生产替代进口。目前，非洲消费的食品、饮料及类似加工品中，有三分之一依赖进口，而东盟国家这一比例为五分之一，南方共同市场仅为十分之一。即使是水泥这类资源密集型产品，尽管非洲拥有丰富原材料且具备本土生产能力，其进口比例也高达15%，远高于东盟和南方共同市场约 5%的水平[103]。

案例研究：埃及—人口过剩的神话

在 20 世纪 70 年代初，当美国国家安全委员会等西方机构将埃及作为一个人口过剩的案例进行讨论时[104]，埃及有 3300 万人口，但可利用的土地不足国土面积的 5%。如今，埃及人口已超过 8000 万，其居住和开发的土地比例仍不足 7%。

这 8000 万人口挤在尼罗河沿岸的一条狭长地带，以及开罗及尼罗河三角洲地区，并不能证明存在人口过剩的问题。问题在于缺乏技术和基础设施发展，而不是人口数量。埃及在过去 30 多年里一直未能实现真正的发展。

103 《前进的雄狮 II》第 16 页。

104 美国国家安全研究备忘录第 200 号（NSSM 200）：《全球人口增长对美国安全及海外利益的影响》：http://pdf.usaid.gov/pdf_docs/pcaab500.pdf。

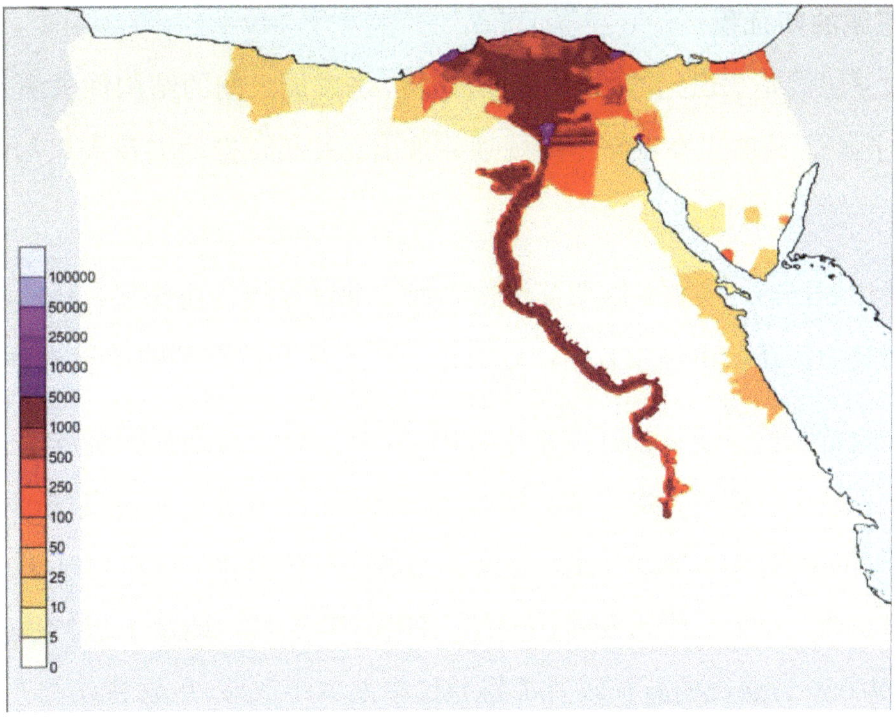

2010 年埃及人口密度分布图。制图：Giorgiogp2

在贾迈勒·阿卜杜勒·纳赛尔领导的 1952 年共和革命之后，整个 20 世纪 60 年代的埃及经历了快速工业化进程。具有讽刺意味的是，这一时期人口增长率反而有所下降——因为更多女性获得教育并加入了劳动力队伍。纳赛尔政府曾推行有限度的计划生育计划，但到 20 世纪 70 年代，当安瓦尔·萨达特总统提出“发展才是最好的避孕药”这一口号，并专注于经济发展而非人口控制时，该计划被搁置了。1981 年萨达特遇刺后，穆罕默德·胡斯尼·穆巴拉克就任埃及总统，在美国国际开发署、世界银行及其他捐助组织（如支持优生学的洛克菲勒基金会、福特基金会和纽约人口理事会）的压力下重启计划生育计划，推动已婚妇女采用避孕措施。据报告，这些努力使得避孕措施的使用率从 1980 年的 24%提升至 2000 年的 50%，将总生育率从每名妇女 5.3 胎降至 3.5 胎。数亿美元被投入节育措施，而非基础设施建设。

针对这一现象，时任世界银行行长的罗伯特·麦克纳马拉访问埃及后曾谬称：“虽然取得了一些进展且存在发展机遇，但到 2000 年，人口增长将消耗掉所有投资的 75%”。

与其试图限制人口增长，更适宜的政策应是通过大规模投资基础设施来扩大埃及人口可利用的土地面积，通过引水工程开垦和发展埃及的大片荒漠。埃及的人口结构非常年轻：在 8000 万总人口中，60 岁以上群体仅 600 万；15 岁以下人口达 3700 万；其余约 3700 万适龄劳动人口（其中多数未满 30 岁）。若能够真正推行实体经济发展，这将成为埃及乃至全球的宝贵财富。

迈向发展与拓展的新征程

埃及新领导层清楚意识到，人口资源与实体经济发展之间的结构性失衡对国家战略与经济造成了挑战。因此，政府正在重整早期规划并推出新举措，推动埃及人口与经济向前拓展、向未来迈进。

当前多项计划已启动实施：以新苏伊士运河工业区发展为桥头堡，开发西奈半岛蕴藏丰富的矿产与农业潜力；在城市建设方面，政府已启动全新行政首都的建设进程。

这座新行政首都位于现首都开罗东南方向 40 公里处，地处开罗至苏伊士港的交通要道，将容纳所有核心政府机构与金融中心。据埃及住房、公用事业与城市发展部长穆斯塔法•马德布利介绍，新城面积达 714 平方公里，是开罗市域面积的两倍。城市将基于最先进的地下基础设施系统构建交通、电力、供水和排污网络。2016 年 5 月，地基工程与基础设施建设正式动工。未来可容纳 650 万居民的新行政首都将通过标准轨距铁路、单轨系统与开罗、苏伊士相连，远期还将接入高速铁路线。相比开罗，新城更靠近新苏伊士运河工业区的经济增长极。

2017 年 10 月 11 日，时任埃及总统的阿卜杜勒•法塔赫•塞西正式宣布新行政首都建设启动[105]。当日，埃及与中国签署协议，该由中国建筑集团有限公司（CSCEC）[106] 承建新城内的政府部门办公区及中央商务区（该商务区将打造包括非洲最高建筑群在内的核心地标）。中国计划对埃及新首都的投资总额预计达 110 亿美元[107]。虽然中国将在新都建设项目中扮演重要角色，但城市其他区域多数工程由埃及国有及私营企业（如 Almokawloon Al-Arab 阿拉伯承包商公司）承建。

这座新城将有效缓解历史名城开罗的人口压力——当前开罗人口已增至 1,800 万，预计到 2050 年将达到 4,000 万。在大开罗地区外围，正在建设十余座新城以疏解城市功能，使开罗摆脱全球最拥堵城市之一的现状，重新成为代表国家历史文化底蕴的首都。

---

105 《金字塔报》在线版2017年10月11日报道：《埃及塞西总统正式启动新行政首都项目》：
http://english.ahram.org.eg/NewsContent/1/64/278593/Egypt/Politics-/Egypts-Sisi-officially-launches-newadministrative.
aspx

106 《埃及街报》2017年10月12日报道：《中国承建埃及新首都商务区巨型项目引发质疑声潮》
https://egyptianstreets.com/2017/10/12/china-to-build-business-district-inegypts-new-capital-amid-continued-skepticism-against-the-mega-project/

107 《埃及独立报》2017 年 9 月 4 日消息：《中国拟向埃及新行政首都项目投资 112 亿美元》

http://www.egyptindependent.com/china-invest-11-2-billion-projects-egypts-new-administrativecapital/

埃及启动荒漠垦殖计划

在埃及总统阿卜杜勒·法塔赫·塞西宣布新苏伊士运河项目数周后，时任总理的易卜拉欣·马赫莱卜于2014年8月30日宣布将重启托什卡工程，将其提升为国家级发展战略项目。这个全球最大的荒漠垦殖工程（旨在开发埃及西部沙漠的关键项目）在前总统穆巴拉克执政时期启动十七年后，在历届政府几经搁置，终于有望重新投入运营。该计划拟从纳赛尔湖（阿斯旺大坝形成的水库）引水至西部沙漠，垦殖150万费丹[108]，建设新型城市及农工综合体。作为项目核心的全球最大水泵站已于2005年建成，还有一条长达50公里的主运河直通托什卡洼地。截至2008年项目搁置时，已投入10亿美元资金。马赫莱卜总理在视察托什卡地区时表示，将对这项包含大型基建和公路网络的工程进行全面评估。他强调，这样的大型项目不应该被忽视，这将使托什卡成为一个真正的城市社区，带动整个区域振兴。

托什卡项目是新河谷计划的基石工程，该项目旨在整合并开发一系列绿洲，从西南沙漠深处、靠近苏丹和利比亚边境的东欧韦纳特绿洲开始，向东北延伸至托什卡，向北贯穿新河谷省的达赫拉、哈尔贾、费拉菲拉等绿洲，东北至巴赫里亚绿洲，最终到达西北的西瓦绿洲。

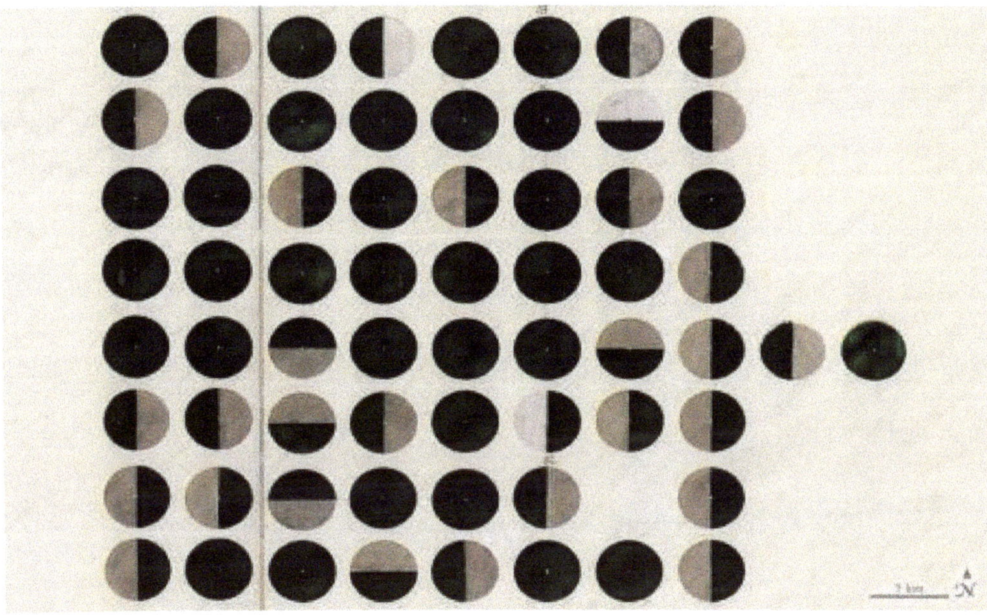

[108] 1费丹相当于1.038英亩或0.42公顷。

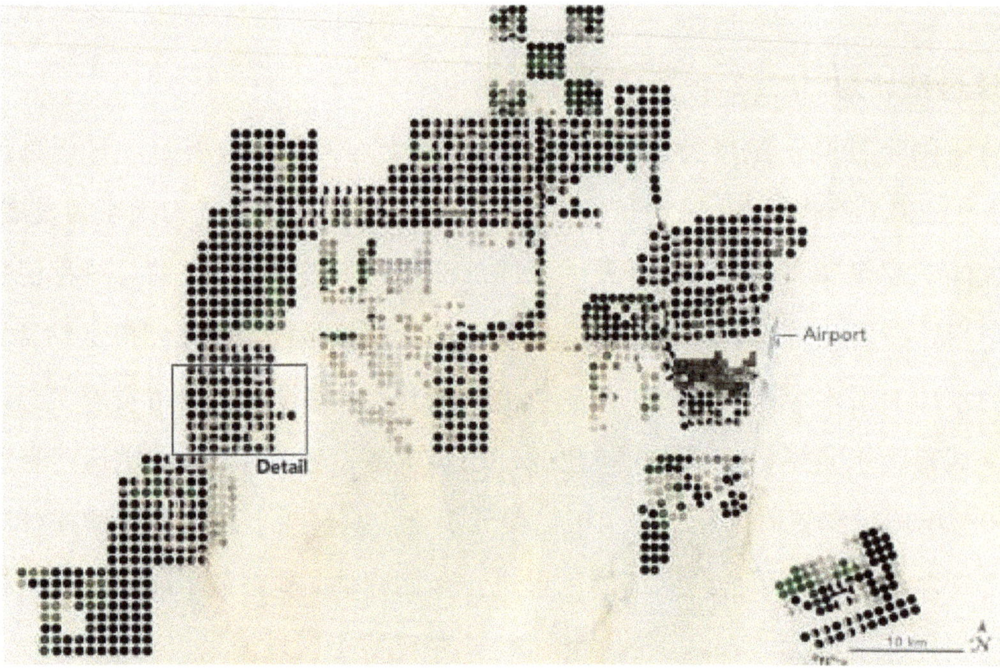

美国国家航空航天局于2017年3月发布的卫星影像，展现了东欧韦纳特绿洲灌溉农业区对努比亚砂岩含水层的开发现状—该绿洲是埃及土地垦殖项目的重要组成部分。从地下抽取的水资源通过环绕中心支点旋转的喷灌装置输送，形成独特的同心圆植被带。图片来源：美国国家航空航天局。

新尼罗河谷

这条发展走廊的主要特征是连绵的绿洲带及其共同拥有的核心资源——位于其下的努比亚砂岩蓄水层系统，这是全球最大的地下水含水层。这片横跨乍得、利比亚、苏丹和埃及的巨型淡水系统蕴藏着足以满足数十年需求的丰富水资源。法鲁克•埃尔-巴兹博士等科学家指出，该含水层并非单纯的化石水资源，而是持续通过非洲沙漠山脉的降水得到补给。此外，这些区域富含磷酸盐、铁、钴等金属矿产资源，除农业开发外，还可为工业发展提供重要支撑。

埃及“发展走廊”，也被称为“新河谷项目”，由埃及裔美国人、遥感与空间科学家埃尔-巴兹博士设计，他是现任埃及总统塞西的科学顾问。该走廊包括[109]：

(a) 按国际最高标准修建全长1200公里的超级公路，从亚历山大港以西延伸至埃及南部边境；

(b) 十二条东西向支线公路，总长约800公里，连接沿线人口密集区；

[109]如需了解项目详细信息，请参阅埃尔-巴兹博士的官方网站：

http://faroukelbaz.com/index.php?option=com_content&view=article&id=22&Itemid=34。

(c) 一条与高速公路平行的高速铁路；

(d) 一条从托什卡运河引水的输水管道/渠道，用于提供淡水；

(e) 一条供电线路，用于工程初期的发展供能。

这条发展走廊可向南顺畅延伸至苏丹，并一路通达赤道湖区。作为走廊体系的组成部分，尼罗河的航运潜力将得到最大化开发利用。

埃及工程师艾曼·拉希德博士提出的“非洲通道”项目，计划纵贯埃及西部沙漠，将中非和大湖地区的内陆国家与地中海的西迪巴拉尼港连接起来。

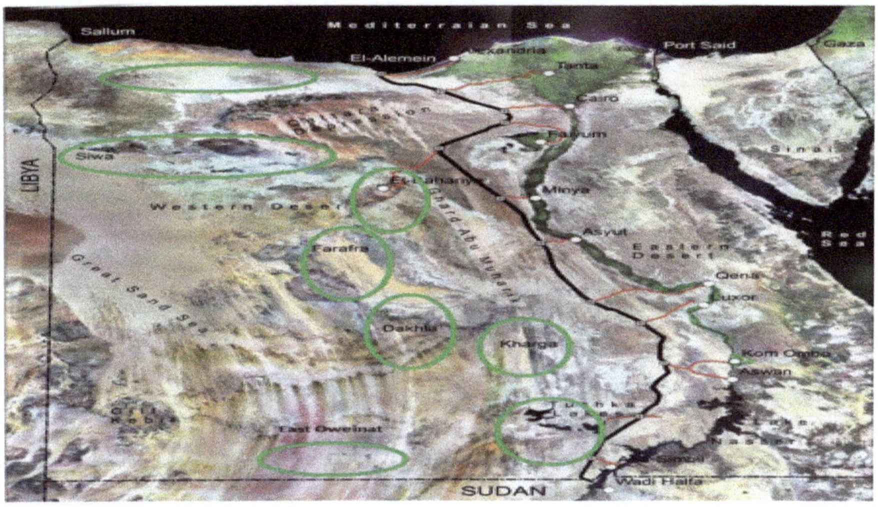

埃尔-巴兹博士提出的“发展走廊”规划示意图。图中绿色区域系本书作者添加，用于突显建议进行农业和城市扩展的一系列绿洲分布。

“非洲通道”的设想是修建从大湖区通往地中海的运河与高速铁路，把埃及西北部这片孤立荒凉的地区，转变为一个充满活力的农工与贸易区。该规划还包含沿通道路径建设若干相对大型的城市：向东的铁路线将连接苏伊士运河与红海，向西的线路则贯通北非国家及欧洲——经突尼斯抵达意大利南部，借道直布罗陀通往西班牙。

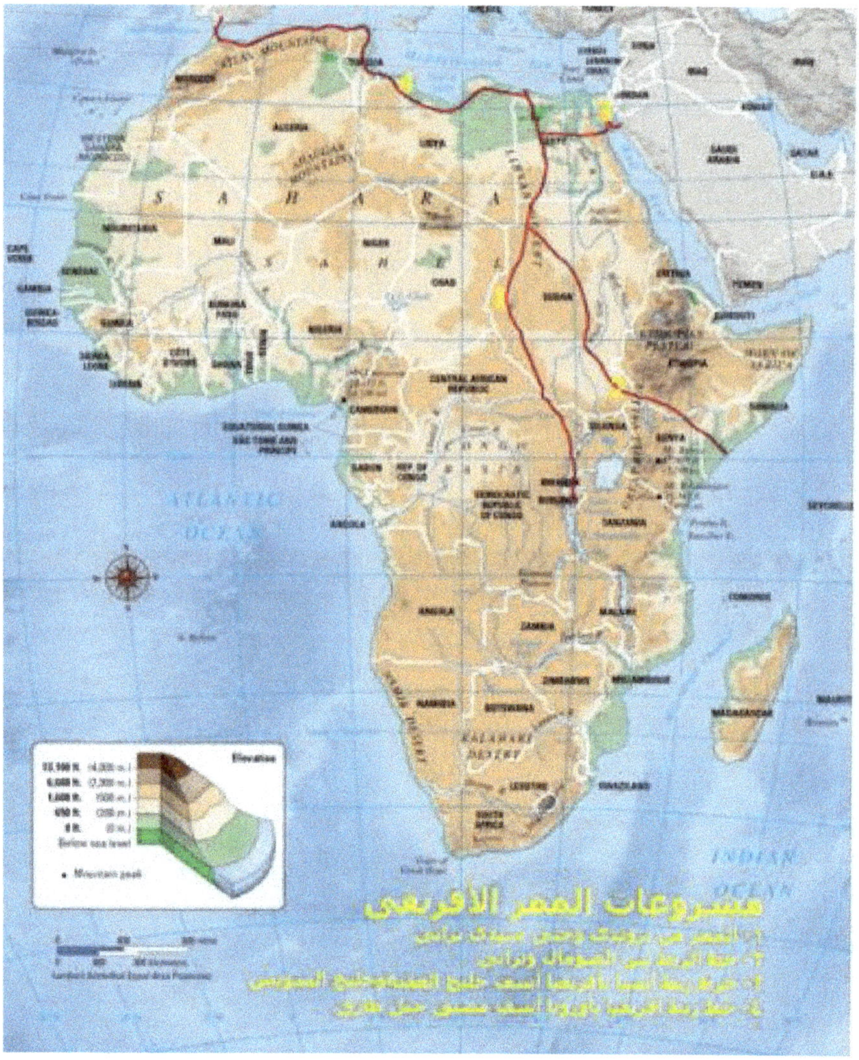

“非洲通道”规划方案，工程师艾曼·拉希德博士设计。图片来源：拉希德。

第六章 西亚融入“新丝绸之路”[110]

侯赛因·阿斯卡里（Hussein Askary）

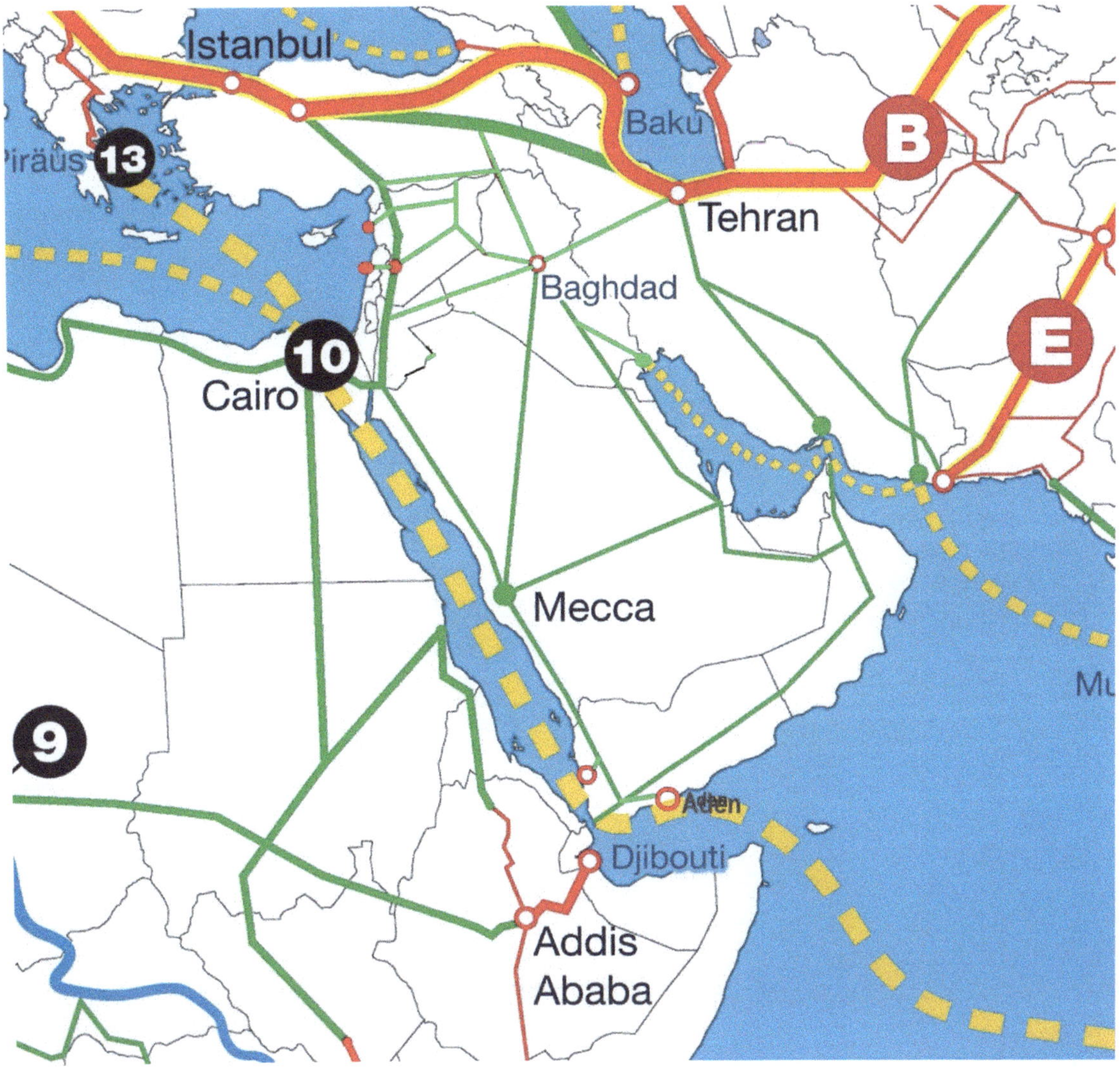

这个地区具有独特的特征：它位于三大洲的交汇处，是世界上大量贸易的必经之地；它拥有全球 44%的碳氢化合物储量，持有数万亿美元的外汇储备，这里有 4 亿人口，其中大多数是青年和儿童；这里还是世界上文化和民族多样性最丰富的地区之一，一些最古老的文明发源于此。然而，由于地缘政治，这些优势却都被转化为劣势。新丝绸之路所倡导的互利共赢理念，为这一地区摆脱当前的冲突状态、迈向和平与繁荣提供了一条出路。

110 除了“附录二‘菲利克斯行动’：也门重建的奇迹与‘新丝绸之路’的联结”与“附录三‘绿洲计划’：汲取新疆发展经验，在‘一带一路’倡议背景下重建加沙”以外，本章其余内容选自 2017 年首版

大陆间的桥梁

在“一带一路”倡议提出之前，许多将该地区（即所谓“中东”）纳入欧亚—非洲大陆桥的联通项目就已经在进行中了。1996 年，时任伊朗总统的阿克巴尔·哈什米·拉夫桑贾尼主持了马什哈德—萨拉赫斯铁路的通车仪式，该铁路连接了伊朗和土库曼斯坦的两座边境城市，使伊朗与中亚及中国实现相连，重现了古代丝绸之路的辉煌。二十年后的 2016 年 2 月，首列来自中国东部浙江省的直达货运列车抵达德黑兰，经由哈萨克斯坦和土库曼斯坦，全程 9300 公里。这一路线使得货物自中国同一出发地运往伊朗海湾的阿巴斯港，比经印度洋海运缩短了整整 30 天。[83]

2015 年已建、在建及规划中的铁路线路。来源：国际铁路联盟

两年后的 1998 年，伊朗向西北方向延伸至土耳其的铁路建成，重启了通往欧洲的丝绸之路。

[83] “中国‘丝路’列车首抵伊朗”，2016 年 2 月 16 日。

http://english.cntv.cn/2016/02/16/VIDEnsjlslcvtBR8fcNCWhT0160216.shtml

2001 年，马什哈德—巴夫格—阿巴斯港铁路竣工，使中亚腹地得以直达波斯湾/阿拉伯湾。伊朗还建成了巴夫格—克尔曼—扎黑丹铁路，毗邻巴基斯坦边境，将伊朗与印度次大陆紧密相连。

对于该地区的其他主要国家来说，还存在一条具有战略意义的大陆性国际南北走廊，它自俄罗斯经由伊朗通往印度。俄罗斯、伊朗和印度已达成一致，依托伊朗铁路网建设一条贯通高加索和中亚地区的贸易通道。这条走廊还将连通伊朗东南部阿曼湾沿岸的恰巴哈尔港，目前相关建设已启动。印度对此项目尤为关注，因为通过海运抵达黑海大约需要三周，而经伊朗铁路系统至俄罗斯仅需一周。即便如此，该项目最引人注目的并非节省的运输时间，而是它作为一条“发展走廊”，对于推动伊朗东部、阿富汗、中亚和高加索等地区发展的潜在价值。伊朗正与俄罗斯合作，通过阿塞拜疆和亚美尼亚，将其南北铁路网与俄罗斯经由高加索地区连接起来。2017 年 3 月 3 日，首列火车驶过阿斯塔拉查伊河上的大桥，该河流正是伊朗与阿塞拜疆的分界线。

另一条潜在路线将从伊朗穿越亚美尼亚，通往格鲁吉亚和俄罗斯。2013 年 1 月，亚美尼亚交通和通信部、总部位于迪拜的 Rasia 投资公司，以及俄罗斯铁路公司子公司南高加索铁路签署了关于修建“亚美尼亚南部铁路”的三方协议。根据协议，将建设一条全长 316 公里的铁路，把位于埃里温以东 50 公里、塞凡湖（原文疑似拼写错误，待确认）附近的加瓦尔与靠近梅格里的伊朗边境连接起来。据亚美尼亚方面介绍，这条电气化的单轨铁路将成为连接黑海与波斯湾的新南北走廊的一部分。中国也参与了该项目，因为 Rasia 所进行的可行性研究确定由中国交通建设集团有限公司牵头组建的联合体负责项目实施。项目在伊朗境内的部分已开工建设，但在亚美尼亚境内的部分则因与阿塞拜疆的紧张关系而陷于停滞，因为线路的一部分必须穿越阿塞拜疆境内才能抵达伊朗边境。

伊朗—巴基斯坦天然气管道对于巴基斯坦的能源安全与经济繁荣具有重大意义。尽管承受着来自美国的压力，巴基斯坦政府仍积极推进该项目。在阿富汗问题的地区性解决方案中，如何将巴基斯坦纳入其中尤为关键。目前，伊朗境内管道段已竣工。2013 年 3 月 11 日，巴基斯坦总统阿西夫 • 阿里 • 扎尔达里与时任伊朗总统的马哈茂德•艾哈迈迪-内贾德共同出席了巴基斯坦境内段工程的奠基仪式。按照最初设想，该管道将在伊朗的参与与资金支持下，于 22 个月内建成。然而，由于美国奥巴马政府及沙特方面的持续施压，巴基斯坦境内段工程被迫暂停。在多重外部压力叠加及能源短缺的双重背景下，巴基斯坦最终与卡塔尔签署了一份为期 20 年的长期合同，每年进口 130 万吨液化天然气，通过油轮运抵瓜达尔港，预计总成本约为 150 亿美元。巴基斯坦国内经济与政治局势的动荡，以及沙特—英—美轴心孤立伊朗的战略考量，成为制约伊朗—巴基斯坦能源合作的主要障碍。然而，阿富汗现代国家的建构，必然要求建立健全的现代化制度，并依托繁荣发展的经济结构，这一进程亦需邻国的有效参与与支持。

中国、印度与伊朗已成为阿富汗最为重要的三大经济伙伴。随着该国逐步具备对其庞大地下矿产资源进行勘探与开发的能力，阿富汗在不久的将来实现经济自主的潜力正日益显现。据相关估算，这些矿产资源的规模与价值或将使阿富汗跻身世界级矿业国家之列。

西向陆桥的建构与推进

伊朗在推动与土耳其及伊拉克之间的贸易往来、交通联系与经济交流方面始终保持积极态度。除了通往土耳其的天然气管道与铁路外，伊朗还启动了通往伊拉克的天然气管道建设，并计划进一步延伸至叙利亚及地中海沿岸。同时，相关规划还设想在管道与公路工程的基础上配套修建铁路。然而，叙利亚与伊拉克因宗派冲突而持续动荡，已对这些项目的实施进程造成严重阻滞。尽管如此，伊朗仍将在“新丝绸之路”或“一带一路”倡议中发挥关键性作用。与此同时，土耳其在连接亚洲与东欧的过程中亦扮演着重要角色：通过横跨博斯普鲁斯海峡的一系列重大基础设施建设工程，包括近年来已建成和正在建设的桥梁与隧道，土耳其首都伊斯坦布尔的亚欧两侧的联系得到持续强化。

在 2011 年叙利亚内战爆发之前，曾有计划重建从土耳其经叙利亚、约旦、沙特阿拉伯通往也门亚丁的汉志铁路。同时，也门政府与阿拉伯联合酋长国的企业曾考虑修建跨越曼德海峡至位于非洲之角的吉布提的交通通道，形式包括隧道、桥梁或高速渡轮[84]。还有一条可行的运输路线，从也门出发，经阿曼和阿联酋，跨越霍尔木兹海峡直抵伊朗阿巴斯港，可直接实现亚洲与非洲的联通[85]。这一构想被视为将亚洲通过霍尔木兹海峡进一步连接至阿拉伯半岛南部及非洲的重要步骤。

也门被视为阿拉伯世界最为贫困的国家，当下更因多重危机而遭受重创：一方面是国内持续不断的冲突，另一方面则是由沙特阿拉伯主导的多国联盟实施的外部军事打击，该行动自 2015 年 3 月以来摧毁了该国原本就十分有限的基础设施。此外，全面的经济封锁更是导致了一场前所未有的人道主义危机。然则，从长远视角来看，一旦和平得以恢复，也门将在“海上丝绸之路”与“丝绸之路经济带”双重框架中发挥关键性枢纽作用。地处亚洲与非洲、印度洋与地中海之间的战略要冲，并拥有亚丁、荷台达、摩卡等优良港口，也门在重建进程中有望通过基础设施建设实现与“一带一路”框架的有效对接，形成覆盖全国的铁路、公路、水利及能源网络。伴随现代化基础设施的逐步完善，也门将能够更为高效地开发和利用其自然禀赋资源，包括石油与天然气、矿产、农耕土地与渔业资源等，从

[84] 也门与吉布提之间的“光明大桥”项目最初是在 2008 年迪拜房地产泡沫高峰期，由一家阿联酋公司和一家沙特公司构想的房地产—旅游项目。虽然这两家公司的意图值得怀疑，但丹麦咨询公司 COWI 所做的研究在这一方面仍然颇具意义。参见 COWI 新闻稿，2008 年 3 月。

http://www.cowi.com/menu/NewsandMedia/News/Newsarchive/Pages/newbridgewilllinkthemiddleeastwithafrica.aspx （please check this link）

[85] 亚洲基础设施投资银行与阿曼苏丹国达成协议，为一项阿曼铁路系统项目提供融资。该项目旨在建设一条铁路网络，一方面从东部的苏哈尔港连接至北向迪拜的海湾铁路，另一方面向西延伸直至也门边境，即阿曼小镇马齐尤纳与也门马哈拉省接壤的地方。资料来源：https://www.aiib.org/en/projects/approved/2016/_download/oman-railway-system/project-document/approved_project_document_oman_railway.pdf。

而为其摆脱贫困、走向快速发展提供条件。值得注意的是，尽管战火仍在延续，也门萨那的精英阶层已开始就加入“一带一路”以及制定国家重建战略展开深入讨论和规划，其中包括设立国家重建银行，以通过信贷机制支持重建项目的实施。

推动上述讨论的是一家名为“也门金砖国家协调咨询办公室”的机构，由福阿德·加法里领导[86]。在 2016 年和 2017 年间，也门政府各部委、大学以及科研机构已就也门重建战略及其加入“一带一路”的高级方案在多个研讨会上进行了讨论。目前，关于该国需求及其应对方式的整体框架已基本确立。一旦战争结束并由政治解决方案取而代之，也门将在重建遭受重创的国家和融入“一带一路”的进程中“迅速起步”，并将从中国及其他金砖国家提出的多项倡议中受益。

也门金砖国家协调咨询委员会主席福阿德·加法里（手持麦克风）在新闻发布会上发表讲话。该发布会于 2016 年 5 月 10 日在萨那的也门战略研究中心举行，旨在推出《EIR 特别报告〈新丝绸之路成为世界陆桥〉》的阿拉伯语译本。

海湾阿拉伯国家合作委员会成员国正考虑修建一条自阿曼北上，经由沙特阿拉伯、卡塔尔、巴林和科威特通往阿联酋的铁路与公路干线，并有望进一步延伸至伊拉克和土耳其，经叙利亚抵达地中海。此外，自约旦和沙特阿拉伯北部出发，横跨亚喀巴湾南端蒂朗海峡、连接埃及及非洲大陆的桥梁/堤道工程，早在 2009 年便由埃及前总统穆巴拉克政府进行过研究。2016 年，埃及与沙特阿拉伯签署

[86] 见 Al-Fouad Solutions 官网：http://www.alfouadsolutions.com/home.html。

新的协议，使这一项目再次进入实施议程。

以色列与上述网络的连接，包括天然气与电力网络，在 1990 年代曾被公开讨论，但自和平进程破裂以及右翼以色列政府在内塔尼亚胡总理领导下实施严厉政策以来，该设想没有再提上议程。尽管如此，一旦建立起公正的国际政治秩序，并在保障巴勒斯坦人正义及各国繁荣的基础上恢复和平进程，所有这些项目仍可重新回到快速推进的轨道上。

连接亚洲与非洲：萨尔曼国王大桥的假想路线，该桥拟将沙特阿拉伯与埃及西奈半岛在亚喀巴湾南端的蒂朗海峡相连。亦有在该海峡下建造隧道的提议，但相关可行性研究尚未开展。来源：谷歌地球

拟议的阿拉伯国家一体化走廊

席勒研究所提出了一份优先项目清单，旨在通过高速铁路和公路实现阿拉伯国家的一体化，包括以下线路：

- 柏林—巴格达铁路及延伸：伊斯坦布尔—摩苏尔—巴格达—巴士拉—科威特—达哈兰—多哈—阿布扎比—马斯喀特—萨拉拉（阿曼）。
- 汉志铁路及延伸：伊斯坦布尔—阿勒颇—大马士革（贝鲁特）—安曼—吉达—麦加—萨那—荷台达（也门）—亚丁。
- 东方快车及延伸：伊斯坦布尔—的黎波里（黎巴嫩）—贝鲁特—耶路撒冷—加沙—西奈—亚历山大港；或替代路线：伊斯坦布尔—大马士革—安曼—塔布克—西奈（跨越沙特与埃及在

蒂朗海峡规划的堤道）。

•从巴格达到叙利亚帕尔米拉、大马士革、贝鲁特及拉塔基亚的延伸，通过伊朗，将中亚连接至波斯湾、阿拉伯海及地中海东部海岸。

•祖拜达之路（朝圣者之路）：巴格达—纳杰夫—哈伊勒—麦地那—麦加，并进一步延伸至也门。

•尼罗河线路/亚历山大—开普敦：亚历山大—开罗—阿斯旺—喀土穆—亚的斯亚贝巴—吉布提，并进一步延伸至非洲大湖地区和东非直至南非。

•马格里布路线：亚历山大—的黎波里—突尼斯—阿尔及尔—乌杰达—非斯—丹吉尔—卡萨布兰卡。

与这些高速运输走廊平行，还需建立一个用于电力、石油、天然气和水资源运输的联合网络，以开发目前大部分被沙漠覆盖的新发展区域。

共同的“敌人”：沙漠

新丝绸之路所经过的跨大陆地区最为显著的特点，是其地貌几乎完全由广袤的沙漠与半沙漠构成，这些荒漠从北非大西洋沿岸开始延伸，穿越阿拉伯半岛，越过扎格罗斯山脉进入伊朗及中亚，直至中国西部。该跨大陆沙漠带面积约为 1,300 万平方公里。

年降水量在 250 至 500 毫米之间的地区，通常被认为是半沙漠或半干旱地区。总体而言，该区域大部分地区的年平均降水量不超过 250 毫米。沙漠中的许多地区降水量更低，有时甚至完全没有年降水。

世界主要沙漠分布于这些地区。沙漠面积的扩张不仅源于经济与社会政治措施欠缺，还与当地资源管理不当导致现有绿地破坏密切相关。长期的干旱周期亦加剧了沙漠的扩展。沙尘暴在西亚尤其是海湾地区频发，甚至波及伊朗、阿富汗、巴基斯坦和印度。沙暴可高达数十米，而尘暴则可升至数公里甚至进入近地空间，并可能覆盖整个国家。沙尘暴对城市地区的影响十分显著，可导致机场、港口、医院、学校及其他关键设施停摆，同时对居民健康产生不利影响。实施沙漠治理与减缓项目，将带来显著的社会与环境效益。

从肥沃新月地带对抗沙漠

从黎巴嫩经叙利亚、美索不达米亚直至波斯湾的区域被称为肥沃新月地带。历史学家普遍认为，世界农业起源于该地区。然而，该地区如今已不再肥沃，多年战争、经济制裁以及区域国家资源管理不当，导致了土壤退化、地表盐分积累、灌溉和排水系统的崩溃（伊拉克便情况如此），以及整个区域范围内的广泛沙漠化进程。

通过更合理地管理自然资源，创造新的土地和水资源、林带，优化植被选择，并借助先进的农艺学、畜牧业技术以及航天时代的科学与能力，可以在当前荒漠地区开创一个全新的高产时代。

在 20 世纪 70 至 80 年代，叙利亚东部、伊拉克西部及约旦东部地区曾规划建设“林带”。通过连续排列的林带，可以阻止沙漠扩张并逐步实现土地复垦。例如，几十年前伊拉克就曾制定计划，在该国西部建设林带。迄今为止，该项目唯一的重启尝试，是瑞典咨询公司 Swedhydro AB 于 2016 年提出的可行性预研究方案。最终，席勒研究所与 Swedhydro 的努力促成了伊拉克农业部于 2017 年 1 月的一项决定，即组建一个由该部 10 位专家组成的技术团队，对项目及现有方案进行评审，以形成正式可行性研究，并在技术问题和资金问题解决后尽快实施。

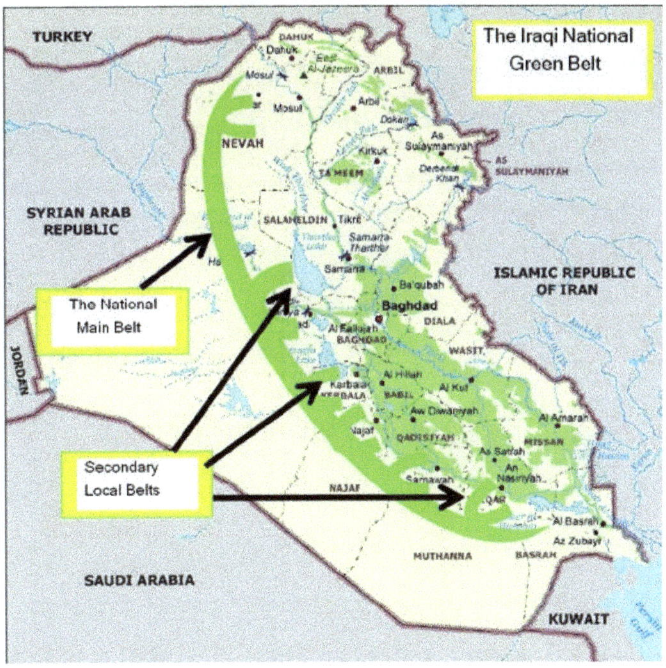

20 世纪 80 年代、90 年代直至今天的一系列地缘政治冲突，导致伊拉克基础设施和农业遭到严重破坏，早期规划从未得以实施。此外，土壤和土地退化进一步扩大了干旱地区的范围。如今，尽管规模有限，相关林带建设行动仍在积极推进。2010 年，伊拉克与伊朗签署协议，在伊拉克西南部投资约 21 亿美元，用于建设林带，重点区域包括卡尔巴拉和纳杰夫等频繁遭受沙尘暴侵袭的城市地区。例如，其中一项工程在一条 27 公里长的新月形地带种植了数千棵树，林带宽度为 100－200 米，并通过 50 口浅井（深度 35 至 50 米）进行灌溉。该区域现已成为卡尔巴拉应对沙尘暴、土壤盐渍化及水土流失的前线。该项目共种植了 10 万余棵橄榄树、棕榈树、桉树及其他耐热耐盐植物。

卡尔巴拉的植树工程旨在遏制沙漠的扩张

水源

有个问题显而易见："从哪里弄来如此大规模的沙漠治理所需的水源？"该地区主要由两个水系主导：底格里斯—幼发拉底河流域和约旦河流域。后者是一个相对有限的水系，其水资源开发长期受限于以色列、黎巴嫩、叙利亚和约旦之间围绕水源控制展开的军事与政治冲突。相比之下，美索不达米亚水系规模更大，潜力也更为可观。

这里以及其他沙漠地区普遍存在的问题是，大部分降水因蒸发、蒸腾和径流而流失。为了尽可能收集和利用降水，需要建设大规模水利基础设施系统。该地区最具雄心的水利基础设施项目之一是土耳其的东南安纳托利亚计划（土耳其语缩写 GAP，Güneydoğu Anadolu Projesi），过去二十年来一直在推进。然而，该项目对下游国家叙利亚和伊拉克造成了重大问题，因为它阻断了底格里斯河和幼发拉底河的自然流量。受该项目影响的三个国家，甚至包括与伊拉克共享底格里斯河部分支流的伊朗，都需要建立合作机制，以使整个美索不达米亚流域能够作为一个整体高效运作。

为确保底格里斯—幼发拉底河流域水资源作为一个系统得到合理管理，必须达成法律与技术协议，以保障各方的取水公平。GAP 项目始于二十多年前，其模式借鉴美国田纳西河谷管理局，计划建设 22 座大坝，提供 7.4 吉瓦的电力，并兼顾水资源管理、灌溉及防洪。该项目位于土耳其东南部，覆盖 7.5 万平方公里，约占全国土地面积的 10%，横跨幼发拉底河—底格里斯河流域及东南平原的九个省份，占土耳其可耕地的 20%。该项目包括建设整合整个地区所需的各类基础设施，包括交通、电力、隧道及运河。根据土耳其政府估算，项目建成后，将有效灌溉 170 万公顷土地。该地区占土耳其总水利潜力的 28%，以阿塔图尔克大坝为核心。

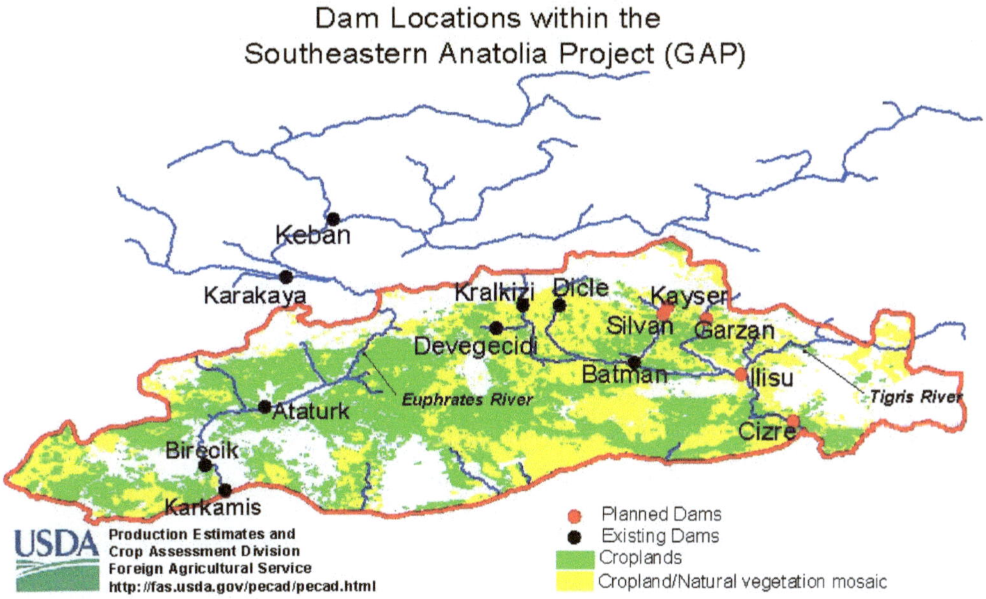

阿塔图尔克大坝，来源：伯纳德·加尼翁

讽刺的是，如果没有大坝和现代化水管理系统，下游国家将在春季面临大规模洪涝灾害的风险，而夏秋两季则可能遭遇极端干旱。叙利亚和伊拉克已自行建设了大型水电站以应对这一问题，但还不够。尤其是在伊朗北部，可在底格里斯河支流—如伊拉克扎格罗斯山脉的大扎卜河—上修建大坝。位于伊拉克东北部（埃尔比勒以东 60 公里）的未完工的贝克赫姆水电站便是一个典型例子。贝克梅大坝设计用于发电（1500 兆瓦）并防止下游洪涝，其水库容量估计为 170 亿立方米（17 立方千米），接近底格里斯河在土伊边境的年径流量。

在叙利亚和伊拉克建设新的水利基础设施，并维护现有的相对现代的水电站、拦河坝及运河系统，将有效保护两国免受春季洪涝和夏季干旱的威胁。

海水淡化

对于临海的干旱地区，确保饮用水、工业用水及其他城市用水的最佳方案是海水淡化。海湾国家的政府已充分认识到这一点，并大规模建设了传统海水淡化厂，在利用化石燃料（如天然气和石油）进行水淡化与发电结合的过程中进行了大量投资。全球三分之二以上的淡化水产量集中在该地区。例如，仅沙特阿拉伯每日产水量就达 2500 万立方米，约占全球淡化总量的一半；阿联酋每日产水量约为 300 万立方米。

然而，为满足未来的需求，这些国家在未来十年内必须将海水淡化水量增加一倍以上，而在之后的十年内则需增加三倍。预计海湾阿拉伯国家合作委员会成员国的用水量将从 2012 年的 80 亿立方米上升至 2016 年的约 110 亿立方米。相关领域的巨额投资已在规划之中。

这一预测的主要问题在于，大部分海水淡化依赖由石油或天然气驱动的热力发电厂。例如，据报道，沙特阿拉伯每天消耗约 150 万桶石油，用于为海水淡化提供电力和热能。这在物理经济意义上是一种净损失，因为本可用于石化及其他工业产品的宝贵原料（石油和天然气）被直接燃烧，换取的却是相对低能量通量密度的产出。相比由核能驱动的逆渗透技术的海水淡化，继续使用碳氢化合物进行热力淡化的机会成本非常高。

利用核能淡化海水

解决水资源短缺问题的关键途径之一，是利用核能进行海水淡化，并推动石化产业的进一步发展。国际原子能机构的一项研究指出，“所有类型的核反应堆均能够为多种海水淡化工艺提供所需能量”，并强调“在这一领域，中小型反应堆（SMRs）作为核能海水淡化系统耦合方案，在发展中国家展现出最为突出的潜力。”[87]

该报告进一步强调：“从未来发展来看，应着重增加核能在海水淡化中的应用，原因主要有以下几点。其一，全球对淡水资源的需求持续增长；其二，社会对温室气体排放及化石燃料所造成污染的关注日益加剧；其三，国际上对中小型核反应堆的重视呈现不断上升的趋势。尤其值得注意的是，中小型核反应堆在海水淡化领域的重要性尤为突出，因为最迫切需要新增淡水来源的国家，往往工业基础相对薄弱，电网规模有限。而电网容量的局限性，限制了将核能热电联产电厂并入电网以同时满足电力市场供给和海水淡化装置能耗需求的可能性。”

目前有许多新的海水淡化技术正在测试中，而这些技术无一例外都指向更高的温度和压力需求，而这一需求最有效的实现方式在于利用核能。第四代高温核电站早已被证实在效率方面具有显著优

[87] 国际原子能机构：《核能海水淡化经济学：新进展与具体场址研究——协同研究项目最终成果（2002—2006）》，IAEA-TECDOC-1561，http://www-pub.iaea.org/MTCD/publications/PDF/te_1561_web.pdf。

势，但在相关领域的投资与发展方面却几乎未有实质性进展

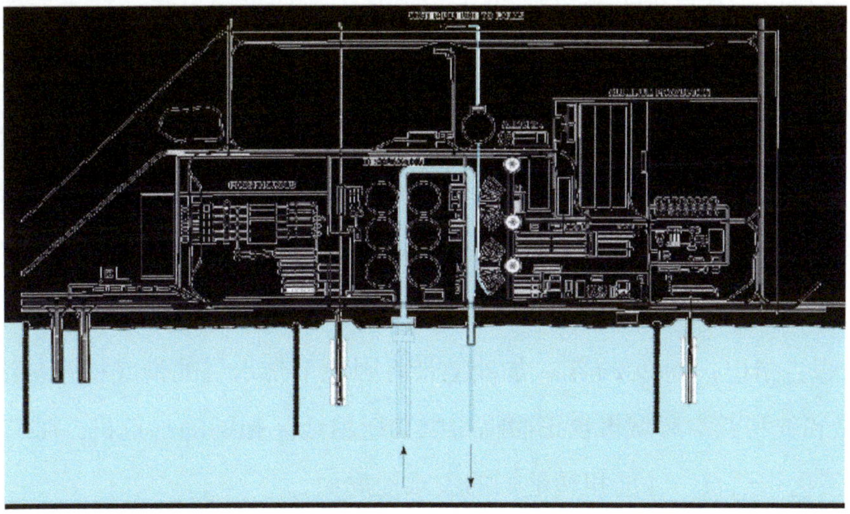

核能工业供水综合体：这幅鸟瞰图展示了美国橡树岭国家实验室于 1968 年设计的一个核能驱动工业综合体。图中包括六大主要工业流程：铝、氨、氢、磷以及海水淡化水，这些流程均依托于中心区域三座核电站所提供的电力、热能和蒸汽运行。一个小型运河用于引入海水，供冷却与淡化之用；一条管道则将淡化水输送至农田。橡树岭的设计理念是通过传送带（虚线所示）在综合体内部完成大部分物料运输。综合体中央还设有科研设施、消防站、机修车间及其他管理机构。来源：LaRouchePAC

区域内对核能的兴趣与投资虽存在差异，但整体正呈积极发展态势。目前，该地区唯一运行中的大型民用核电站位于伊朗。布什尔核电站由伊朗与俄罗斯合作建设，于 2011 年 9 月正式投入使用，并在 2012 年 8 月实现满负荷发电（1000 兆瓦）。伊朗计划新建多座核反应堆，其明确目标在于提升全国能源产出并开展海水淡化。

2006 年 12 月，海湾阿拉伯国家合作委员会宣布将委托开展关于和平利用核能的研究。2007 年，成员国与国际原子能机构签署协议，共同开展区域核电站与海水淡化项目可行性研究。阿联酋是研究范围内率先启动核能计划的国家。2009 年，阿联酋核能公司（ENEC）作为核能项目的投资平台在阿布扎比设立。同年 12 月，ENEC 宣布接受韩国电力公社（KEPCO）的投标方案，以 200 亿美元投资在 2020 年前建设四座 1400 兆瓦级核电站。首座机组于 2012 年 7 月在巴拉卡开工，第四座机组预计于 2020 年完工。截至 2017 年 6 月，该核电基地 1 号机组的初步建设工作已完成。[88]

2010 年 4 月，沙特国王阿卜杜拉颁布王室法令，宣布成立阿卜杜拉国王核能和可再生能源城。不久之后，沙特政府又宣布计划在 2030 年前建成 16 座核电反应堆。与伊朗核计划不同——出于显而易见的地缘政治原因——海湾阿拉伯国家合作委员会的核能项目得到了美国及西方国家的普遍欢迎与认

[88] 见巴拉卡项目官网：https://www.enec.gov.ae/barakah-npp/。

可。2013 年，约旦与俄罗斯签署协议，决定在境内建设首座核电站，其公开的用途是海水淡化。

以色列也正在讨论类似的核能发展计划，用于海水淡化。以色列拥有全球最大型的海水淡化厂之一——索雷克海水淡化厂，其日供水量超过 60 万立方米。该厂采用反渗透技术运作，依靠压力而非温度与相变来实现海水淡化。沙特新建的淡化厂同样采用这一技术。

自 20 世纪 70 年代起，林登・拉鲁什便主张，如果不像他的“绿洲计划”（见图）所设想的那样依靠核能来保障该地区的能源与水供应，那么在水和能源短缺等经济压力下，任何和平进程都无法持久。特别是巴勒斯坦人，由于未接入以色列水网，且被以色列拒绝使用位于 1967 年被占领土下方的所谓“山地含水层”，除非建立起大规模的海水淡化设施，否则他们将面临巨大的生存危机。联合国 2012 年发布的一份报告指出，到 2020 年，加沙地带将因地下含水层的彻底枯竭与污染而“不再适宜人类居住”。黎巴嫩和叙利亚沿海城市也正面临与巴勒斯坦地区相同的水危机。唯有将现代水资源管理系统与核能海水淡化相结合，才能扭转他们的灾难性局面。

林登・拉鲁什的“绿洲计划”：一项旨在通过水资源与能源开发实现西南亚和平的提案（1990 年）

地下水

目前，太空技术正被用于地下水的探测与管理。近年来，法国雷达技术公司（RTI）在利用遥感空间技术结合地质与水文创新方面，取得了地下水勘探的重大突破。[89]地质学家阿兰・加谢博士是 RTI 的创始人兼总裁，他开发了获得专利的 WATEX 技术。这一计算算法能够将航天飞机拍摄到的地球雷达图像及其他遥感工具所获取的数据以惊人的精确度转化为影像，从而用于绘制地下水分布图和

[89] RTI 官网：http://rtiexploration.com/

探测地下含水层。

阿兰·加谢博士于 2013 年在肯尼亚极其干旱的图尔卡纳地区，庆祝其成功发现一处巨大的地下含水层。这里水质优良，预计将在未来几十年里能有效改善当地居民的生活。来源：RTI

2004 年，WATEX 技术在达尔富尔难民营的应用，促成了 1000 口高产水井的开凿，直接挽救了滞留在乍得和苏丹沙漠中的数十万难民的生命。2013 年，WATEX 在肯尼亚西北部干旱的图尔卡纳地区的应用取得了更为显著的成果，为这一极度干旱且贫困的地区带来了经济复兴与生存的希望。2015 年，在联合国教科文组织资助的项目中，加谢博士和 RTI 完成了伊拉克全部地下水资源的绘制。他们的成果为伊拉克抗击荒漠化带来了巨大希望，并进一步印证了席勒研究所关于“伊拉克绿带”重要性的研究结论。[90]

针对将地下水作为社区长期水源的政策，常见的批评意见是，大部分地下水被认为属于“化石水”，一旦被开采枯竭，便无法再生。WATEX 及其他现代水文学理论表明，“化石水”以及完全“封闭含水层”的说法并不成立。这些新技术显示，虽然大量水确实在某些地下含水层中储存了数千年，例如“大努比亚砂岩含水层”，但大量水正通过深层断裂系统不断补给含水层，从深部涌出，并延伸数十至数百公里至降雨丰富的山区。此前，这些系统从未被绘制，而现在的新技术终于让我们得以了解地球表层下约 97%的全球淡水的分布与动态。

石化产业：未来之业

自 2014 年以来，全球油价持续下跌，有时甚至低于每桶 30 美元，这在所有石油出口国的经济中敲响了警钟。由于这些国家的经济几乎完全依赖石油和天然气销售，油价下跌对西南亚各国经济的可持续发展提出了严峻挑战。国家收入来源的多元化理应成为当务之急，同时应充分发挥自身优势。例

[90]《新空间技术如何改变地下水的地缘政治平衡》——《行政情报评论》杂志（EIR），2016 年 7 月 16 日刊载，内容为加谢博士在 2016 年 6 月德国柏林席勒研究所会议上的演讲实录

http://www.larouchepub.com/eiw/public/2016/eirv43n29-20160715/35-42_4329.pdf。

如，该地区的国家因长期受干旱和水资源短缺的困扰而难以成为粮食出口国。即便这些国家应努力提高粮食自给能力，但他们的经济优势主要在于丰富的碳氢化合物资源，以及由原油出口向石化工业转型的经济潜力。

沙特阿拉伯的一座石化厂。图片来源：Sec1

2016 年，化学产品占全球贸易总额超过 3 万亿美元。长期以来，全球化学行业一直由美国、欧洲和日本主导。然而，有迹象表明，这一格局正在发生变化，并且势必将发生变化。该地区石油行业的一些官员认为，中东能够提供“能源优势”，即丰富的燃料和原料供应，而这些正是石化产业的命脉。在燃料方面，中东地区的天然气和液态燃料产量高且有价格优势，这意味着石化工厂的生产成本和发电成本更低。这种低能源成本构成了巨大的竞争优势，尤其对于能源密集型的石化行业而言。例如，在欧盟化学工业中，能源成本在大多数产品的生产成本中占比为 10%至 60%，这意味着节约能源开支可显著提高竞争力。对石化企业而言，无论是气态还是液态原料，其供应充足性与成本是更为关键的因素。

然而，这一观点存在一个常见误区：在不久的将来，核能将一并且应当一取代天然气成为石化产业的能源来源，而天然气则更适合作为化学品和化肥工业的原料。另一不足之处在于，例如沙特阿拉伯在大规模发展石化和炼油能力时，主要集中于生产和出口“初级”或中间精炼产品，如乙烯、丙烯、丁烯和苯，这类产品附加值较低。这些初级产品需在其他环节加工生成更高附加值的产品，例如各种聚合物（塑料）、溶剂、树脂、纤维、洗涤剂、氨及其他合成化合物。

塑料

塑料的特性使其非常适合多种应用。由塑料制成的产品坚固、轻便，比金属或木材更经济，并且可以回收利用。随着聚合物性能的不断改进，塑料比以往任何时候都更堪称“未来材料”。从用量来看，最重要的应用领域是包装，其次是建筑/施工。这两类应用合计占西欧塑料总使用量的近 60%。塑料被用来制造窗框、合成地毯、管道和管线、室内隔断、隔音隔热的面板，以及储存水、取暖用油和污水的储罐。塑料还被用于电器、灯具、家具、玩具和电子设备的制作。在电子领域，塑料是关键部件，包括用于手机、电视机和电脑的生产。在医疗领域，塑料被广泛用于各种一次性用品——如注射器、输血袋、医用服装和药品容器——以及心脏瓣膜、矫形器械和假肢等耐用产品。

即使在汽车行业，塑料也正在占据越来越重要的零部件份额。如今的汽车有用塑料制成的挡泥板和扰流板，往往还有部分车身面板、燃油箱以及仪表盘和座椅等内饰件。发动机舱内约 20%的零部件也是塑料制成的。由于塑料比金属更轻，这些变化使车辆更轻，从而减少了能源消耗。

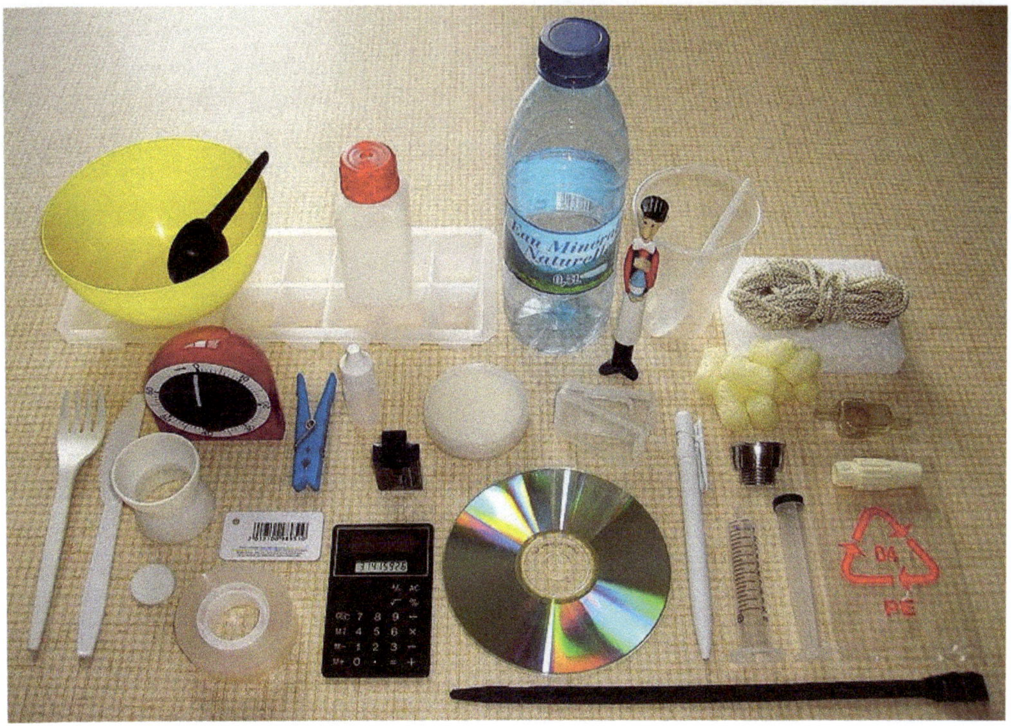

如今，塑料已成为家庭、工作场所和基础设施产品中的关键组成部分。图片来源：Steve Tan / pvc4pipes.com，NASA，Cjp24

发展下游石化产业的另一项影响是就业。基础化工产品的生产能提供的就业机会有限，但在产品链的下游环节却蕴藏着创造就业的巨大潜力。相关政策须着眼于鼓励更复杂产品的生产，以此为快速增长的年轻人口创造更多就业机会。

欧洲化学工业委员会（CEFIC）[91]在 2014 年的一项研究中指出，欧洲在全球化工产品产量中的份额从 1993 年的 31%下降到 2013 年的约 17%，并在 2016 年进一步萎缩至 14%。与此同时，亚洲的份额（其中中国已成为全球最大的化工产品生产国）则从 13%上升到 23%。1990 年，中东地区的乙烯产量不足 300 万吨，在全球产量的占比不到 5%，而欧洲当时占到 30%。到 2005 年，中东的乙烯产量已上升至 1200 万吨。随着一批装置即将投产以及新气田的开发，中东很快将超过欧洲。这一趋势不仅限于乙烯和聚合物等基础产品，也适用于制成品。

促成这一变化的因素之一，是大量欧洲和美国的工业正迁往中东地区，因为该地区为工业提供了低廉的常规能源，并且地理位置上更接近中国及其他新兴的亚洲经济体——这些经济体已成为全球最

[91] 欧洲化学工业委员会，《欧洲化学工业的竞争力》，2015 年 1 月

http://www.cefic.org/Documents/RESOURCES/Reports-and-Brochure/Competitiveness-of-the-European-chemical-industry-2014.pdf

大的石化产品消费市场。

化工、石化产业与持续不断的科学进步和发现密不可分。正如德国和法国的化学工业在历史上孕育或推动了原子科学与航天技术（如火箭科学）的突破一样，这一领域能够为塑造全新科学导向型文化范式奠定基础，因为它要求更高水平的教育与技能。正如一项关于欧洲化工产业的研究指出的那样："没有化学工业，就没有化学；而没有化学，就无法应对人类在可预见的未来将面临的重大挑战：100 亿人口所带来的能源、粮食和水资源供应问题。"[92]

[92] 卡尔·范·坎普，《欧洲石化产业的未来》，2005 年。

附录一——案例研究：叙利亚重建项目："凤凰"[93]

侯赛因·阿斯卡里（Hussein Askary）与乌尔夫·桑德马克(Ulf Sandmark)

2015 年 11 月，席勒研究所代表团（包括本节合著者乌尔夫·桑德马克）及叙利亚-瑞典民主委员会前往大马士革，为战乱中的叙利亚提供人道主义援助，但更重要的是，向叙利亚政府最高层介绍席勒研究所的"凤凰计划"（Project Phoenix），即叙利亚重建项目。

"凤凰计划"包括三个主要部分：

1. 如何动员国家的物质、知识和道德潜力投入重建；

2. 如何为重建提供资金；

3. 叙利亚如何通过对接中国的新丝绸之路项目获益。

过去两年的某些发展证明了席勒研究所介入的及时性和正确性。2014 年，金砖国家为改变正在恶化的世界秩序所做的努力，促使叙利亚人民转向这一新发展模式。俄罗斯于 2015 年 9 月直接军事介入，以支持叙利亚军队和人民对抗恐怖组织，为该国及整个地区建立全新的政治和战略格局奠定了基础。

中国在经济领域给予了叙利亚不少支持。2016 年 1 月，中国国家主席习近平在访问埃及、沙特阿拉伯和伊朗期间，将新丝绸之路的理念带到西南亚和阿拉伯世界。中俄政府官员访问叙利亚，并表示愿意协助重建进程。叙利亚投资局在 2016 年 4 月宣布，将加强与金砖国家的联系，并邀请中俄参与叙利亚的重建工作。

截至 2017 年 8 月，由 50 家企业组成的中国大型商务代表团参加了第 59 届大马士革国际博览会。据俄罗斯卫星通讯社报道，中国阿拉伯交流协会副会长秦勇指出，该代表团计划访问大马士革、霍姆斯及阿勒颇，并与当地官员就广泛的重建项目投资机会展开讨论。秦勇强调，会议讨论的核心议题"主要聚焦于叙利亚电力供应系统的恢复"。

在此之前，2017 年 7 月 9 日，北京举办了以叙利亚重建为主题的高层论坛。中国的《环球时报》

---

[93] 以下内容为 2016 年 12 月 23 日《行政情报评论》杂志原报告的简缩版，可从席勒研究所获取：

http://schillerinstitute.org/economy/phys_econ/2016/1227- project_phoenix/pp2.html。

7 月 10 日报道称，中国阿拉伯交流协会在北京组织了有关叙利亚重建与发展的研讨会。[94]叙利亚驻华大使伊马德·穆斯塔法指出，“叙利亚已逐步启动重建计划，主要聚焦于能源、水资源供应及制造业领域。”他进一步提出，中国的结构性改革及去产能政策可与叙利亚的重建进程实现战略对接，而“一带一路”倡议亦为双方在多领域合作提供了绝佳机会。前驻伊朗大使华黎明向《环球时报》表示，中国将通过投资推动叙利亚重建，并有望吸引国有及民营企业共同参与。他指出，“道路、住房及供水系统等基础设施为首要投资目标，油气工业恢复为次要目标。”同时，他也指出，叙利亚的不稳定局势对重建进程存在客观制约，但整体重建进程还是会启动。俄新社进一步报道，目前正讨论建设中叙产业园的方案，拟容纳 150 家企业，投资规模约 20 亿美元，可创造约 4 万个就业岗位。

本篇文章合著者乌尔夫·桑德马克亦以席勒研究所代表身份出席大马士革国际博览会，并与叙利亚相关官员就“凤凰计划”及叙利亚与“一带一路”倡议的对接进行了系统性对话与跟进。

叙利亚的地理位置将亚洲、欧洲和非洲连接在世界陆桥上。来源：凤凰计划—《阿勒颇：永恒之城》， LaRouchePAC

如何在战乱摧毁的国家中筹措重建资金

正如本书第四章所讨论的，“凤凰计划”建议利用同样的汉密尔顿式国家信贷体系启动重建进程，即便叙利亚此前的实体经济与金融已基本被摧毁。18 世纪末新成立的美国，或二战后的德国，都

[94] Liu Caiyu:《尽管风险巨大，中国企业仍愿投资叙利亚》,《环球时报》, 2017 年 7 月 10 日。
(http://www.globaltimes.cn/content/1055777.shtml)

生动展示了一个国家在经历毁灭性的战争后如何依靠自己重新站起来。

信贷体系的出发点在于重建愿景。这一愿景应包括集中的发展规划，明确分阶段有序列出国家拟实现的目标。在此规划的基础上，政府即可发行必要的信贷，以动员现有劳动力、工具与物资投入实际建设。相关项目可由企业或政府机构负责实施。

为了发行此类重建信贷，政府需设立专门致力于国家重建的机构，例如国家银行或专门的重建银行，由叙利亚政府掌握其主要股权及政策制定权。国家应向该重建银行提供特殊的“汉密尔顿式信贷”，可通过财政部或国库直接发放，亦可通过中央银行转交。政府亦可通过国内及海外叙利亚公民的股权认购为重建银行筹集更多资本，这与埃及动员国民筹措扩建新苏伊士运河资金的方式类似。借助这一补充信贷机制，政府能够掌控足够的信贷以支持叙利亚的快速重建。

当政府批准某一项目启动时，重建银行即向该项目账户发放必要贷款。相关主管部门或承接政府重建合同的企业，便可利用该账户中的贷款支付供应商与劳动力的报酬。这样的资金计划将持续至项目竣工，重建银行发放的所有新增贷款均以已完成项目的成果作为“担保”。

此外，私人银行发放的贷款亦应被严格管控，确保其按照重建规划使用，即作为满足工业和民众现实需求的各类贷款。由此，信贷扩张与实体经济紧密联动。

国内汉密尔顿式信贷体系能够充分动员和利用国家的劳动力与资源，但无法支付所需进口物资的费用。通常情况下，此类进口需依靠来自出口收入的外汇。然而，对于大规模重建与发展而言，仅靠此方式远远不够。叙利亚将需要大量外币贷款，以便进口必要的机械设备。这些贷款可与重建规划及所资助项目的价值挂钩，也可纳入与工业化国家签订的出口信贷协议，用于引入所需机械与技术。通过这种方式，贷款及其利率可根据项目的长期偿还能力进行合理调整。

在此背景下，金砖国家新开发银行与亚洲基础设施投资银行的成立，提供了重要机遇。这些新型多边开发金融机构并非仅依据发起国的即时偿付能力，而是依据项目的未来潜力提供信贷支持。因此，叙利亚在大型基础设施建设中具有获得外币融资的广阔空间。在这一新范式下，外债与正在推进的项目直接挂钩，从而构成“良性债务”。此类债务的增加不仅不会成为沉重负担，反而标志着国家生产潜能的扩张，体现出叙利亚对其未来发展的战略性投资。

实体经济的发展

重建进程应当以打造先进的基础设施平台为导向，其目标是实现最高水平的技术应用与生产力提升。依托石油与天然气资源，对化学工业进行重大升级，可推动化肥、塑料、制药及其他高新技术产品等新兴产业的发展。按照金砖国家发展范式，叙利亚曾因以色列打击及美国和联合国制裁而受挫的核能产业，可以在重建中复兴，并服务于电力生产和海水淡化等和平用途。

敌对势力在战争初期通过武装袭击和爆炸摧毁了叙利亚制药工厂，这一事实凸显了制药工业的战略重要性；石油、天然气及石化行业亦处于同样关键的位置。与此同时，叙利亚享有盛名的纺织工业，以棉花和其他农产品加工为基础，同样是重建的重要任务之一，此外还需推动其他工业门类的恢复与新建。在此过程中，可以通过类似的信贷计划设立临时工作队，动员失业人口投入基础设施建设，并在建设中接受更高水平的技能培训，以便进入更高层次的劳动岗位。工程兵团可作为这些工作队的核心，在承担重建任务的同时继续履行保卫叙利亚人民的职责。

叙利亚的国家交通网络须与横跨大陆的通道相适应，这些通道连接地中海、印度洋、红海、里海与黑海。这一战略愿景正是叙利亚前总统巴沙尔·阿萨德在 2009 年提出的“五海战略”，其构想早于战争爆发。

新丝绸之路战略不仅涵盖交通运输，更包括国际发展走廊的建设，旨在为叙利亚这一古老的文明交汇地注入长期的活力与增长动力。除铁路外，管道、水利工程、工业园区、农业与城市建设也被囊括其中。

叙利亚与新丝绸之路

叙利亚地处亚、欧、非三大洲的交汇点，同时毗邻多条重要水域，地理区位极为优越。因此，其不仅能够衔接欧亚—非洲大陆桥和“一带一路”经济带，也能够融入海上丝绸之路。由此潜在联通所带来的具体利益包括以下几个方面：

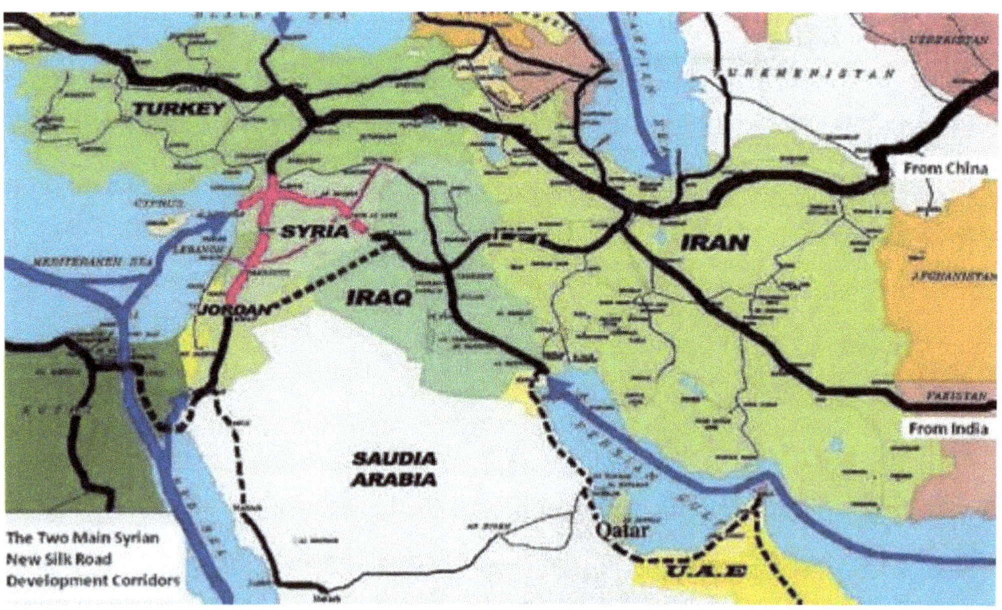

“五海”（蓝色箭头）与“新丝绸之路”经济带（黑色粗线）在叙利亚交汇，从而将叙利亚的发展走廊（粉色）纳入一体，

以重建国家并恢复其作为古丝绸之路终点的历史地位。

1. 东西向陆路通道：通往巴格达、德黑兰与亚洲

“一带一路”经济带自中国延伸至中亚与伊朗，并进一步通向土耳其与欧洲。伊朗的交通规划向东贯通至伊拉克与巴格达，再沿底格里斯河与幼发拉底河延伸至叙利亚。其间，沿幼发拉底河的分支不仅可以通过波斯湾与伊拉克南部的巴士拉港衔接海上丝绸之路，还可向西北方向延伸至代尔祖尔、拉卡与阿勒颇。自波斯湾巴士拉起始，经幼发拉底河进入叙利亚的古丝绸之路，将可通过铁路连接土耳其，再通达欧洲。若能在伊拉克协作下建成这样一条“幼发拉底铁路”，不仅将成为推动区域一体化的重要一步，还将形成一条由波斯湾、阿拉伯海与印度洋延伸至东地中海与整个欧洲的发展走廊。

另一步关键举措是打通古老东西向的丝绸之路：建设一条从代尔祖尔向西南延伸至帕尔米拉的200公里铁路。帕尔米拉作为传奇性的丝绸之路名城，这一缺失的交通环节若得以补齐，便可实现从德黑兰、巴格达到叙利亚诸城的铁路直通，并继续向大马士革延伸，直至贝鲁特与地中海沿岸。

2. 南北向联通：通往埃及与非洲

通过重建叙利亚西部的历史性南北交通干线——即自土耳其起始、由阿勒颇南下至大马士革并延伸至约旦安曼的希贾兹铁路（Hijaz Railway），可使叙利亚与快速发展的埃及经济建立更加直接的陆路联系。随着埃及在新苏伊士运河沿线规划建设大型工业区，这一铁路体系若能实现与开罗至亚喀巴湾的联通，横贯西奈半岛北部并自西向东延伸至约旦安曼，将大大强化叙利亚与埃及之间的经济联系。

此外，埃及与沙特阿拉伯于2016年4月同意修建一座跨越蒂朗海峡的大桥，连接至西奈半岛南部，并继续向北贯通苏伊士运河区直至开罗。通过这一横跨红海的洲际陆桥，叙利亚、东地中海与亚洲地区将与非洲实现连通。林登·拉鲁什在20世纪70年代首次通过《行政情报评论》提出“中东绿洲计划”，并在1990年海湾战争爆发前夕重提，设想了一条自土耳其至埃及与非洲的南北发展走廊。该走廊途经大马士革、叙利亚戈兰高地，进入以色列及巴勒斯坦的约旦河西岸和加沙地区，最终通向埃及西奈半岛。该设想本可为一段持久的和平进程奠定坚实基础，但目前这一进程几近停滞。

3. 北向通道：连接欧洲、黑海地区与俄罗斯

黑海地区可通过伊斯坦布尔以及位于土耳其黑海南岸的萨姆松港与叙利亚实现连通。此外，伊斯坦布尔亦是“新维京铁路”的终点站，该铁路自立陶宛的克莱佩达港出发，成为一条自波罗的海地区及瑞典南下至叙利亚的重要贸易通道。通过这一交通体系，俄罗斯与高加索地区将进一步拉近与叙利亚及西南亚地区的联系。

4. 地中海海运通道

自 2015 年 8 月埃及新苏伊士运河启用（包括加深航道以提升最大吃水深度 2 米）以来，越来越多的大型船舶自中国与印度沿海上丝绸之路驶入地中海，再通向希腊与意大利诸港。随着叙利亚地中海沿岸的塔尔图斯与拉塔基亚港口的扩建完成，货运与人员往来将能够更加便利地通达叙利亚。

阿勒颇城外的谢赫纳贾尔工业城战前与战后对比图。五年战事中，阿勒颇大部分城区遭受了严重破坏。

结论

叙利亚的人口中心历来沿河流系统和贸易通道形成和发展。叙利亚约 1800 万人口主要集中在西部地区，包括阿勒颇、霍姆斯、哈马至大马士革的南北贸易走廊沿线城市；另一个人口集中区位于地中海沿岸以及降水充沛的农业区，如拉塔基亚、伊德利卜和阿勒颇西部。东部的另一人口集中区则位于幼发拉底河与底格里斯河之间的贾济拉地区，这里不仅水利条件优越，适宜灌溉农业，同时拥有丰富的石油、天然气资源和水力发电条件。

由此可见，叙利亚具备重建所需的各项条件：丰富的人力与自然资源、战略性地理位置以及深厚的文化底蕴。如果处在和平与发展友好的国际环境中，叙利亚将有望迅速从战争的废墟中崛起。

席勒研究所创始人兼主席黑尔佳・策普-拉鲁什于 2016 年 12 月 17 日指出："战争的悲剧在于，其过程中不断发生各种惨状，尤其是当战争持续多年，且实际上是外部势力煽动的代理战争时，这些惨状会引发永无止境的连锁效应。因此，现在更为迫切的是，地区所有邻国——包括俄罗斯、中国、印度、伊朗、埃及，以及德国、法国和意大利——都应将整个中东的大规模重建纳入议程。"[95]

---

[95]https://larouchepac.com/20161218/zepp-larouche-after-liberation-aleppo-germany-can-shape-g20-agenda-

结束叙利亚战争并启动重建进程，将不仅成为叙利亚历史的转折点，也将成为整个地区乃至世界走向和平与发展的关键契机。

附录二“菲利克斯行动”：也门重建的奇迹与“新丝绸之路”的联结

侯赛因·阿斯卡里（Hussein Askary）

2018年6月6日，也门首都萨那的也门投资总局总部召开了一次会议，发布了《萨那宣言》。该宣言支持并采纳了席勒研究所西南亚事务协调员侯赛因·阿斯卡里撰写的共计86页的阿拉伯文报告——《菲利克斯行动：也门的重建与新丝绸之路的连接》。

也门投资总局代理局长兼副局长哈立德·沙拉菲丁工程师在会上表示完全支持报告提出的相关方案，并预估建设报告中所规划的新经济平台大约需要2100亿美元。沙拉菲丁指出，也门投资总局将与萨那当局在两个方面同步推进：其一是将报告内容转化为政府的行动计划；其二是对报告中提出的各项基础设施及金融方案进行深入研究，为在战争结束后立即启动建设进程做好准备。这项工作将在斋月结束后立即展开。

阿斯卡里建议，萨那当局应将该报告作为和平谈判的重要议题提交联合国及其他大国，并在政治对话之前，力争使各方达成一致。

也门在经历毁灭性战争后实现重建需要奇迹，但这正是该报告所提出的目标。当今世界正处在奇迹频出的新时代：金砖国家的崛起，以及中国国家主席习近平于2013年提出的“一带一路”倡议，已打开了通向公正的新世界秩序的大门。

在这一背景下，也门同样有机会实现属于自己的“奇迹”。正如也门人民已经成功抵御了最为残酷、强大的军事力量，他们也能够以同样的坚韧与决心，实现国家重建的奇迹。重建的道路必然比战场上的胜利更加艰难，但也将更令人欣喜，因为这将会使全国人民团结起来，为了国家的利益而奋斗。

重建进程将成为凝聚也门人民的力量，与发动战争、制造分裂的图谋形成鲜明对照。

---

marshall-plan

也门共和国地理位置独特：正好位于“新丝绸之路”陆上经济带与“海上丝绸之路”的交汇点，成为“一带一路”的枢纽之一。也门完全有条件成为亚洲与非洲之间、印度洋与地中海之间的重要桥梁，进而成为这一宏大发展项目的关键组成部分，并从中获得巨大利益。正如席勒研究所创始人黑尔佳·策普-拉鲁什女士所言，可以“让也门成为‘新丝绸之路’项链上的一颗明珠”。

在古代历史中，也门曾经扮演过类似的角色。当时它掌控着被称为“乳香与树胶之路”的商贸路线，东西方许多强大的国家都曾扬帆起航，或驱使骆驼商队，汇聚于此，进行贸易与知识的交流。古希腊人和古罗马人称也门为“阿拉伯的菲利克斯（Arabia Felix）”，意为富庶而幸福的国度。

当下的也门同样拥有宝贵的人力资源。全国大多数人口为30岁以下的儿童和青年，这使其成为一个年轻的社会。通过全面而长远的愿景与经济规划，也门具备面向未来发展的潜力与持续动力。

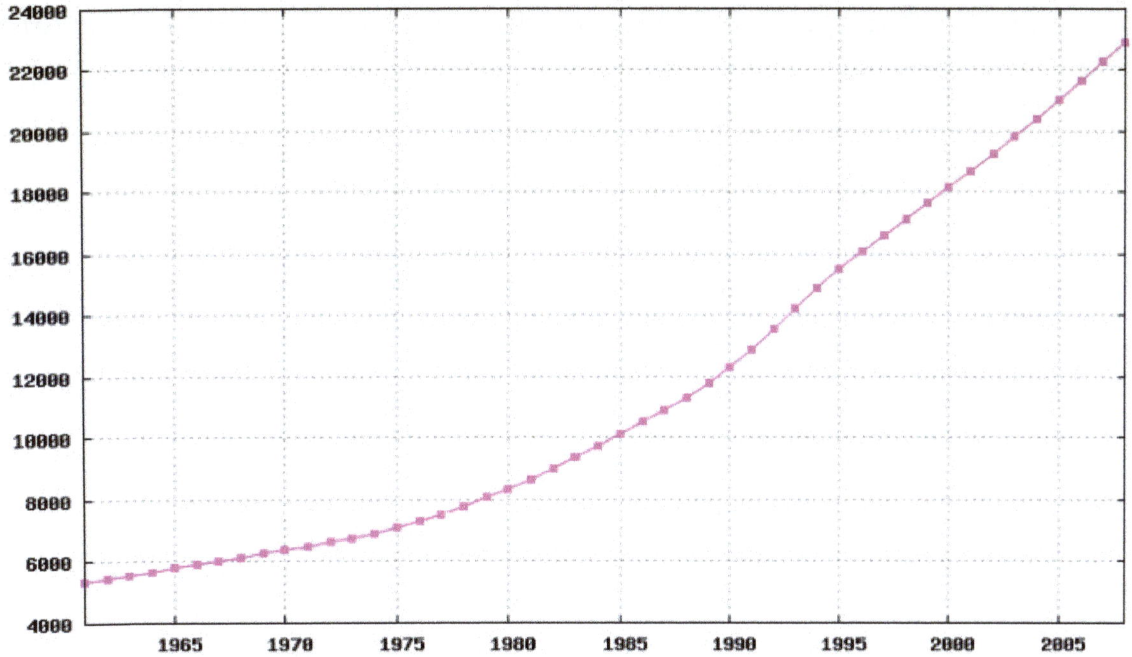

也门 1960 年至 2010 年的人口增长曲线图（单位：千人）。截至今天，其人口已达 2700 万。来源：《世界各国纪实年鉴》，美国中央情报局

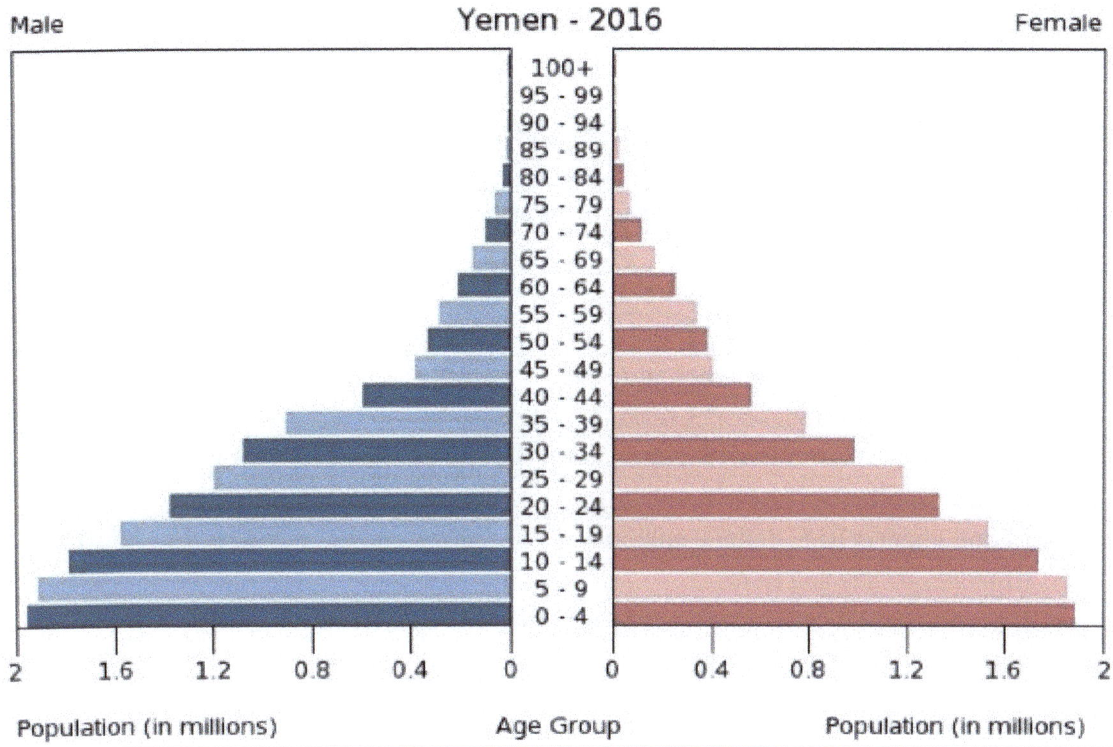

也门的人口金字塔清晰展现出这是一个极为年轻的国家：2015 年时，该国的中位年龄仅为 19.2 岁；预计到 2050 年，这一数字将上升至 29 岁。来源：IndexMundi

也门同样拥有丰富的自然资源，以及多样化的气候与地形条件，这使其具备开展综合农业与工业一体化发展的潜力。然而，美国经济学家林登·拉鲁什所称的“经济平台”——即基本的基础设施建

设——在也门却严重匮乏。这一平台的缺失，使得丰富的资源难以被提升至更高的生产力水平，其潜在的巨大价值也无法得到释放。只有建立起这一更高层次的经济平台，也门及其人民才能真正掌握本国的经济、资源和未来。

“菲利克斯行动”

《菲利克斯行动》报告提出，应当借鉴其他国家在近代历史中成功重建的经验与教训，为也门制定一项系统性的重建方案。

报告一开始便明确指出，“菲利克斯行动”并不是要把也门的经济“重建”到 2015 年 3 月战争爆发前的水平，更不是恢复到 2011 年民众起义之前的状态。因为正如报告第二章所详述的，那时的经济状况本身就是一场灾难。该方案的目标，是为也门构建一套“经济平台”，推动国家走向繁荣与进步，并全面对接“一带一路”倡议。与此同时，报告始终将也门视为一个统一的国家，强调建立中央政府领导下的整体性、综合性重建规划。

在交通、电力、通信等各领域，如果全国各地的项目能够实行统一的标准和规范，那么重建将比分散在地方、各自为政的小型项目推进得更快，成本也更低。要实现重建与发展过程的整体性，就必须建立一个中央层面的“重建机构”，隶属于规划部，并在各省设立分支机构或办事处，以便与地方行政部门协调项目及其优先次序。在某些势力企图将也门分裂为六个邦区、并鼓吹分裂主义与部落主义的背景下，这种中央集权与统一规划的重要性尤为突出。

Collapse of Health and Social Services			
	1990	2000	2014
Prevalence of undernourishment (%)	28.9	29.6	26.1
GDP per capita (U.S. dollars, purchasing power parity)	3,441	4,018	3,832
Underweight children under age 5 (%)	29.6	43.1	35.5
Cereals import dependency ratio (%)	69.9	78.6	81.2
Improved water source (% of population)	66.3	59.9	54.9
Food exports (U.S. dollars, millions)	30	32	180
Food imports (U.S. dollars, millions)	613	719	3,682
Below poverty line (%)	n.a.	33	54
Trade Deficit in Food Items			
Net trade (U.S. dollars, millions)	**1990**	**2000**	**2014**
Cereals	–251	–302	–1,917
Fruits and vegetables	–16	–13	–146
Meat	–27	–62	–217
Dairy products	–62	–78	–285
Fish	14	16	193

一些基本经济指标已经清楚表明，即便在 2015 年沙特主导的对也门的军事行动之前，该国的经济与社会状况便已极为严峻、近乎灾难。来源：联合国粮农组织

战前经济的破坏

本书的一大特点，是对过去30年间灾难性政策的梳理。正是这些政策，使也门在战前就已成为地区最贫困的国家。我们回顾这些政策及其造成的局面，目的在于提醒决策者：要警惕大西洋彼岸主导的经济金融模式及其追随者、受害者所带来的陷阱。一旦和平实现，如果这种模式以“重建援助”的名义回归，也门可能再次陷入困境。

这里需要特别指出的是“食利国家（rentier state)”现象。正如侯赛因·马赫达维（Hossein Mahdavy）的定义[111]，“食利国家”几乎完全依赖于丰富的原材料出口来满足进口需求，而对提升本国生产能力的投资关注甚少。沙特、海湾国家以及其他石油输出国组织成员国都是典型案例，而也门则是其中的极端例子。

自1961年9月共和国革命之后，尤其是在易卜拉欣·哈姆迪总统执政期间，也门曾一度走上现代化与发展的有利轨道。哈姆迪在1974年启动了重大地方发展进程和五年发展规划，直至他在1978年遇刺身亡。

然而，哈姆迪遇刺后，这些计划逐渐放缓。当也门于1986年发现并开采原油、开始出口时，国家毫不费力的获得大量外汇收入。1987年，国际原油价格在每桶40美元左右，虽然低于20世纪80年代初伊朗-伊拉克战争爆发时的高位，但对一个贫困国家而言，这依然是庞大的收入来源。

然而，1997年亚洲金融危机冲击全球经济，油价跌至每桶20美元区间。直到“9·11”事件之后，尤其是2003年美国发动伊拉克战争，油价才逐步回升至每桶100至120美元区间。但在2007—2008年金融危机之后，油价再次暴跌。

---

[111] 侯赛因·马赫达维：《食利国家的经济发展模式与问题：以伊朗为例》，M.A. 库克主编《中东经济史研究》，牛津大学出版社，1970年。

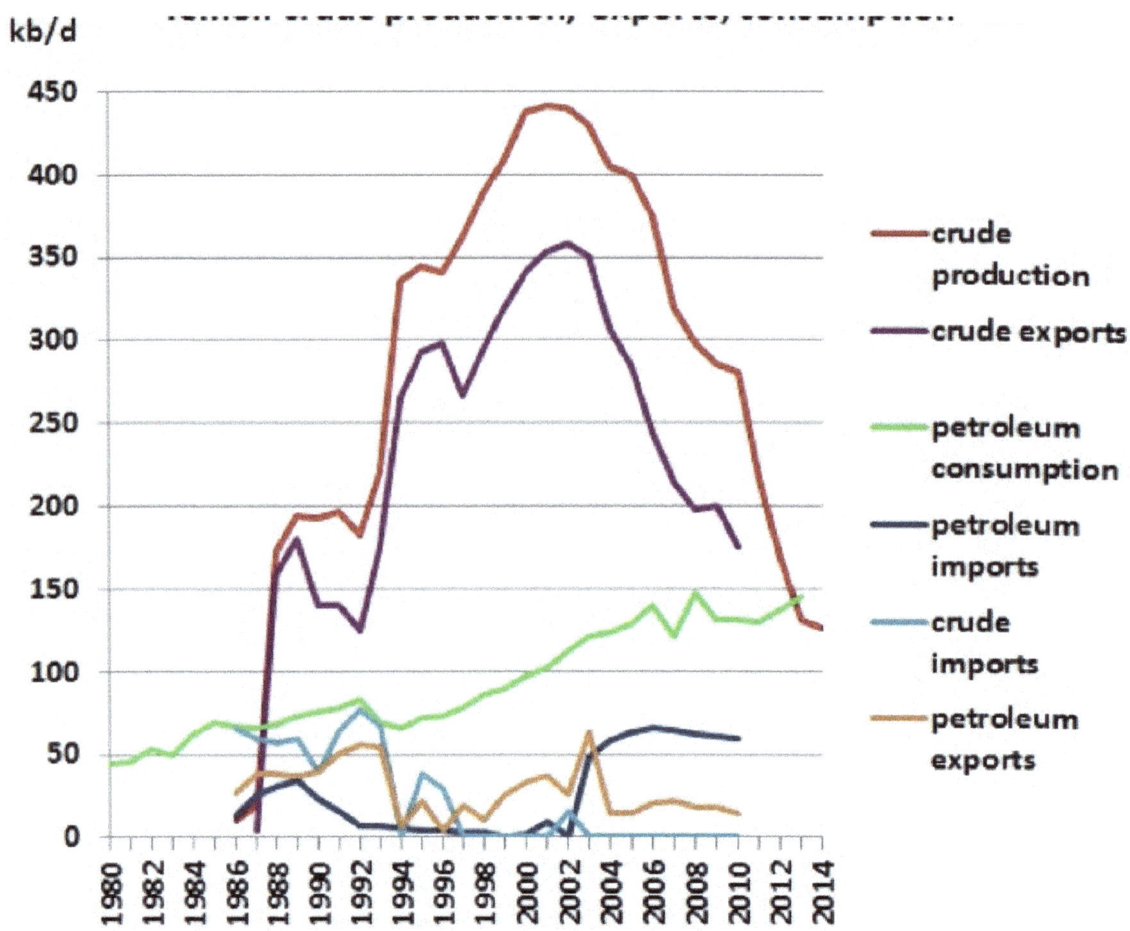

1980—2014 年也门原油产量、出口与消费（0—45 万桶/日）来源：USEIA

这里所说的“石油”不仅包括柴油等成品油，还包括其他燃料及石化产品。

这一因素使也门几乎完全受制于国际市场价格的波动，并高度依赖原油出口来换取粮食和几乎所有其他商品的进口。另一场灾难则发生在 2002 年，当时也门油井的原油产能开始萎缩，而由于全球市场停滞，国际石油公司普遍认为新的勘探和生产项目缺乏盈利前景。与此同时，外债持续上升，为弥补贸易逆差和财政赤字，不得不持续举债。20 世纪 90 年代初，也门失去了主要的财政伙伴：伊拉克，它因 1991 年海湾战争而遭受联合国严厉制裁；同年晚些时候，苏联解体，使也门不得不独自面对咄咄逼人的邻国以及国际货币基金组织和世界银行这“两只秃鹫”。

在 1994 年内战的破坏之后，1995 年时，也门萨利赫总统领导的政府已深陷国际货币基金组织的掌控。自那一年起，也门开始接受国际货币基金组织和世界银行提供的附带条件的贷款，通过所谓的“结构调整计划”，迫使政府私有化国有企业，取消粮食和基本生活必需品的国家补贴，裁减数以万计的公务员，并以激进的自由市场政策开放国内市场，导致为数不多的本土产业彻底丧失竞争力。不言而喻，也门已被禁止建设基础设施和工业项目，农业项目也得不到支持，国家事实上失去了对经济的主权。

原本设想由“私营部门”承担起国家放弃的职能，但在这样一个贫困国家几乎不可能实现。大规模的国有企业私有化运动随之展开，国家腐败的权力精英通过资产转移大发横财。尽管全国粮食形势极度严峻，尤其是在2008年全球粮食价格危机之后，也门仍被鼓励扩大经济作物的出口，如水果和蔬菜，而其主要市场就是沙特和海湾国家。在缺乏对国内粮食生产的支持与保护的情况下，农民转而种植更多经济作物，更严重的是大面积种植卡特（Khat）这种毒品型作物。卡特制品的消费在当时迅速膨胀，并在后来进一步加剧，给社会带来新的经济、社会和健康问题，尤其是对低收入群体影响严重。渔业是唯一获得较大投资的行业，但该产业也主要用于出口，而非满足也门国内的食品需求。

所有这些因素使也门不仅成为粮食（2014年时对谷物的进口依赖率已达80%）和其他消费品的净进口国，还必须进口石油产品，如柴油和机油。这是因为国家不鼓励建设新的炼油厂和石化工业。几乎没有重大基础设施项目得以启动，而国际货币基金组织、世界银行和联合国给予也门政府的所有建议和资金支持，几乎都局限于零散的小项目。2007年，也门甚至被迫将新发现的天然气田的控制权移交给外国开发商，其中包括法国道达尔公司和美国的亨特石油公司。

沙特战争：全球最严重的人道主义灾难

报告第二章第二节详细描述了自2015年3月以来沙特主导的联军轰炸行动所造成的后果。轰炸的目标包括基础设施、工业、电力和供水系统，甚至是农业生产。

到2018年1月，也门全国已有2200万人（占总人口的70%）需要粮食、医疗援助或住所，其中700万人急需粮食援助，290万名儿童和妇女处于严重营养不良状态。1600万人缺乏清洁饮水和污水处理，导致霍乱疫情爆发。约17,000人因需要紧急出国就医却被困在已关闭的萨那机场，最终死于无法获得及时救治。

在基础设施方面，几乎所有发电设施均遭摧毁。除少数由联军控制的油气田外，大部分油气生产已停滞。机场、港口、桥梁和道路均成为系统性打击的目标。甚至渔民和渔船也未能幸免。许多工业设施，包括采矿、冶金、食品加工、物流中心和乳制品工厂，也遭到有计划的破坏。学校、技术教育机构和大学成为攻击目标，医院同样未能幸免。

在金融层面，当时的流亡总统哈迪领导的被沙特控制的政府于2016年9月宣布，将中央银行的运作从萨那迁至联军控制下的亚丁。这意味着中央银行无法向未被联军控制地区的数百万公务员支付薪资，加剧了无数家庭的苦难。此外，中央银行也无法继续为与外国粮食、药品和其他必需品出口商的贸易往来提供结算服务。

政策的逆转

1. 重建融资。

正如报告所建议的那样，重建与发展计划应从萨那的代总统发表公开声明开始，即使在停火协议达成之前。声明应表明，也门共和国政府有意启动国家重建与发展计划，明确重点项目和主要目标，从应急行动计划入手，重建被摧毁的基础设施，立即提供急需的粮食和医疗援助，并邀请友好国家参与新的基础设施项目，规划未来与“一带一路”倡议的对接。同时，声明还应宣布成立国家重建与发展银行，为这一进程提供融资支持。

要成为一个真正独立和主权完整的国家，也门必须拥有自主的信贷生成机制。重建与发展需要建立一家国家开发银行（报告中暂定名为“也门国家重建与发展银行”，简称 YNBRD），用于资助基础设施、农业和工业等国家项目。该银行的股权结构为：国家持有 51%，公民、私人企业及本国金融机构持有 49%。外国政府和金融机构可有限度地认购该银行的股份或债券。来自友好国家的赠款和财政援助也应转换为银行存款。

YNBRD 将在财政部的监督和指导下运作，与也门中央银行保持独立。关于 YNBRD 如何在国内设立信贷的问题，报告（以及本书第四章）已有详细阐述。

此外，另一种重建与发展项目的重要融资途径，是通过与参与项目或提供相关物资的国家签订出口信贷协议，特别是对于那些需要外国技术、机械和公司参与的项目。

一个很好的案例来自 2013 年。当年 11 月，中国与也门签署协议，计划通过中国进出口银行贷款给也门政府，由中国公司实施亚丁集装箱码头扩建项目。该项目原计划将亚丁码头建设为地区最大的中转港之一，使马士基 3E 级集装箱船能够停靠。然而，由于随后安全局势恶化，项目未能执行。这份协议签署于中国国家主席习近平提出共建“21 世纪海上丝绸之路”的重大倡议一个月之后，该倡议本可以使亚丁及也门其他港口成为全球贸易与经济交流的重要枢纽。

此外，也门投资总局还向作者提供了一份项目清单（已作为报告附录），涵盖基础设施、工业、农业和渔业等领域。这些项目将以“建设—运营—移交”（BOT）的方式，与外国投资者展开合作。

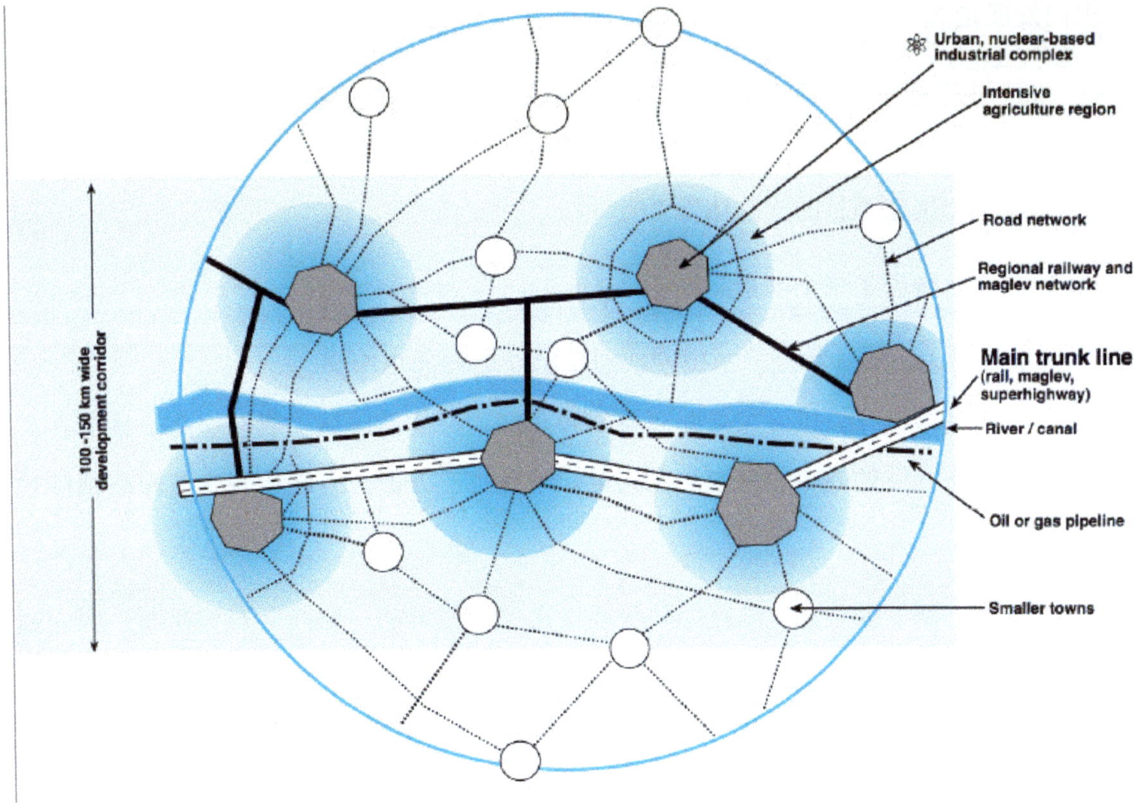

“发展走廊”图示

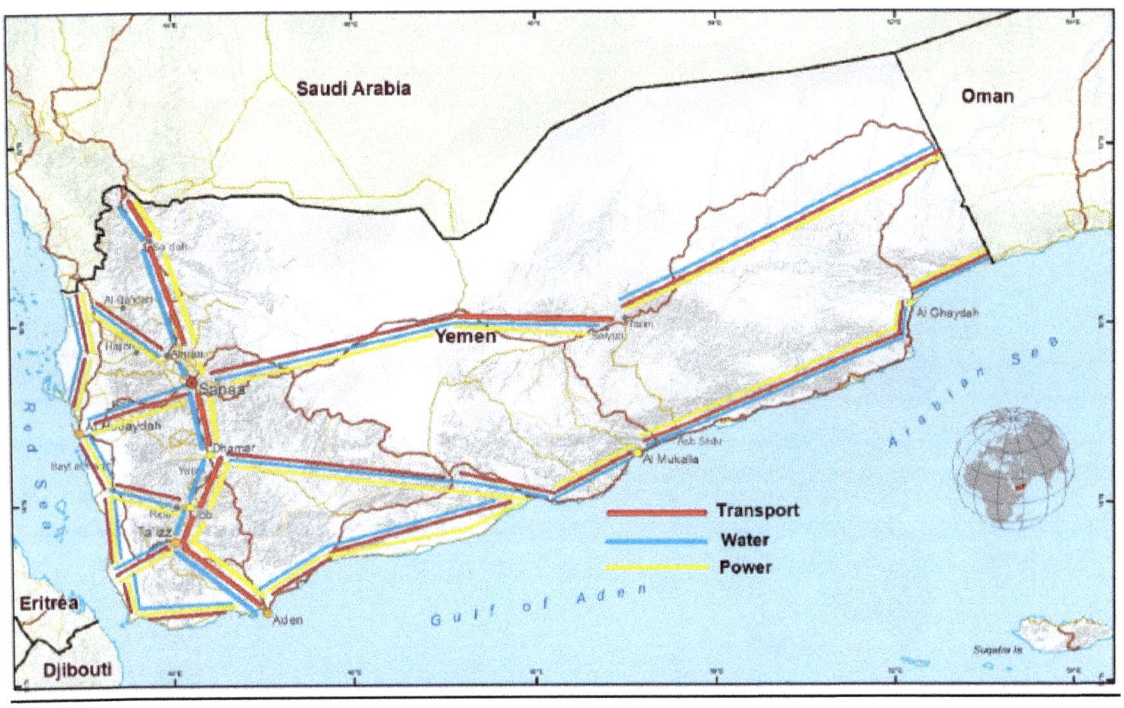

也门发展走廊 来源：侯赛因·阿斯卡里

2. 也门发展走廊

本书的重建与发展计划的核心组成部分，是建设“也门发展走廊”。在阐述了拉鲁什提出的“发展走廊”和“经济平台”概念后，本文作者提出修建也门发展走廊，主干为萨达—亚丁走廊，其东西向的延伸则构成这一国家项目的“肢体”。

确定走廊路线时考虑了三个因素：

(1) 当前人口分布、农业活动、可用水资源与矿产资源的集中区。

(2) 人口分布的多样化，以及未来向西海岸和东部高原的新区域扩展，这两个地区在矿产和商业农业方面都代表着未开发的农工业潜力，尤其是在粮食生产方面，有助于减少并最终消除也门对进口的依赖。

(3) 与“一带一路”的联通：陆路经阿曼连接霍尔木兹海峡，通向伊朗和亚洲；西向通过隧道/大桥连接吉布提与非洲。另一条“一带一路”连接途径则通过亚丁、荷台达和摩卡三大港口，在这里除了开展转运和物流业务，还可以建立新的工业园区，充分利用国际贸易航线的近便优势以及当地丰富的人力与自然资源。

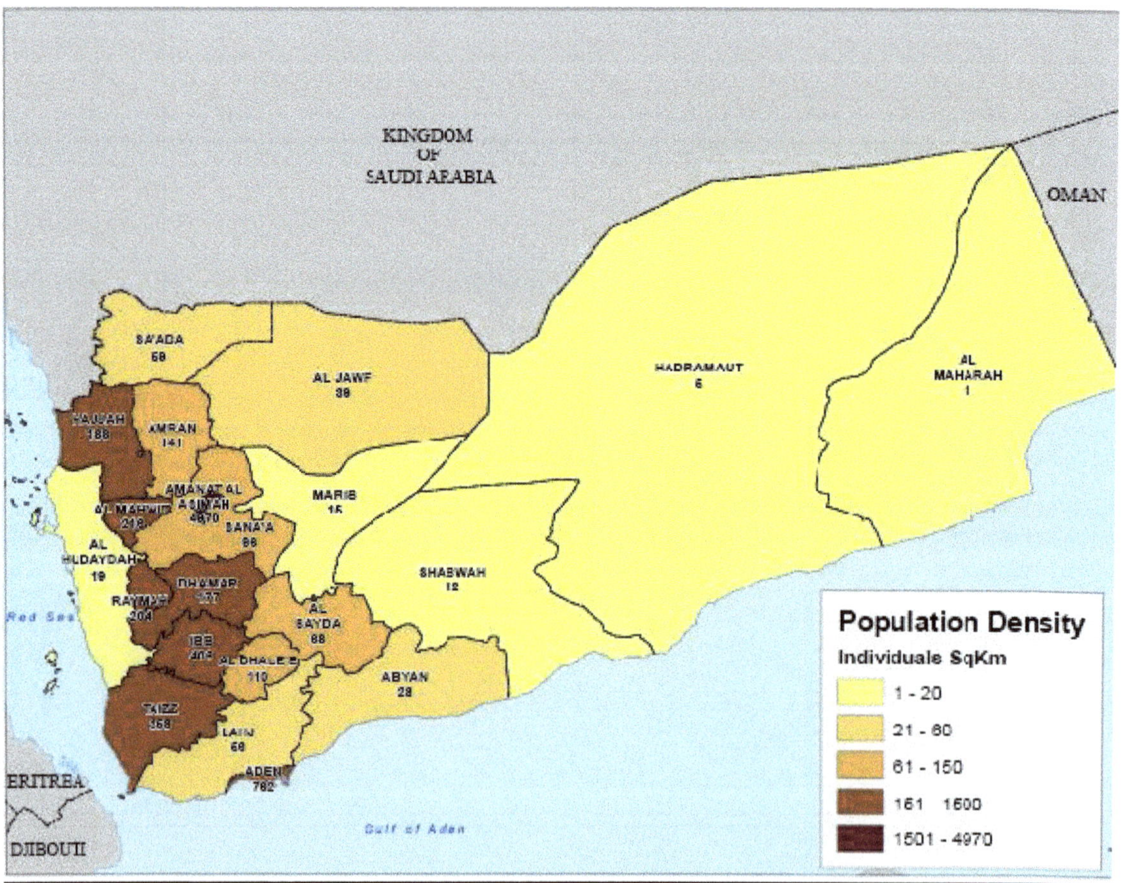

2005 年也门人口密度：也门 80%的人口生活在拟建发展走廊沿线地区 来源：联合国人道主义事务协调厅

也门与“新丝绸之路”

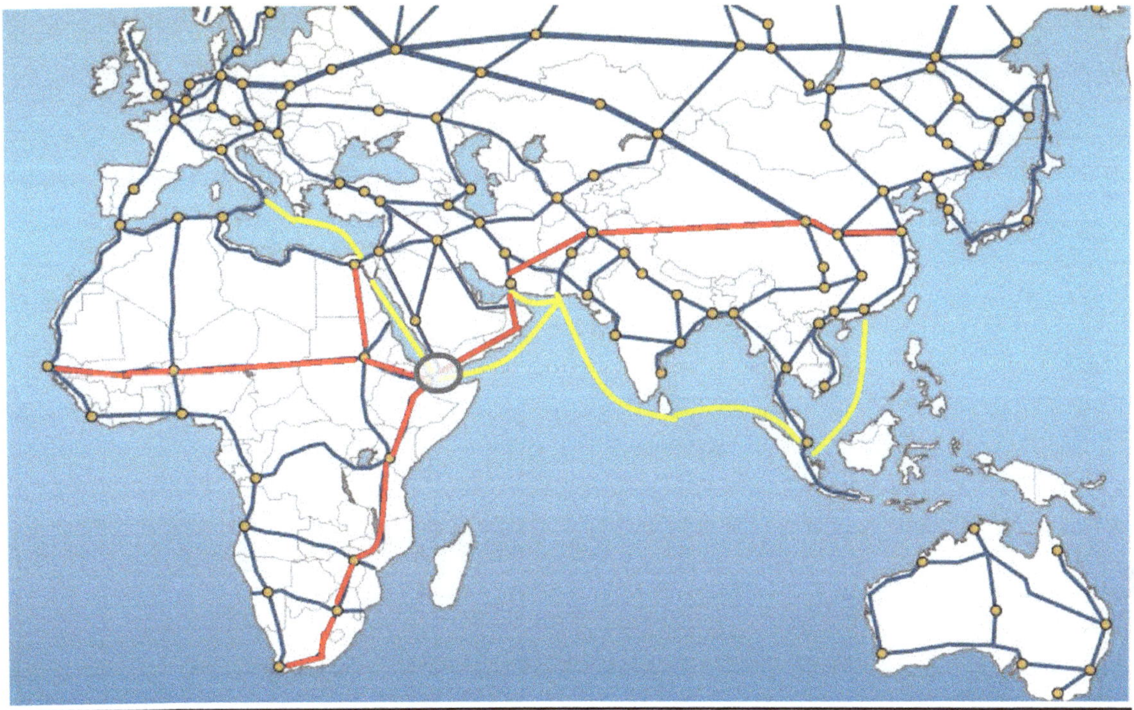

报告提到，因“一带一路”和中国的相关倡议，也门周边正发生巨大的变化，例如吉布提—亚的斯亚贝巴铁路、蒙巴萨—内罗毕铁路、拉穆港—南苏丹—埃塞俄比亚运输走廊等。这些项目将使东非成为全球增长最快的地区之一，对也门而言，这是一个巨大优势，它应将该地区视为重要市场，同时把自己打造为重要的物流枢纽。在也门以东的阿曼，中国主导的亚洲基础设施投资银行已经为泛阿曼铁路网的可行性研究和初步工作提供融资，该铁路自霍尔木兹海峡延伸至也门边境，沿着阿拉伯海长岸线还规划了新港口和工业园。

在邻国埃塞俄比亚和阿曼的发展中，有一个有趣的现象：由于地形与人口特征的相似，也门决策者可以借鉴这些国家的基础设施项目，考察其优势、难点、技术细节和融资方式。

作者举例，将拟议中的萨达—亚丁铁路与正在建设的埃塞俄比亚默克莱—沃尔迪亚—阿瓦什标准轨铁路进行对比：两条铁路长度分别为 607 公里与 622 公里，线路物理特征也极为接近。两者都要穿越海拔 800 至 2300 米甚至更高的山区。埃塞俄比亚铁路的建设需要修建 31 条隧道（总长 20 公里）、140 座桥梁（总长 20 公里）、1300 个涵洞（总长 40 公里）。该铁路总投资 40 亿美元，其中第一段由埃塞俄比亚政府自筹 15 亿美元，其余 25 亿美元通过中国和土耳其进出口银行，以及奥地利和瑞典的外部信贷机构提供。

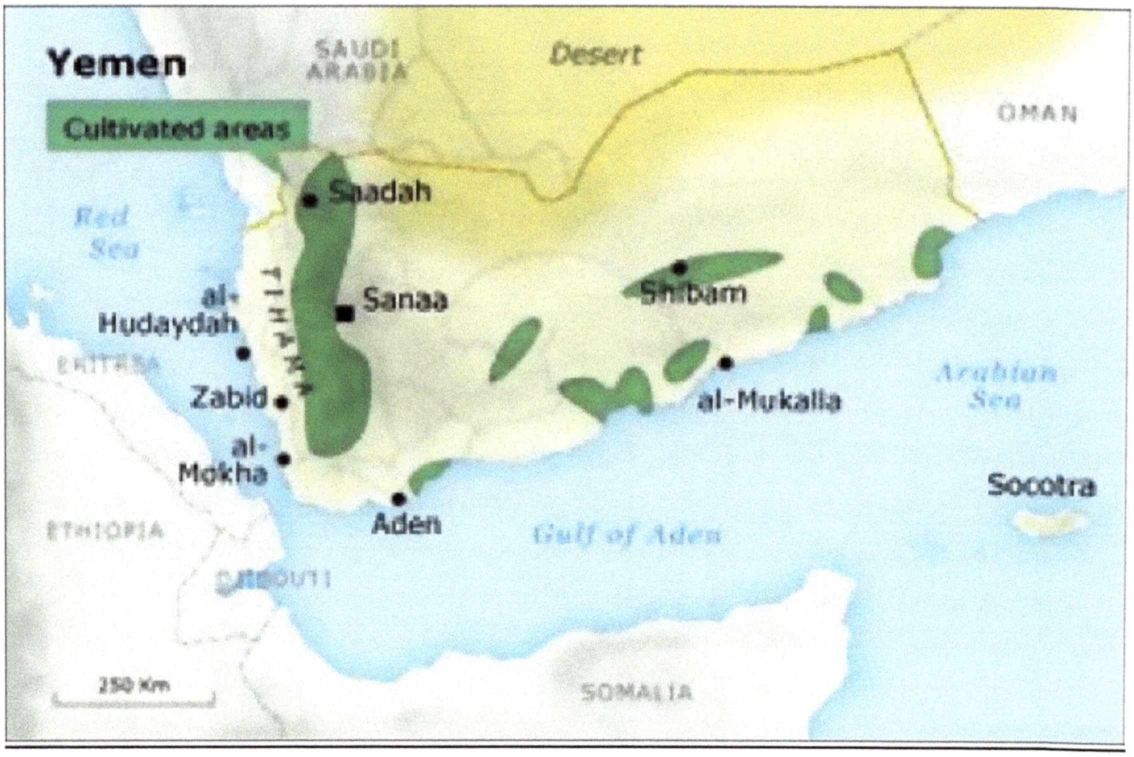

报告建议将农业扩展到东部高原和沿海地区 来源：Fanack.com

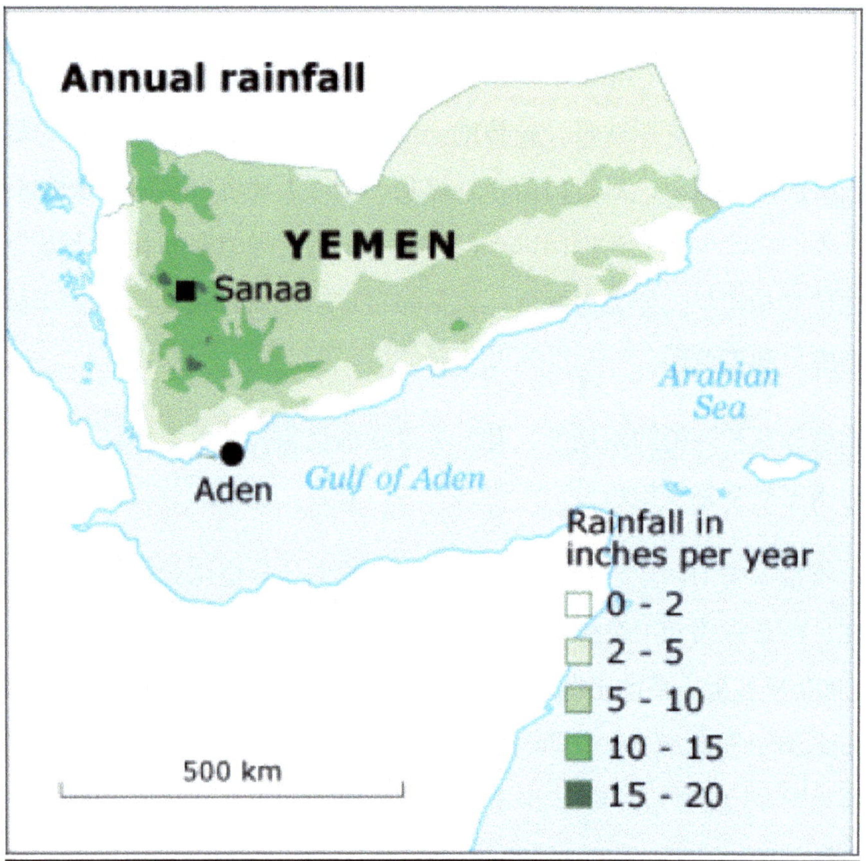

其他项目

“菲利克斯行动”还构想了电力、水利、农业和制造业的开发项目。

水利方面：本书提出一项全国水资源管理计划，包括修建许多中小型水坝以蓄洪防灾并兼顾发电。也门投资总局估算，2019 年至 2030 年间在全国十条河流上修建此类水坝需要约 100 亿美元。此外，还须建立全国性的水资源分配网络，并规范地下水的勘探与利用。在管理现有水源的同时，还需通过海水淡化和气候工程（如大气电离以促进降雨）“创造”新的水资源。

电力方面：报告敦促国家重新掌控天然气和石油资源，通过重新谈判与外国公司的协议，优先满足国内电力生产需求。在短期和中期内，天然气与国内尚未被开发利用的大量煤炭储备可以满足国家发展所需电力，因为火电站建设周期较短（18 - 24 个月），且成本效益高。

然而，未来更高效的能源需求必须通过重启也门核能项目来满足。该项目早在 2007 年就曾提出，但从未启动。核能不仅是电力生产和海水淡化的关键，还可以使石油资源转向更高附加值的产业链，如化肥、化工和塑料等，从而在国内催生诸多产业，吸纳数以万计的青年就业。

工业方面：必须废除此前由国际货币基金组织和世界银行强加的自由市场政策。通过关税与海关措施，国家可以保护由也门青年企业家创办的新兴产业，以满足国内市场需求，并拓展到全球市场，尤其是快速增长的非洲市场。随着基础设施的发展，以及水电资源的充裕，也门将吸引外国投资进入其工业领域。

农业方面：必须制定新的粮食安全战略，彻底扭转此前国际货币基金组织、世界银行、联合国和粮农组织所鼓励的小农自给型模式。新战略设想的是大规模的纵向和横向扩展：纵向扩展意味着通过引入新型灌溉方式、培育新品种、施用化肥与机械化耕作来提高农户生产力；横向扩展则意味着开垦新的土地，发展大规模商业化农业，尤其是谷物生产，以确保国家粮食供应，避免因依赖进口而导致的资源外流。国家必须再次承担起守护也门人民粮食安全与独立的责任。

在也门首都萨那，福阿德·阿尔-加法里（左侧站立）于 2018 年 6 月 6 日举办的“菲利克斯行动”报告发布研讨会上发言。最右侧就座的是也门投资总局代理局长兼副局长哈立德·沙拉菲丁。阿尔-加法里于 2022 年被任命为总理的金砖国家事务顾问。

持久和平的基础

本文作者建议，萨那政府应将报告中提出的计划作为所有也门国内交战方和平谈判的核心内容，并在谈判前就达成一致。同时，该计划也应提交给联合国大会的每一个成员国，以敦促他们向地区和国际力量施压，促成立即停火并推动国家和解与和平进程。

附录三“绿洲计划”：汲取新疆发展经验，在“一带一路”倡议背景下重建加沙

侯赛因·阿斯卡里（Hussein Askary）、杰森·罗斯（Jason Ross）

美国前总统唐纳德·特朗普提出将巴勒斯坦人迁离加沙的荒谬言论，随后以色列总理内塔尼亚胡又对部分重要阿拉伯国家出言不逊，这些举动意外地为阿拉伯国家和“全球南方”提供了一个契机：提出一个切实可行、人道主义导向、符合国际法的替代方案，以拯救加沙和约旦河西岸的巴勒斯坦人民，推动巴勒斯坦问题的解决，并实现西亚地区（长期被误称为“中东”）的和平与发展。然而，这一方案需要国际社会的担保与合作，尤其离不开美国的参与，但也绝非仅限于美国。当今，中国、俄罗斯以及金砖国家（新增埃及、阿联酋、伊朗、埃塞俄比亚和印尼）和更多“全球南方”国家，已在经济、军事和政治层面全面崛起。正如美国国务卿马可·鲁比奥近期承认的那样，单极时代已经终结，一个多极化的时代正在到来。阿拉伯国家必须抓住这一历史机遇，不是挑动东西对抗，而是通过自身的桥梁作用，促进东西方的沟通与合作。

首先，应当坚定维护“两国方案”，捍卫巴勒斯坦人民的建国权利，使其能够在 1967 年联合国第 242 号决议与 2002 年《阿拉伯和平倡议》的框架下，于巴勒斯坦土地上建立以东耶路撒冷为首都的独立国家。然而，要保证这一国家的可持续发展，仅有政治承诺远远不够，还必须制定切实可行的重建与发展经济政策，为巴勒斯坦人民及其年轻一代弥补迄今为止所遭受的深重苦难。

当务之急，是立即开放人道主义援助通道，防止数十万加沙民众因饥饿、免疫力下降以及水源污染和医疗卫生资源匮乏导致的传染病而丧生。也许，这正是以色列极右翼政府所寄望的“压力手段”——迫使巴勒斯坦人被动离开加沙。我们必须牢记 1991 年“沙漠风暴”之后的伊拉克：将近一百万伊拉克人（其中一半是儿童）并非死于英美轰炸，而是死于基础设施被毁与经济封锁所引发的营养不良和大规模疾病的爆发。

“绿洲计划”

在长期规划上，我们欢迎埃及政府近日提出的倡议：将在本月底的阿拉伯峰会前讨论两份方案。尽管其细节尚未公布，但我们希望在此提出一套被称为“绿洲计划”的构想。该理念最早由已故美国经济学家林登·拉鲁什于 20 世纪 70 年代提出，其核心是“通过发展实现和平”：没有发展便没有和平，没有和平也无法保障发展，两者必须并行推进。

这正是奥斯陆协议的缺憾所在。尽管协议第三、第四附录涉及经济安排，但被严重忽视（而且本身也不够充分），政治手段成为唯一焦点。基于此，拉鲁什早就预言了奥斯陆协议将会失败，并发出警告称以色列极右翼势力及其在美国和英国的基督教锡安主义盟友将会摧毁和平根基，甚至迫害两方的和平倡导者。

“绿洲计划”的目标，是系统解决该地区的水资源短缺与荒漠化、现代基础设施严重不足、农业和工业能力长期滞后的问题。尽管该地区拥有丰富的自然资源、重要的地缘位置、资金和劳动力，但分布极不均衡，无法转化为可持续发展的动力。因此，该计划将加沙、巴勒斯坦乃至整个地区（尤其是叙利亚、黎巴嫩、伊拉克和也门）的重建，放置于更广阔的全球背景下来考量——因为许多地方性的问题，根源并非局部，而在全球。

在近两年中，笔者与席勒研究所的同事，结合“一带一路”倡议（“新丝绸之路”）的发展，进一步完善了这一计划。其核心思路，是通过打造区域发展走廊，将西亚的基础设施联结起来，使其真正成为亚、欧、非三大洲之间，以及印度洋与地中海之间的桥梁。走廊的主要组成部分包括铁路、公路、水利、电力、油气管道等交通能源线路，并在其沿线建设新的农业区、工业园区和城市。这一网络将延伸至巴勒斯坦，从约旦通往约旦河西岸、加沙、地中海，再衔接至埃及。

"绿洲计划"的总体概述，包括主要的交通和水利基础设施。

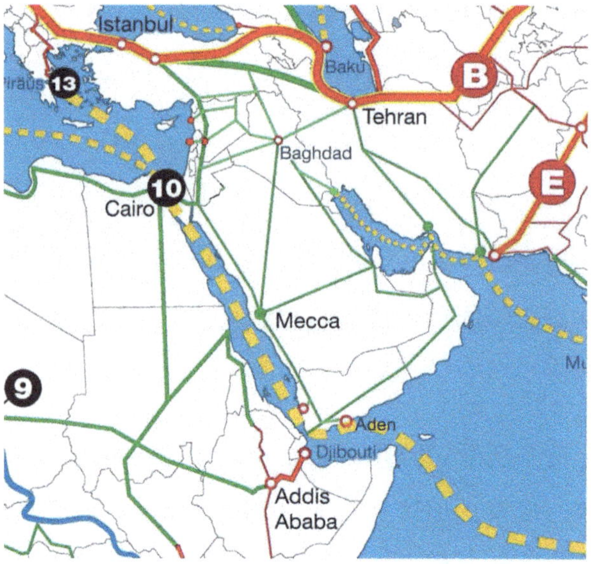

在"一带一路"倡议所塑造的更广泛区域格局中，巴勒斯坦与以色列的地位。地图选自席勒研究所先前出版物中的一幅全球互联互通示意图的局部。

水与农业

计划的首要任务，是缓解水资源危机，提升农业水平，遏制荒漠化。戈兰高地、黎巴嫩南部和约旦河西岸的水源（大多已被以色列占有），即便公平分配，也远远不足。整个地区必须实现水资源的成倍增长，而唯一可行的路径就是大规模海水淡化。

关于海水淡化，有两大核心项目：

1. 死海运水工程：修建两条通往死海的水渠，一条来自红海，另一条来自地中海。这些水渠并非像传言中所说的将用于航运，而是为了利用死海低于海平面 400 米的高度差。沿两条水渠倾泻而下的水流可产生巨大能量，可用于发电和海水淡化。
2. 核能与天然气驱动的淡化厂：未来可以在地中海沿岸及苏伊士运河沿线，建设小型模块化
3. 反应堆或天然气驱动的电厂，实现海水淡化与电力供应双重目标。

农业也必须全面升级。通过现代灌溉、种子改良技术，巴勒斯坦及周边国家能够提升粮食自给率，减少对进口的依赖，进而增强经济与政治稳定。阿拉伯国家在粮食进口上的巨大支出，是地区发展的重大掣肘。正因如此，每逢国际粮价因危机而上涨（如 2008－2009 年金融危机、2022 年乌克兰战争爆发后），阿拉伯国家都会遭遇社会动荡。因此，在干旱、沙漠地带开展大规模绿化与农业开发，应成为整个阿拉伯地区的优先任务。

“绿洲计划”的重点除了重建加沙之外，还在于弥合水资源不足的鸿沟，以实现荒漠绿化，并确保巴勒斯坦及西亚地区居民的粮食安全。交通同样是促进巴勒斯坦发展及其融入更广大区域的关键因素。

工业

早在 2002 年阿布扎比召开的“石油与天然气在全球政治中的作用”国际会议上，拉鲁什就提出，产油国应当兴建核电站，不仅用于海水淡化，还要以石油和天然气为基础，发展石化、化工及其他产业，以显著提升原油、天然气的附加值。数年之后，阿联酋启动和平核能计划，并在去年与韩国合作建成四座大型核反应堆。埃及也在与俄罗斯合作建设达巴核电站。

中国的工业与技术进步，使其得以在阿拉伯国家推动部分先进产业本地化，例如在沙特、阿曼、阿联酋和埃及。所有阿拉伯国家都应建设工业园区和经济特区，同时在加沙和约旦河西岸发展工业，充分发挥其地理区位、原材料、劳动力和市场的优势。为加沙建设一座世界级港口、机场及铁路、地铁系统，应尽快提上议程。

融资

依赖外援并非长久之计。“绿洲计划”建议效仿亚洲基础设施投资银行，设立一家阿拉伯或区域性开发银行，注册资本 1000 亿美元。由阿拉伯国家共同出资，其职能不仅是为地区重大基础设施项目提供低息、长期贷款（尤其是约旦、巴勒斯坦、黎巴嫩和叙利亚），还应推动各国建立本国开发银行。例如，奥斯陆协议中曾提出设立巴勒斯坦开发银行，但至今未能实现。国家开发银行能够为本地住房、农业、工业等项目提供融资，从而使贫困国家及巴勒斯坦人民免于受制于附带政治条件的外援。

资金来源还可包括亚投行贷款，以及双边的“石油换建设”“石油换技术”协议。若将地区 5%至 10%的石油和天然气出口收入投资于阿拉伯开发银行，并与主要能源进口国（如中国、日本、韩国、印度和欧洲国家）达成融资安排，这些资金即可被投入到基础设施、工业和农业项目中。这一方案在前文中已有详细阐述。

加沙重建：不迁移人口的可行方案

解决方案并不复杂，只需完善的组织安排与共同出资。例如，包括中国在内的亚洲国家，完全有能力以低成本快速生产集装箱大小的预制式移动房屋。让加沙民众长期居住在帐篷中，不仅不人道，还会带来严重的健康、心理与社会问题。可在加沙沿海布置这类住房群，并配备公共卫生设施，提供水、电和污水处理设施。漂浮式电站和海水淡化装置在全球已有成熟应用，可迅速投入使用。同时，还必须建设野战医院和学校。

“绿洲计划”虽是一个区域性、全球性结合的综合方案，但同样能够在地方层面提供切实可行的思路。通过与当地规划者和工程师的合作，其细节可进一步扩展，因地制宜。我们提出这一计划的目的，不是为每个国家制定具体政策，而是提供一个科学、整体性的框架，反映当今世界的经济、技术与政治格局。

新疆模式

与国际舆论场炮制出的对中国新疆维吾尔自治区的虚假叙事相反，新疆如今已成为“一带一路”倡议、全球发展倡议、全球安全倡议、全球文明倡议的典范，更是中国 56 个民族和谐共处、共同繁荣的缩影。

笔者实地考察发现，新疆不仅实现了稳定、发展、开放，还正在步入新一轮工业化进程。这个一度被认为地处偏远的区域，正在因“一带一路”的实施焕发出巨大的地缘优势。该地区的民族多元文化也成为为中华民族团结与文化繁荣的源泉。

新疆与西亚国家有着相似的干旱气候与脆弱的生态系统。这里拥有世界第二大流动沙漠——塔克拉玛干沙漠，年均降水量不足 150 毫米。相比之下，阿富汗为 250 毫米，伊朗 240 毫米，沙特 150 毫米，摩洛哥 300 毫米。但即便如此，新疆依然是棉花、水果、坚果的重要产区，甚至还在湖泊中发展了淡水养殖。

新疆的沙漠农业技术对“新丝绸之路”的沿线国家极具借鉴意义：滴灌与地膜覆盖等节水措施，以及精确利用气象和卫星数据把握农时，使农业生产效率显著提升。所谓“强迫劳动采棉”的指控，不仅毫无根据，更违背经济逻辑。在笔者考察的库尔勒北部棉田中，收割已实现全程机械化，每公顷成本从人工采摘的 1.5 万元人民币降至机械化采收的 5000 元。

新疆现代化的水资源管理体系同样堪称壮举。水利设施延伸至荒漠地区，例如在巴音郭楞蒙古自治州尉犁县，道路沿线的荒漠被持续改造，不仅实现了造林，还用于农业开发。

新疆的成功，不仅在于实现了和平与稳定，更在于带来了繁荣与希望。这正是其能够成为巴勒斯坦及整个西亚地区范例的重要原因。

中国新疆维吾尔自治区巴音郭楞蒙古自治州尉犁县为棉花种植而从荒漠中开垦出的土地。照片取自作者在该地区考察后制作的视频。

中国新疆维吾尔自治区巴音郭楞蒙古自治州库尔勒市的天际线。这座现代城市的崛起可谓奇迹，它坐落在世界第二大流动沙漠—塔克拉玛干沙漠的边缘。照片取自作者在访问该市期间拍摄的视频。

埃及方案（尚未公布）

以希望替代悲剧，以成就的喜悦替代恐惧，将帮助加沙人民，特别是儿童，走出战争留下的心理阴影。经济、社会与文化的发展，是治疗绝望、仇恨与极端主义的最佳良方。事实已经证明：发展的新名称，就是和平。

第七章 非洲——交通网络一体化[112]

侯赛因·阿斯卡里（Hussein Askary）

非洲亟需建设完善的交通基础设施网络，以充分释放其经济与社会潜力。目前，非洲内部的贸易量平均仅为对外贸易量的十分之一。因此，构建一个以整合大陆各国为目标的交通网络，而非仅仅优化通往沿海港口的贸易流动，显得尤为关键。

拟建的泛非洲公路网络。图片来源：联合国非洲经济委员会

112 本章选自 2017 年首版

非洲联盟各成员国设想了多条非洲内部交通整合的轴线，其中包括非洲横贯公路（Trans-African Highways，TAH）。[97]拟议的南北向轴线包括：

- 亚历山大港 - 开普敦
- 的黎波里 - 温得和克
- 阿尔及尔 - 拉各斯
- 坦吉尔 - 阿比让

拟议的东西向轴线有：

- 苏伊士港 - 坦吉尔
- 吉布提 - 达喀尔
- 蒙巴萨 - 拉各斯
- 洛比托 - 贝拉

如果仅将这些线路视作普通的货运和客运贸易通道，其对非洲快速工业化的推动作用将非常有限。然而，若将其视为“发展走廊”并付诸实施，如本书前文所述，这些线路将成为非洲工业化的核心骨干。更重要的是，整体交通整合应以高速铁路为主干，高速公路和普通公路则作为辅助和支撑。尽管初期投资较大，但铁路系统仍明显优于公路和高速公路，尤其在运输超大件、重载及长距离货物等方面。

采用“多式联运系统”能够减少时间、能源及人力的浪费，从而显著提高运输效率，优化资源配置。多式联运系统是指将两种或两种以上运输方式——陆路、铁路、水路和航空——有机结合，形成一条高效的综合运输链，从而发挥各运输方式的优势。

转运枢纽是多式联运系统的重要组成部分，能够极大提升运输速度和效率。货物通过密封、标准化的集装箱（而非石油、木材或谷物等散装货物运输方式）进行运输，从船舶卸载至火车或卡车时，耗时最短、操作最便捷。收发方可通过数字化电子系统及基于空间的通信网络—即“空间丝绸之路”—对集装箱进行远程追踪。这要求集装箱、吊装设备以及铁路轨距标准化，以确保列车顺利通过不同枢纽及跨境运输。运载食品的集装箱及其存储与操作设施可实现全程冷链运输，这对于非洲农业产品

[97] 来源：非洲开发银行：https://www.afdb.org/fileadmin/uploads/afdb/Documents/Project-and-Operations/00473227-EN-TAH-FINAL-VOL2.PDF

运输尤为关键，因为该地区许多农产品在运往市场的途中容易腐坏[98]。

殖民遗留

非洲许多地区现有的交通系统可以追溯到殖民时期。当时，这些系统的设计目标是将各国的矿产和农业资源运往海外市场，而非促进非洲各地区之间的互联互通。铁路则成为英国及其他殖民者掠夺资源的工具，其轨距不仅在不同国家之间存在差异，有时甚至同一国家内部也不统一！即便是这些有限的铁路，由于缺乏维护和投资，也大多处于废弃状态。以肯尼亚为例，殖民时期建成的 2730 公里铁路中，目前仅有一半仍在运营。

本地区大部分铁路系统效率低下、运输耗时长、利用率极低。就全非洲范围而言，最常用的是窄轨 1067 毫米轨距，埃及则采用现代标准轨距 1435 毫米。路线路普遍为单线设计，轴重能力有限，运行速度偏慢。没有任何国家的铁路系统是为跨境运输设计的。

这些障碍、缺陷以及殖民遗留，长期以来阻碍了非洲各国之间的政治一体化。

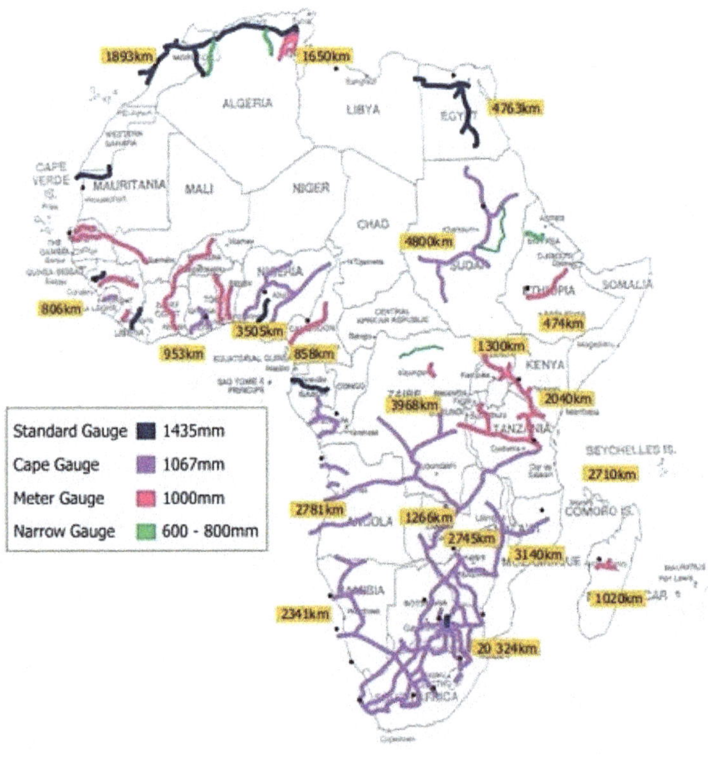

非洲内部铁路轨距各异（截至 2010 年代中期）。由于 1000 毫米与 1067 毫米轨距之间的差异过小，无法采用三轨并行的方式解决兼容问题。而通过建设四轨三轨距系统，则可同时适配 1000 毫米、1067 毫米和 1435 毫米轨距，从而实现现有列车

[98] 在其《全球粮食损失与浪费》报告中，联合国粮农组织估计，从生产环节到消费环节，全球约有三分之一的粮食被浪费。（https://www.fao.org/4/mb060e/mb060e00.pdf）

将食品辐照处理系统与此类多式联运枢纽相结合，可能是一种提高食品安全性、减少腐败变质的高效途径。

组向标准轨的平稳过渡。来源：http://www.mondaq.com/southafrica/x/212676/cycling+rail+road/Heavy+Going+In+Africa

这种状况亟需改变！非洲的铁路需通过采用标准轨铁路实现标准化。目前，这正是非洲联盟与中国联合推动的“非洲高速铁路网一体化项目”（AIHSRN）的规划方向，涵盖货运与客运两方面[99]。2016年，该项目已启动详细范围研究的承包商招标；至 2017 年 5 月，经非洲与中国专家多次磋商，线路结构已基本确定（但尚未公开），并在约翰内斯堡的非洲发展新伙伴计划(NEPAD)规划协调署下设立了项目执行单位。NEPAD 是非盟的技术执行机构。根据非盟的进展报告，下一步工作将是开展全面可行性研究，目前相关准备工作正在推进[100]。

在连接非洲各国首都的规划中使用标准轨的打算，亦体现在中国已建成或正在建设的多个铁路项目中，例如吉布提 - 亚的斯亚贝巴（埃塞俄比亚）、蒙巴萨 - 内罗毕（肯尼亚）以及本格拉铁路（安哥拉 - 刚果民主共和国）等。在可预见的未来，随着进程加快，标准轨铁路网还必须进一步由独立的高速客运铁路网加以补充，以避免客货运输相互制约。中国在近代化进程中的一项重要经验，便是实现了铁路系统中客货分离（参见框内说明：“以中国高铁为范式”）。在高速轮轨列车之后，还需发展磁悬浮铁路网络，以实现更高速率、更短运输时间，从而显著提升非洲内部各区域间的联通水平与整体生产率。

截至 2017 年，非洲人口已达 12 亿，与中国 13 亿人口相当。然而，非洲人口分布极为分散，地域面积超过中国的三倍（3000 万平方公里对 960 万平方公里），人口主要集中在北部、东部和西南部，而这些地区又被面积达 900 万平方公里的撒哈拉大沙漠所隔绝。在此背景下，高速地面交通方式将有助于“压缩”非洲大陆的空间距离，使人力与自然资源更为紧密地联结，同时也为人口稀疏地区带来新的发展机遇。

然而，从更宏观的角度来看，实现全非洲铁路向标准轨的统一转换，依然是基础性和长远性的必然要求。

对公路的依赖

[99] 非洲联盟，《向非洲高速铁路网（AIHSRN）发展》[2016 年末]，B 部分.

https://au.int/sites/default/files/documents/32186-doc-towards_the_african_integrated_high_speed_railway_network_aihsrn_development-e.pdf

[100] 非洲联盟，《“2063 议程”首个十年实施计划执行进展报告》（2017 年 5 月）

https://au.int/sites/default/files/pages/32828-file-progress_report_on_the_implementation_of_agenda_2063_e.pdf

如今，非洲高度依赖公路运输。例如，在尼罗河流域，公路运输目前占货运量的 80%，客运量的 90%。通过公路运输的主要商品为农产品和本地产品，运输工具多为拖挂式卡车和道路油罐车（燃料运输车）。尼罗河流域公路总长约 65 万公里，公路密度约为每 100 平方公里 7 公里。这一水平相比其他发展中地区会低一些，如伊比利亚美洲为每 100 平方公里 12 公里，亚洲为每 100 平方公里 18 公里。更为显著的是铺装与非铺装道路的比例：南苏丹仅有 7,000 公里道路，其中铺装比例仅为 1%；卢旺达有 12,000 公里道路，铺装比例为 8%；乌干达 81,000 公里道路中仅 4%为铺装；肯尼亚 160,000 公里道路中铺装比例为 7%。埃及的铺装道路比例最高，在总计 65,000 公里的道路中达到 73%。整体来看，该地区仅有 86,600 公里（约 14%）为铺装道路。

由于货运量不断增长，而道路网络普遍不完善，导致交通拥堵加剧，原本路况就不佳的道路进一步恶化。道路养护水平低，许多路段在雨季无法通行。南苏丹每年遭遇大面积季节性洪水，其季节性无法通行的道路比例最高。该地区的道路事故率普遍偏高。影响公路运输环节的其他问题包括卡车超载（超过规定轴重）运行，造成道路提前老化与损坏，以及运输通道的各关键节点（如港口、地磅、边境口岸和内陆终端）存在延误，这些均增加了运输成本。

对于超过 1,000 公里的运输距离，散装货物公路运输的成本至少是内陆水路或铁路运输的三至四倍。此外，公路运输实现规模经济的潜力有限，从而制约了工业化进程和农业商业化发展。

以中国高铁为范式

（转载自 2014 年《行政情报评论》特别报告《“新丝绸之路”成为世界陆上桥梁》）

2000 年时，中国尚无任何高速铁路服务！但在 1990 年代，中国已制定了国家高速铁路（HSR）发展规划。仅十余年间，全球最大规模的高速铁路系统建成并持续快速扩张。从一开始，中国高铁的核心原则就是通过实现客运与货运分离，并建设关键运输走廊，从而提升地面运输生产力。这带来了多重收益，使全国运输生产力提升至新的水平。俄罗斯科学院远东研究所高级研究员谢尔盖·萨佐诺夫在其于 2014 年 6 月 24 日发表在俄罗斯铁路公司《气笛报》的上文章《高速铁路干线发展刺激国家经济发展》中，明确阐述了这一点。

关于高速铁路对生产力影响，萨佐诺夫的总结令人印象深刻：“中国铁路部门改革（升级）的关键成就在于铁路系统能够实现专业化，使列车速度大幅提升，同时常速铁路的运力也得到同步提升，从而降低了老线路上散装货物运输成本。中国铁道部的分析显示，仅将一列客货混用干线列车改为专用高速客运列车，就可使该干线的每日货运能力增加 1.5 至 2 列货运列车”。

“北京－上海客运高铁开通后，该线路每日货运能力增加了 14 万吨，全年约为 5,000 万吨”。

“中国高速铁路的发展在产业内部产生了显著的乘数效应。高铁‘压缩’了中国的广袤空间，不仅连接各大城市，还刺激了国内需求，成为中国工业的战略性产业，推动了相关高端技术产业的发展”。

内陆国家

在非洲 47 个国家中，有 15 个属于内陆国，这一地理条件大大制约了其经济发展与区域一体化进程，尤其限制了其与非洲其他国家乃至全球的进出口活动。除政治与军事冲突之外，运输基础设施的落后更成为发展瓶颈，特别是在大湖区国家。由于这些地区的境内及跨境运输大多依赖卡车在质量低劣、维护不足且运力有限的道路上进行，该地区的运输成本居世界之最！

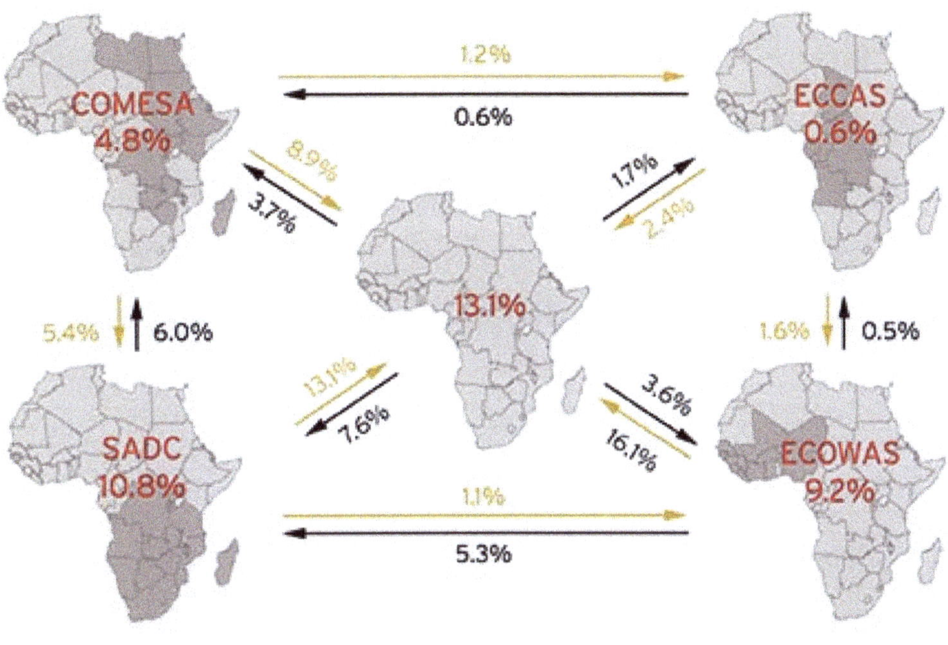

非洲国家之间的贸易在整个对外贸易中所占比例非常低。来源：欧洲发展政策管理中心

问题最为突出的六个国家是大湖区和东非的内陆国——卢旺达、布隆迪、乌干达、刚果（金）、南苏丹和埃塞俄比亚。例如，将一集装箱化肥从新加坡运至埃及亚历山大港的费用为 4,000 美元，至肯尼亚蒙巴萨港为 5,000 美元，而若进一步运输至乌干达首都坎帕拉则需 8,400 美元，至卢旺达基加

利需 10,400 美元，至布隆迪布琼布拉则高达 10,600 美元[101]。

即便是邻国之间的商品与设备转运，也因缺乏完善的交通网络而严重受阻[102]。南北、东西之间缺乏低成本且高效的铁路与内河运输通道，不仅抑制了区域内贸易的发展，也削弱了该地区与非洲其他区域的经济一体化。例如，埃及在尼罗河流域的出口产品中，逾三分之二销往苏丹和南苏丹，而输往上游八国的比例不足 1%；同样，苏丹的出口中仅有 2.2%面向这些国家。进口方面，尼罗河流域国家在埃及总进口中的占比仅为 0.6%，在苏丹为 12%，在埃塞俄比亚为 3%[103]。虽然尼罗河上游的国家在地理距离上离埃及更近，但由于缺乏完善的交通基础设施，它们在实际运输上的距离反而比中国还要"远"。

据《环球时报》报道，中国在非洲铁路建设方面的投资旨在提升薄弱的泛非洲贸易能力[104]。非洲进出口银行的数据表明，去年非洲内部贸易仅占非洲 9300 亿美元贸易总额的 19%左右，其余贸易量均是出口至非洲以外地区，即便非洲大陆内部市场潜力巨大。报道指出，非洲已经建立了 14 个旨在促进跨境贸易和区域经济合作的贸易集团，但泛非洲社会经济合作的主要障碍在于交通联通的匮乏，甚至在部分地区完全缺失。因此，非洲国家亟需将基础设施建设置于优先地位，以奠定推动经济各部门发展的根基。

世界银行 2006 年的一项简要研究表明，即便仅对现有的泛非洲公路系统进行升级改造，也能带来贸易的巨大增长，尤其是在内陆国家之间，在某些情况下甚至可实现高达 1000%的提升[105]。

---

101 《尼罗河流域状况》报告，第 7 章〈内河水运在促进区域进一步一体化中的作用〉，尼罗河流域倡议组织，2012 年。(http://nileis.nilebasin.org/system/files/Nile%20SoB%20Report%20Chapter%207%20-%20Transport.pdf)

102 非洲开发银行研究报告：《边境口岸、检查站与非洲内部贸易：挑战与解决方案》，2012 年。(https://www.afdb.org/fileadmin/uploads/afdb/Documents/Publications/INTRA%20AFRICAN%20TRADE_INTRA%20AFRICAN%20TRADE.pdf)

103 《尼罗河流域状况》报告，同前引

104 乔伊斯•钦比. 《中国建设的铁路将推动泛非贸易》环球时报、，2017 年 6 月 18 日.
(http://www.globaltimes.cn/content/1052272.shtml)

105 乌韦•戴希曼. 《道路升级与撒哈拉以南非洲贸易扩张》世界银行，2006 年.
(http://econ.worldbank.org/WBSITE/EXTERNAL/EXTDEC/EXTRESEARCH/0,,contentMDK:22203784~pagePK:64165401~piPK:64165026~theSitePK:469382,00.html)

Figure 2: Changes in trade after road upgrading

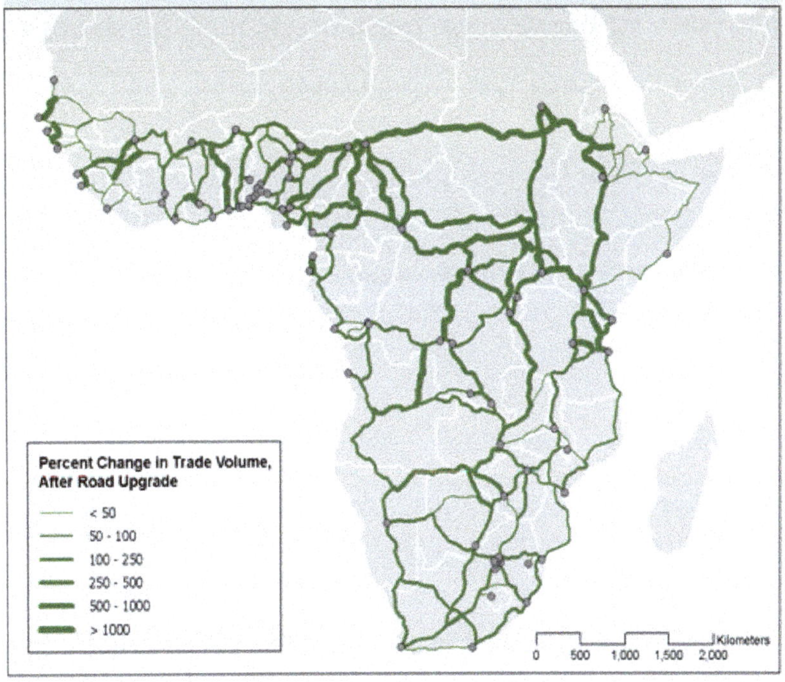

Source: "Road network upgrading and overland trade expansion in Sub-Saharan Africa," Piet Buys, Uwe Deichmann, and David Wheeler, Policy Working Paper 4097 (December 2006), World Bank, Washington, D.C

将危机转化为机遇

本文将探讨应对非洲当前困境的可能途径，这些方案已经在若干非洲国家与中国及其他相关主体的合作下被考虑和推进。我们将从整体视角审视问题，同时在分析过程中也会不时对某些地区和具体国家给予特别关注。我们将非洲的不同区域视为相互作用的物理单元，探讨提升该地区各国潜在相对人口密度的可能性，以及提高劳动生产力的途径，特别关注交通基础设施的发展。

在正式制度层面上，非洲联盟以下设有若干以政治与贸易协定为基础、具有地理特征的区域性组织：东非共同体（EAC）[106]、南部非洲发展共同体（SADC）[107]、西非国家经济共同体（ECOWAS）[108]以及阿拉伯马格里布联盟（AMU）[109]。同时，也存在围绕跨国自然资源而建立的组织，如尼罗河及其支流流

---

[106]东非共同体（EAC）：布隆迪、肯尼亚、卢旺达、南苏丹、坦桑尼亚和乌干达。

[107]南部非洲发展共同体（SADC）：安哥拉、博茨瓦纳、刚果民主共和国、莱索托、马达加斯加、马拉维、毛里求斯、莫桑比克、纳米比亚、塞舌尔、南非、斯威士兰、坦桑尼亚、赞比亚和津巴布韦。

[108]西非国家经济共同体（ECOWAS）：贝宁、布基纳法索、多哥、佛得角、冈比亚、几内亚、几内亚比绍、加纳、科特迪瓦、利比里亚、马里、尼日尔、尼日利亚、塞拉利昂、塞内加尔

[109]阿拉伯马格里布联盟（AMU）：阿尔及利亚、利比亚、毛里塔尼亚、摩洛哥、突尼斯。

域国家组成的尼罗河流域倡议组织（NBI）[113]、乍得湖流域委员会（LCBC）[114]等。在本书中，我们不严格依照这些行政或政治划分，因为部分提出的方案和描述往往会因自然地理界限或近期经济发展而有所融合，例如将尼罗河流域与东非整体视为一个分析单元。

因此，本书考虑的四个区域如下：

A. 尼罗河流域及东非

B. 南部非洲

C. 西非

D. 北非

A. 尼罗河流域及东非：构建强大的南北发展轴

尼罗河流域及相关的东非地区是一个潜在的南北发展轴，该轴可将非洲两端的最发达国家——埃及与南非——连接起来，形成非洲大陆的重要发展通道。

该发展轴可分为三个部分：

第一部分为北部地区，包括埃及、苏丹、南苏丹和埃塞俄比亚。埃塞俄比亚临近红海、亚丁湾及印度洋，但其直接通向这些海域的通道被厄立特里亚、吉布提和索马里阻隔。亚吉铁路的建成消除了这些障碍。蓝尼罗河源自埃塞俄比亚的塔纳湖，是该流域的重要水源。

第二部分为东非地区，包括濒临印度洋的肯尼亚和坦桑尼亚，以及内陆的乌干达、刚果民主共和国、卢旺达和布隆迪。该地区形成所谓的东部裂谷地带，拥有非洲大湖，其中最大的是命名不当的维多利亚湖，它是白尼罗河的源头。

第三部分为南部非洲西侧，包括赞比亚、莫桑比克、津巴布韦及南非共和国。

---

[113] 尼罗河流域倡议组织（NBI）：布隆迪、刚果民主共和国、埃及、埃塞俄比亚、肯尼亚、卢旺达、南苏丹、苏丹、坦桑尼亚和乌干达。

[114] 乍得湖流域委员会（LCBC）：喀麦隆、尼日尔、尼日利亚、乍得、中非共和国和利比亚。苏丹、埃及、刚果共和国及刚果民主共和国为观察员国。

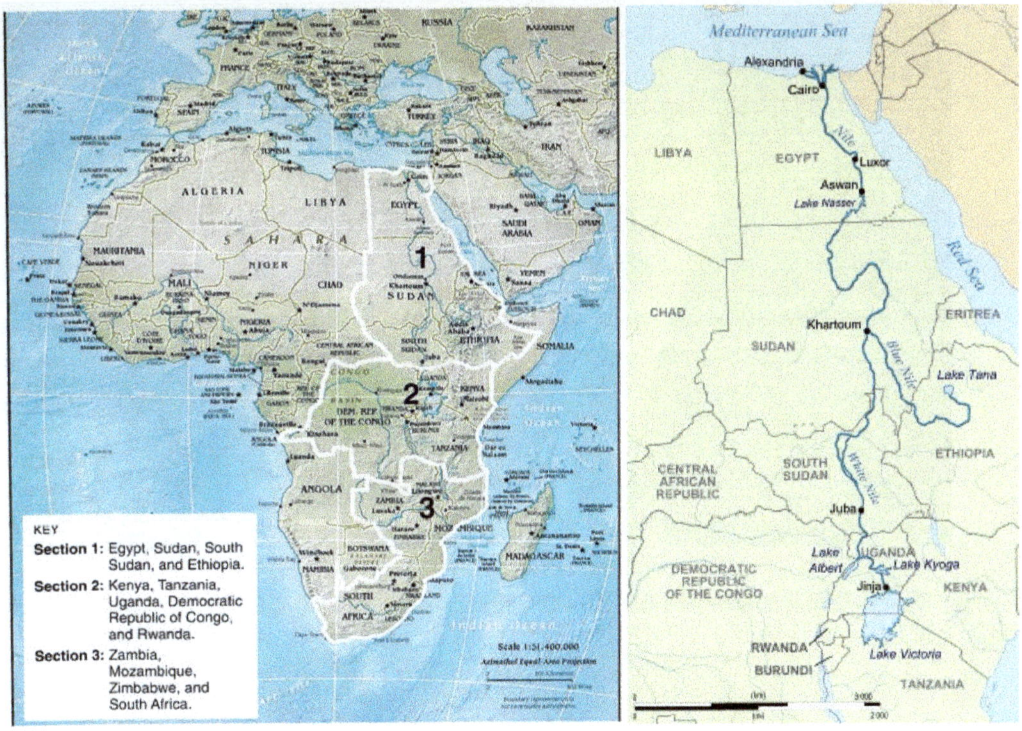

左图：南北发展轴——埃及至南非。右图：尼罗河流域倡议组织的十个成员国。来源：Hel-hama。

尼罗河流域及东非地区资源丰富，拥有水资源、肥沃土地、矿产、碳氢化合物、水力发电潜力以及庞大的年轻人口，有望在 21 世纪成为重要的经济增长极。然而，目前这些资源尚需重新整合、标准化和统一管理，以充分发挥各类资源的最大效益。电力、水利、基础设施及人力资源必须从大陆整体视角进行统筹规划。

在尼罗河流域，目前仅埃及具备高效的转运能力，主要承担国际转运任务。埃及地位特殊：通过苏伊士运河，埃及将作为海上丝绸之路的一部分，形成欧亚陆桥，并通过地中海与欧洲建立海上联系。同时，埃及还通过西奈半岛与亚洲大陆相连。因此，埃及将在物流领域继续发挥主导作用。但要实现区域整体运输的更高效率，必须将综合运输体系扩展到流域内的其他国家。

埃及南北发展走廊

埃及裔美籍空间科学家、现任埃及总统阿卜杜勒·法塔赫·塞西科学顾问的法鲁克·埃尔-巴兹博士提出的“发展走廊”，可作为开罗—开普敦走廊从北向南的起点。该走廊被低调描述为一项国家发展项目，旨在通过在埃及西部沙漠建设与尼罗河谷平行的多功能交通网络，以缓解尼罗河谷的高人口密度压力，但其影响不仅限于国家层面，还具有区域和大陆层面的意义。

2016 年 3 月 17 日，时任埃及交通部长的萨阿德·埃尔吉奥希博士（左）在新闻发布会上发表声明，同时向埃及媒体介绍作者侯赛因·阿斯卡里（右）。此次活动为《行政情报评论》特别报告—《新丝绸之路成为世界陆桥》—阿拉伯文译本的发布会。阿斯卡里不仅翻译了该报告，还参与撰写了英文版本。

2016 年 3 月 18 日，在埃及交通部总部举行了新闻发布会，发布《新丝绸之路成为世界陆桥》（《行政情报评论》特别报告）的阿拉伯文译本[115]。时任埃及交通部长萨阿德·埃尔吉奥希在发布会上表示完全认同“新丝绸之路”的理念，并支持政府将埃及交通网络纳入新丝绸之路的总体规划。他还指出，埃及政府计划在公路和铁路建设上投资 1 万亿埃及镑（约合 1000 亿美元），不仅旨在完善埃及国内交通网络，也计划将埃及与亚洲连接，同时更重要的是，向南连接非洲各地。

埃及发展走廊，也称为新谷计划或托什卡计划，包括以下内容：

(a) 一条全长 1,200 公里、按国际最高标准建设的超级公路，从亚历山大以西延伸至埃及南部边境；

(b) 十二条东西向支线，总长度约 800 公里，用于连接沿线高密度人口中心；

(c) 一条与超级公路平行的快速铁路；

(d) 一条托什卡运河供水管道/运河，用于提供淡水；

(e) 在发展初期提供能源的电力线路。

---

115 《行政情报评论》(阿拉伯文版) 在埃及成功举办“行动周”，并发布《阿拉伯世界陆桥报告》

——拉鲁什政治行动委员会，2016 年 3 月 21 日 (https://larouchepac.com/20160321/eir-arabic-concludes-successful-weekaction-egypt-arabic-world-land-bridge-report)

该发展走廊可向南延伸至苏丹，甚至延伸至赤道湖区。河流的航运潜力可在此走廊中得到最大化利用（参见下文内河运输部分）。如同其他非洲国家，埃及—苏丹货物运输主要依赖公路。然而，直到最近，两个国家之间的政治分歧一直阻碍了这一昂贵的运输方式。直到 2014 年 8 月，双方才在卡斯塔尔完成边境口岸建设，将埃及阿斯旺与苏丹瓦迪哈勒法通过现代化公路连接起来。

该公路穿越托什卡灌溉运河项目，该运河是埃尔-巴兹“发展走廊”的一部分，并延伸至瓦迪哈勒法。公路与阿斯旺大坝后方全长 550 公里的纳赛尔湖上的阿斯旺—瓦迪哈勒法渡运线平行。据埃及估算，这条新公路将使两国贸易额从 8.5 亿美元增加至 20 亿甚至 30 亿美元。空运一吨货物的费用约为 1200 美元，而公路运输仅需约 200 美元。然而，若发展两国之间的铁路实现连接，不仅可进一步降低运输成本，也将加快两国偏远及人口稀少地区的开发进程。

埃及发展走廊（黑线和红线）——由埃尔-巴兹博士规划。绿色区域为本书作者叠加标示，以突出显示埃及沙漠潜在的农业发展区域。

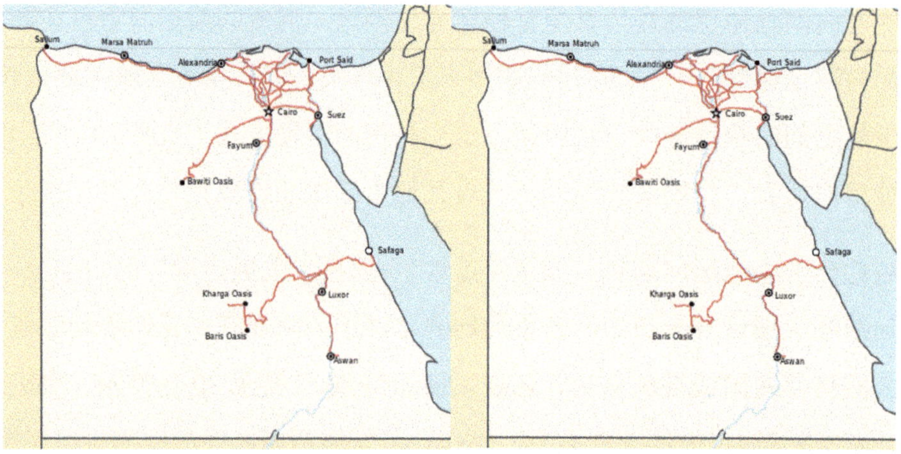

2011 年埃及与苏丹的铁路网络。埃及铁路轨距为 1435 毫米，苏丹铁路轨距为 1067 毫米。来源：Jkan997

目前，埃及铁路网络止于阿斯旺，而苏丹铁路网络止于瓦迪哈勒法。瓦迪哈勒法铁路建于 1897 年，当时用于帮助英国对苏丹的军事入侵，是一条窄轨铁路。目前，该线路亟需大幅升级，甚至最好将其重建为标准轨距，以实现与埃及铁路网络的无缝衔接。该铁路向南延伸约 600 公里至阿特巴拉，并在此分支：一条向东约 350 公里通往红海的苏丹港，另一条向南约 330 公里通往喀土穆，构成国家铁路运输的骨干。铁路沿线贯穿一系列水利与农业项目，包括已建成的麦罗维大坝、在建的阿特巴拉大坝及规划中的卡贾巴尔大坝（靠近埃及边境），这些设施将成为未来发展走廊的关键组成部分，对国家及区域经济发展具有重要推动作用。

在喀土穆以南，铁路状况同样不容乐观。从喀土穆通往巴巴努萨和尼亚拉的主要线路——即苏丹铁路网络在南部和西南部的终点——设施老化、维护不善，亟需全面检修。与南苏丹的唯一铁路连接为巴巴努萨至瓦乌。苏丹与南苏丹及尼罗河流域其他国家的交通联系，在很大程度上取决于两国的政治关系、南苏丹境内各交战派别的局势，以及在中国的协助下在东非推进的拉穆走廊（见下文）所带来的新经济与政治条件。

从新苏伊士运河到非洲其他地区

在埃及国内货运中，公路承担了超过 90%的运输量。埃及方面深知，这一格局亟需改变，铁路网络需要扩展，河流运输系统亟待开发。更为重要的是，埃及政府致力于将尼罗河建设成为一条重要的南北运输轴，不仅服务于国内，还向南延伸至更远的地区，以融入新苏伊士运河项目下构建的工业与物流综合体。

地区性及沿海航运在红海及非洲印度洋沿岸正不断增长，新的航运服务将进一步推动区域整合。例如，埃及政府已恢复从苏伊士港穿过红海抵达沙特阿拉伯的渡轮服务。

埃及政府为重建并开发其境内尼罗河全流域的运输体系制定了整体性国家规划，以提升灌溉能力、淡水分配及物流效率。沿河新建港口正在推进中。

埃及投资基金 Citadel (Qalaa) Holdings 正在该项目中发挥主导作用。该基金重点投资于基础设施建设，并计划将尼罗河流域的开发延伸至乌干达。在此过程中，该公司已获得管理肯尼亚、乌干达及坦桑尼亚裂谷铁路（Rift Valley Railway）的特许经营权。该铁路由英国建造，长年失修，但现已得到大幅改造，Citadel 甚至有意将铁路延伸至南苏丹朱巴，从而与白尼罗河河运网络衔接。在埃及境内，Citadel 正建设由 100 艘机动驳船组成的船队，以大幅扩展河运和运河运输能力。

除在苏伊士运河区开发大型物流综合体（参见第六章“超大项目”）外，埃及政府近期宣布将在达米埃塔港建设全球粮食及食品物流中心，以服务整个地区。时任埃及总理的易卜拉欣·马赫莱卜将该项目称为“国家重大工程，其重要性不亚于苏伊士运河项目”。该计划包括扩大港口规模，可停靠载运高达 15 万吨粮食的船舶，同时扩建用于小型河运及运河船舶的码头。以上规划预计将使埃及港口吞吐能力从 250 万吨提升至 1,000 万吨，实现四倍增长。项目还涵盖食品加工产业。

南北水道经济轴

海运与内河水运构成多式联运系统的第三条支柱，与公路和铁路形成有机接口。在世界发达地区，如欧洲，沿海与内河航运在提升经济体系效率方面发挥着关键作用。欧洲最发达国家依托密集的运河和河流网络实现区域互联，并通过主要港口（如鹿特丹、安特卫普及汉堡）与全球市场相连。其中，莱茵—美因—多瑙运河等水路将黑海与北海贯通，为区域贸易提供高效通道。

尽管航运速度低于陆路运输，沿海、河流及运河运输的成本极低，仅为公路运输的十分之一，约为铁路运输的一半。适用于尼罗河的船舶或驳船，其载货能力相当于 40 辆卡车或更多。

由于尼罗河流域沿线开发不足，河运未被充分利用，导致运输成本居高不下。河运及运河基础设施建设（包括水坝与闸门）不仅服务于航运，还可与流域水资源管理相结合，用于农业灌溉、城市及工业用水。同样，埃及尼罗河上为调节水流、改善灌溉而建设的拦河坝，也调节了河道水深，为航运提供了必要条件。

世界最长河流

尼罗河全长逾 6,800 公里，是世界上最长的河流，其长度超过莱茵—美因—多瑙—黑海河道及运河系统的两倍，即便后者从荷兰延伸至罗马尼亚，贯穿 15 个欧洲国家。尼罗河流域南端与东非非洲大湖区相连，构成重要的水资源和生态系统。

尼罗河由两条主要支流组成：蓝尼罗河与白尼罗河，两者在苏丹喀土穆汇合。蓝尼罗河源于埃塞俄比亚东北部高山地区的塔纳湖（海拔 1,829 米），流经陡峭的山谷后进入苏丹东部，再流向西北，与白尼罗河在喀土穆汇合。喀土穆以北，尼罗河继续向北流向地中海。由于蓝尼罗河上游多高山和急流，其航运条件受限，尚未实现通航。

白尼罗河源于乌干达的维多利亚湖。维多利亚湖为非洲最大、全球第二大淡水湖，面积达 68,800 平方公里，属于非洲大湖系统，构成东非裂谷的重要组成部分。该系统中，维多利亚湖以西及南分布的湖泊中，从北到南依次为基奥加湖、阿尔伯特湖、爱德华湖、基伍湖及坦噶尼喀湖，再往南为马拉维湖。这些湖泊形成从尼罗河流域至乌干达、刚果（金）、卢旺达、布隆迪，及进一步延伸至肯尼亚、坦桑尼亚、马拉维和赞比亚的湖泊链。

坦噶尼喀湖向南延伸逾 600 公里，触及赞比亚东北角。沿坦桑尼亚—赞比亚边界向东约 300 公里，即到达马拉维及马拉维湖北端，该湖向南延伸约 600 公里，与印度洋沿岸的莫桑比克接壤，从而形成通往南部非洲的天然陆桥。

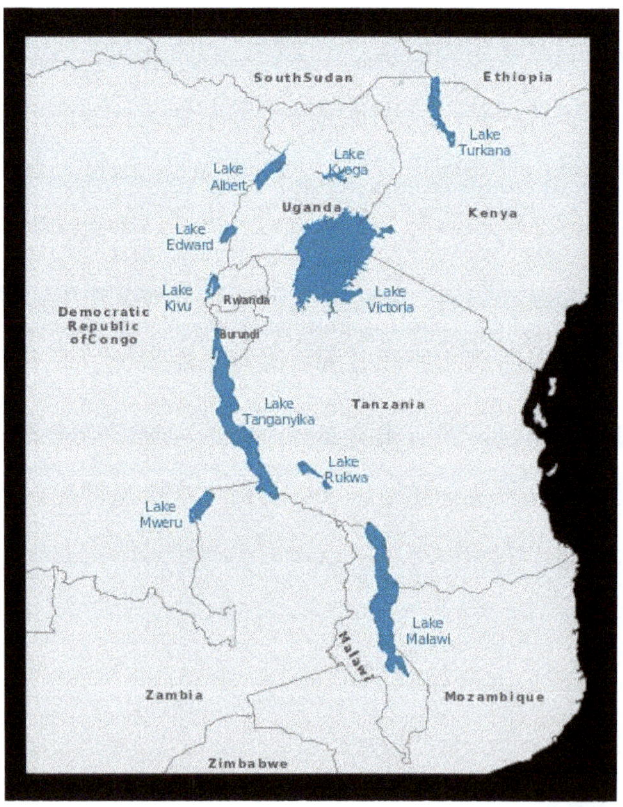

非洲大湖区拥有全球四分之一的地表淡水资源。然而，由于缺乏运河将各湖泊连接起来，这些湖泊目前无法实现互通航运。图片来源：MellonDor

与北美五大湖不同，非洲大湖区尚未通过人工运河相连。然而，这些湖泊分布于非洲最为肥沃的地区，自身即是区域经济发展的中心。虽然它们目前已在局部范围内承担了水运功能，但若要充分发挥其作用，还需通过增设航行辅助设施、建设现代化港口，并将其与公路和铁路网络相结合，从而融入非洲南北与东西向交通走廊。

白尼罗河发源于乌干达维多利亚湖北岸的金贾附近，自此向北流动，期间流域东西两侧的支流不断汇入，继而在尼穆莱处进入南苏丹，再继续北流，于喀土穆与蓝尼罗河汇合。自此，尼罗河穿过纳赛尔湖，经由阿斯旺大坝之后进入埃及，流向开罗、尼罗河三角洲广阔区域，最终注入地中海。然而，由于复杂的地形与水文条件，尼罗河并非全程通航，全面实现通航的难度极高。

在南苏丹首都朱巴以北，白尼罗河成为可航水道，船舶可由此北上至苏丹首都喀土穆。但自喀土穆至纳赛尔湖南端的航段受限于连串急流与麦罗维大坝，航运中断。这一被称为“南段”的尼罗河航程长达 1,700 公里，对缺乏铁路与铺装公路的南苏丹而言，是最可靠的运输动脉。若对其进行改善，将显著推动沿线公路与铁路建设。

拟建的长 370 公里的琼莱运河（Jonglei Canal），可以绕开博尔与马拉卡勒之间的苏德沼泽。如第九章所述，该运河一旦建成，不仅将极大改善航运条件，还将排干部分沼泽区，使其转变为“非洲粮仓”，河流—运河系统可望成为关键运输走廊。

从喀土穆继续向北至纳赛尔湖南端，航运受到急流瀑布与水坝阻隔。纳赛尔湖全长约 550 公里，可完全通航；经由阿斯旺大坝之后，尼罗河再次恢复航运条件，直至地中海，全长约 1,200 公里。

尼罗河自苏丹入境后即形成纳赛尔湖。经阿斯旺大坝后，河道向北延伸约 960 公里至开罗，并在此分为两大支流，形成广阔的三角洲：西为罗塞塔河道，东为达米埃塔河道。罗塞塔河道通过长 118 公里的努巴利亚运河（Nubaria Canal）与亚历山大港相连。亚历山大港是埃及最重要的对外门户，承担全国约三分之二的进出口业务。由于努巴利亚运河目前最大通航吃水仅 1.45 米[113]，其扩建工程被列为国家重点项目，目的包括提升运输能力，改善三角洲地区的灌溉条件。

通过尼罗河东部的达米埃塔支流，船舶可直接驶入位于苏伊士运河北端的塞得港。在开罗以北的河流分段处，还开凿出伊斯梅利亚运河，贯通北开罗与苏伊士运河沿岸的伊斯梅利亚市。伊斯梅利亚运河目前主要承担灌溉与供水功能，为运河区提供淡水。然而，其断面规模过窄，无法满足尼罗河常

[113] 马格迪·G·塞缪尔，《埃及努巴利亚运河航运的局限性》，《高级研究杂志》，第 5 卷，第 2 期，2014 年 3 月。https://doi.org/10.1016/j.jare.2013.01.006

见船型的通行需求。针对该运河的扩建研究正在推进中。若能实现航运功能，伊斯梅利亚将有望发展成为重要的中转枢纽，承担开罗及尼罗河沿线南部地区的货运集散任务。

东非经济走廊

如前所述，中国与东非共同体（EAC）以及埃塞俄比亚已制定了若干发展走廊的高级规划。

东非主要走廊示意图。来源：侯赛因·阿斯卡里

其中，两大雄心勃勃的区域性基础设施项目—“东非铁路整体规划”（East African Railway Master Plan）与“拉穆港-南苏丹-埃塞俄比亚交通走廊”（LAPSSET）—有望彻底改变该地区乃至非洲的经济格局。

2007 年，东非共同体成员国委托加拿大渥太华的基础设施咨询公司 CPCS Transcom 进行的专项研究，提出在该地区建设庞大的铁路网络。最终报告指出："肯尼亚、乌干达和坦桑尼亚的铁路不仅在各自国家的经济与社会发展中发挥着重要作用，还为南苏丹、卢旺达、布隆迪、刚果（金）东部以及赞比亚等内陆国家提供了通往蒙巴萨和达累斯萨拉姆港口的出海通道。这些铁路对这些国家至关重要，它们会确保货物能够以具有竞争力的运价运输，从而促进工业发展，创造就业岗位，并为通勤者与旅客提供安全高效的交通服务。"[114]

该研究重点关注三条现有的运输走廊，并计划将其延伸至内陆国家：

- 北部走廊：从蒙巴萨（肯尼亚）至坎帕拉（乌干达），全长约 1,200 公里
- 中部走廊：从达累斯萨拉姆（坦桑尼亚）至布隆迪边境南部的基戈马，约 1,200 公里
- 坦赞铁路（TAZARA）走廊：从达累斯萨拉姆至赞比亚边境通杜马，全长约 1,860 公里

铁路整体规划提出的主要标准轨铁路干线包括：

- 蒙巴萨（肯尼亚）—布琼布拉（布隆迪），经内罗毕、隆盖（肯尼亚）、托罗罗、坎帕拉（乌干达）和基加利（卢旺达）
- 内罗毕—加里萨—亚的斯亚贝巴
- 拉穆—加里萨（肯尼亚）—朱巴（南苏丹）
- 内罗毕—加里萨—朱巴
- 朱巴—亚的斯亚贝巴，经肯尼亚加里萨
- 坎帕拉—卡塞塞（乌干达）—基桑加尼（刚果（金）东部）
- 基桑加尼—布琼布拉，经卡塞塞、坎帕拉和基加利
- 托罗罗—古卢（乌干达）—朱巴
- 基苏木—隆盖（肯尼亚西部）—朱巴
- 坎帕拉—托罗罗—古卢—朱巴
- 达累斯萨拉姆—塔波拉—维多利亚湖畔姆万扎港（坦桑尼亚）
- 达累斯萨拉姆—基戈马（坦桑尼亚）—布琼布拉—基加利
- 达累斯萨拉姆—通杜马（赞比亚）

然而，正如西方咨询公司的惯常做法，CPCS Transcom 建议该庞大工程（总投资额 350 亿美元）应由"私营机构"出资，工期长达 20 年！因此，该计划与许多非洲项目一样，因缺乏西方支持和融资渠道而长期处于停滞状态。但中国的倡议使这些计划焕发生机。一旦得以实施，东非将在未来数年

[114] 东非共同体信息资源，http://repository.eac.int/bitstream/handle/11671/1631/Final%20Report.pdf?sequence=1&isAllowed=y。

成为世界最大的“工厂”之一，新的产业、经济区和贸易中心将从这些干线项目延伸开来。中国准备同时帮助多个国家建设标准轨铁路。

以乌干达为例，该国的项目属于东非共同体北部走廊的一部分。中国进出口银行为一条从马拉巴（肯尼亚边境）到乌干达首都坎帕拉的标准轨铁路提供29亿美元融资。该铁路是东非共同体的核心组成部分。乌干达总统穆塞韦尼于2017年7月宣布了这一项目[115]。然而，该项目一度因乌干达担心肯尼亚会优先完成国内工程（如蒙巴萨—内罗毕铁路）而推迟。早在2013年，中国交通建设股份有限公司下属的中国港湾工程有限责任公司（“中国港湾”）便与乌干达政府签订了总额80亿美元的合同，用于升级和扩建铁路网络。中国港湾将修建一条标准轨铁路：从肯尼亚边境的马拉巴至坎帕拉（东西向），以及从马拉巴经古卢至苏丹边境的尼穆莱（南北向），最终延伸至南苏丹朱巴。合同不仅涵盖铁路系统的建设，还包括长期维护的服务内容：中国港湾将与乌干达军方工程兵团紧密合作，并在乌干达建立一所理工学院，为军官提供持续的工程和技术技能培训。

事实表明，在非洲，涵盖融资与建设在内的国家间合作，是推进大规模基础设施项目最迅速、最有效的途径。若任由国际金融市场主导非洲国家的命运（这些市场甚至不愿投资欧美本土的基础设施建设，并且要求投资回报必须以直接利润形式实现）对于非洲的基础设施发展将是一种致命的错误。

拉穆走廊

拉穆走廊，全称为拉穆港-南苏丹-埃塞俄比亚交通走廊”(LAPSSET)，是一个区域性交通基础设施项目，旨在将内陆国家南苏丹和埃塞俄比亚纳入东非交通网络。该项目由肯尼亚主管，并于2013年通过肯尼亚总统令设立了LAPSSET政府管理机构[116]。该项目也是肯尼亚“2030愿景”长期发展规划的一部分。在LAPSSET建立之前，肯尼亚已与埃塞俄比亚达成协议，建设从肯尼亚伊西奥洛至埃塞俄比亚的斯亚贝巴的标准轨铁路；同时也与南苏丹签订协议，建设公路及石油管道，以便将内陆南苏丹的原油通过拉穆港出口至埃塞俄比亚及国际市场。

从“发展走廊”的视角来看，LAPSSET具有特殊意义，它是本书前文所描述“发展走廊”概念的最接近落地的实例。该走廊涵盖多样化的交通、水利与能源项目，并沿运输线路开发新的经济区。然而，更值得关注的并非走廊两端的建设成果，而是沿线地区潜力的激活，尤其是该走廊为沿线最贫

---

[115] 迪克塔·阿西姆韦，《穆塞韦尼批准来自中国的29亿美元贷款用于马拉巴—坎帕拉标准轨铁路建设》，《东非人报》，2017年7月23日。https://www.theeastafrican.co.ke/news/Museveni-clears-China-loan-for-Malaba-Kampala-SGR-/2558-4027616-4ymmn7/index.html

[116] LAPSSET走廊发展管理局 http://www.lapsset.go.ke/。

困、最干旱的区域（如图尔卡纳湖以西地区）所带来的潜在发展机遇。

该项目主要包括以下组成部分：

- 肯尼亚拉穆曼达湾（Manda Bay）三泊位深水港；
- 从拉穆至南苏丹朱巴的标准轨铁路，经伊西奥洛；并设伊西奥洛至亚的斯亚贝巴支线，经莫亚莱（Moyale）；
- 双车道高速公路（拉穆—伊西奥洛—朱巴；伊西奥洛—莫亚莱—亚的斯亚贝巴）；
- 石油管道（南苏丹—拉穆；埃塞俄比亚—拉穆），为南苏丹提供新的出口途径，使其不必再通过苏丹北部，将原油运输到红海的港口——苏丹港出口；
- 一座拉穆炼油厂；
- 光纤通讯线路；
- 三座机场（拉穆、伊西奥洛和图尔卡纳）；
- 三个度假城市（拉穆、伊西奥洛和图尔卡纳）。

拉穆走廊作为非洲最大的基础设施项目之一，总投资预计达 245 亿美元，主要由肯尼亚、南苏丹和埃塞俄比亚三国政府出资，部分资金通过国际贷款筹措。然而，由于西方对类似项目持负面态度，最可能的融资来源为中国及金砖国家。项目原计划于 2018 年完工，但受经济、政治及军事因素影响，进度被延迟，将分阶段实施，预计最终完工时间为 2022 年。

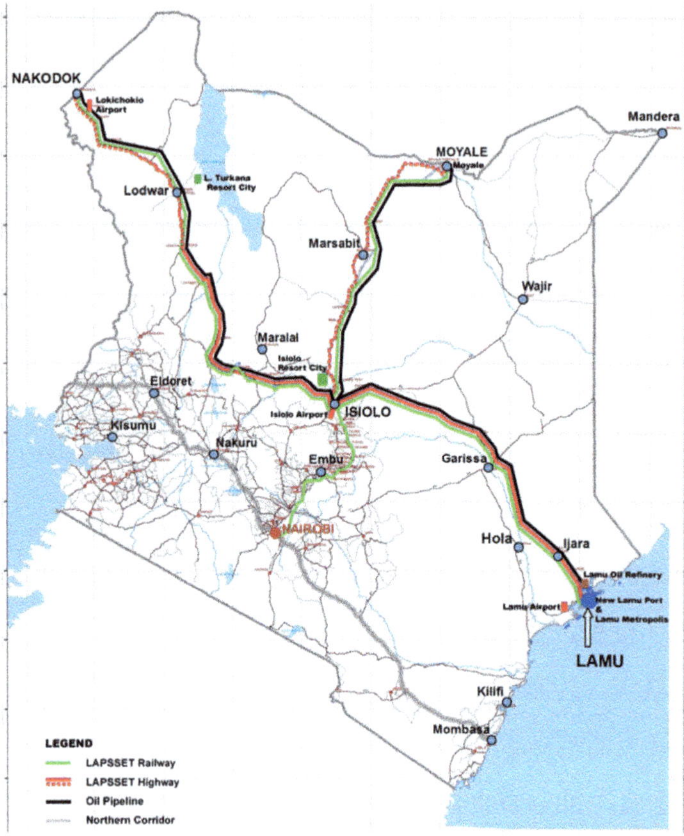

拉穆—南苏丹—埃塞俄比亚运输走廊的详细示意图。来源：Nairobi123

新建拉穆港可停靠大型“开普型”船舶[117]，有助于缓解蒙巴萨港的拥堵，并改善进出口物流。2012 年 3 月 2 日，肯尼亚、乌干达、南苏丹及埃塞俄比亚领导人在拉穆举行奠基仪式。2014 年 8 月，肯尼亚港务局与中国交通建设集团有限公司签署拉穆港建设合同。施工于 2016 年 10 月启动，预计首个泊位于 2018 年中建成，第二和第三泊位预计在 2020 年完工。

埃塞俄比亚铁路网络

埃塞俄比亚也在积极地与中国企业合作建设标准轨距铁路网络。在十年内，埃塞俄比亚将有望拥有非洲最先进的铁路系统之一，官方名称为“埃塞俄比亚国家铁路网”（NRNE）[118]。该铁路网是埃塞俄比亚政府连续实施的五年《增长与转型计划》的一部分[119]，计划内容包括大规模发展水电能力、推动

[117] “开普型船舶”指的是超大型船舶，其吨位通常超过 15 万吨。因总吨位过大而无法通过苏伊士运河，必须绕行非洲南端的好望角。

[118] 埃塞俄比亚铁路公司项目，“埃塞俄比亚国家铁路网”，2011 年 9 月。，http://www.erc.gov.et/index.php/projects/5-erc-projects/7-projects.html。

[119] 埃塞俄比亚国家规划委员会，《增长与转型计划 II（GTP II）（2015/16 - 2019/20）》，2016 年 5 月，http://dagethiopia.org/new/images/DAG_DOCS/GTP2_English_Translation_Final_June_21_2016.pdf。

农业自给自足及出口、以及在全国不同地区建设五个工业区。

2011 年，国有埃塞俄比亚铁路公司（ERC）与中国及部分欧洲企业签署了两项协议，计划建设总长 4,744 公里的铁路网络，连接埃塞俄比亚各州的 50 个城市中心，并延伸至与苏丹、肯尼亚及吉布提接壤的城镇。

同年 12 月，ERC 与中国土木工程集团有限公司签订合同，建设米埃索—迪雷达瓦—达瓦利铁路（Mieso - Dire Dawa - Dewele），这是亚的斯亚贝巴—迪雷达瓦—吉布提铁路项目的一部分。轨道铺设于 2014 年 5 月开始，项目于 2016 年夏季完工，并于同年 10 月正式启用试运行[120]。该条电气化铁路全长 740 公里，为埃塞俄比亚首都提供至邻国吉布提塔朱拉港的客货运输服务。亚的斯亚贝巴—吉布提铁路将原本需三至四天的卡车运输时间缩短至仅 12 小时，设计时速为客运 120 公里/小时，货运 80 公里/小时，货运成本较卡车运输降低约三分之一[121]。

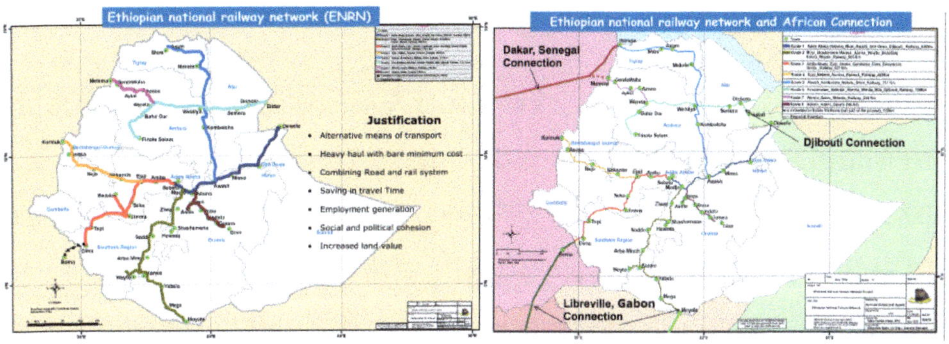

埃塞俄比亚国家铁路网络及与邻国的规划连接示意图。来源：埃塞俄比亚铁路公司

自 1998 年埃塞俄比亚与厄立特里亚发生冲突后，埃塞俄比亚失去了对红海厄立特里亚阿萨布港的通道，吉布提港成为其主要国际贸易出口口岸。这条铁路不仅仅是一条贸易通道，更是埃塞俄比亚内陆发展规划的一部分。2013 年 6 月，印度通过其进出口银行向埃塞俄比亚—吉布提项目提供了 3 亿美元信贷支持。

2012 年 6 月，埃塞俄比亚铁路公司与中国交通建设集团有限公司签署了价值 15 亿美元的协议，在埃塞俄比亚北部建设一条 268.2 公里铁路，连接梅克勒（Mekelle）至沃尔迪亚（Weldiya）。土耳其企业 Yapi Merkezi（与瑞士及奥地利分包商合作）负责建设从沃尔迪亚至阿瓦什（Awash）的铁路，该段与亚的斯亚贝巴—吉布提铁路交汇，投资额为 17 亿美元。这两条线路将埃塞俄比亚北部与亚的斯亚贝巴—吉布提铁路连接起来。

---

120 安德鲁·雅各布斯，《非洲民众欢庆铁路通行，中国提供助力》，《纽约时报》，2017 年 2 月 7 日。https://www.nytimes.com/2017/02/07/world/africa/africa-china-train.html。

121 约翰·阿格利昂比，《吉布提—埃塞俄比亚铁路承载泛非贸易希望》，《金融时报》，2017 年 1 月 16 日，https://www.ft.com/content/42d7af2e-d95a-11e6-944b-e7eb37a6aa8e。

苏丹将通过两条线路与埃塞俄比亚 NRNE 相连：一条从沃尔迪亚向西北至马塔玛（Matamma），并从沃尔迪亚向东至吉布提塔朱拉港。另一条线路从亚的斯亚贝巴向西延伸至苏丹库尔穆克（Kurmuk），在亚的斯亚贝巴西部的埃贾吉（Ejaji）分叉，向南延伸至南苏丹边境的迪马（Dima）及博马（Boma）城。肯尼亚也将通过从亚的斯亚贝巴向南延伸至肯尼亚边境莫亚莱的铁路与 NRNE 连接，该线路为前述拉穆—亚的斯亚贝巴走廊的一部分。

埃塞俄比亚独特的发展进程

2016 年 6 月，在柏林，由席勒研究所举办的一次国际会议上，时任埃塞俄比亚商业银行行长、总理顾问的贝雷克特·西蒙阐述了埃塞俄比亚经济发展的独特进程。他强调，国家政策“从一开始就将贫困视为最大的敌人”，并指出，“在像我们这样的国家，市场和私营部门仍处于初级发展阶段，若没有国家发挥适当作用，任何重要的发展事业都难以成功。”

他补充说，尽管过去 25 年国家决定了埃塞俄比亚发展的速度与方向，“但我们选择的路径允许公共部门与市场在创造国家财富方面发挥互补作用。”国家的首要任务是通过国家主导、农业为核心的发展政策和战略来抗击贫困。正如西蒙所言，“农业，尤其是小农经济，是我们国家经济的支柱，绝大多数人民的生计依赖于此。”他还指出，“埃塞俄比亚第二个‘增长与转型计划’旨在为以制造业为主导的加速经济转型奠定基础，同时继续投资小农农业，使其仍然成为推动经济增长的主要动力。”他强调，这一政策有助于缓解周期性干旱带来的灾难性影响（如 2004 年的那场危机），并将农业产量从约 750 万吨提升至 2014 年的 3000 多万吨。这也帮助国家应对 2015 年因厄尔尼诺现象导致的严重干旱，那场干旱使数百万埃塞俄比亚人需要紧急粮食援助。他指出，“尽管作物歉收严重，但我们没有因干旱而造成死亡，这表明我们的农业经济具有应对自然灾害的能力和韧性。”

在医疗方面，他表示：“通过我们的旗舰项目‘初级卫生保健计划’，在过去十年间，我们已在全国部署近 4 万名卫生推广人员。因此，仅在过去五年内，埃塞俄比亚儿童死亡率就下降了近 30%。过去十四年里，生活在极端贫困中的人口比例下降了近 35%。因此，人们的预期寿命从 1991 年的 45 岁提高到 2015 年的 64 岁。我认为，这些成果充分证明了以民生为本的发展政策和战略的有效性，这些政策和战略由前总理梅莱斯·泽纳维领导的埃塞俄比亚发展型国家所推动。”

西蒙补充道，“埃塞俄比亚今天被评为非洲增长最快且最公平的经济体之一，这绝非偶然。”埃塞俄比亚已将 70%的预算用于民生项目，如教育、医疗、农业和粮食安全，这帮助国家在过去 13 年中实现了平均 10.6%的经济增长率。关于下一阶段的工业化，他强调，投资小型企业作为工业发展的起点，不仅会在很大程度上减轻贫困，也可以催生规模可观的中产阶级和商业群体，为埃塞俄比亚制造业和服务业的持续投资提供充足资本。

西蒙精确指出工业发展进程的核心要素：“私营部门投资的增加，对竞争性经济而言至关重要，而这显然依赖于物质基础设施的可用性与扩展。”他指出，“今天，非洲的大型超级项目大多集中在埃塞俄比亚。非洲最大的水电站之一——复兴大坝（建成后将发电 6000 兆瓦），以及覆盖南北和东西交通轴线的全国铁路项目，仅是两个典型示例。”谈到面向未来的科学型工业发展，他提到，“埃塞俄比亚每年约有 7 万人毕业于工程和科学领域，这对发展其工程产业起到了关键作用。”他补充说，埃塞俄比亚决心在 2025 年前实现中等收入国家的目标。

关于“新丝绸之路“发展战略，他明确表示，埃塞俄比亚加入全球新丝路体系的努力建立在充分准备的基础上。“埃塞俄比亚将中国的‘丝绸之路经济带’和‘21 世纪海上丝绸之路’项目视为新的历史机遇，有助于埃塞俄比亚与本地区各国共同维持经济发展。我们与邻国一道决心充分利用新丝路等发展带来的新机遇，从而实现埃塞俄比亚乃至非洲的复兴。”

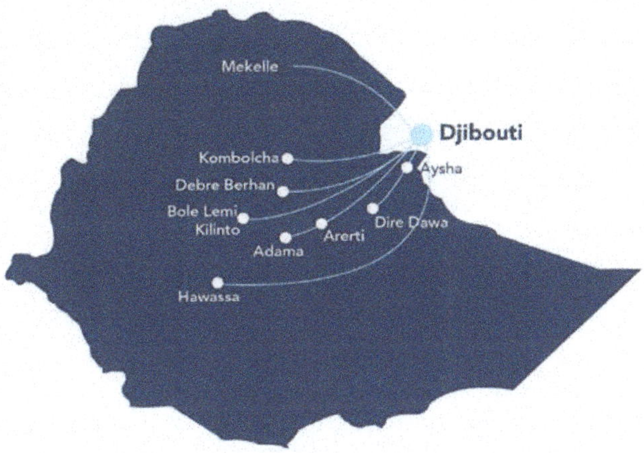

埃塞俄比亚现有及规划中的工业园区。图片由埃塞俄比亚驻德国法兰克福总领事梅赫雷特阿布·穆鲁盖塔·海勒（Mehreteab Mulugeta Haile）提供。

埃塞俄比亚阿瓦萨工业园区，哈瓦萨市。图片来源：梅赫雷特阿布·穆鲁盖塔·海勒

阿瓦萨工业园区的一家纺织厂的工人。 图片来源：梅赫雷特阿布·穆鲁盖塔·海勒

阿瓦萨大学 图片来源：梅赫雷特阿布·穆鲁盖塔·海勒

东非及尼罗河流域各国，土地总面积达 830 万平方公里，人口快速增长，2017 年估计达到 3.92 亿人，其中儿童与青少年占多数。这些国家水资源相对丰富，矿产资源储量巨大且尚未被充分开发，土壤十分肥沃。当前，它们部分地区正在经历有史以来增长最快的时期，非洲大陆一些规模最大的基础设施建设项目也在推进中。然而，过去数十年累积的基础设施缺口巨大，政治、军事及财政方面的挑战层出不穷。这些国家唯有向前发展，别无选择，必须加倍乃至三倍努力，建设交通运输、电力、水资源管理、教育和医疗等基础设施，以推动快速的农业—工业革命。

B. 南部非洲

南部非洲的道路、铁路与港口建设

作者：大卫·切里（David Cherry）

未来比当下更为光明——如果非洲各国现在专注于基础设施建设的话。这正是南部非洲发展共同体（SADC，发音为“say-deck”）《区域基础设施发展总体规划》（RIDMP）所传达的核心要义。该规划于 2012 年 8 月发布，目前是 SADC 各项行动的主要依据[123]。

《区域基础设施发展总体规划》的制定以非洲联盟相关的《非洲基础设施发展计划》（PIDA）的预测为基础 124。例如：

SADC 各国港口的总货运量将从 2009 年的 9200 万吨增长至 2027 年的 5 亿吨。

对内陆国家的过境货运量将从 2009 年的 1300 万吨增至 2030 年的 5000 万吨，至 2040 年达到 1.48 亿吨，年均增长率达 8.2%。

坦桑尼亚达累斯萨拉姆港当前正在建设的集装箱码头项目，仅能满足至 2020 年的运力需求。

南非约翰内斯堡奥利弗·雷金纳德·坦博国际机场预计至 2030 年需接待 200 万人次，到 2040 年需接待 300 万人次。

赞比亚卢萨卡国际机场（肯尼思·卡翁达国际机场）在 2009 年的运力使用率为 70%，预计到 2020 年将超出现有容量的 124%。

在本书中，我们仅聚焦于其中一两项由此类预测所启发的任务。

---

[123] 南部非洲发展共同体（SADC）．《区域基础设施发展总体规划：交通部门规划》．2012.(http://www.sadc.int/files/9313/5293/3536/Regional_Infrastructure_Development_Master_Plan_Transport_Sector_Plan.pdf)

[124] 非洲开发银行集团.《非洲基础设施发展计划（PIDA）》(https://www.afdb.org/en/topics-and-sectors/initiatives-partnerships/programme-for-infrastructure- development-in-africa-pida/)

南部非洲发展共同体总部位于博茨瓦纳哈博罗内。其 16 个成员国包括：安哥拉、博茨瓦纳、科摩罗、刚果民主共和国、莱索托、马达加斯加、马拉维、毛里求斯、莫桑比克、纳米比亚、塞舌尔、南非、斯威士兰、坦桑尼亚、赞比亚和津巴布韦。来源：CC/Iulus Ascanius。

南非高速铁路项目

南非的铁路网络密度在非洲最高，如下图所示。

非洲铁路网络。来源：南非共和国交通部，《国家交通总体规划 2050》，2009 年。

然而，该铁路网络中许多路段状况不佳，有的暂未使用，有的已被废弃。此外，非洲铁路线路的设计速度通常仅为每小时 30 - 35 公里（约 19 - 22 英里），而实际运营速度往往更低。南非的平均速度可能略高，但整体情况仍不理想。

20 世纪 90 年代向黑人多数统治的过渡释放了巨大的经济潜力和需求，从而对南非制度和经济体系造成了冲击，尤其是对该国的基础设施。这一冲击激发了南非人的想象力，其程度自 1976 年索韦托起义以及随后恶化的世界经济形势以来，在此前的政治与经济精英中都未曾出现过[125]。

因此，高速铁路作为加强国家一体化的手段，出现在 2011 年发布的《国家交通总体规划 2050》（NATMAP）中也就不足为奇了[126]。2011 年，链接约翰内斯堡与政府所在地比勒陀利亚之间的快速客运列车（“豪登铁路”，最高时速 160 公里）已接近完工。NATMAP 提出建设真正的高速铁路网络，作为全国客运与集装箱货运的交通骨干，线路从北端穆西纳（靠近通往津巴布韦的贝特布里奇边境口岸），经由商业首都约翰内斯堡，司法首都布隆方丹，直到议会所在地开普敦，并从约翰内斯堡延伸至非洲最繁忙的港口——德班。

高速铁路的最高优先级被认为是德班—约翰内斯堡支线。日本三菱公司[127]和中国国家铁路集团有限公司就是否建设一条专供客运、运行时速 300 公里的线路，还是建设一条客货混合线路、运行时速 180 - 200 公里但总收益更高的线路进行了商讨，但截至 2015 年 7 月仍未作出决定。中国国家铁路集团有限公司在 2015 年 7 月 9 日举办的第 34 届南部非洲交通会议上，介绍了该集团 2010 年的可行性研究。该集团指出，对于客货混合线路，电力消耗占成本的三分之一，基础设施成本低于专用客运铁路。

然而，该走廊的客货拥堵将迫使决策出台。考虑到贸易损失及低效运输造成的更高成本，进一步推迟决策就等于对经济施加一项高昂且日益增加的税负。要推动此类项目，关键在于“汉密尔顿经济学”。在 20 世纪 90 年代，日本以 2%或更低的利率向中国提供了大量贷款，用于特定基础设施项目。在日本，“汉密尔顿经济学”早在 150 多年前就已广为人知（即便并非总能被贯彻实施）。

据一项估算，如果包含货运功能，该线路可将 190 万至 360 万吨货物从公路运输中转移出来，更不用说缓解客运拥堵了。目前走公路完成这段 550 公里（342 英里）的行程需要 6 小时，而一列时速

---

125 一个显著的例外是南非的聚变能源计划（1980—1990 年），其目标是建造“托科洛什”托卡马克装置。1984 年科贝赫核电站的建成则是更早期推动力的成果。有关“托科洛什”托卡马克装置的更多信息，请参见：https://ui.adsabs.harvard.edu/abs/1979SAJSc..75..155D/abstract

126 南非共和国交通部，《国家交通总体规划（NATMAP）2050 概要报告》(http://www.transport.gov.za/IntegratedPlanning/NATMAP2050.aspx)

127 日本铁路技术服务公司、三菱综合研究所，《南非共和国约翰内斯堡—德班高速铁路项目研究》2012.
(https://www.jetro.go.jp/ext_images/jetro/activities/contribution/oda/model_study/earth_infra/pdf/h23_saitaku_16e.pdf)

180 公里的列车只需 3 小时。

国家高速铁路计划的其他支线进展较少，但“豪登列车”作为现实的存在，提醒着人们这一切能够、也必须实现。

豪登列车

豪登列车（Gautrain）是一条南非新建的现代化高速铁路，全长约 80 公里（50 英里），连接约翰内斯堡与比勒陀利亚，采用标准轨道，最高时速可达 160 公里（99 英里）。列车在高峰时段每 10 分钟一班，非高峰时段每 20 分钟一班。该项目由豪登省政府主导，于 2000 年正式宣布，2006 年开工建设，并于 2012 年竣工。南非国家政府为项目提供了至少 39%的资金支持，2011 年建设总投资估算为 36.6 亿美元。

自 2010 年首段通车以来，客运量稳步上升。截至 2016 年 11 月，月均客运量达到 140 万人次，同比增加 26%。豪登列车管理局还运营着半径 15 公里范围内的接驳公交线路和 10 座车站，其中包括非洲最繁忙的奥利弗·雷金纳德·坦博国际机场。初始列车车队由庞巴迪运输公司生产的 24 组四节编组电力动车组成，其中 15 节车厢由庞巴迪在英国制造和组装，其余车辆则由南非铁路车辆制造商 UCW Partnership 在本地完成组装，车体结构件由英国提供。该铁路项目采用公私合营模式，由豪登省政府与邦贝拉国际财团（Bombela International Consortium）合作建设与运营。

此类系统在南非的运行对技术人才培养和技能升级提出了新的需求。目前，已有年轻学员从豪登列车开设的两年制电气工程学徒培训项目中毕业，为未来运营提供了新生力量。

现年 19 岁的金塞·科勒近日从豪登列车开设的两年制电气工程学徒培训项目毕业。在此之前，她已获得国家机械工程 N5 级认证。如今，她不仅能够安装电气线路，还能维修三相电动门机，并能编写用于检测豪登列车供热通风与空气调节系

统的软件。来源：Gautrain.co.za

南非何时会改用标准轨？

2009 年，南非交通部完成了一份关于铁路轨距转换的详尽研究报告，题为《NATMAP 2050：轨距研究报告》[128]，作为国家交通总体规划的一部分。该研究从物理学到经济学各方面探讨了轨距转换的可行性。当时，非洲尚未掀起大规模的基础设施建设热潮，尽管有些人和政府部门已表现出远见。但 2009 年时，这些设想最终未能落地。

所谓标准轨，即两条钢轨内侧之间为 1435 毫米，相较于南非普遍使用的开普轨（1067 毫米）等窄轨，具有多方面优势。标准轨能够承载更大的荷载，因此在运输同样货物时所需车辆更少。同时，由于标准轨稳定性更强，并能支撑较高重心的货物，因而能够实现双层集装箱运输或双层客车的运行。此外，考虑到全球铁路互联互通的需要，统一的标准轨也具有国际化优势。

如今，南非清楚地意识到，其现有的 2 万公里开普窄轨铁路没有长远的前景。2015 年 9 月，当时的交通部长迪普奥·彼得斯发布了《国家铁路政策绿皮书》，呼吁推动轨距转换。她在接受《工程新闻》采访时表示："标准轨无疑是更优越的轨距，是能够满足未来运力需求的合适选择。这也符合非洲联盟关于所有未来铁路必须采用标准轨的决议。"

据绿皮书估算，轨距转换的成本高达 1100 亿美元，并提出了与南非四个邻国之间存在"轨距不兼容"的问题。这一项目对于南非而言是势在必行的，但却未能得到私人银行资本的支持。截至目前，轨距转换尚未实施，豪登列车仍是该国唯一一条采用标准轨的铁路。

非洲南北走廊

"南北走廊（North-South Corridor，NSC）"在非洲不止有一种含义。这里所指的是更具包容性的"南北走廊贸易援助计划"（NSC Aid-for-Trade Program）。这一走廊包含了开罗至开普敦泛非高速公路的重要部分，并贯通南非德班和坦桑尼亚达累斯萨拉姆两大集装箱港口。该计划本身主要集中在公路建设和改造上，而对铁路的投入则相对有限，即便铁路运输效率要高得多。或许正因为如此，目前仍未找到该走廊（南非以外）沿南北方向的区域铁路项目的完整地图。

2009 年，三个区域经济共同体共同启动了南北走廊试点计划，为该地区亟需建设的更广泛的交通网络提供示范。这三者被称为"三方机制"，包括：南部非洲发展共同体、东部和南部非洲共同市场

---

[128]http://www.kzntransport.gov.za/reading_room/reports/natmap/NATMAP%20Rail%20Gauge%20Report%20-%20Final.pdf。

以及东非共同体。南北走廊管理委员会由以上组织的成员国构成，是公共部门、私营部门及区域机构的合作平台。虽然公开的进展报告发布频率并不高，但2013年10月南部非洲发展共同体部长委员会发布的一份详尽报告，可作为该计划的基准性文件[129]。

参与南北走廊贸易援助计划的非洲基础设施联盟（ICA）指出，该计划的目标是修复和维护覆盖七个国家、全长8,600公里的公路网络。要使整个走廊公路网达到良好标准，预计费用为91亿美元（其中59亿美元为资本投资，31亿美元为经常性支出）。ICA还报告称，约600公里的铁路正在进行升级，投资额为8亿美元；同时，优先推进港口升级与开发，其中对达累斯萨拉姆港的投资就高达8亿美元。ICA由八国集团（G8）、世界银行集团、欧盟委员会、欧洲投资银行以及南部非洲发展银行共同主导。

该计划还针对长期以来道路与铁路作为严格的国家系统运行的问题提出了解决方案。由于走廊内存在多个边境口岸，有必要建立“一站式”边检点以及内陆清关中心（干港），并通过自动化海关系统来缩短货物跨境通关时间，从而降低成本。目前清关可能需要长达五天，而在坦桑尼亚奇龙杜（Chirundu）试点项目中，现代化系统显著缩短了时间，据估算每日为用户节省成本高达60万美元。

公路系统的升级十分重要，但非洲更需要的是一套现代化铁路系统。这意味着要将窄轨开普轨改造为标准轨，或采用双轨制（几乎整个南部非洲均使用开普轨）。19世纪修建的单线铁路也必须升级为双线铁路。如今，多数非洲国家政府都渴望进行这些改变。

接下来的三张南北走廊公路分布图具有参考价值，并且铁路线路通常与公路走向大体一致。

---

[129] 《南部非洲发展共同体区域交通与发展走廊：进展与现状报告》，2013年，交通与气象事务部长委员会会议，https://webcache.googleusercontent.com/search?q=cache:https://extranet.sadc.int/files/3413/7992/2928/SADC_Regional_Transport_Corridors_Status_and_Progress_Report_2013.doc。

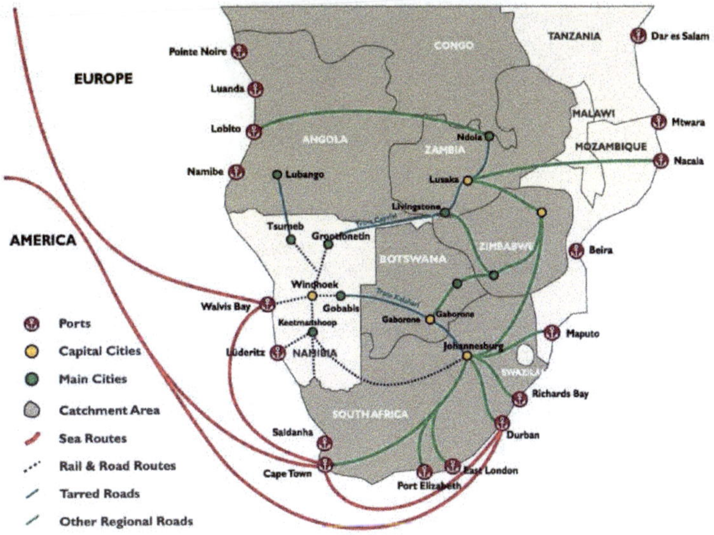

南部非洲的公路走廊。来源：PMAESA，2010 年，《在 PMAESA 地区建立常设区域走廊发展工作组的研究》，第 47 页。

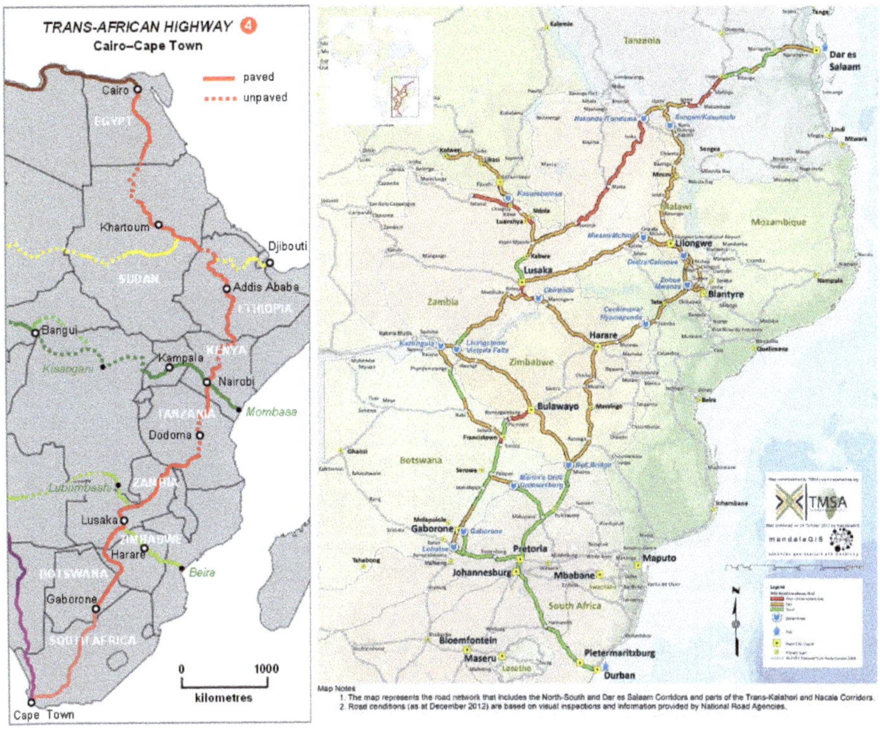

左图：跨非洲公路 4 号线（开罗 - 开普敦）的路线。它只是“南北走廊”中的公路和铁路路线之一。来源：CC/Rexparry Sydney。右图：“南北走廊”中的公路系统。来源：Olivier Hartmann，2013 年，《走廊交通观测站指南》，非洲交通政策计划(SSATP)工作文件第 98 号，世界银行，第 26 页。

三条主要的南北向铁路和三条主要公路在离开德班之后都选择了内陆路线。但莫桑比克的三个港口——马普托、贝拉和纳卡拉——都与南北走廊的路线相连。

南北走廊还与东西向走廊相衔接，这些走廊向西延伸至纳米比亚的鲸湾港和安哥拉的洛比托港，这两个港口都位于大西洋沿岸。

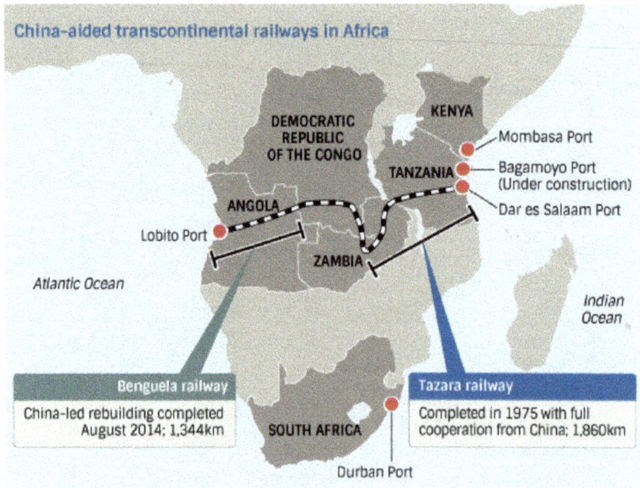

图片来源：日经亚洲评论，《中国援建的泛非铁路有望改变区域贸易格局》。

其中两条铁路最初为同一路线——从德班到约翰内斯堡，再到贝特桥（津巴布韦的入境口岸）。从这里开始分叉：一条通往布拉瓦约、维多利亚瀑布（津巴布韦—赞比亚边境）、赞比亚首都卢萨卡，最终抵达刚果（金）加丹加省的卢本巴希；另一条则从贝特桥经由津巴布韦的鲁滕加和圭鲁，到达首都哈拉雷。

津巴布韦首都哈拉雷位于南北走廊上。拍摄于 2006 年，其大都市区人口为 280 万。来源：CC/Macvivo

第三条铁路是从德班—约翰内斯堡干线分出的支线，自约翰内斯堡向西进入博茨瓦纳，经洛巴策、哈博罗内、弗朗西斯敦，继而抵达津巴布韦的布拉瓦约。在这里，它与前述布拉瓦约至卢本巴希的路线重新汇合。

约翰内斯堡的纳尔逊·曼德拉大桥横跨 40 条铁路线。背景为中央商务区。照片拍摄于 2009 年。来源：CC/austinevan

最后一段很长的路程是从赞比亚通往坦桑尼亚的达累斯萨拉姆。卢萨卡与刚果（金）加丹加省之间的铁路经由卡皮里姆波希，在这里可以转乘单线运行的坦赞铁路，行驶 1,860 公里（1,160 英里）抵达达累斯萨拉姆。

到目前为止，南北走廊的铁路线路几乎没有进行过现代化改造！

坦赞铁路拥有光荣的历史。然而，作为一条单线的窄轨铁路，它并不适合当今或未来的运输任务。来源：Mzuzu Transit。

非洲的明天

非洲已经呈现出更为乐观的气氛，这或许能带来某种源于不断提升的期待而产生的革命，其中许多循序渐进的做法将被抛弃，取而代之的是“大跨步式”的精神。非洲或许会借鉴中国的经验！

C. 西部与中部非洲

西部与中部非洲的快速发展前景

作者：道格拉斯·德格鲁特 （Douglas DeGroot）

非洲传统上长期被剥夺基础设施和工业发展机会，被迫出口未加工的原材料。如今，非洲作为出口地的这一状况正被新的发展阶段所取代。据报道，目前有 53,000 公里的发展走廊正在建设或规划中。这一发展前景所体现的工业和基础设施“跨越式”发展，可能使非洲成为历史上发展速度最快的大陆。非洲目前的人口为 12.5 亿，预计到本世纪末将增长 400%，这使得非洲工业化成为必然。“一带一路”倡议的延伸，使得所需的工业化速度变得可行。

西部和中部非洲的发展潜力，得益于其与海上“一带一路”的连接（如下文所述），将有助于打破长期以来加诸非洲的发展桎梏。

两条东西向铁路走廊将从东非延伸至大西洋，进一步拓展中国海上“一带一路”的覆盖范围，穿越原本内陆的中部非洲，进入西非。这两条初步的运输走廊，未来将有更多线路跟进，将为包括西部和中部非洲的半干旱萨赫勒地区在内的区域快速发展打开空间。西非已经是非洲人口最稠密的地区，而这些走廊还将激发中部非洲那些人口相对稀少的地区的发展潜力。

由伊斯兰合作组织（OIC）于 2005 年提出的跨大陆铁路走廊，从红海沿岸的苏丹港到大西洋沿岸的塞内加尔达喀尔，全长约 4,000 公里。该北部跨大陆铁路从位于红海沿岸的苏丹港出发，将穿越乍得至其首都恩贾梅纳，随后通往尼日利亚的迈杜古里和卡诺，继续延伸至尼日的尼亚美、马里的巴马科，最终抵达达喀尔。

马里已与中国铁道建筑总公司签署协议，改造一条连接首都巴马科与邻国塞内加尔边境的铁路。该线路造价将近 20 亿美元。该项目是升级塞内加尔沿海首都达喀尔与内陆马里之间 1,200 公里老旧铁路计划的一部分。中国铁道建筑总公司周四还与塞内加尔签署了价值 12.6 亿美元的类似协议。马里段工程将包括升级 644 公里铁路线路及改造 22 个火车站。来源：央视新闻，2015 年 12 月 27 日

建设该走廊的乍得和苏丹段已与中国达成协议。2012 年 3 月，乍得与中国土木工程集团有限公司签署协议，建设从恩贾梅纳至苏丹边境的乍得段铁路。2014 年，苏丹与乍得达成政治协议，将两国首都与苏丹港相连。随后还计划延伸至喀麦隆的大西洋港口：杜阿拉（中非在大西洋侧最大的港口）和克里比（中非在大西洋侧最深的港口），克里比深水港的建设将由中国提供资金。然而不幸的是，乍得的叛乱活动阻碍了这些计划的实施。

2017 年 11 月 7 日，苏丹铁路管理局与两家中国企业——中国铁路设计集团有限公司和中国友发国际工程设计咨询有限公司签署协议，进行为期 12 个月的可行性研究，研究范围为跨撒哈拉铁路（全长 3,400 公里），从苏丹港延伸至靠近乍得边境的苏丹城市尼亚拉。乍得和苏丹铁路将在边境汇合。线路将采用标准轨距，设计时速为 120 公里/小时。

另一条跨大陆路线由中国提出，从肯尼亚的拉穆港至南苏丹朱巴（详见本章“东非”部分），然后通过公路和铁路穿越中非共和国至其首都班吉，再从班吉穿越喀麦隆至该国最大港口杜阿拉。从杜阿拉出发，中国的方案是沿西非大西洋沿岸，通过公路和铁路组合延伸至科特迪瓦及更远地区。

非洲横贯公路中的两条东西向走廊。第一条（北部走廊）从苏丹港和吉布提延伸至达喀尔（编号 5 和 6），第二条是蒙巴萨—拉各斯走廊（编号 8）。拉穆—朱巴走廊（LAPSSET）将向西延伸，成为另一条东西向走廊。

这两条东西向的跨洲走廊将把西非和中非的重要区域与海上丝绸之路连接起来，使这两大区域能够迅速兴建城市并发展工业。来自埃及至南部非洲的南北向走廊与这两条东西向走廊的交汇，将会进一步推动西非和中非的发展。

这一进程还将得到“一带一路”在肯尼亚的另一条海上走廊延伸的推动，即从蒙巴萨港至该国首都内罗毕的通道。该通道的一部分已在与中国合作下重建为标准轨铁路。将该通道从内罗毕延伸至乌干达、卢旺达、布隆迪、刚果（金）以及北部的南苏丹的计划已在讨论中。

连接“一带一路”的港口

苏丹港的南港是一个集装箱港口。若要使北部跨洲走廊在中非和西非的发展中发挥重要作用，该港口必须扩建。

中国为兑现其推动肯尼亚两条走廊“通行”的承诺，正与肯尼亚合作扩建该国目前最大的港口——蒙巴萨港，并在靠近索马里边境的拉穆兴建新港口。发展这两个港口是非洲有效连接海上丝绸之路的重要前提。

蒙巴萨港的扩建工程正在进行中，它将为中非提供关键的连接通道。肯尼亚的拉穆超级港口则被设计为中国通往非洲大片区域的枢纽。该项目的目标是将东非海岸与喀麦隆杜阿拉的西非海岸相连。

拉穆是一个新建港口，拥有世界最深的天然港湾之一。新港口正在一座人工岛上建设，并通过堤道与大陆相连。2014 年 8 月，肯尼亚政府与中国交通建设集团有限公司签署协议，由该公司负责修建该人工岛，并建设 32 个深水泊位中的前三个。第一座泊位计划于 2018 年完工，第三座泊位预计在 2020 年竣工。到 2030 年全部 32 个泊位建成后，它将成为东非最大的港口，甚至在一些消息来源看来将是全非洲最大的港口。

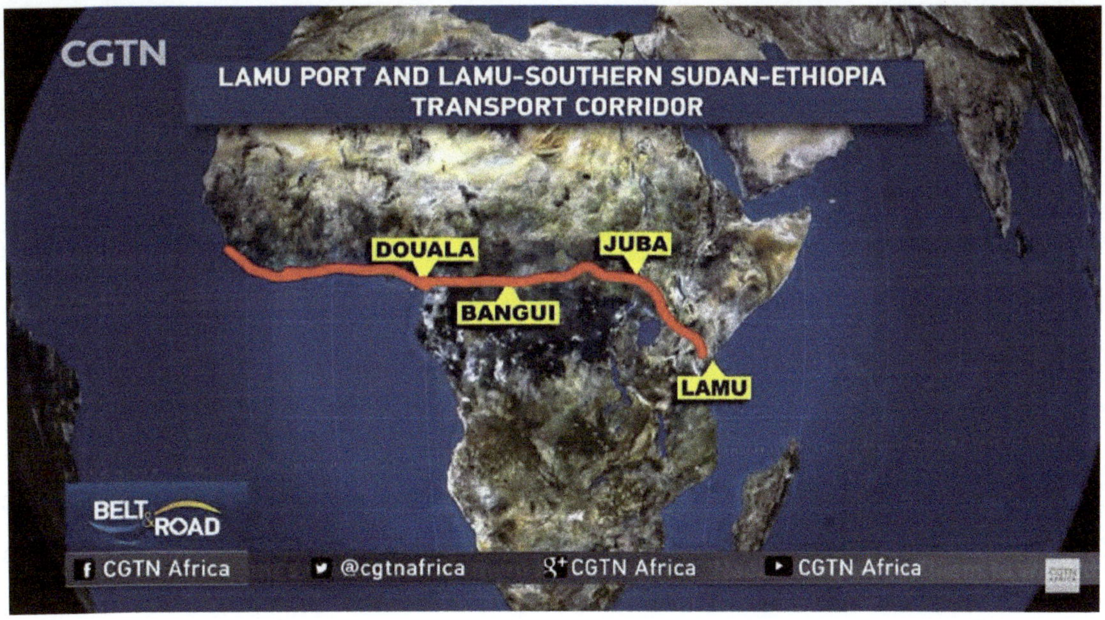

图片来源：中国国际电视台

拉穆港走廊的第一阶段是拉穆港—南苏丹—埃塞俄比亚走廊（LAPSSET），延伸至南苏丹首都朱巴，并设有通往埃塞俄比亚的支线。该项目包括公路、标准轨铁路、机场、石油管道以及炼油厂。

从朱巴出发，该走廊将继续向中非延伸，直达喀麦隆的杜阿拉港，使“一带一路”倡议直接联通西非海岸。

西非的发展

从杜阿拉通往西非的沿海走廊必须沿海岸一直延伸至塞内加尔的达喀尔。第三条东西向铁路应从几内亚的科纳克里或塞拉利昂的弗里敦向东延伸，在前述两条跨洲走廊之间通过尼日利亚首都阿布贾至喀麦隆的恩冈代雷，然后与一条拟建的从乍得首都恩贾梅纳出发的铁路相交，该铁路平行于 Transaqua 项目，通往中非共和国班吉以西地区的未来铁路相交，并继续延伸至刚果共和国和刚果民主共和国。

2014 年 11 月 25 日，在连接尼日利亚首都阿布贾与西北部卡杜纳州的铁路建设工地上，中国与当地员工共同工作。该国首条标准轨铁路由中国铁道建筑集团有限公司承建。来源：新华社资料照片 / Cheng Guangming

在西非，这三条东西向走廊之间的联通将形成一张交通基础设施网络，从而推动整个地区的快速工业化。

尼日利亚政府已与中国铁道建筑集团有限公司签署了一份价值 120 亿美元的合同（这是中国企业在非洲获得的最大合同），用于修建一条全长 1,400 公里、贯穿 10 个州的铁路。这条铁路自尼日利亚经济首都拉各斯出发，途经哈科特港、瓦里石化工业区，直至东南部的卡拉巴尔。从卡拉巴尔到喀麦隆杜阿拉的空中距离仅 180 公里，未来将修建地面通道将杜阿拉纳入西非沿海交通走廊。

2016 年 7 月，尼日利亚启用了首个标准轨铁路现代化项目——一条全长 190 公里、通往该国北部干旱区的铁路，以时速 150 公里连接阿布贾和卡杜纳。这一项目是与中国土木工程集团有限公司合作建设的。

尼日利亚政府制定了详细的铁路网规划，以实现全国各地的联通，从而为全国带来广泛的经济效益。

尼日利亚的港口基础设施也在升级。由于拉各斯港扩展空间有限，政府计划在其两侧各 60 公里处新建两个港口——巴达格里港和莱基港。随着这一发展，尼日利亚将在港口能力方面达到与其西非邻国相当的水平，甚至实现赶超，这些国家的港口要么本就条件优异，要么正在进行扩建。

2014 年 6 月 14 日，在尼日利亚阿布贾至卡杜纳铁路项目铺轨 100 公里完成庆典上，工人们正在铺设轨道。来源：新华社。

尼日利亚政府已将长期搁置的大型水电项目——塔拉巴州多加河水电站的开发合同授予了中国土

木工程集团有限公司。该项目装机容量 3,050 兆瓦，政府为推动其开发已努力了 35 年。

更早些时候，尼日利亚还将价值 12 亿美元的位于卡杜纳河的祖格鲁（Zungeru）700 兆瓦水电项目合同授予了中国电力工程有限公司与中国水电建设集团国际工程有限公司，预计于 2020 年完工。

鉴于快速工业化的规模，非洲未来将需要模块化核反应堆。

除庞大的人口外，西非还拥有丰富的矿产资源，可为该地区重工业的建立奠定基础。

世界最大的铁矿石储量之一位于几内亚，其邻国利比里亚和塞拉利昂也有丰富的储藏。这些资源能够支持大规模的钢铁生产，这是建设交通走廊和实现工业化的必要条件。西非还有一些规模较小的铁矿石资源。该地区还可向刚果（金）未来拟建的先进钢铁生产中心输出部分加工的铁矿石。刚果（金）是迄今全球最大的钴生产国，而钴是制造喷气发动机、燃气轮机、磁钢以及部分不锈钢等物品的重要原料。2016 年 8 月，盛屯矿业集团股份有限公司宣布计划在刚果（金）投资 6,000 万美元建设一个铜钴项目。

除了石油和天然气之外，西非还蕴藏有丰富的黄金、钻石、煤炭、铀和铝土矿资源。

中非的发展

喀麦隆南部和西部水资源丰富，具有建设新型工业城市的优势。早在 2012 年 2 月，时任喀麦隆经济、规划和地区发展部部长恩加努·朱梅西·埃马纽埃尔（Nganou Djoumessi Emmanuel）就公布了国家铁路总体规划，旨在通过将铁路网络规模扩大一倍来实现国家转型。该规划由喀麦隆与一个韩国财团合作制定，目标是将喀麦隆与乍得、中非共和国、刚果（金）、加蓬、赤道几内亚、尼日利亚和安哥拉连接起来，同时建设通往国内主要城镇的铁路。喀麦隆原计划到 2020 年建成这一总额达 300 亿美元的项目，但因资金问题未能实现。随着中国推动“一带一路”走廊贯穿喀麦隆，这一国家总体规划有望得到重启。

在中非地区，刚果（金）拥有丰富的矿产资源。凭借庞大的人口和充沛的水资源，该国具备快速兴建城市和推进工业化的条件。中非其他国家同样拥有重要的矿产储量。在中非共和国及其毗邻的喀麦隆北部地区，也具备建设工业城市的潜力。再向北，借助 Transaqua 项目补给的沙里河流域及乍得湖周边地区，也很可能成为新工业城市的选址。

机械化农业：非洲能够养活自己并养活世界

在西非和中非降雨充沛的地区，实行机械化农业的粮食生产潜力巨大。这一点在西非萨赫勒干旱带以南的地区尤为明显，中非也同样具有很高的潜力。

刚果（金）是一个特殊的案例。该国东部地区全年降雨不断，因而能够实现一年三熟。如果得到有效开发，该地区的粮食生产能力足以养活 100 亿人口。

随着农业的进一步发展，非洲将能够生产出足够的粮食，确保任何遭受干旱的地区都不会出现饥荒。交通走廊能够向埃及和北非输送粮食。这样一来，拥有庞大人口的埃及就能够专注于工业发展和提升劳动力技能。这两大因素将使埃及成为非洲的重要工业化国家，从而具备向非洲其他国家推广自身发展经验的能力。

D 北非

侯赛因·阿斯卡里（Hussein Askary）

阿拉伯马格里布联盟（AMU）由阿尔及利亚、利比亚、毛里塔尼亚、摩洛哥和突尼斯组成，总人口约 9,900 万，面积达 600 万平方公里，占非洲总面积的五分之一。该地区人口主要集中在地中海和大西洋沿岸，因为阿特拉斯山脉和南部的沙漠长期以来形成了天然屏障，限制了人口向南扩展。但随着新发展范式的理念在该地区的逐步显现，这种生物圈中的“不自然”状态似乎正在发生改变。

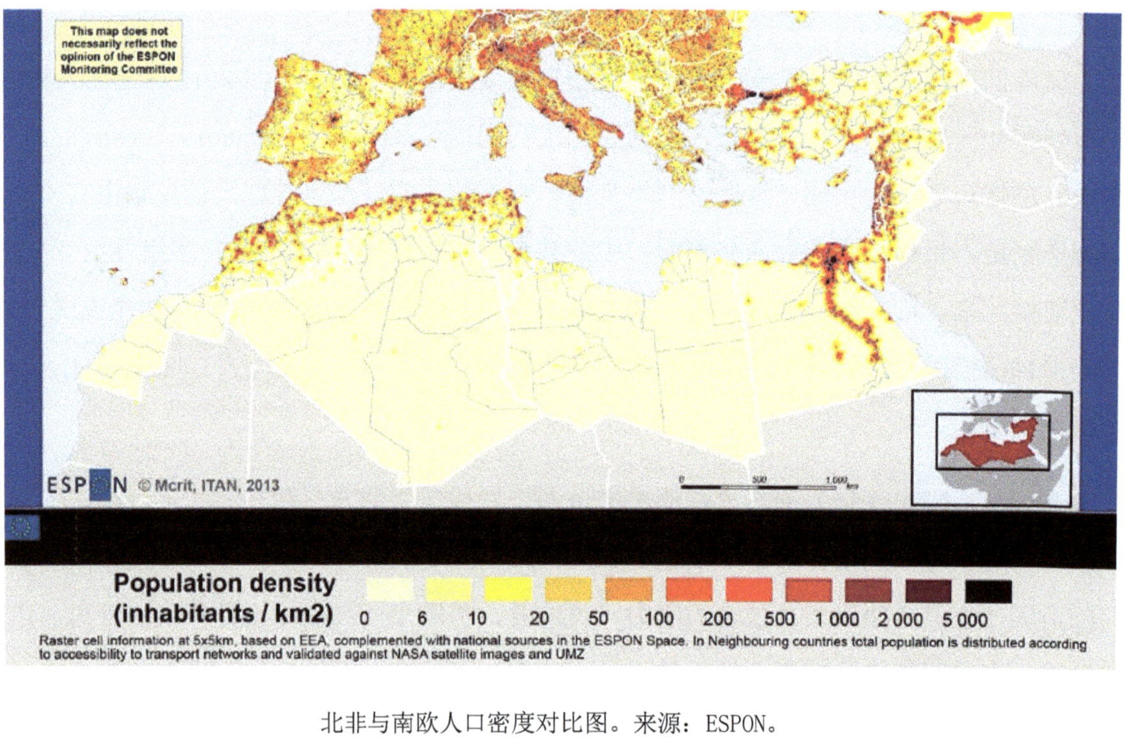

北非与南欧人口密度对比图。来源：ESPON。

北非是连接欧洲与非洲的桥梁，不仅仅是商品的传输带，更是两大洲之间的发展走廊，也是推动整个非洲经济复兴的重要工具和资源渠道。该地区不仅地理位置优越，而且拥有一些能够推动其摆脱单纯原材料出口国地位的绝佳工业潜力。这些潜力包括摩洛哥和阿尔及利亚相对先进的钢铁工业、磷矿开采业，以及摩洛哥和突尼斯的化工业。此外，阿尔及利亚和利比亚丰富的石油和天然气资源也是建立重要石化工业中心的基础。更重要的是，该地区拥有非洲最优秀的青年技术劳动力之一，但不幸的是，他们在本国未得到充分利用，不得不去欧洲这个已趋停滞的市场寻找机会。该地区及其资源的全部潜力，只有通过落实阿拉伯马格里布联盟关于交通网络和市场一体化的规划，并辅以西班牙与摩洛哥之间直布罗陀海峡通道，以及意大利—突尼斯桥梁/隧道项目（TUNeIT，参见第 13 章非洲拟建的重大项目），才能得以充分释放。

只有那时，北非才能真正成为欧洲与非洲的天然桥梁，发挥技术转移的作用，从而服务整个非洲的本土工业。北非国家将不再是欧洲的廉价劳动力的“血汗工厂”，而将崛起为非洲工业化进程的引领者。

梦想与挫折

自 1989 年成立以来，阿拉伯马格里布联盟一直将交通网络和市场一体化列为议程，但这些规划至今仍多停留在新闻报道和政府部长零星的表态中，更多是为了在其他国家面前展示良好的合作形象。例如，建设马格里布高速铁路网络的计划至今仍停留在口头表述阶段，只有摩洛哥超越了规划阶段，目前正在建设一条限速 200 公里的高速铁路，连接卡萨布兰卡与丹吉尔。

另一个例子是马格里布投资与对外贸易银行，该行旨在为区域基础设施和贸易项目提供信贷。该设想最早提出于 1991 年，即阿拉伯马格里布联盟成立两年后，但直到 2016 年 12 月才得以实施，而且五国注入的总资本仅有 1.5 亿美元，规模极为有限。该地区的其他危机，例如“旧”跨大西洋发展模式下的政策所引发的政权更迭（即推翻政府的委婉说法，如下文讨论的利比亚案例），也对区域一体化梦想的实现带来了巨大挫折。

由于阿拉伯马格里布联盟成员国在弥合相互分歧方面面临重大困难，“一带一路”倡议以及金砖国家代表的新发展范式，或许能在激励各成员国认识到合作共赢带来的巨大潜力与利益方面发挥重要作用。

公路网络

作为非洲联盟和非洲开发银行规划的泛非公路网络（TAH）的一部分，阿拉伯马格里布联盟国家原本应承担 1、2、3 号路线的建设任务（关于泛非公路网络的描述见第十三章）。1 号路线计划从埃及亚历山大延伸至塞内加尔达喀尔，其大部分路段也被称为马格里布公路，该公路途经利比亚、突尼斯、阿尔及利亚、摩洛哥和毛里塔尼亚。马格里布公路分为两段：大西洋公路，从毛里塔尼亚的努瓦克肖特至摩洛哥的拉巴特；地中海公路，从拉巴特至利比亚的的黎波里。

马格里布公路原计划于 2010 年完工，但因各种原因延迟。该公路将连接 55 个大城市，总人口达 5,000 万（约占阿拉伯马格里布联盟总人口的一半），覆盖 22 个国际机场，以及非洲地中海和大西洋沿岸一些最重要的港口。这一城市带代表了非洲大陆上最发达的工业和教育中心。该公路希望在这些国家之间形成统一的共同市场和经济区，促进原材料、成品以及技术劳动力的跨区域流动。

目前，摩洛哥和阿尔及利亚分别以国家项目形式积极建设各自的公路段，而利比亚、突尼斯和毛里塔尼亚由于持续的经济和政治危机，未能按计划建设。此外，摩洛哥与阿尔及利亚之间的政治争端也阻碍了两国国家公路网络的连接，阻碍了边境地区的贸易与经济发展。

目前，唯一完成建设的公路段为阿尔及利亚和摩洛哥段。

到 2016 年底，摩洛哥高速公路网络总长 1,800 公里，由国有企业摩洛哥国家高速公路公司（Société Nationale des Autoroutes du Maroc, ADM）管理。从南部的阿加迪尔至与阿尔及利亚接壤的边境城市乌季达，摩洛哥公路网络主要由以下高速公路组成：

- A1 拉巴特 - 丹吉尔（223 公里）
- A2 拉巴特 - 菲斯（190 公里）
- A2 菲斯 - 乌季达（306 公里）
- A3 卡萨布兰卡 - 拉巴特（86 公里）
- A4 丹吉尔 - 丹吉尔港（Tanger Med）（54 公里）
- A5 卡萨布兰卡 - 萨菲（256 公里）
- A6 得土安 - 夫尼得克（28 公里）
- A7 卡萨布兰卡 - 马拉喀什（220 公里），延伸至阿加迪尔（233 公里）
- A8 拜赖希德 - 贝尼梅拉尔（172 公里）

摩洛哥 A3 高速公路，连接卡萨布兰卡与拉巴特。来源：Maxim Massalitin。

阿尔及利亚东西向高速公路

阿尔及利亚东西向高速公路（A1）是一条全长 1,216 公里的六车道高速公路，从阿尔及利亚东部与突尼斯接壤的边境延伸至西部与摩洛哥接壤的边境，是非洲最大的基础设施项目之一，总投资超过 110 亿美元。该项目由两个主要联合体承建：一个中国联合体（包括中国国际信托投资公司和中国铁道建筑集团有限公司），一个日本联合体 COJAAL（包括鹿岛建设公司、西松建设公司、伊藤忠商事、Hazama 公司和大成建设公司）。中国联合体负责公路的西段和中段建设，日本联合体负责东段建设。该项目于 2009 年启动，经过建设联合体之间的部分延误和争端，于 2015 年完工。

阿尔及利亚东西向 A1 高速公路。来源：Sandervalya。

阿尔及利亚东西向高速公路从摩洛哥边境延伸至突尼斯边境，途经特莱姆森、奥兰、谢里夫、阿尔及尔、塞提夫、君士坦丁和安纳巴，具体路段如下：

- 摩洛哥－阿尔及利亚边境至谢里夫（365 公里，经特莱姆森和奥兰）
- 谢里夫至布阿拉里季堡（435 公里，经阿尔及尔）
- 布阿拉里季堡至阿尔及利亚－突尼斯边境（365 公里，经塞提夫、君士坦丁和安纳巴）

突尼斯段的泛非公路网络 1 尚未完工，已建成的路段自东南向西北为[130]：

- A1：斯法克斯－突尼斯
- A3：突尼斯－瓦迪宰尔加
- A4：突尼斯－比塞大向北延伸，并进一步向西至阿尔及利亚边境的塔巴尔卡，但仍有 70 公里未连接；另一段缺口为斯法克斯至加贝斯及利比亚的拉斯阿吉尔

不幸的是，马格里布地区的所有这些高速公路都是收费公路，增加了道路使用者的负担。如本

[130] 来源: http://www.tunisieautoroutes.tn。

书前文所述，尤其是对于长距离交通，最好辅以高速铁路网络，以实现更高效的交通运输。

马格里布铁路网络

与非洲其他地区类似，北非国家——摩洛哥、阿尔及利亚、突尼斯、利比亚（及埃及）——铁路网络一体化的规划已经在纸面上酝酿了数十年。但由于，阿拉伯马格里布联盟各国之间的政治分歧，尤其是近年来的叛乱、恐怖袭击以及外国军事干预，这些规划的实施一再延迟。在 2011 年 3 月北约对利比亚发动军事行动之前，该国已有若干铁路项目在建。自 1960 年代以来，利比亚一直没有运营铁路，为数不多的过时的殖民时期铁路也被关闭，窄轨铁路也被拆除。

2000 年代初，利比亚政府开始建设沿地中海海岸东西向的新铁路，总规划长度为 3,200 公里，全部采用标准轨。这一计划是北非铁路联通的一部分。2011 年 2 月，针对利比亚领导人卡扎菲的起义爆发，并在 3 月演变为北约直接军事干预时，多个铁路项目正在同时推进。中国铁建承建了一条新建双轨铁路，连接的黎波里附近的胡姆斯与利比亚中部沿海的苏尔特，全长 352 公里，项目于 2008 年启动，计划于 2013 年完工。自的黎波里向西至利比亚-突尼斯边境城镇拉斯阿吉尔，中国铁建还承建了一条 172 公里铁路，该线路于 2009 年开工。

向东的铁路由俄罗斯铁路公司（RZD）承担。2008 年 8 月，俄罗斯铁路开始建设一条全长 554 公里的双轨铁路，连接苏尔特与东部的班加西，造价 25 亿美元，计划于 2013 年完工。原计划还拟延伸至接近埃及边境的托布鲁克，但未提出招标。东部省份人口稀少，因此建设优先级可能不高。

2008 年 12 月，俄罗斯铁路公司总裁弗拉基米尔·亚库宁访问利比亚，讨论苏尔特 - 班加西线路的进展[131]。他表示："利比亚领导层宣布要将国家建设成铁路强国，俄罗斯铁路愿意利用自身的丰富经验来实现这一目标。对于俄罗斯铁路公司来说，在利比亚建铁路是莫大的荣誉，公司将使用现代轨道设备和最新技术完成这一工程"。

在利比亚其他地区，中国铁建还参与建设了一条南北向铁路，全长 800 公里，从利比亚沙漠的沙提河谷铁矿延伸至沿海的米苏拉塔，预计 2012 年完工。

然而，2011 年的利比亚战争迫使中俄两家公司放弃价值超过 80 亿美元的所有项目，数千名中俄工程师和工人被紧急撤离。战后，该国暴力事件持续发生。2013 年，中国铁建尝试返回利比亚时，一名中国工程师在班加西被武装分子杀害，对于外企来说，该国依然极不稳定、安全。尽管如此，的黎

[131] 《铁路公报》:"利比亚铁路网络首条 14 公里铺设完成",2010 年 3 月 16 日,http://www.railwaygazette.com/news/single-view/view/first-14-km-of-libyan-rail-network-in-place.html。

波里现政府仍在与中俄进行谈判，希望重新启动这些项目。

在北非，利比亚的情况极端，但阿拉伯马格里布联盟各国在与经济无关的次要问题上的政治分歧仍然阻碍着北非交通网络的连通与整合。尽管如此，各国独立的铁路建设项目仍在推进，只是进展缓慢。

跨马格里布高速铁路

近年来非洲铁路发展中最重要的事件，是摩洛哥启动建设非洲首条高速铁路，连接丹吉尔与卡萨布兰卡（Dar El Beidha）。根据摩洛哥国家铁路公司（ONCF）的公开信息[132]，摩洛哥高速铁路（在摩洛哥称为LGV，在法国称为TGV）是跨马格里布高速铁路（Trans-Maghreb HSR）整体规划的一部分。该网络从摩洛哥方面可分为两条线路：

1. 大西洋线：从直布罗陀海峡的丹吉尔经拉巴特、卡萨布兰卡、马拉喀什、索维拉至阿加迪尔；

2. 跨马格里布/地中海线：从拉巴特延伸至乌季达，再穿越阿尔及利亚至突尼斯和利比亚的的黎波里。

跨马格里布高速铁路建成后，预计到 2035 年，该走廊年客流量将达到 1.33 亿人次，而目前传统铁路年客流量为 5,500 万人次。

卡萨布兰卡 - 丹吉尔 LGV 是非洲首条高速铁路。首阶段线路全长 200 公里；到 2035 年，全国高速铁路网络将覆盖 1,500 公里。建设 LGV 的决定于 2007 年由摩洛哥政府作出，项目由摩洛哥国家铁路公司负责实施。全新段线路从丹吉尔延伸至卡萨布兰卡北部的盖尼特拉，其余路段为现有盖尼特拉 - 卡萨布兰卡线路升级。线路设计速度为 320 公里/小时（约 200 英里/小时），将现有 4 - 5 小时的旅程缩短至 90 分钟。据摩洛哥国家铁路公司估计，每年将有超过 600 万人次使用该线路。项目运营后将提供 2,500 个岗位，而在建设阶段已创造数万个就业机会。未来，现有的卡萨布兰卡 - 马拉喀什高速铁路将升级为 LGV 标准，使丹吉尔至马拉喀什的旅程时间从目前的 8 - 10 小时缩短至约 2¾ - 3 小时。

该项目由摩洛哥国家铁路公司与法国国营铁路公司联合承建。工程于 2011 年 1 月启动，丹吉尔 - 盖尼特拉线路于 2017 年 10 月首次试运行。法国阿尔斯通公司提供列车组，意大利安萨尔多交通信号灯系统股份有限公司负责安装信号和轨道保护系统。阿尔斯通将在法国生产 14 列双层列车，总价

[132] 来源：http://entreprise.oncf.ma/AR/lgv/Pages/leschemadirecteur.aspx

值 4 亿欧元，然后运至丹吉尔的莫霍加（Moghogha）地区组装[133]。法国工程公司赛思达和爱集思负责项目设计及施工管理，并于 2009 年 12 月完工。

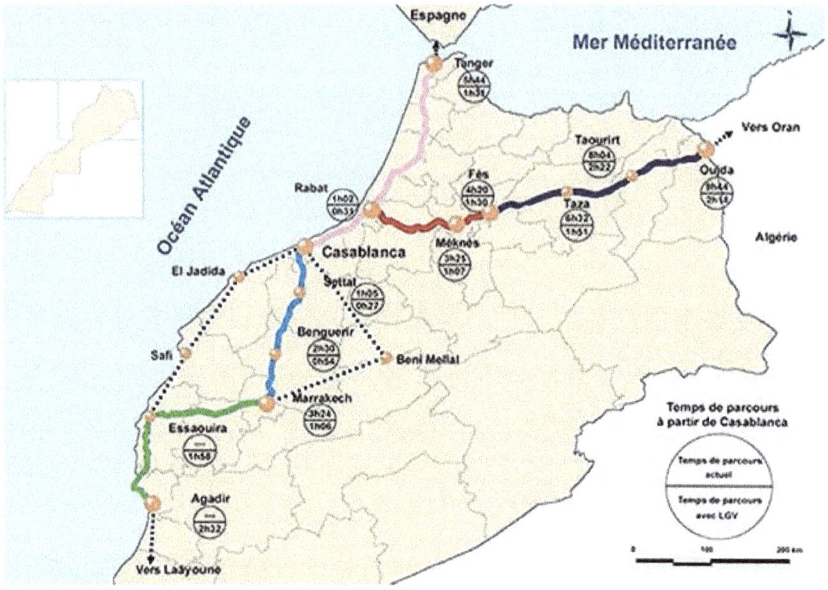

摩洛哥高速铁路网络总体规划及未来延伸至欧洲和其他非洲国家的线路。丹吉尔 - 卡萨布兰卡 TGV（粉色线路）是非洲首条该类铁路，即将完工。来源：摩洛哥国家铁路公司。

由赛思达牵头的联合体于 2010 年 4 月中标，负责该线路南段土建工程的项目管理。摩洛哥本土建设公司承担了铁路所需的大部分基础设施建设。据赛思达介绍，由于地质条件限制，“大约每 700 米就需要建设一座隧道或桥梁”，这意味着摩洛哥工程师和工人必须掌握一些非常专业的施工技能。他们未来有望在摩洛哥其他地区，甚至非洲其他地区使用这些技能。

摩洛哥国家铁路公司首席执行官穆罕默德·拉比耶·赫利（Mohamed Rabie Khlie）表示：“整个项目始终体现了摩洛哥特色，90%的基础设施建设由摩洛哥工程公司完成。”他强调，该项目为摩洛哥劳动力市场直接和间接提供了 3,000 万个工作日，其中 250 名工程师中有 150 名为摩洛哥人。拉比耶在 2017 年 4 月于丹吉尔举行的国际铁路安全研讨会上表示，项目已完成 86%，并保证 LGV 将于 2018 年投入运营。

丹吉尔 - 卡萨布兰卡 LGV 总投资为 2,000 万摩洛哥迪拉姆（约 18 亿欧元），其中 25%由国家出资，其余资金来自法国出口信贷、银行贷款及阿拉伯海湾国家贷款。

跨马格里布高速铁路项目应成为摩洛哥建设世界级基础设施的第一步，不仅利用了欧洲企业提供的专业技术，又通过该项目及其他有前景的工程孕育出新的施工技术，并实现技术创新。

[133] 来源：http://www.railway-technology.com/projects/tangier-casablanca-high-speed-rail-line/。

摩洛哥加入“一带一路”：丹吉尔港与科技城

2016 年 5 月，摩洛哥国王穆罕默德六世访问北京，并与中国国家主席习近平展开亲切会晤，双方签署了一系列涉及投资、金融和商业的经济合作协议。

2017 年 3 月 27 日，摩洛哥国王穆罕默德六世与中国海特集团董事长李飚在“穆罕默德六世丹吉尔科技城”的签约仪式上合影。来源：@MyHafidElalamy / Moulay Hafid Elalamy

在访问不到一年后，摩洛哥与中国海特集团签署协议，在地中海沿岸城市丹吉尔附近建设高科技工业城。据《摩洛哥世界新闻》报道[134]，该新工业城占地 2,000 公顷，预计在未来十年内容纳近 200 家中国工厂，成为“非洲最大的中国工业平台”。

这一为期十年的项目总投资约为 100 亿美元，由海特集团、摩洛哥最大银行集团摩洛哥对外贸易银行（BMCE）及摩洛哥政府共同出资。入驻丹吉尔穆罕默德六世科技城的中国企业将集中在航天、汽车、电信及其他行业，为非洲和欧洲市场生产产品，并充分利用摩洛哥的地理位置优势、发达的物流与交通网络以及熟练的劳动力。建设工作将由中摩合资企业或联合体完成，同时雇佣摩洛哥工程师和技术工人，而不仅仅依靠中国公司。

---

[134] 查伊玛·拉赫西尼，《关于丹吉尔价值 100 亿美元的工业城的五件事》，《摩洛哥世界新闻》，2017 年 3 月 24 日，https://www.moroccoworldnews.com/2017/03/212001/5-things-to-know-about-the10-industrial-city-in-tangier/。

自2007年丹吉尔港投入运营以来，丹吉尔已发展成为新兴的工业与物流枢纽。该港口位于丹吉尔东部40公里处，通过现代化铁路和高速公路与摩洛哥交通网络及非洲其他地区连接，并靠近欧洲——距直布罗陀海峡对岸的西班牙仅15公里。

丹吉尔港（一期和二期）是地中海深水港，目前为非洲最大的集装箱港。一其于2007年投入使用；二期的建设始于2009年。来源：丹吉尔港

丹吉尔港一期年吞吐量可达300万标准箱（TEU），集装箱码头长1.6公里；二期设计年吞吐量为520万标准箱，码头长2.8公里，可接纳全球最大级别的马士基3E级集装箱船（总长400米，载重18,000 标准箱）。港口建设由法国建筑集团布依格集团承建。

科技城与丹吉尔港将通过跨非洲高速公路1号（始于埃及亚历山大港，终点为塞内加尔达喀尔）连接撒哈拉以南非洲沿大西洋沿岸地区。城市和港口还将利用现代铁路系统，并最终融入非洲综合高速铁路网络（AIHSRN），其中丹吉尔－卡萨布兰卡LGV线路（目前正在建设中）将成为在非洲推进类似项目的起点。

阿尔及利亚也加入“一带一路”！

作为非洲良性竞争的体现，阿尔及利亚正尝试效仿丹吉尔港的成功，在地中海沿岸建设自己的超级港口和工业城。长期以来，阿尔及利亚与中国保持着良好的政治关系，两国正密切合作，将“一

带一路”的积极效应引入阿尔及利亚，并进一步惠及撒哈拉以南非洲。与一些幼稚的说法相反，阿尔及利亚与中国的合作并非意在削弱摩洛哥的成就，而是旨在开发这一幅员广阔、资源丰富的非洲大国潜力，推动自身经济发展，并进一步服务于整个非洲大陆的发展规划。

2016 年 3 月，阿尔及利亚交通部与中建国际建设有限公司及中国港湾工程有限责任公司达成协议，在地中海沿岸的提帕萨省的埃尔-哈姆达尼亚镇建设世界级深水港，该港距离首都阿尔及尔西部约 70 公里。港口预计总投资 35 亿美元，由中国提供长期贷款融资。根据《在线建筑评论》的报道，该港将设 23 个码头，每年可处理 650 万标准箱（TEU）和 2600 万吨货物[135]。它将成为连接东亚、西地中海和北海的海上丝绸之路重要转运及物流中心。同时，该港还将服务于正在同城建设的主要工业园区。深水港计划于 2022 年建成，但从 2020 年开始将分阶段投入运营，初期运营阶段由上海国际港务(集团)股份有限公司管理。

埃尔-哈姆达尼亚港将通过现代化公路和铁路与阿尔及利亚及跨非洲交通网络连接。时任阿尔及利亚交通部长布杰马·塔莱伊（Boudjemaa Talai）表示[136]，该港口位于地中海重要中转位置，可服务北非、欧洲及地中海其他地区，并补充说，马里及其他内陆邻国亟需这样一个港口。

阿尔及利亚 N1 高速公路沿地中海海岸，从阿尔及尔经提帕萨向西延伸，再向南通往尼日尔，与泛非公路网络 2 号相接，后者穿越撒哈拉，经过尼日尔阿加德兹，进一步南行进入尼日利亚的卡诺，最终抵达大西洋沿岸的拉各斯。另一条阿尔及利亚南北向国道 N6 则从埃尔-哈姆达尼亚港以西的地中海沿岸向南延伸，穿越沙漠直达马里。

据阿尔及利亚驻华大使馆新闻稿称[137]，阿尔及利亚外交部长拉姆丹·拉马拉(Ramtane Lamamra)于 2016 年 11 月在非洲投资与商业论坛上表示：“阿尔及利亚希望抓住非洲大陆提供的机遇，这里蕴藏着巨大的生产力、财富创造和增长潜力，”并指出“跨撒哈拉公路（拉各斯—阿尔及尔）和埃尔-哈姆达尼亚港项目正是基于这一目标而构想的。”

这正是国家发展规划在 21 世纪共赢时代的应有之意，而非 19 世纪和 20 世纪比利时、英国、法国、德国、西班牙和意大利帝国主义地缘政治中典型的“零和博弈”，这种思维曾主宰非洲。

弥合欧洲与非洲之间的鸿沟

为了以一种真正符合人类价值的方式取代殖民时代的意识形态，且让地中海两岸国家平等合

135 《在线建筑评论》，《中国将在阿尔及利亚建设超级海港》，2016 年 4 月 5 日，https://constructionreviewonline.com/2016/01/china-construct-mega-sea-port-algeria/。

136 同上。

137 阿尔及利亚人民民主共和国驻中华人民共和国大使馆，《阿尔及尔非洲投资论坛：聚焦非洲的机遇》，2016 年 11 月 21 日，http://www.algeriaembassychina.net/page_news26.php。

作，共赢理念应成为欧洲与非洲国家关系的基石。2012 年 6 月，由本文作者的同事撰写的《行政情报评论》特别报告《南欧、地中海地区及非洲经济奇迹计划》[138]发布，旨在应对席卷欧洲，尤其是南欧国家的严重经济与社会危机，这些危机源于 2008 年全球金融危机。

该报告不仅呼吁复兴那些被欧盟忽视的欧洲大型基础设施与工业项目，还提出将这些项目和发展走廊延伸至非洲，例如通过直布罗陀海峡连接西班牙与摩洛哥，以及通过意大利西西里岛连接突尼斯。（关于这两个大型项目的详细内容，见第十三章）。

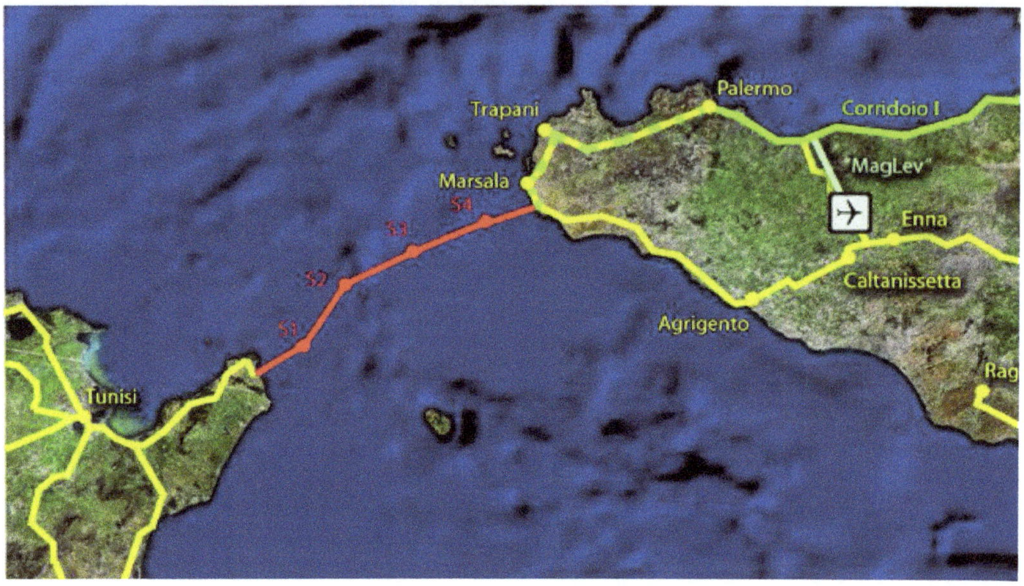

意大利—突尼斯桥梁/隧道项目（TUNeIT）由意大利工程师兼教授恩佐·西维耶罗设计，是一座连接突尼斯的邦角半岛与西西里的长达 140 公里的桥梁。来源：《行政情报评论》

针对西班牙与摩洛哥，报告建议改善并拓宽现有铁路线路，更好地将西班牙和葡萄牙与欧洲其他地区相连。除已运营的巴塞罗那—马德里路段外，还包括：

- 大西洋支线：马德里—巴利亚多利德（已运营）—布尔戈斯—比托里亚—毕尔巴鄂/圣塞巴斯蒂安—达克斯—波尔多—图尔（巴黎）
- 伊比利亚支线：马德里—里斯本—波尔图

此外，欧盟优先项目 16 计划建设西尼斯/阿尔赫西拉斯—马德里—巴黎的货运铁路轴线，将葡萄牙西南部的西尼斯港和西班牙南部的阿尔赫西拉斯港与欧洲腹地连接。该项目将建设高速货运通道，包括穿越比利牛斯山的新型高运量铁路，并将涉及比利牛斯山的长距离隧道工程。

在西班牙的最南端，阿尔赫西拉斯将成为新的高速铁路起点，通往塔里法和卡迪斯。塔里法将成为隧道的西班牙端口，高速铁路通过直布罗陀海峡直达摩洛哥丹吉尔，并与整个非洲的世界陆桥网络相连。隧道建设设想最早于 1930 年提出，历经多种方案。2003 年，西班牙与摩洛哥达成探索隧道

---

[138] 报告全文请见：http://www.larouchepub.com/special_report/2012/spec_rpt_program_medit.pdf。

建设的协议；2006 年，西班牙公司 SECEGSA 与摩洛哥公司 SNED 聘请瑞士著名隧道工程公司 Lombardi 进行设计。2009 年，Lombardi 向欧盟提交了方案，但因欧盟陷入经济金融危机，项目一直未获决定。

Lombardi 曾考虑在两洲最窄处（14 公里）架设桥梁，但由于海床深达 900 米，该方案被认为不可行而放弃。最终选定的隧道路线位于更西侧，从西班牙塔里法至摩洛哥丹吉尔，海底深度约 300 米——这有望成为世界最深的海底隧道。拟建隧道全长约 40 公里，由两条客货混合列车隧道组成，中间设有紧急或维修通道。

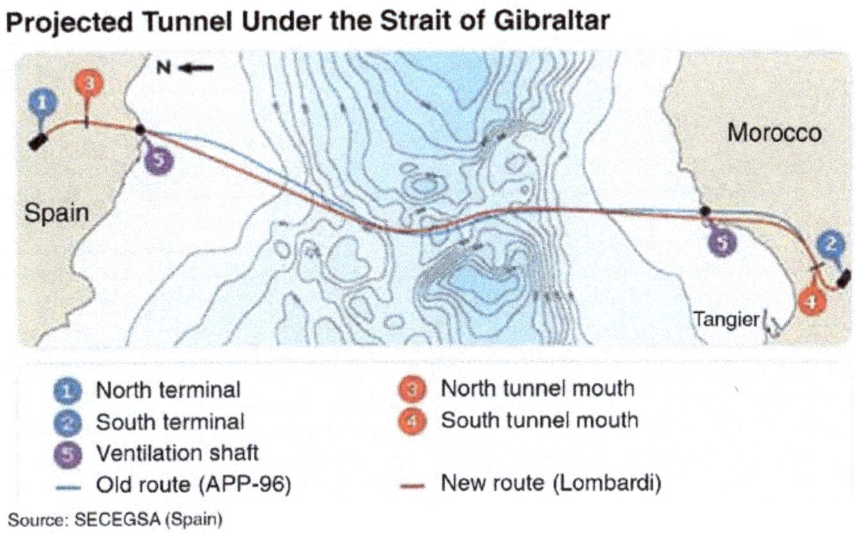

根据 Lombardi 公司估算，由于需解决穿越高地震活动区的工程难题，整个隧道建设大约需要 15 年。据西班牙公司 SECEGSA 与摩洛哥公司 SNED 预计，一旦隧道完工并与高速铁路网络实现衔接，从卡萨布兰卡到丹吉尔仅需约 1.5 小时；到达西班牙塔里法约需 30 分钟；接着到马德里不到 3.5 小时，再到巴塞罗那约 2.5 小时。换句话说，从卡萨布兰卡到巴塞罗那的总行程将不足 8 小时！（见下方对比示意图）

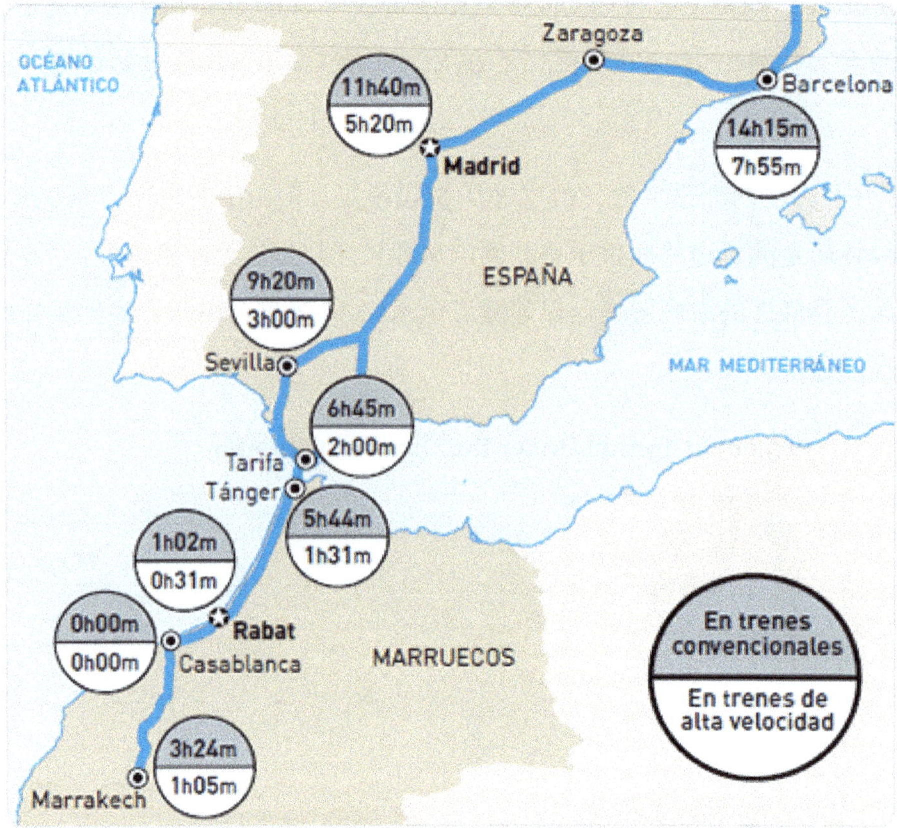

直布罗陀海峡隧道所形成的欧非走廊，以及常规列车（灰色）与高速列车（白色）行程时间的对比。来源：SECEGSA

SECEGSA/SNED 的联合网站总结了他们的项目构想："直布罗陀海峡隧道可被视为连接两大洲与两大海域的关键纽带，它将建立起前所未有的欧洲—非洲及地中海周边地区的运输体系。"

总之，要让马格里布国家真正成为欧洲国家的平等伙伴，而不是欧洲的廉价代工厂，它们必须掌握自身的工业化进程。尽管与中国和欧洲的合作将对其工业化产生重要推动作用，但完整的工业体系不会"从天上掉下来"。它们必须发展以科技为导向的经济、自然资源开发和人力资源利用。以下是实现这一导向的一些关键要素：

- 依托现有钢铁产业，发展国内机床制造业。
- 发展核能项目，用于发电、科学研究和技术开发。
- 在磷矿和石油产业的基础上发展化学与石化工业，而不是继续仅扮演原材料出口国的角色。这一进程可通过建立与磷矿和石油产业相关的专业大学和研发机构来实现。

阿拉伯马格里布联盟地区的工业基础的建设，将有力加速并推动整个非洲大陆的工业化进程。

第八章 非洲—水资源开发[116]

本杰明·丹尼斯顿 （Benjamin Deniston）

数百万非洲人民难以获得稳定充足的淡水资源，这并非由于当地水资源的匮乏，而是这些水资源并没有得到开发。

由于缺乏健全有效的基础设施，非洲人民面临着水质安全得不到保障、卫生设施、保健水平相对落后等问题，因而饱受腹泻和疟疾等与水相关的疾病的困扰。这些疾病已成为撒哈拉以南非洲地区仅次于艾滋病的致残、致死原因。仅在2012年，这些疾病就导致了该地区超过100万人的死亡。据世界卫生组织估计，全球有3亿至5亿疟疾病例，每年死亡率在100万人以上。世界卫生组织表示：“绝大部分的疟疾病例（超过90%）集中在撒哈拉以南的非洲地区，每年估计有超过100万人因此丧生”[117]。

与水有关的疾病造成了很多本可以避免的悲剧，解决这一问题迫在眉睫，与此密不可分的还有一种更广泛的需求，即为非洲当地社会提供充足的供水基础设施。有了健全的供水基础设施，不仅可以降低发病和死亡率，还可以提高人们的生活水平。安全的水资源对于卫生、饮用、烹饪、娱乐以及所有工业领域—诸如金属、木材和造纸、化工、汽油和石油加工、发电和采矿—都必不可少。我们需要审视“水资源”的定义，对其有限程度进行评估，并探索如何更高效地增加或利用这些宝贵的资源。

---

[116] 本章选自2017年首版

[117] 世界卫生组织，“与水有关的疾病”(http://www.who.int/water_sanitation_health/diseasesrisks/diseases/malaria/en/)

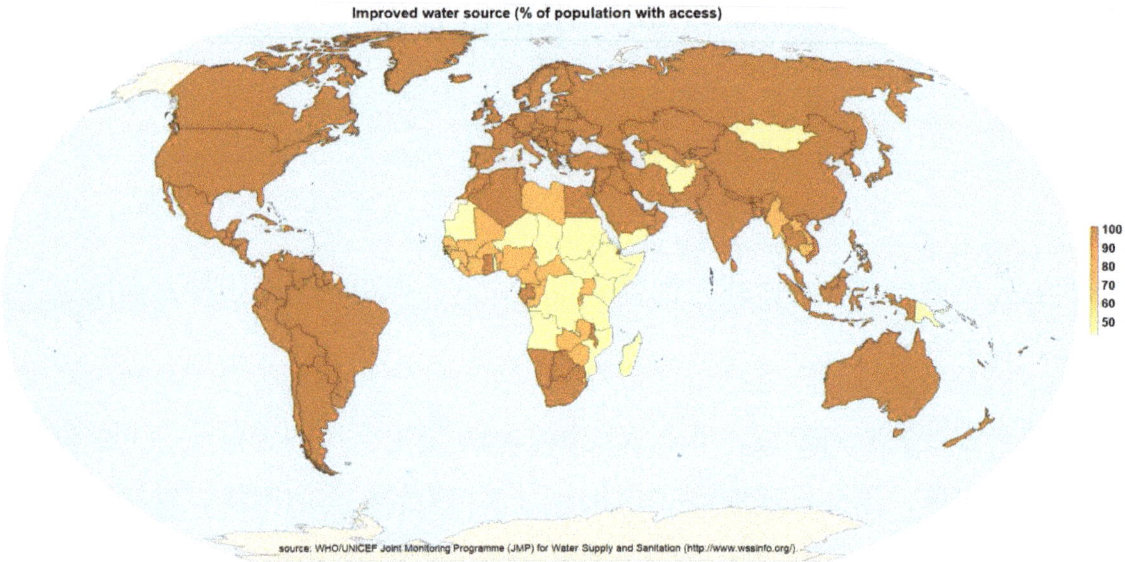

非洲的水资源状况与世界其他地区并无二致，因此其他地区解决水资源问题的科学方法应该也同样适用于非洲，而不是简单套用国际论坛中流行的、以援助为核心的非洲问题论调。

众多媒体和国际机构一直在警告人们，水资源短缺、水资源危机乃至争夺水资源之战的脚步已越来越近。然而，事实是，如果人类能够明智地利用现有的水资源，这些问题都可以避免。水就在我们身边——开发起来！

非洲安全用水组织致力于通过有针对性的方式提供清洁用水。这样的援助项目出发点是好的，而且在其力所能及的范围内给一小拨非洲人带去了福利，但要在整个非洲大陆的层面上解决用水问题，仅靠这类性质和规模的项目则远远不够。详情参见：safewaterafrica.Eu

《2012 年联合国世界水发展报告》明确指出，非洲大陆的大部分地区实际上并不缺水，而是缺乏必要的基础设施来获取、净化和分配这些水资源。报告中用“经济性水资源短缺”与“物理性水资源短缺”这两个不同的概念对世界各地的缺水状况加以区分，如图 1 所示。

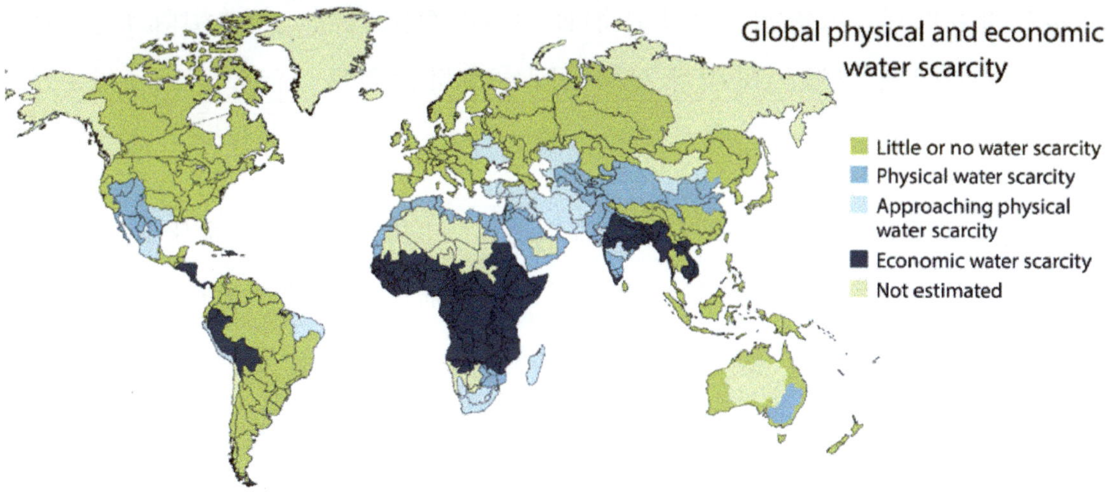

经济性水资源短缺是由水基础设施不足造成的。《联合国世界水发展报告 4》卷一："不确定性和风险条件下的水管理"。资料来源：《农业水资源管理综合评估》（2007 年，图 2.1，第 63 页，©IWMI, http://www.iwmi.cgiar.org/）。

根据联合国 2015 年的一项评估，非洲目前已开发的水资源仅占其潜在水资源的 5%，人均水资源储量（如水库）仅为北美的三十分之一。尽管农业在许多非洲国家经济体中都扮演着重要角色，但非洲仅有 5%的耕地使用灌溉，其余地区则依赖不稳定且难以预测的降雨。[118]

通过适当的发展，非洲不仅可以满足自身的全部水资源需求，还有潜力成为全球水管理的先锋，实现水资源管理的跨越式发展，超越现有的领导者，进入新的前沿。

实际上，非洲水资源可开发的潜力远远超出了上述"经济性水资源短缺"所涵盖的范畴。2012 年联合国的水资源评估受到反人类、零增长和环保主义等思维的错误假设的影响，在方法论和概念上存在根本性缺陷。当我们深入了解人类真正的潜能时，就会发现，所谓的"物理性水资源短缺"实际上只是"经济性水资源短缺"。

通过适当的基础设施发展，非洲可以成为全球水资源开发最先进的领导者。具体措施如下所述。

将水循环作为循环系统进行管理

为了评估非洲如何发展一种前沿的、革命性的水资源开发方法，我们将从全球的宏观视角出发，自上而下地审视这一问题。

[118] 《2015 年联合国世界水资源开发报告》—"世界可持续发展所需的水资源：事实与数据"，联合国教科文组织 http://www.unesco.org/fileadmin/MULTIMEDIA/HQ/SC/images/WWDR2015Facts_Figures_ENG_web. pdf

首先，也是最重要的是，水资源并非正在消耗殆尽的有限资源。人类实际上参与的是全球水循环系统，这意味着水资源的可用性不是以固定水量来衡量，而是通过人类如何管理和开发这个全球性循环系统的方方面面——包括其局部和大陆组成部分——来衡量的。

全球水循环的基本原理相当简单：阳光使海水蒸发（同时实现自然淡化），大气中的水蒸气（在宇宙辐射的作用下）凝结并在陆地上形成降水，陆地表面的淡水则通过河流（以及在一定程度上通过地下水）回流至海洋。深入研究这一过程，我们会发现，大部分蒸发掉的海水其实又降落回海洋（从而有效地形成了一个巨大的淡水供应，且这些淡水从未触及陆地）。此外，太阳蒸发和植物蒸腾作用将淡水从陆地重新输送到大气中，使其再次凝结降落（到陆地上或海洋中）。

这个基础模型界定了全球水循环的主要步骤，并指导我们探索该如何管理和优化这一循环系统，从而满足当前和未来对水资源的需求。如图 2 所示，这个模型展示了地球在一年内的平均水循环流量。

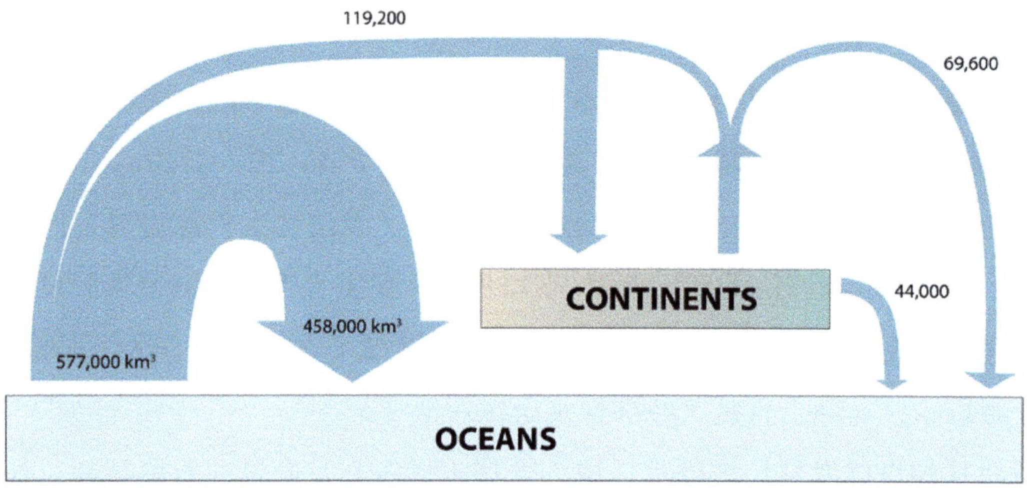

图 2：全球水循环流量（立方千米/年）。需要注意的是，由于难以获得精确的评估，净流入值和净流出值之间存在轻微的差异。资料来源：《水文循环》卷二，伊戈尔·阿列克谢耶维奇·希克洛马诺夫编，2009 年，艾尔斯出版有限公司，牛津，英国，第 7 页。

这个基础模型明确了与水循环互动、并对其进行管理的三个不同模式：

1. 地表水流管理——利用河流、湖泊和地下水资源；将江河导入运河、河流和水库；补充地下水供应。

2. 大气中的水管理——通过电离系统进行天气改造，以管理和引导降水（模拟宇宙辐射的效果）。

3. 海水淡化——直接从海洋中获取新的淡水资源。

这些模式代表了不同的方法性质。尽管地表水流管理是迄今为止人类对水循环干预中最为成熟的领域，但它存在局限性（部分在一些发达国家已经显现出来）。展望未来，我们将在这一领域整合大规模的海水淡化技术和模拟宇宙辐射的天气改造技术。

图 3 展示了非洲大陆的水循环模型，以及这些管理模式如何以不同的质量水平与该水循环相互作用。

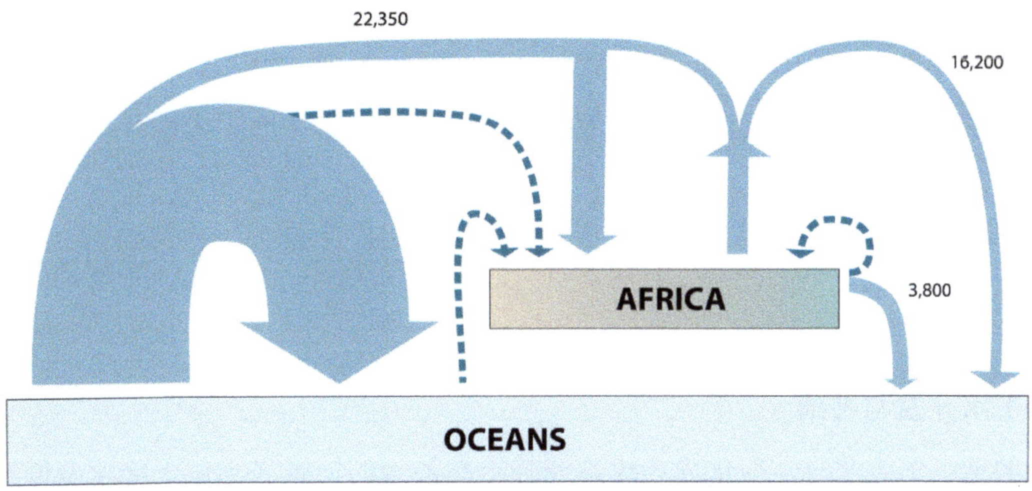

图 3：人类控制下的非洲陆地水循环。非洲水循环流量以立方千米/年为单位。请注意，由于难以得到准确的估值，净流入值和净流出值之间有轻微的差异。资料来源：《水文循环》卷二，伊戈尔·阿列克谢耶维奇·希克洛马诺夫编，2009年，艾尔斯出版有限公司，牛津，英国，第 7 页。

在深入探讨这些水循环管理模式之前，我们要先明确两个额外要素。

首先，是建设污水处理的基础设施，这能够让卫生、农业和工业用水更迅速地重新进入循环系统。虽然水处理基础设施的问题在许多地区已得到解决，我们在此仅强调其在非洲的必要性，并继续从宏观角度探讨如何将改善水循环的方法应用于非洲。

其次，我们要明白图 2 和图 3 中展示的具体数值并非一成不变。尽管由人类活动产生的二氧化碳排放对气候变化的影响相对较小，但自然变化和气候变化确实会改变水流的地理分布、范围和体积。这使我们对海水淡化和人工调节天气技术更为重视。非洲有能力采取措施来获取充足、可靠的供水，同时借助“受宇宙启发”的天气改造技术，从而跳过仅依赖陆地水流管理所出现的新问题，即便自然气候变化可能会带来新的挑战。

为了挖掘这些前沿方法的革命性潜力，我们将首先评估类别 1，即非洲地表水流管理的前景和局限性。

类别 1：地表径流管理

根据《水文循环》卷二的数据，非洲河流的年径流总计约 3,520 立方千米，其中仅刚果河就贡献了超过三分之一的流量。地下水资源的储量估算会复杂一些，但有研究表明该总储藏量约在 360,000 至 1,750,000 立方千米之间——尽管据推测，经济意义上可获取的储藏量可能仅占该储量的一半。[119]

非洲大陆的水资源分布极不均衡，从贫瘠的撒哈拉沙漠到肥沃的刚果雨林，各地的水资源状况差异巨大。

首先，我们来评估一下依赖地下水供应会有哪些潜力可挖掘，又会面临哪些挑战。

类别 1.A：地下水开发与补给

在开发新的地下水资源时，应优先考虑那些补给率最高的地区（水位下降速度低于补给速度，则可确保未来持续的水资源供应），以及那些急需水资源的地区（可以随着时间的推移增加供应）。

例如，在刚果盆地，我们观察到有些地区的地下水具有高补给率，这些地区便有条件实现地下水资源的自然补充。而另一种极端情形则是地下水根本没有活跃的补给，例如位于苏丹西北部和达尔富尔地区的一个古代地下巨型湖泊的残留。该地区有数百万人因数十年的地缘冲突而流离失所，尽管从这个巨型湖泊取水并非长久之计，但开发这 2,500 立方千米的地下水资源可以为这些人解燃眉之急。[120]在第 7 章中，我们参考了阿兰・加谢特（Alain

[119] A.M. 麦克唐纳德等著，《非洲地下水资源定量地图》，《环境研究快报》，卷七，第 2 期，2012 年

[120] 2007 年，时担任波士顿大学遥感中心主任的地质学家法鲁克·埃尔-巴兹通过卫星雷达数据发现该地区的一个古代湖泊的迹象，于是他呼吁在该地区开凿 1000 多口井。埃尔-巴兹还在达尔富尔东北部的埃及东乌韦纳特盆地发现了另一个类似的古代湖泊，那里的地下水可达地表下 25 米的深度。基于这些发现，埃尔-巴兹和他的团队开凿了 500 多口井，成功实现了 61,000 多公顷小麦和其他重要农作物的灌溉与丰收。《地质学家提议为达尔富尔建造'1000 口井'；用科学服务人类》，《行政情报评论》，2007 年 9 月 14 日，https://www.larouchepub.com/eiw/public/2007/eirv34n36-20070914/15-19_736.pdf

Gachet）博士的研究，讨论过利用这种地下水资源的巨大好处。

然而，任何依赖或打算依赖地下水资源的地区，如果面临地下水低补给或无补给的情况，也需要开发替代水源，或通过系统建设来引入新的水源对地下水进行补充。

美国有一些较大的地区由于未能采取以上方法而陷入了危机。以下是两个具体案例。

加州中央谷地含水层危机：加利福尼亚州的中央谷地，其面积还不足全国农田（约60,000 平方公里）的 1%，而农业产出却占全美的 8%（按货币价值计算），因而成为世界上最富饶的农业区域之一。然而，该地由于地下水的消耗速度已超过了自然补给速度，正面临不断加剧的水资源危机。从 1962 年到 2013 年，中央谷地的含水层以平均每年 1.5 立方千米的速度逐渐枯竭，水资源净损失高达 75 立方千米，弥补这样的“亏空”需要的水量相当于加州拥有的科罗拉多河的 14 年的用水分额。[121]在某些地区，由于过度抽取地下水，地面沉降甚至已经超过了 9 米。

美国奥加拉拉含水层枯竭：在美国中部，另一个重要的农业区域则依靠一个庞大但已严重透支的地下水资源—奥加拉拉含水层。这个含水层滋养着全美约四分之一的灌溉土地，并为 200 万人提供饮用水。然而，与 1950 年开始大规模取水时相比，奥加拉拉整个含水层的可用水量（约 3500 立方千米）如今已减少了 10%。[122]1987 年至 1999 年间，奥加拉拉含水层的年平均耗水量约为 5 立方千米，且这一数字还在不断上升。[123]

放眼全球，据估计，目前全球正在使用的含水层的储水量比过去下降了约 20%。全球地下水的年均下降速度正在以 1%-2%的速率增加，在过去的 50 年里，这一速度已经增加了三倍。[124]

---

[121] “基于 GRACE 卫星数据的加州萨克拉门托和圣华金河流域水储量变化：2003-2013 年的初步更新结果”，加利福尼亚大学尔湾分校水文建模中心水文咨询报告#1，2014 年 2 月 3 日

[122] 在某些地区，水位每年会下降近 2 米。关于含水层的分布和水位降幅的数据，可以参考以下资料：

- V.L.麦奎尔，《高原含水层水位和蓄水量的变化：从开采前到 2005 年》，http://pubs.usgs.gov/fs/2007/3029/
- 美国地质勘探局，《提交国会的报告—全国水资源可利用性与使用评估的概念》，美国地质勘探局通告第 1223 号，2002 年
- 美国地质勘探局，《高原含水层水位和蓄水量的变化：从开采前到 2005 年》，https://pubs.usgs.gov/fs/2007/3029/

[123] L.F. 科尼柯，2013 年，《美国地下水消耗（1900-2008）》：《美国地质勘探局科学调查报告 2013-5079》，共 63 页，http://pubs.usgs.gov/sir/2013/5079

[124] 《2014 年联合国世界水发展报告》，第二章；《水与能源》卷一，联合国教科文组织；《地下水印记揭示全球含水层的水平衡》，格里森等著，《自然》杂志，2012 年 8 月 8 日

这两个案例凸显了将调水项目、人工影响天气以及海水淡化等措施应用于地下水利用的必要性。从整个水循环的角度来看，非洲有机会跳过其他地区所面临的问题和挑战。这就把我们带到了下一个讨论层面：河流管理和改造。

类别 1.B：河流治理与调水工程

如前所述，非洲的年均河流径流量为 3500 立方公里,但空间分布非常不均衡。

河流系统的开发可理解为一系列递进的定性阶段：第一阶段是在单一河流上修建水坝和水库；第二阶段是对整条干流及其支流系统进行统筹开发；第三阶段实现主要流域间的互联互通与跨流域调水；第四阶段则建成完整的大陆性水网系统。

美国西南部的水资源开发堪称流域整体开发与跨流域调水的典范。科罗拉多河及其支流上分布着 29 座大型水坝及配套水库，这些设施不仅能够有效调控河流径流，还具备向东输水至亚利桑那州、向西跨流域调水至加利福尼亚州的能力。这一集成式供水系统为 4000 万人口和 150 万公顷农田的灌溉提供了水资源。综合各种用途考虑，平均而言，科罗拉多河的每一滴水一年可循环利用达 17 次[125]。在加州，萨克拉门托河与圣华金河流域通过中央谷地工程和加州州立水资源工程建成了 30 余座大型水库，总蓄水能力超过 230 亿立方米，并依托绵延 2000 公里的输水渠网络，为2500 万居民和 120 万公顷灌溉农田稳定供水（见图 4）。

图4：美国西南部科罗拉多河流域工程与加州水利工程分布。

该水利管理系统开发于美国 20 世纪 30 至 60 年代，而中国正将此类工程推向全新高度。

---

[125] 加里·保罗·纳伯汗著，《科罗拉多河的源与流：溯源保护与河道保障》，北亚利桑那大学，2007 年 6 月 12 日。

中国的南水北调工程实现了跨五大流域的大规模水资源调配。目前已建成东线和中线工程，每年可将长江及其支流的 280 亿立方米水输送至中国北方较干旱地区。规划中的西线工程还将每年从长江上游（通天河、雅砻江与大渡河）向黄河上游增调超过 40 亿立方米的水量[126]，仅长江三峡大坝就拥有近 400 亿立方米的库容和 22,000 兆瓦的发电能力。

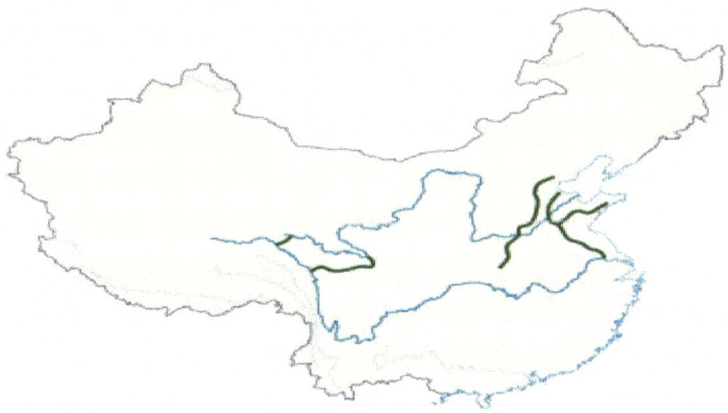

图5：中国南水北调工程线路示意图（绿色标注）。

在非洲，我们已经看到通过跨越式发展开展大规模水资源调配的潜力，其中最受关注的是史上规模最大的水资源调配工程“Transaqua 跨刚果-乍得调水项目”（详见第六章）。该项目计划将刚果河流域的水资源引至乍得湖流域，并最终注入乍得湖。工程预计每年从刚果河部分支流引水 500 亿至 1000 亿立方米，经由一条长 2400 公里的水道，汇入沙里河，再流入乍得湖，并在沿途提供灌溉用水。

在过去三十年间，乍得湖面积萎缩了 95%，正面临消失的威胁，这对依赖该湖生存的 3000 多万民众构成了严重的人道主义危机。实际上，只需分流刚果河全年径流量的 3%-4%，就足以让乍得湖恢复生机。这一举动不仅能重振湖区民生，还可依托“Transaqua 跨刚果-乍得调水项目”所带来的能源与农业发展机遇，为区域经济注入活力。

另一项旨在开发刚果河流域潜力的提议是“非洲通道”（Africa Pass）计划。该计划同样拟从刚果河支流取水，建设一条长约 3800 公里的运河，沿着尼罗河东侧平行延伸，最终抵达埃及西部的盖塔拉洼地。

[126] 西线工程的扩建方案若得以实施，可将整个工程的调水能力提升八倍（!）。

目前埃及的 9300 多万人口主要集中在尼罗河及三角洲沿岸的狭长地带，而““非洲通道”有望为该国的西部沙漠开发和人类居住创造条件，从而彻底改变撒哈拉以南非洲和北非的经济格局。

仅在盖塔拉洼地周边，就有数百万英亩的农田正等待开发，有望将埃及打造成粮食生产大国，而不是像现在这样依赖进口粮食。形成的淡水湖盖塔拉及其周边绿洲将产生显著的水文效应，调节区域气候、增加降雨量，并有效遏制沙漠扩大。

通过“Transaqua 跨刚果-乍得调水项目”和“非洲通道”计划，我们看到了非洲在跨流域水资源管理方面引领全球的潜力。

除此之外，还有一些类似的重要中小型项目。但要全面应对未来水资源管理的挑战，必须从水循环的整体视角出发，结合水循环的三个主要环节来统筹规划。

展望未来：非洲如何引领全球水革命

如前所述，在当前地下水位不断下降的趋势下，大多数地下水资源从长期来看并不可持续。为了恢复民众赖以生存的地下水资源，需要借助调水系统、跨流域引水等补充水源的措施，助力非洲避开美国等国已遭遇的水资源困境，实现跨越式发展。

但我们还须进一步认识到，河流系统本身并不是永久不变的固定结构。自然气候变化，特别是太阳活动引起的气候变迁，会改变降水和气候模式，造成周期性和非周期性的水文环境变动。

例如，现今看似极端荒芜的撒哈拉沙漠，在 5000 至 11000 年前是完全不同的面貌：那时，该地区是稀树草原生态系统，高草遍野，灌木与乔木散布其间，河网纵横交错，巨型湖泊中游弋着长达 2 米的大型鱼类，吸引着大象、犀牛、河马、鳄鱼等多样生物在此栖息，甚至早期人类也聚居于此。当时的巨型乍得湖的面积甚至超过了今天的里海！

在更短的时间尺度上，持续数十年的太阳活动减弱期（“极小期”）会导致热带气候带边缘的位移，从而剧烈改变整个热带地区的降雨和气候模式，直接影响到非洲的大部分地区

[127]。这类太阳活动变化每隔数百年就会发生一次。有证据表明，太阳可能在未来几十年进入新一轮的极小期。

因此，我们必须将这类大规模的自然气候波动纳入水资源规划的考量之中，而不能仅以“水源恒定不变”为前提依赖河流及其他地表水资源。

这促使我们重新回归水循环的自上而下的分类与评估：既然明知降水模式始终在变化之中，为何要将水资源开发局限于已经从天空降落的水？非洲国家可通过革命性的天气干预技术，开发利用尚未降落地表的大气水资源。这是与水循环相互作用的全新范式，不仅能够把原本无法利用的水资源引入陆地水循环，增加水循环的总量，还能通过控制补给河流的降雨，确保现有河流系统的稳定性与可靠性。

类别 2：天气调控

太阳每年蒸发的海水总量高达 577000 立方方公里，相当于 500 条刚果河径流直入云霄。

然而，每年只有 119000 立方公里——也就是刚果 500 条河流中的 100 条——最终降落在陆地上。其余的水汽则重新返回海洋，构成了一个巨大的未开发资源。

我们能否管理这些大气中的水汽？能否“引导”它们降落在最需要的地方，或避免其在可能造成危害的区域降落？目前，人工增雨技术已在特定条件下取得一定成效，同时也有多种其他气象调控方案被相继提出。在此，我们将重点探讨一种鲜为人知但潜力更大的解决方案：大气电离系统的应用。

电离水平在大气水汽凝结过程中起着关键作用，通过调控电离状态，可以影响降水及其他天气现象的形成。大气电离技术利用塔架支撑的细金属导线阵列，向大气注入精确调制的电流，以此改变周围大气的电离状态。在选址科学、阵列配置合理且规模适中的情况下，该技术不仅能将更多海洋水汽输送至陆地，增加陆地水循环的净输入量，还能控制降雨和天气模式。自 20 世纪 80 年代以来，这一技术已在澳大利亚、以色列、墨西哥、俄罗斯、阿拉伯联合酋长国等地成功应用。

---

[127] 贾斯珀·柯克比：《宇宙射线与气候》，《地球物理学综览》，第 28 卷，第 5-6 期，第 333-375 页，2007 年 11 月。

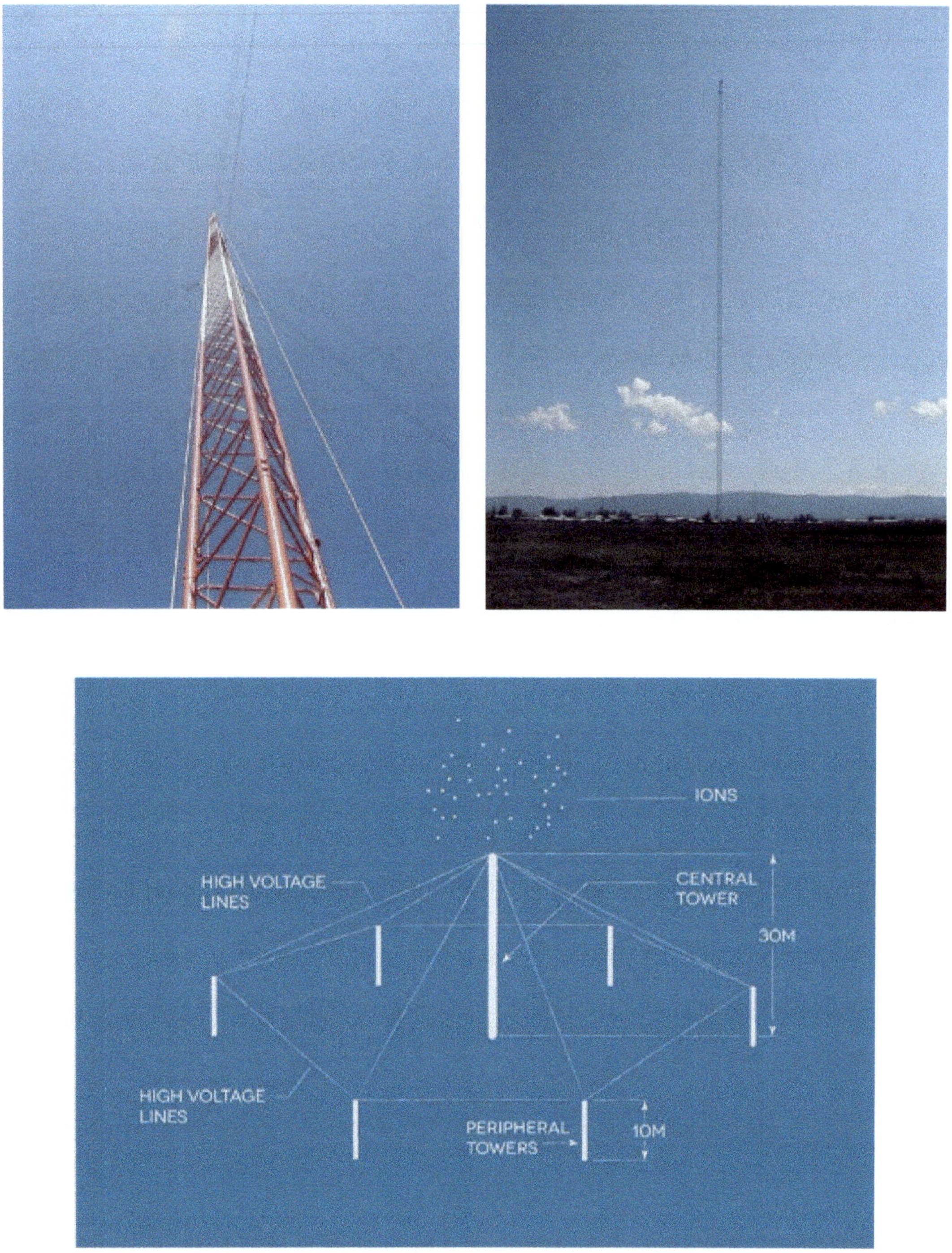

墨西哥电离系统装置及其通用设计示意图。来源：ELAT。

虽然这项技术运行所需的电能出奇地少，它却有望彻底革新人类对水循环的掌控能力。

为何如此看似温和的方法能够产生巨大的效能？我们的银河系或许能为此提供启示。

银河系视角

让我们将目光投向一个出乎意料的地点—南极洲，如今地球上最寒冷、最荒凉的地方。对覆盖南极洲厚达两公里的冰层下进行的研究表明，在数千万年前甚至过去一亿年的大部分时间里，南极洲曾是一片热带天堂。

那时，绿色的植被遍布大陆，哺乳动物自在栖息，河流和湖泊纵横交错。

为何一个地区会经历如此剧烈的变迁，从生机勃勃的热带环境转变为被冰雪覆盖的荒芜冻土？

南极洲的转变，正是地球在过去五亿年中经历的最大幅度气候变化的缩影：从极地冰盖的全球冰川期，到完全无冰的全球高温期。

在这五亿年间，地球已经在这两种极端之间往返循环了四次。尽管有人试图将这种宏大的气候变化归咎于二氧化碳浓度，但研究证实，真正主导这一过程的并非二氧化碳，而是太阳系与银河系之间周期性的关系变化[128]。

这种星系级的变化与太阳系穿越银河系的旋臂运动密切相关。这一过程会剧烈改变抵达地球的银河宇宙射线强度。

当太阳系穿越银河系旋臂时（正如它现在所处的阶段），银河宇宙辐射水平显著升高，进而大幅增强大气中的电离程度，从而加速水蒸气凝结和云层形成，而更多云层会反射更多阳光，导致地球温度下降。因此，在穿越旋臂期间，银河系引发的增强云盖效应，会促成冰川期出现和冰盖发育。

[128] 尼尔·J·沙维夫著，《银河系旋臂结构、宇宙射线与地球冰河期》，《新天文学》，第 8 卷，第 39-77 页，2003。

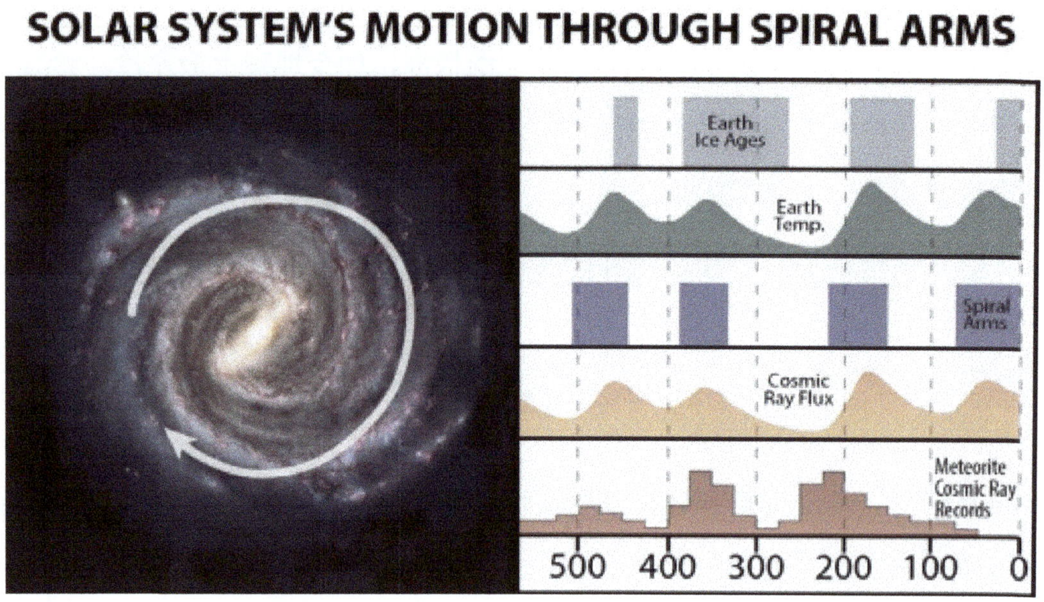

资料来源：尼尔·J·沙维夫《银河系旋臂结构，宇宙射线与地球冰河时期》，《新天文学》2003年第8卷，第39-77。

当太阳系位于银河系的旋臂之间时，就像过去一亿年的大部分时期一样，银河宇宙辐射通 量降低，云层形成减少，全球气候显著变暖。在这种“银河驱动的气候变化”中，地球处于无冰川状态，南极洲也曾是一片适宜度假的滨海天堂。

看似微弱的银河宇宙辐射电离效应，竟能引发全球气候的显著变化。而我们正可以运用这一机制，主动调控地球气候！

电离系统天气调控技术

上文提到的地面大气电离装置，可用于模拟银河电离效应，允许操作者控制水蒸气凝结、降水和其他天气现象。

在过去的三十年间，多个项目已经成功验证并实际应用了这项技术[129]：

---

[129] 有关这些项目的更多详情，请参阅：

《扩展北美水电联盟XXI：以气象改造消除粮食危机》，《行政情报评论》，2013年8月9日，

http://www.larouchepub.com/other/2013/4031nawapa_weather.html。

《新丝绸之路成为世界陆桥》（第二部分）：“解决全球水危机”，《行政情报评论》特刊，2014年12月1日，

俄罗斯：该项技术于 20 世纪 80 年代开发并投入实际应用。

墨西哥：自 1999 年至 2008 年基于俄罗斯技术开展商业化运营，实现全州降水增加 5%-50%，水库蓄水量提升，农作物增产，森林火灾减少。

以色列：同样使用俄罗斯技术，在 2011 年到 2013 年的商业运营期间，成功将七个水库蓄满至最大容量（这些水库首次达到满负荷）。

瑞士：在 2005 年开发并验证了该技术的另一个版本。

阿联酋：2006 年基于瑞士技术成功完成示范项目。

澳大利亚：2007 至 2010 年间开展的系列试验，使降水持续增加了 10%-20%。

阿曼：2013 年至 2018 年持续进行的试验显示，在运行的前三年中，降雨量增加了 20%。

这些基于电离技术的天气调控系统，为人类开启了一个全新的行动维度。人类不再依赖现有的降水模式和地表水资源，而是通过直接调控大气水汽流动，深化对宇宙运行原理更深刻的理解，从而获得对整个陆地水循环更高程度的控制，并通过将更多海洋水汽引入陆地来增加水循环的总量。

在综合运用以上各类方法之前，我们还需要审视与水循环互动的最后一类方式：通过海水淡化从海洋中获取新的淡水资源。

---

https://worldlandbridge.com/。

《致下任总统的备忘录：西部水危机新视角》，《行政情报评论》，2015 年 4 月 3 日，

http://www.larouchepub.com/other/2015/4214memo_pres_water_crisis.html。

《以气象调控终结干旱：普林涅茨教授专访》，拉鲁什政治行动委员会，2015 年 5 月 6 日，

https://larouchepac.com/20150506/end-droughts-weather-control-interview-prof-pulinets。

《新范式展示·调控我们的星系环境》（第二卷），拉鲁什政治行动委员会，2015 年 5 月 13 日

https://larouchepac.com/20150513/new-paradigm-show-managing-our-galactic-environment-ii。

《电离作用：弱相互作用力灌溉地球之伟力》，《行政情报评论》，2016 年 4 月 8 日

http://www.larouchepub.com/eiw/public/2016/eirv43n15-20160408/28-30_4315.pdf。

类别 3：海水淡化

迄今为止，我们所讨论的系统中，淡水提取和输送都依赖于太阳蒸发过程。但如今，人类首次有能力以技术方式重新创造这一过程。海水淡化技术使我们可以直接从海洋中提取淡水，从而开创了生物圈中首个不受太阳活动制约的淡水生产方式。相关技术和方法已经成熟且效率不断提升，但它仍属于能源密集型产业，尤其对于发展中国家而言。

核裂变和聚变能源的大规模开发与部署，将推动海水淡化达到所需规模，这清晰地印证了林登·拉鲁什关于高能量通量密度如何改变经济可用资源的观点。

借助核裂变乃至未来的核聚变提供的高品质能源，人均可用能源量（即国民经济能量通量密度）将显著提升，这使得更多能源可用于开发新型资源。海水淡化技术生产淡水正是一个典型案例：在能量通量密度较低时，该技术难以大规模应用。

虽然尚未达到理想的能源水平，全球各地已在不同程度实施海水淡化。目前，约有 3 亿人口的部分用水来自淡化海水。

全球现有超过 15000 座海水淡化设施（几乎全部依赖化石燃料驱动），每年淡水生产能力接近 300 亿立方米。其中，绝大部分产能集中在西南亚的若干超大型工厂。

当前全球每年 300 亿立方米的海水淡化产能虽令人瞩目（相当于尼罗河年径流量的五分之一），但现有产能仍远不能满足需求。以 2011 年为例，当年全球地下水开采量约 1 万亿立方米，是当前淡化产能的 33 倍。若要依靠海水淡化来缓解全球性水资源危机（单纯依赖地表径流和地下水所引发的危机），这项技术任重道远。

在核聚变能源成熟之前，我们最迫切的任务是大规模生产和部署核裂变系统，推动人类真正迈入水资源开发的新纪元，有效创造“逆向河流”，使淡水资源从海洋流回陆地。这超越了水循环管理的范畴，进入了水循环创造的领域，彰显了人类作为地球创造性力量所拥有的独特能力。

非洲水资源的未来

非洲及其他地区水危机的核心并不在于水资源分布，而是人类对自身的角色的认知：我们是地球上独特的创造性力量。人类既面对现实的困境，也拥有开发新能力的潜力。

非洲各国必须综合运用上述所有方法，因为没有任何一种单一技术能够解决一切问题：所有这些技术类别都必须根据具体区域的实际需求加以发展和应用。

我们既可开发新的地下水资源，也可以通过跨流域调水、修建水库大坝和灌溉系统来开发和改善河流水系，推动整个非洲大陆水资源的公平分配。与此同时，必须将新型水循环管理框架纳入考量，以支持和拓展地表径流管理的能力。

随着能量通量密度的提升与海水淡化系统的大规模应用，我们能够生产出新的淡水资源。大气电离技术不仅能调控大气中的水分输送与降雨分布，更开辟了对陆地水循环进行深度管理的新路径。这不仅超越了被动依赖陆地降水的传统模式，更使我们向着影响决定陆地水分布的大气水汽流动迈进。

解决任何水资源危机的关键，在于人类要意识到自身作为地球上的创造性力量所肩负的科技责任。正如银河系启发的天气调控方法所示，人类能够随着对宇宙结构认知的不断深化，持续提升自身的存在维度。

案例研究：尼罗河流域

侯赛因·阿斯卡里（Hussein Askary）、迪安·安德罗米达斯(Dean Andromidas)

在联合国等国际组织的大多数学术论文和报告中，水资源常被视为一个封闭系统——淡水量固定且开发潜力有限。然而，这种对水土资源的线性计量方式，却忽视了人类创造性和理智性干预的可能性——即通过技术手段改造这些资源并放大其效用。引用英帝国时期理论家托马斯·马尔萨斯的观点：人类需求与人口呈几何式增长，而自然资源至多按算术式增长，因此某些理论将人类视为资源负担。这种反自然的认知，往往潜移默化地体现在众多关于全球水问题的“科学”研究与会议论文中，笔者屡见不鲜[130]。

本节将以尼罗河流域作为案例研究，因其国家分布恰好构成从湿润热带到干燥亚热带的典型地理样本，对非洲其他地区具有参考意义。遵循本书采用的科学标准，水资源需求与供

[130] 参见：侯赛因·阿斯卡里：《世界水周：两个对立世界的交锋—发展或死亡》，《行政情报评论》，2012 年 9 月 14 日 http://www.larouchepub.com/other/2012/3936world_water_wk.html。

给的复杂性已成为一项紧迫议题。

线性数据下的尼罗河

自 20 世纪 60 年代以来，尼罗河流域及东非国家的总人口已从 1 亿增加到约 4 亿，实现了四倍增长。这一事实被国际环境和金融机构视为一场灾难，然而对于具备理性认知的人类而言，这更应该被视为一项巨大的财富资源。

尼罗河全长超过 6800 公里，被誉为全球最长的河流，自南向北流经超过 35° 的纬度。其水源主要来自两大支流系统：一是发源于赤道湖区的白尼罗河，流域覆盖布隆迪、卢旺达、坦桑尼亚和乌干达，肯尼亚与刚果民主共和国有时也被纳入其中；二是发源于埃塞俄比亚高原塔纳湖（海拔 2100 米）的蓝尼罗河。此外，还有两条河流源自埃塞俄比亚：索巴特河在南苏丹马拉卡尔与白尼罗河汇合，阿特巴拉河则在苏丹首都喀土穆以北汇入尼罗河。

白尼罗河与蓝尼罗河的源头位于湿润区域，年降水量在 1200 至 2600 毫米之间，降水相对充沛。然而，整个尼罗河流域的年平均降水量仅有 650 毫米，这主要归因于苏丹干旱区域被纳入统计（2011 年在南苏丹公投独立前，苏丹曾是非洲最大的国家）。苏丹境内可分为三个降雨带：最南端年降水量达 1200 至 1500 毫米；肥沃的黏土平原年降水量为 400 至 800 毫米；北部沙漠地区年均降水量仅为 20 毫米。继续向北进入埃及境内，年降水量进一步骤降至 20 毫米以下。

尼罗河流域总面积达 320 万平方公里， 占非洲大陆总面积的 10.3% 。 如前所述，该区域大部分降水集中在赤道湖区、南苏丹以及埃塞俄比亚高原。整个流域年总降水量估计在 8000 亿至 10000 亿立方米之间，其中近 70%通过蒸散作用“流失”。埃及和苏丹两国合计获得的降水份额不足总量的 10%！

除线性数据外，另一关键点常被忽略：与源自热带赤道湖泊区、流量相对平稳的白尼罗河不同，发源于埃塞俄比亚高原的蓝尼罗河及阿特巴拉河等支流，其降雨和水位在雨季（7 月至 10 月）和旱季（11 月至 6 月）之间波动显著。

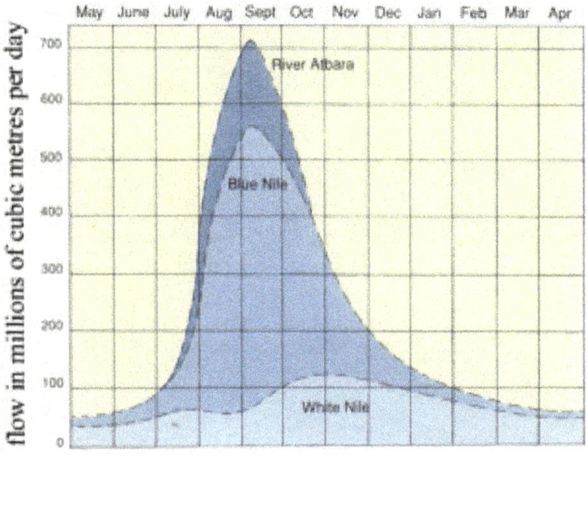

尼罗河主要支流水量的极端季节性波动特性，

使得运用现代技术手段和基础设施调控水流成为生死攸关的问题。

来源：http://www.mbarron.net/Nile。

在雨季，蓝尼罗河流量的增加通常会导致苏丹境内发生严重洪灾，并加剧其境内罗塞雷斯、哈什姆吉尔巴等水库的泥沙淤积问题。这一现实突显了对蓝尼罗河的流量实施严格调控的必要性，以降低水位波动带来的风险，并更充分地开发利用水资源，包括水力发电。

在蓝尼罗河和阿特巴拉区域兴建水坝，最终将增加埃及的可用水量。由于该地区气候温和，蒸发损失仅占 3% ，而埃及阿斯旺大坝水库的蒸发损失却高达近 16% 。不过，阿斯旺大坝在洪水频发年份将不再获得额外水量。这些水资源将被储存在蓝尼罗河水库系统中，例如正在埃塞俄比亚建设的“复兴大坝”（GERD）。

颇具讽刺意味的是，这个水资源极其丰富的地区（尤其是埃塞俄比亚），由于季节性降雨的多变性和水利基础设施薄弱，反而面临严重的用水短缺。基础设施的缺失导致丰水期的多余水资源无法储存以备枯水期之需。当前埃塞俄比亚人均人工蓄水量约为 47 立方米，肯尼亚为 114 立方米，坦桑尼亚为 142 立方米，与北美的人均 6150 立方米、澳大利亚的人均 4100 立方米形成巨大反差[131]。

关键问题再次凸显：制约发展的并非“自然资源”的可得性，而是社会通过科技手段优化利用资源的能力。这类技术在工业化国家已应用超过一个世纪，但非洲却始终未能共享其红利。近年来，一些环保组织、非政府机构以及世界银行和国际货币基金组织等金融机构在一定程度上阻止了非洲的发展，其手段与 19 至 20 世纪殖民势力所采用的策略如出一辙。

蒸发从非线性角度看，下游国家如埃及和苏丹的水资源可用性问题，可以从减少白尼罗河蒸发的角度来考虑。源自赤道湖区的水源，在抵达苏丹北部前就已流失或蒸发。虽然在维多利亚湖和乌干达阿尔伯特湖等热带区域，蒸发与蒸腾是平衡水循环的自然过程，但沼泽湿地的水分蒸发实际上会造成水资源净损失，也意味着可耕地的损失。

最典型的案例当属被称为“苏德沼泽”的巨型湿地。卡盖拉河注入取名不当的“维多利亚湖”，尼罗河水随后流向基奥加湖、阿尔伯特湖，并向北流经乌干达与苏丹边境。在南苏

---

[131] 尼罗河流域倡议组织，《尼罗河流域水资源图集》，第七章，“水资源需求、利用与水利基础设施”，

http://nileis.nilebasin.org/system/files/Nile%20Basin%20Water%20Resources%20Atlas_chapter%207.pdf

丹博尔镇附近，因坡度变化，形成了这片广阔的苏德沼泽。其面积随水量变化而大幅波动：在 1961 至 1964 年赤道地区遭遇特大暴雨期间，苏德沼泽的面积曾扩展至 29800 平方公里，几乎相当于比利时的国土面积。即便在正常年份，苏德沼泽的平均面积也维持在 16000 平方公里左右，仍是广袤无垠的水域。这片湿地最显著的特征是由脱离根系的腐烂沼生植被形成的漂浮或淤塞的“岛屿”，最大“岛屿”长达 30 公里。在滞缓的水域中，滋生着多种携带疟疾的蚊虫和水生寄生虫，人类几乎无法徒步或乘船通行这个区域。河水在此缓慢流动期间，因强烈蒸发导致大量水分损失。据估算，1905 至 1980 年间该区域年均蒸发量达 169 亿立方米，峰值甚至高达 200 亿立方米——相当于阿斯旺水库流量的三分之一！

另一个典型案例是乌干达的沼泽湿地。这个湖泊与湿地密布的国家，其境内可再生水资源 量估计每年达 390 亿立方米。然而，该国每年接收的总水量（经里彭瀑布和刚果民主共和国入境）与出境至苏丹的水量基本持平。意味着大量水分通过湖泊和覆盖约 10%国土的湿地蒸发消失。

与许多前英国殖民地类似，1962 年独立的乌干达在 20 世纪 70 年代启动了多项大规模排水工程。然而，1979 年推翻伊迪·阿明政权的内战，以及随后引发 1985 年米尔顿·奥博特政府垮台的国家抵抗运动，最终使这些项目化为泡影。

1986 年，政府做出一个有争议的决定：禁止进一步开展大规模排水工程，并启动《国家湿地保护与管理计划》。这实际上遵从了英国主导的《拉姆萨尔公约》（关于国际重要湿地的保护），该公约数十年来打着环保和生物多样性的旗号，阻挠非洲的水资源开发。乌干达仅被允许开展小规模项目，并被鼓励将水土资源用于咖啡等出口经济作物的生产。

《拉姆萨尔公约》明确规定，各缔约国必须在其境内划定特定湿地列入““拉姆萨尔名录”。由世界自然保护联盟（IUCN）设在瑞士格朗德的秘书处管理。1999 年，公约通过了一项“战略框架”，旨在“建立并维护一个国际湿地网络，以保护全球生物多样性，并通过其生态和水文功能支持人类福祉”[132]。

南苏丹的苏德沼泽核心区也被列入《拉姆萨尔公约》保护名录。这片由白尼罗河滋养的广阔沼泽本可通过建设琼莱运河（详见下文）改造为农田，但其中 570 万公顷被列为“拉姆萨尔湿地”，禁止开发。

---

[132] 《湿地公约沿革史》：http://www.ramsar.org/about/history-of-the-ramsar-convention。

乍得湖流域的大部分地区，也被列为禁止开发区域——该区域原本计划通过 Transaqua 跨刚果-乍得调水项目从刚果河引水以补充逐渐消失的乍得湖，世界自然基金会（WWF）和 IUCN 的理由是，这里是鸟类湿地栖息地，必须禁止人类活动。目前已有 160 个国家签署了《拉姆萨尔公约》，名录收录 1898 个保护区，总面积超过 1.86 亿公顷，相当于德国国土面积的五倍以上！

1995 年，乌干达政府遵照《拉姆萨尔公约》颁布了《湿地资源保护与管理国家政策》[133]。政策文件指出：“7.1—湿地排水：乌干达曾经历过大规模排水以开展人类开发活动，其影响在全国许多地区可见”。

乌干达应对这一问题的所谓“战略”并非促进发展，而是明确限制：“i)禁止一切湿地排水，除非存在更优先的环境管理需求”。文件进一步解释：“任何大规模人为取水或阻断湿地水源的行为—包括抽水、开挖水道，甚至过度植树—均属排水行为。在上游修建水坝也可能导致类似敢于，应予以避免”。

琼莱运河工程

琼莱运河项目是非洲最重要的排水工程之一，旨在通过将苏德沼泽的部分水量引向北方，从博尔输送到马拉卡尔，实现对部分沼泽的排水改造。首次系统性研究由埃及政府于 1946 年开展，当时埃及尚未完全独立于英国。但在贾迈勒· 阿卜杜勒· 纳赛尔领导的进步共和政府时期 （1954-1959 年）才制定了具体规划。1976 年与苏丹政府达成协议后，运河于 1978 年正式动工。然而，1984 年受外国支持的军事叛乱迫使工程停滞。苏丹人民解放军的首个重要象征性打击目标是一台昵称为“莎拉”的德国制造的巨型挖掘机，它在导弹袭击中受损。工程停工时，全长 360 公里的运河已开凿 240 公里。

[133]乌干达共和国自然资源部，《湿地资源保护与管理国家政策》，

http://www.ramsar.org/sites/default/files/documents/library/national_wetland_policies_-_uganda.pdf

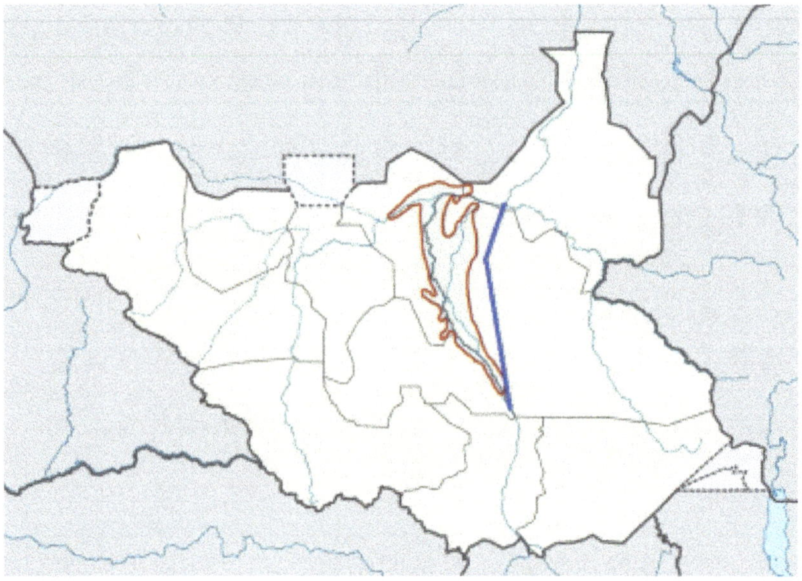 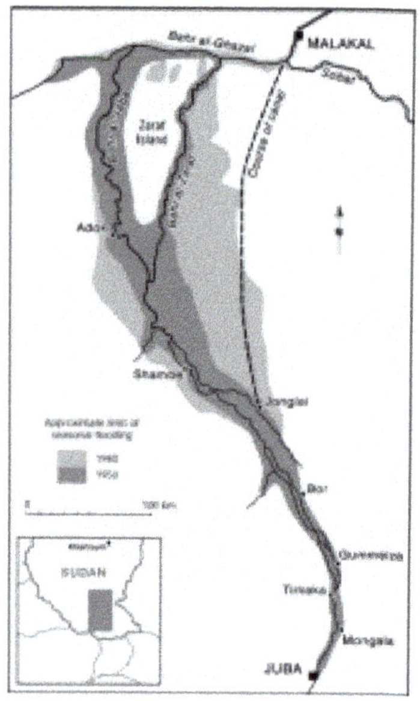

左图：南苏丹苏德沼泽区位及琼莱运河大致路线示意图。

右图：详细工程布局图。图片来源：Keitsist，维基共享资源库。

“莎拉”号斗轮式挖掘机最初在巴基斯坦投入使用，曾成功开凿印度河与杰赫勒姆河之间全长 101 公里的恰什马-杰赫勒姆运河（于 1970 年竣工）。该设备被拆解运抵苏丹后重新组装，是当时世界上最大的挖掘机，总重超过 2100 吨。在 1981 年全速运行期间，其斗轮每周可开挖 2 公里长的航道，每小时土方挖掘量达 2500-3500 立方米。

1984 年遭遗弃的“莎拉”号挖掘机停滞现场。资料来源：美国国际开发署

琼莱运河工程的设计目标是每日从博尔北部的尼罗河上游引水约 2500 万立方米，通过一条长 360 公里的运河将这些水输送至马拉卡尔，年输水量达 47 亿立方米 。根据阿斯旺监测数据，这一工程每年可为下游尼罗河流域水量增加约 38 亿立方米（扣除途中的使用与蒸发损失）。

每日从苏德沼泽水源分流抽取 2500 万立方米，预计将使沼泽面积缩减 36%，从平均 16,900 平方公里缩减至 10,800 平方公里。运河宽度设计为 28 至 50 米，水深 4 至 7 米，以满足船舶通行需求。沿线还规划了全年可通航的道路及配套基础设施，包括船坞、桥梁、渡口、跨河土木结构以及调水系统等。

2000 年，南-北苏丹和平进程启动时，埃及等国重新发力，推动运河项目重启。尽管埃及和苏丹政府已就重启琼莱运河项目达成共识，但新成立的南苏丹政府却更关注“独立”与分离议题。在美国和英国的鼓动下，南苏丹当局对喀土穆中央政府采取对抗姿态，更甚者，南苏丹政界和公众被误导，认为该工程是“埃及帝国主义”的项目，不会惠及南苏丹人民。

2011 年独立后，南苏丹被昔日盟友抛弃，独自应对严重的经济和社会危机。这些危机最终在 2014 年演变为部族与民兵组织之间的内战。南部油田是 2000 - 2010 年和平时期苏丹政府开发的唯一收入来源，因与北方新出现的边境冲突而停产。而石油出口的唯一通道，仍是通往喀土穆及红海苏丹港的现有管道。

南苏丹政府及政治领导层面临新国家建立后的严峻粮食危机、内战以及地理上的孤立，唯一的出路在于恢复与苏丹的合作，并开辟通往南部和东部邻国的新交通与贸易通道。值得庆幸的是，这一愿景正逐步变为现实。正如第二章所述，中国正与东非多国合作开发交通走廊，使内陆南苏丹、埃塞俄比亚、乌干达、卢旺达、布隆迪及刚果（金）通过肯尼亚与外界连通，

若南苏丹政府决定与埃及和苏丹合作，恢复琼莱运河的建设，这将释放出积极的信号，表明南苏丹已准备好参与即将到来的非洲经济与社会复兴。

水电开发、水资源管理与农业发展

当前正在规划或建设中的若干重大水坝项目，将深刻改变尼罗河流域国家与生态环境的关系。苏丹近期在其北部建成了麦洛维大坝，这是一个具有重要意义的水力发电和农业发展项目[134]。更北部的卡杰巴尔大坝已规划建于靠近埃及边境的第三瀑布处，另有两座大坝正在阿特巴拉河和塞提特河（埃塞俄比亚北部两条较小支流）上兴建。这些水坝项目几乎都由中国参与建设和融资。

---

[134] 侯赛因•阿斯卡里：《苏丹的“田纳西流域管理局”模式:全非洲的发展范式》，《行政情报评论》，2009 年 4 月 24 日刊，http://www.larouchepub.com/eiw/public/2009/2009_10-19/2009_10-19/2009-16/pdf/36-40_3616.pdf。

然而，尼罗河流域乃至整个非洲当前规模最大的水坝项目，是位于蓝尼罗河上的埃塞俄比亚复兴大坝。过去数十年间，埃塞俄比亚始终与饥荒、贫困和冲突紧密相连，但如今正在发生转变。这个拥有 1.05 亿人口（截至 2017 年 10 月数据）、悠久历史和巨大经济潜力的国家，直到近年才得以开发其人力资源、土地资源和水资源的潜力，水电开发就是个绝佳例证。

埃塞俄比亚拥有超过 5 万兆瓦的水电潜力，正积极推进开发以造福国民[135]。过去 15 年间，全国用电人口比例实现翻番，从 2002 年的 13%攀升至当前的 27%[136]。吉布 3 水电站的竣工，使国家水电装机容量从 2000 兆瓦跃升至 3800 兆瓦。而由时任总理梅莱斯·泽纳维于 2011 年启动建设的复兴大坝将再增 6000 兆瓦发电量，截至 2017 年该工程已完成 60%。

从这些项目的融资模式中可汲取重要经验：当世界银行等西方机构拒绝为水坝提供融资时，中国的银行提供了信贷支持，包括购买发电设备和电气组件。不过，主要资金来源还是埃塞俄比亚本国——通过向国内外埃塞俄比亚公民发行专项国债并辅以特别税，复兴大坝展现了以国家信用为基础的替代性融资模式。埃及正是采用同样方式为新苏伊士运河项目融资。

埃塞俄比亚正邀请邻国参与大坝融资并以未来的电力供应作为回报。吉布提是目前复兴大坝债券的最大购买方，而埃及和苏丹尚未出资，正等待三方特别委员会就大坝对两国影响作出政治和技术上的决定。

复兴大坝的主体将高 150 米、长 1800 米。泄洪道两侧各设一座发电厂房，左右厂房各配备 8 台功率为 375 兆瓦的发电机组。支撑大坝与水库的是一座长 5 公里、高 50 米的副坝。水库库容达 630 亿立方米（略超埃及阿斯旺大坝一整年的尼罗河年径流量）。这正是埃及的主要担忧所在，因为在大坝建成后的蓄水过程中（这一过程将持续十年以上），尼罗河的年流量可能会减少 10%至 15%。

获益和关切

如前所述，由于蓝尼罗河是一条季节性很强的河流，复兴大坝将有助于减少下游的洪水灾

---

[135] 埃塞俄比亚电力公司对外关系部，《埃塞俄比亚电力概况简篇》，2017 年版

http://www.eep.gov.et/wp-content/uploads/2017/09/english-layout-F-and-B-min.pdf。

[136] 世界银行，世界发展指数数据库，2017 年 11 月 5 日访问版。

害，包括埃塞俄比亚境内 40 公里长的河段及常年遭受洪涝的苏丹。

在过去，洪水曾被视为对有限的农业有益，因其能为土壤输送矿物质并帮助灌溉新区域。然而，随着现代农业和灌溉技术的发展，传统的耕作方式必须让位于先进技术。虽然复兴大坝所在地区人口密度不高，但它将成为现代化农业工业中心的基础设施组成部分。随着大坝兼作蓝尼罗河的桥梁，加之道路、水泥厂和工业车间等配套建设，该地区有望释放巨大的经济发展潜力。

由于各方尚未达成共识，复兴大坝对下游国家的具体影响仍存在争议。埃及担心，在水库蓄水期间会出现暂时性的水资源减少，而在此之后，由于水库蒸发作用，还将面临永久性的水量下降。

据称水库蓄水期间，每年可能流失 110 亿至 150 亿立方米的水量。另一担忧是可能影响埃及阿斯旺大坝的电力供应。若埃塞俄比亚将洪水蓄存在本国境内，可能导致纳赛尔湖水位永久性下降。但从积极方面来看，此举可减少当前每年 120 亿至 160 亿立方米的蒸发损失[137]，尽管同时也会削弱阿斯旺大坝的水电产能。

复兴大坝的水库位于温带埃塞俄比亚高原，最深达 200 米，其蒸发量将远低于下游水库，后者因蓄水时间长达 10 个月，每年有 12%的流量因蒸发流失。通过调控水库向下游放水，可使埃及供水增加高达 5% ，苏丹可能同样受益。

复兴大坝还将拦截泥沙，从而延长苏丹境内鲁赛里斯、森纳尔及麦洛维等水坝的使用寿命，并对埃及的阿斯旺的大坝产生积极影响。

与埃及的关系

尽管苏丹政府在 2011 年公开表态支持修建复兴大坝，但埃及的态度却截然不同。2013 年穆斯林兄弟会短暂执政期间，埃及国内掀起了一场大规模媒体攻势反对该工程，声称其将导致尼罗河干涸，进而威胁埃及国家的存续。这种人为制造的紧张局势，使得两国无法继续推进由联合专家组启动的谈判与合作研究工作。

---

137 阿布·马格德、伊斯拉姆·H·阿里、埃勒哈姆·M:《埃及利用光学卫星影像估算纳赛尔湖蒸发损失》,《联合国粮农组织技术报告》,2012 年。

在塞西总统领导的政府推动下，埃及正在制定新方案，关键议题之一是重启由埃及、苏丹和埃塞俄比亚组成的复兴大坝三方联合专家委员会工作。2017 年 10 月 18 日，三国水利与能源部长共同视察了大坝现场，同意跟进由三方共同指定的两家国际咨询公司所提出的建议。

埃及完全依赖尼罗河水系，而该流域与其他七个非洲国家共享，各国均有着自身的发展需求与愿景。根据 1959 年苏丹与埃及签订的《尼罗河水协议》，两国获得了尼罗河年径流量 85%的分配权（以白尼罗河与蓝尼罗河在苏丹喀土穆交汇处为测点），其中苏丹获分 185 亿立方米，埃及获分 555 亿立方米。然而，随着上游其他沿岸国家的崛起，该协议逐渐成为争议焦点，它们坚持要求制定一项新的协议，以便获得更为公平的尼罗河水使用权。但实质问题绝非“平等份额”之争，而是如何开发利用水资源，使各相关国家能够满足其当下需求与未来发展要求。

1959 年协议签署于苏丹和埃及摆脱英国殖民统治之后，然而，该协议实际上是对 1929 年英国殖民时期的一项协议的延续，1929 年，英埃联合管理的苏丹与英国控制下的开罗政府签署了协议。该协议不仅规定埃及和苏丹分别享有尼罗河年径流量 480 亿和 40 亿立方米的使用权，更授予埃及监控上游国家尼罗河水流、以及“否决任何损害其利益的工程项目”的权利！

1999 年，所有沿岸国家通过《尼罗河流域倡议》，旨在建立合作伙伴机制以合作开发河流、共享实质性的社会经济利益、促进区域和平安全。然而发展滞后与政治冲突频发阻碍了该倡议的实施。

2010 年，在埃塞俄比亚的推动下（该国因开发水电项目遭遇大量无端国际压力），尼罗河流域八国中的四国（埃塞俄比亚、卢旺达、坦桑尼亚和乌干达）顶住埃及和苏丹的强烈反对，签署了关于公平分配尼罗河水资源的新条约。

要使非洲整体——尤其是尼罗河流域国家——实现和平发展愿景，应对欠发达状态、贫困引发的战争、教育缺失以及所谓“有限资源”争夺，必须改变该地区人类社会与自然的关系。文明再也不能屈从于自然的任意摆布。人类是地球上唯一的创造性物种，我们被赋予了掌握自然力量、并将其合理利用以造福自身的能力。

第九章 为非洲供电，选择核电！[138]

杰森·罗斯（Jason Ross）

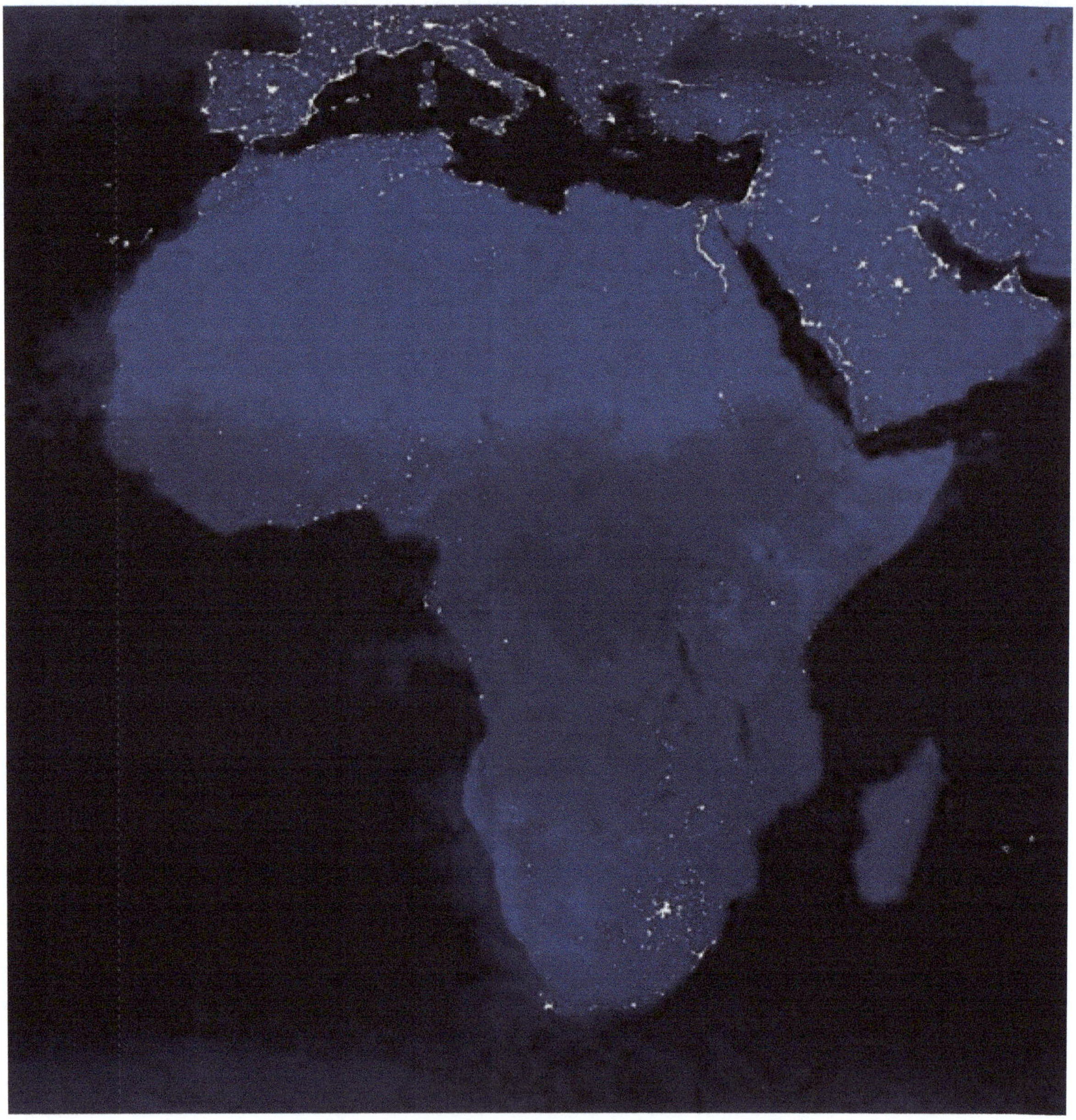

非洲夜景，摄于太空。来源：美国国家航空航天局

[138] 本章选自 2017 年首版

能源需求

借鉴林登·拉鲁什的经济学方法，我们确立了三个核心经济指标：社会的潜在相对人口密度、经济活动中所采用的能量通量密度水平，以及劳动生产力的发展程度。能源与能量通量密度是衡量一个国家经济发展水平和发展潜力最直接的指标。本章将从这一视角出发，考察非洲当前的能源需求和未来的能源潜力。

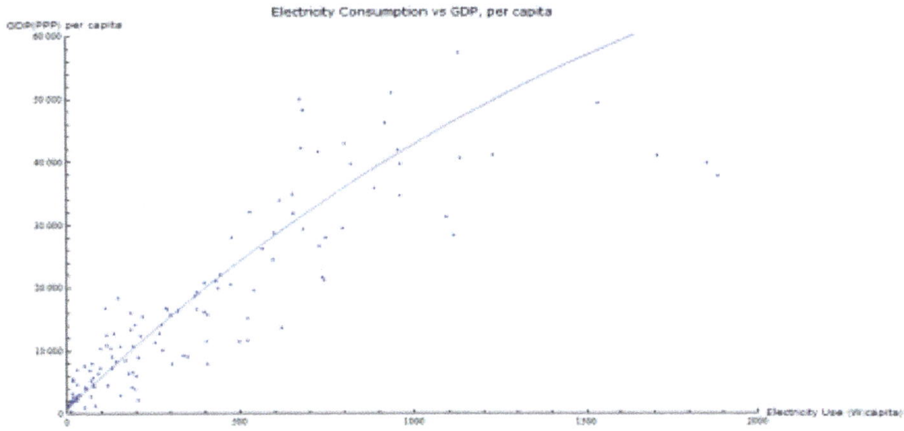

经济发展需要不断增加的电能供应，以改善居民生活水平，并提升劳动和工业的潜在生产力。

我们首先回顾一下最简单的指标——可用电力的数量。非洲大陆有超过 6.2 亿人口（占非洲总人口的半数以上）至今仍无法获得电力供应[139]。即便在已通电的地区，许多也面临着电网可靠性低、输电损耗严重的问题。撒哈拉以南非洲地区的人均年用电量为 488 千瓦时，仅相当于美国人均用电量的 5%左右[140]，折合人均用电功率不足 60 瓦。能源短缺严重制约了经济发展潜力，由于缺乏可靠电网，家庭、企业和工业设施不得不依赖低效的独立式柴油发电机，进一步降低了能源使用效率。若要让每位非洲居民都享受到与美国相当的能源生活水平，整个大陆就需要超过 150 万千瓦的电力供应，这相当于建设一千座大型发电站，或三十多个规模堪比英加水坝的水电站[141]。如此庞大的电力需求，究竟该如何满足？

鉴于非洲河流水系众多，目前正大力开发水电项目。苏丹的麦洛维大坝于 2009 年竣工，

---

[139] 根据世界银行“人人享有可持续能源”（SE4ALL）数据库的数据显示，2014 年撒哈拉以南非洲地区的通电率为 37.4%。

[140] N.阿维拉、J.P.卡瓦略、B.肖与 D.M.卡门合著，《撒哈拉以南非洲的能源挑战：倡导者与政策制定者指南》（第一部分）：《为可持续与公平发展提供能源》，乐施会研究部系列报告，2017，

https://www.oxfamamerica.org/static/media/files/oxfam-RAEL-energySSA-pt1.pdf。

[141] 该数据仅供示例说明。非洲水电开发总潜力远低于 1，500，000 兆瓦。

发电量达 1250 兆瓦；埃塞俄比亚的吉布 3 水电站于 2015 年投运，新增发电容量 2000 兆瓦。诸如埃塞俄比亚“复兴大坝”（预计新增 6000 兆瓦发电能力）、刚果民主共和国河口规划中的“英加大坝”（设计发电容量高达 40000 兆瓦）等巨型工程，都是至关重要且令人振奋的进展。然而单凭这些工程，仍远不足以满足非洲所需的电力基础。要为当代和未来几代人提供与农业—工业社会进步相称的先进生活水平，非洲未来巨大的电力需求必须通过核能（裂变），并在不久的将来迈向下一阶段的能源技术——热核聚变，才能得到根本解决。

非洲国家常被告知：最佳发展路径是采用所谓的“绿色”能源，这些能源被包装成现代创新技术。但事实远非如此，不妨看看德国的案例。德国正在加速淘汰核能和碳氢能源，导致电价飙升至邻国的两到三倍。这种对相对富裕的国家而言，这似乎只是额外的消费负担，但对于发展中国家来说，则无异于大规模扼杀发展权。发达经济体以减少二氧化碳排放为名，要求非洲延缓发展，这种呼吁毫无良知，应当予以摒弃。

另一个思维误区是通过过往用电量来推算未来电力需求。正确的做法是运用第三章阐述的经济学原理：可靠且经济实惠的国家电网将如何改变国家的经济潜力？正如交通基础设施能提升沿线土地价值，为人员、生产资料和产品提供更便捷的流通条件；同理，能源基础设施也能促进劳动生产率的提升，创造更多实体价值，推动经济发展与民生进步。

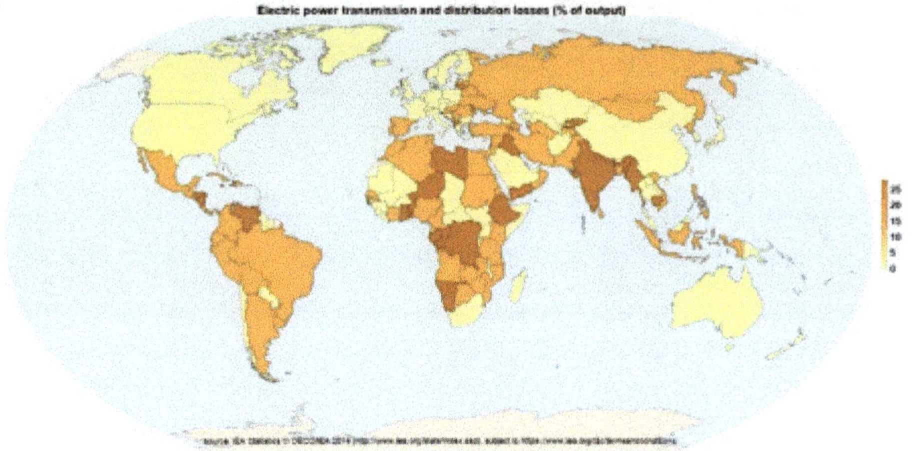
Electric power transmission and distribution losses (% of output)
25
20
15
10
5
0

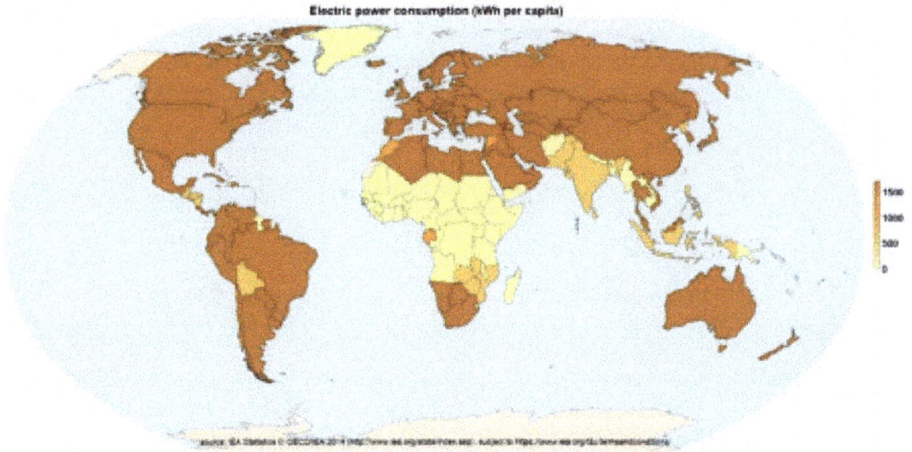
Electric power consumption (kWh per capita)
1500
1000
500
0

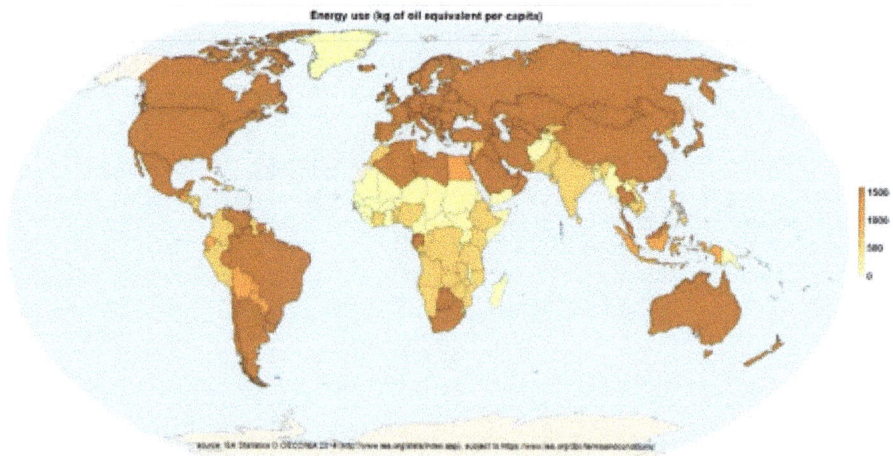

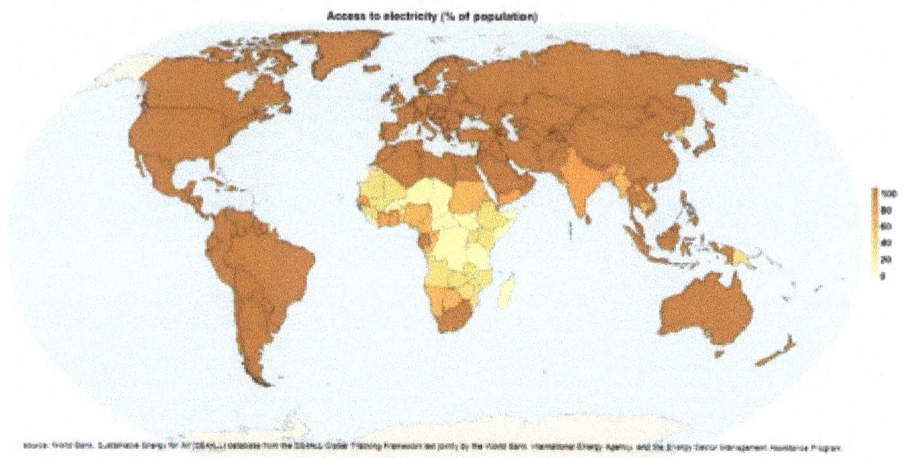

撒哈拉以南非洲是全球能源最匮乏的地区。这些地图显示出该地区整体能源使用水平的低下，以及电力供应与利用率的严重不足。需要强调的是，通电率未必意味着可靠持续的电力供应。以尼日利亚为例，虽然多数公民已接入电网，但大部分用户的电网实际运行时间不足总时长的一半。经济发展要求对电力供应能力进行大规模扩展和显著提升，尤其应发展核电与水力发电（后者同时有助于调节河流水量）等一级能源。在规划未来电力需求时，不应仅仅从当前的用电量推算，而应反过来提出问题：一个可靠、可负担的全国电网将会带来怎样的经济与社会效益？

发展核电

南非共和国是目前非洲 54 个国家中唯一将核能纳入国家电网的国家。作为撒哈拉以南地区人均用电量最高的国家，南非正与俄罗斯原子能公司（Rosatom）就建设和融资六座核电站进行持续磋商。这些核电站建成后预计发电总量可达 9600 兆瓦。两国政府已于 2014 年签署相关框架协议。这一举措意义重大。许多非洲领导人长期受固有观念影响，认为核能技术过于先进、成本高昂且并非必要，因此该合作对突破这些认知局限具有积极意义。

南非处于引领非洲核能复兴的独特地位。该国发电量目前占全非洲总发电量的 45%，不仅向邻国供电，更在能源、基础设施、航天和天文等尖端技术领域共享专业知识和能力。深厚的历史积淀使南非拥有非洲大陆独一无二的核设施与人才资源。

南非在核技术的诸多领域均有涉足。20 世纪 50 年代，在美国总统艾森豪威尔提出的“和平利用原子能”计划框架下，南非获得了 SAFARI-1 研究堆，该反应堆于 1965 年达到临界状态。SAFARI-1 最初用于培训与基础研究，虽曾使用高浓缩铀（武器级别）运行，也曾是英国与南非核武器计划的组成部分，但在 90 年代政权更迭、核武计划终止后，，SAFARI-1 也转为使用低浓缩铀燃料，如今它生产了全球 25%的放射性医用同位素。

1984 年，非洲首座也是迄今唯一投入商业运行的核电站—科贝赫核电站正式发电。该站拥有两座反应堆，总装机容量达 1860 兆瓦。面对严重干旱，南非政府于今年 5 月宣布计划在核电站内安装小型海水淡化装置，首先保障电站自身用水需求，后续扩展至为干旱地区供水。科贝赫核电站不仅承担关键供电任务，更昭示着未来核能助力非洲发展的潜力。

埃及近期重启核电计划，首座核电站将选址于地中海沿岸的埃尔达巴（位于埃及西部），拟于 2018 年动工。俄罗斯原子能公司已与埃及签署谅解备忘录，俄罗斯进出口银行将为电站建设提供资金支持。根据协议草案，俄方将向埃及提供 250 亿美元贷款，用于电站建设与运营。据埃及媒体报道，埃及将自 2029 年起以 3%的年利率分期偿还贷款。协议还包括在俄罗斯设施内培训埃及工程师和科研人员的条款，最终协议将于 2017 年底前达成。埃及总统塞西亲自督办这一战略项目的进展[142]。埃尔达巴核电站将建设 4 座反应堆，总容量达 4800 兆瓦。协议涵盖核燃料贮存设施的建设，俄方将在电站 60 年运营期内持续提供燃料，并负责前 10 年的核废料处理、维护与运营工作，此后由埃及工程师与专家接管电站运营。

非洲远见者：迪奥普

20 世纪 60 至 70 年代，塞内加尔学者谢赫·安塔·迪奥普提出应以核能与热核聚变能源驱动非洲经济发展，并主张建立非洲本土的培训中心，以掌握相关先进技术。

迪奥普在 1978 年[143]的著述中写道：“若能实现热核反应的有效控制，这一能源[聚变]将满足地球未来十亿——重复一遍，十亿——年的能源需求。最终阶段的能量产生装置，无论是称为热核反应堆还是托卡马克装置……都将以重氢为燃料，而重氢主要通过海水电解获取”。

[142] 《金字塔报》在线版，《塞西与俄原集团总裁审议埃尔达巴核电站合同》，2017 年 8 月 27 日。

[143] 谢赫·安塔·迪奥普，《黑非洲：联邦制的经济与文化基础》，非洲世界出版社（新泽西州特伦顿），1987 年版（1960 年首次以法文出版，原书名《黑非洲联邦国家的文化、技术与工业基础》）。本文部分内容参考了劳伦斯·弗里曼所作书评，《谢赫·安踏·迪奥普：为非洲谋求聚变能源的远见者》，《行政情报评论》，1992 年 9 月 4 日。

秉持前瞻理念，迪奥普主张非洲应开展热核能研究，并呼吁在“在一个合适的非洲国家设立聚变试验中心，向所有具备资质的非洲研究人员开放”。

在热核能研发期间，迪奥普详细阐述了非洲如何有效利用其蕴藏的水电资源潜力。该地区拥有全球最丰富的水电储备，年发电量达数十亿千瓦时。在《能源来源概要》第二部分中，迪奥普指出：“仅刚果河……年潜在发电量就超过 6000 亿千瓦时，相当于当时全球总发电量的三分之二”。他还论述了快中子增殖反应堆的价值：“采用高速钠冷中子技术的反应堆，将是未来原子能工业的主流装置”。

谢赫·安塔·迪奥普（1923－1986）是塞内加尔富有远见的物理学家和人类学家。他曾在法国法兰西学院核化学实验室及巴黎居里研究所接受核物理领域的高级研修。资料来源：《人民之声》，YouTube。

迪奥普进一步论证道：“生产和加工中心必须要布局在非洲沿海地区。刚果等地区将处于特别有利的位置。鉴于前述原理，创造热核能首先需要消耗大量电能进行电解，而水力能源可为此类操作提供经济可行的支持”。

在第三部分《黑非洲的工业化》中，迪奥普阐述了能源与工业化之间的内在关联：

“凭借每年 6500 亿千瓦时的水力潜力……刚果河流域注定要成为非洲首要的工业区，是我们重工业的核心基地。最终阶段，水电将为利用邻近地区原材料的各类工业部门提供所需的全部电力：南非与南罗德西亚（今津巴布韦）的炼焦煤、安哥拉乃至刚果的铁矿、钴矿（占全球产量 65%）、铬矿（占世界三分之一）、钽……镉、钒、锰、锡、铜（从沙巴省延伸至赞比亚的全球最富矿脉）、铅、银、工业钻石、黄金及铀矿……”

“水力发电与有色金属的双重优势，使该地区特别适合发展用于战略及民用目的的特种钢材制造，具有广泛的工业应用前景”。

迪奥普对非洲工业化的实现路径有着清醒认知。他深知，初期必须引进采用重金属工业、电子等领域尖端技术的装配工厂，并配套引进专业技术人员。随着非洲本土技术人才的逐步成长，这些外籍人员将逐步被取代。他希望这一过程能够成为工业基础设施建设计划的一部分，最终促成机械、拖拉机、飞机、汽车等设备在非洲本土实现组装和生产。

在其著作《非洲统一的十四步》的结论部分，迪奥普明确了主权国家为确保社会持久存续所必须履行的若干关键职能。第八步为“创建强大的国家工业体系，优先推进工业化、农业发展与机械化”；第十步则为“建立现代国家不可或缺的技术研究院，包括核物理与核化学、电子学、航空学、应用化学等，没有这些机构，现代国家就无法存续”。

这是极具洞见的建言！原子核的能量潜力是化学键能的一百万倍，本质上是比简单机械运动（风能、水电）、光能（太阳能）或热能（碳氢化合物）更高层级的能量形式。非洲参与核研究——如南非所示范的——必须秉持积极规划的研究策略，并尽快掌握核聚变反应领域的专业知识与技术。

第十章 非洲—粮食安全：实现非洲巨大的农业潜力[144]

玛西亚·梅里·贝克（Marcia Merry Baker）

推动建设全球性的“新丝绸之路”这一政策，将为非洲释放其巨大的农业潜力创造有利条件。长期以来，由于受制于受反发展导向的国际货币体系以及外部强加的破坏性地缘政治，这片资源富饶的大陆被迫成为粮食主粮的净进口地区，数以百万计的人口长期依赖紧急粮食援助。尽管存在局部高产案例—如尼罗河流域、林波波谷或尼日尔三角洲等地—但这些仍属个别现象，未能形成普遍生产力。

随着全新综合性生产平台（本书在其他章节已详细阐述）的逐步形成，包括稳定的水电供应、覆盖大陆的铁路网络和密集公路系统在内的基础设施，非洲全面农业发展的动力正在形成。事实上，凭借非洲得天独厚的农业气候条件，大陆多个地区有望实现大规模的农业产出。

当前的核心挑战在于通过经典路径提升主粮和特色作物的产量：耕地面积增加 + 单产提高 = 总产量增加。再加上在生产和供应链各环节的高新技术应用——从收获、储存到食品保鲜与分销——结果不仅是实现粮食安全，更能为未来养活数十亿非洲乃至全球人口提供条件。即使在“太空时代”农业技术（如通过模拟环境系统实现随处生产，涵盖大规模温室、水培技术等多元模式）全面推广之前，这一愿景已展现出切实的可行性。

下表清晰反映了非洲主粮产量与实际需求及潜在产能之间的显著差距。数据显示，近几十年来，非洲对各类谷物（小麦、大米、高粱等）的进口依赖度持续攀升：1990 年主粮进口比例为 26%，到 2014 年已增至 40%以上。食用油和乳制品领域同样存在明显的进口依赖现象。

谷物进口依赖超过 40%的比例是总量统计，涵盖五大主粮作物：玉米、高粱、小米、大米和小麦。具体作物的进口依赖程度存在差异，以下以小麦为例进行说明。

近年来，非洲每年进口小麦超过 4500 万吨，占全球小麦贸易量的 25%以上，约占非洲年度小麦消费总量的 60%。（人均小麦消费量差异显著，从北非的极高地区水平到撒哈拉以南非洲相对较低但持续增长的水平不等）。

这些小麦进口量中超过 90%来自非洲大陆以外的地区。这意味着非洲国家之间的小麦贸易

[144] 本章选自 2017 年首版

仅占10%或更少，而且其中一部分小麦实际上最初来自非洲之外，只是通过“枢纽”国家（如尼日利亚）转口。目前，北非地区的主要小麦供应国包括俄罗斯、乌克兰、罗马尼亚和法国。美国和法国是西非重要的小麦出口方。东非的小麦来源则每年变化不定。

在一个经济增长与互利贸易并行的世界中，这种对遥远粮源——甚至依赖长途运输的供应模式——或许可被视作理想的全球“分工”，用以保障人们的“日常面包”。然而，现实情况远非如此理想。由于粮食短缺，非洲不得不依赖进口和粮食援助，而该地区大多数作物的单产水平尚不足世界平均水平的一半。更为严峻的是，大量粮食因腐烂变质、虫害肆虐以及物流运输不畅等问题而损耗。

这一现实反映在下表所示的非洲农业用地趋势中。近几十年来，用于作物种植及其他农业生产的土地总面积持续增长，从20世纪90年代的1. 11亿公顷增至2014年的2.8亿公顷。这意味着，尽管人口不断增长，人均农业用地面积仍保持上升态势；然而，这片大陆的主粮供给却依然高度依赖进口，形势不容乐观。

非洲农业用地使用情况

年份	1990	2000	2014
人口（百万）	630	808	1,138
土地收获面积（百万公顷）	111	169	280
人均收获面积	0.176	0.209	0.246
谷物进口依赖度	26%	28%	42%

数据来源：联合国粮食及农业组织

这些模式构成了非洲频繁出现粮食短缺和饥荒的背景之一，也与国际冲突引发的内部动荡密切相关。在联合国世界粮食计划署的世界饥饿地图上，非洲尤为突出。

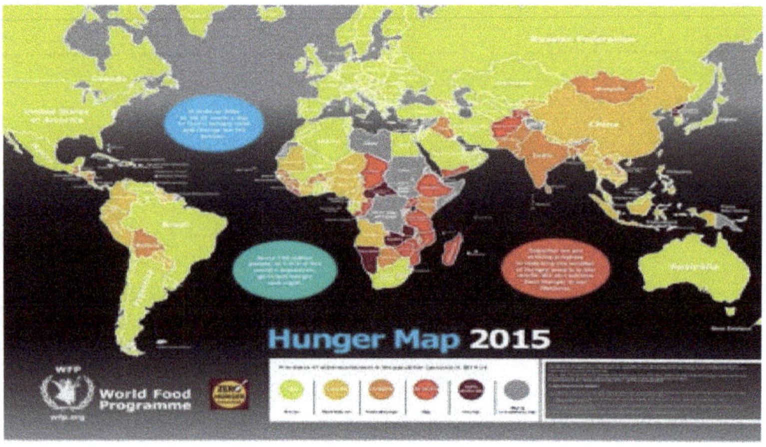

非洲拥有 55 个国家，总人口约 12 亿。2017 年，预计有 45 个国家的近 7000 万人需要不同程度的粮食援助。其中索马里、埃塞俄比亚、南苏丹和尼日利亚的部分地区形势尤为严峻，受影响人口超过 2000 万。这些民众正因干旱、暴力冲突和安全局势恶化所引发的大规模流离失所，而承受着沉重的苦难。

土地与产量

即便仅考虑雨养农业（即依赖自然降水，灌溉有限），非洲扩大耕地面积的潜力依然巨大。据广泛报道，全球剩余可耕地中约有一半位于非洲。即便考虑到部分耕地已退化（包括正在使用和已抛荒的土地）而需要恢复肥力，非洲仍拥有大量适宜耕作和畜牧的土地。

非洲陆地总面积达约 28.44 亿公顷，其中近 9 亿公顷被认定为可耕地（适用于作物种植或牧场），适宜度从高度适宜到勉强适宜不等（取决于坡度、土壤条件等因素）。然而，目前实际用于农业生产的土地仅约 2.8 亿公顷。

20 世纪 80 年代，联合国粮食及农业组织曾对非洲大陆的农业气候区进行全面性调查，展望了 21 世纪之交如何推动农田面积扩张。该调查甚至绘制出适宜优先发展的各种作物（玉米、高粱、水稻、小麦、木薯）的雨养农田分布图。然而，在过去 30 年的不利环境下，这一潜力几乎未能得到实现。如今，这一局面才迎来真正的转机。

本文转载的联合国粮农组织农业气候图显示了适宜雨养玉米种植的区域分布。若能充分利用，非洲的玉米种植面积将数倍于美国目前的规模。美国作为全球世界玉米产量第一大国，占世界总产量的 35%。即便与玉米发源地北美（墨西哥）相比，非洲在适宜种植面积上也遥遥领先。在非洲，其他主粮作物的适宜农气候区同样广阔。此外，灌溉还能大幅度提高产量。目前，非洲仅有约 4%的农田实行灌溉，远低于全球 18%的平均水平，而亚洲的灌溉比例高达 45%。

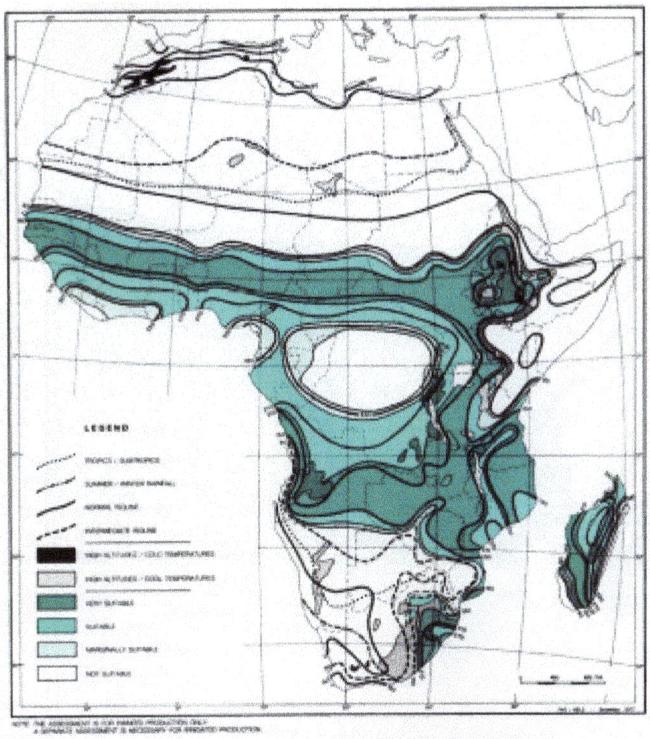

适宜雨养玉米种植区面积，数据来源：联合国粮农组织

在耕地面积之外，提升单位面积产量是农业增产的另一关键途径，而非洲在这方面潜力巨大。即便只考虑雨养农业，产量也可以通过改良种子、机械化、施肥以及防治病虫害和杂草等方式实现显著提高。以玉米为例：美国玉米平均单产高达 10 吨/公顷，而非洲仅为 1 吨 / 公顷，前者是后者的十倍。

非洲的化肥施用量远低于世界平均水平。全球每公顷耕地的化肥消耗量（氮、磷、钾）为 108 公斤，而非洲则不足 25 公斤。相比之下，亚洲为 175 公斤/公顷，美洲为 115 公斤/公顷。在除草剂、杀菌剂和其他农作物保护药剂的使用方面，非洲同样处于较低水平。

采用先进技术全面开展动植物疫病防控也至关重要。国际原子能机构与联合国粮农组织等机构合作培育的抗秆锈病的小麦新品种 UG99 就是典型案例。该病害因最初于 1999 年在乌干达发现而得名，现已扩散至亚洲，可导致小麦减产 70%至 100%。这两种新型抗锈品种于 2013 年正式公布。

当前，非洲农业还面临源自美洲的草地贪夜蛾这一新型威胁。这种害虫对玉米的破坏力远胜于非洲本土的夜蛾种类。自 2016 年在西非首次发现以来，截至 2017 年 1 月已迅速蔓延至南部非洲，并对高粱、水稻和甘蔗作物也造成严重危害。

来源：国际玉米小麦改良中心

上图右侧生长健康的玉米植株，是能抵抗“玉米致死坏死病”（MLN）的新型品种，左侧则是染病植株。该病害于 2011 年首次在肯尼亚出现，随后蔓延至东非与中非广大地区。疫情暴发后，国际玉米小麦改良中心（CIMMYT）与合作伙伴共同推动抗 MLN 杂交品种研发并取得成功。截至 2017 年夏季，已有 9 个抗病品种在肯尼亚、乌干达和坦桑尼亚推广上市，更多品种也在研发中。

中国的贡献

在使用优质种子促进非洲农业发展这一命题上，杂交水稻堪称典范。得益于“杂交水稻之父”袁隆平博士在 20 世纪 70 年代取得的突破性研究成果及该技术在全球范围内的推广，包括非洲在内的许多地区水稻产量都显著提高。例如，在布隆迪，2016 年引进的四个杂交水稻品种创下该国纪录，平均单产达 10,880 公斤/公顷（725.3 公斤/亩），是布隆迪通常产量的三倍，最高单产达到 13,860 公斤/公顷（924 公斤/亩）。中国计划在布隆迪建立农业技术示范中心，以推广这一成果。而在中国本土，袁隆平通过基因改造技术来培育更高产的水稻品种。

袁隆平博士（左）与蒙蒂·琼斯博士因在水稻育种方面的贡献，共同获得了 2004 年世界粮食奖。联合国当年宣布 2004 年为“国际稻米年”。袁隆平生前是中国国家杂交水稻工程技术研究中心主任，琼斯曾担任西非水稻发展中心高级育种专家，现任非洲农业研究论坛执行秘书（总部位于加纳阿克拉）。图片来源：世界粮食奖。

中国对非洲粮食安全的贡献也得到了联合国粮农组织官员的高度赞赏[145]。2017 年 8 月，粮农组织非洲区域办事处南南合作项目官员彼得·阿蒂姆卡·阿纳东巴在加纳埃尔米纳接受新华社采访时表示，非洲通过南南合作从中国获得了巨大的农业转型红利。“中国是非洲南南合作的重要推动者，也是粮农组织的重要合作伙伴。中国自 2009 年起每年向粮农组织提供约 3000 万美元赠款，近期又追加 5000 万美元，累计总额达 8000 万美元。这些资金专门用于支持撒哈拉以南非洲国家获取中国的专业技术支持”。他告诉新华社，“以利比里亚为例，中国在该国开展合作后，稻米产量已达约 700 万吨。我们还派遣了约 500 名技术专家，通过引进中国的人工授精技术，成功发展起生猪养殖业”。

“在坦桑尼亚，中国建设的莫罗戈罗地区卓越中心已成为南南合作亮点。该中心为青年提供培训，如同创业孵化器，人们可以在这里学习作物管理、农作物预算、水资源管理，以及畜牧业和家禽养殖等”。他特别强调中国对乌干达发展的关键作用：“在水稻产量持续增长的同时，中国还分享水产养殖和苹果种植专业技术”。

通过“一带一路”倡议，中国为土地适应性改良、优质种子、农资供应、可靠供水及机械化等关键要素的协同整合创造条件，助力非洲农业迎来革命性发展前景。乍得湖盆地和苏丹这两个典型案例便是明证。

乍得湖盆地调水计划

145 来源：http://news.xinhuanet.com/english/2017-08/10/c_136513553.htm。

2017 年夏，一项关于从刚果河盆地引水补充乍得湖水量的可行性研究计划达成合作意向。在中非双方政府的支持下，意大利博尼菲卡工程公司与中国电力建设集团有限公司(中国电建)的代表于同年 6 月在杭州签署了合作协议。这项“Transaqua 跨流域调水计划”(详见第六章)，最初由博尼菲卡公司于上世纪 70 年代提出。该方案设想修建一条全长 2400 公里的运河，从刚果民主共和国南部出发，通过修建水坝和水库，拦截刚果河右岸支流，每年以重力输送高达1000亿立方米的水至乍得湖。工程实施后，不仅能为日渐干涸的乍得湖补充水源，还可实现发电和农业灌溉的双重效益。运河及配套建设的交叉铁路公路网络，将为整个中非地区带来基础设施的重大升级。

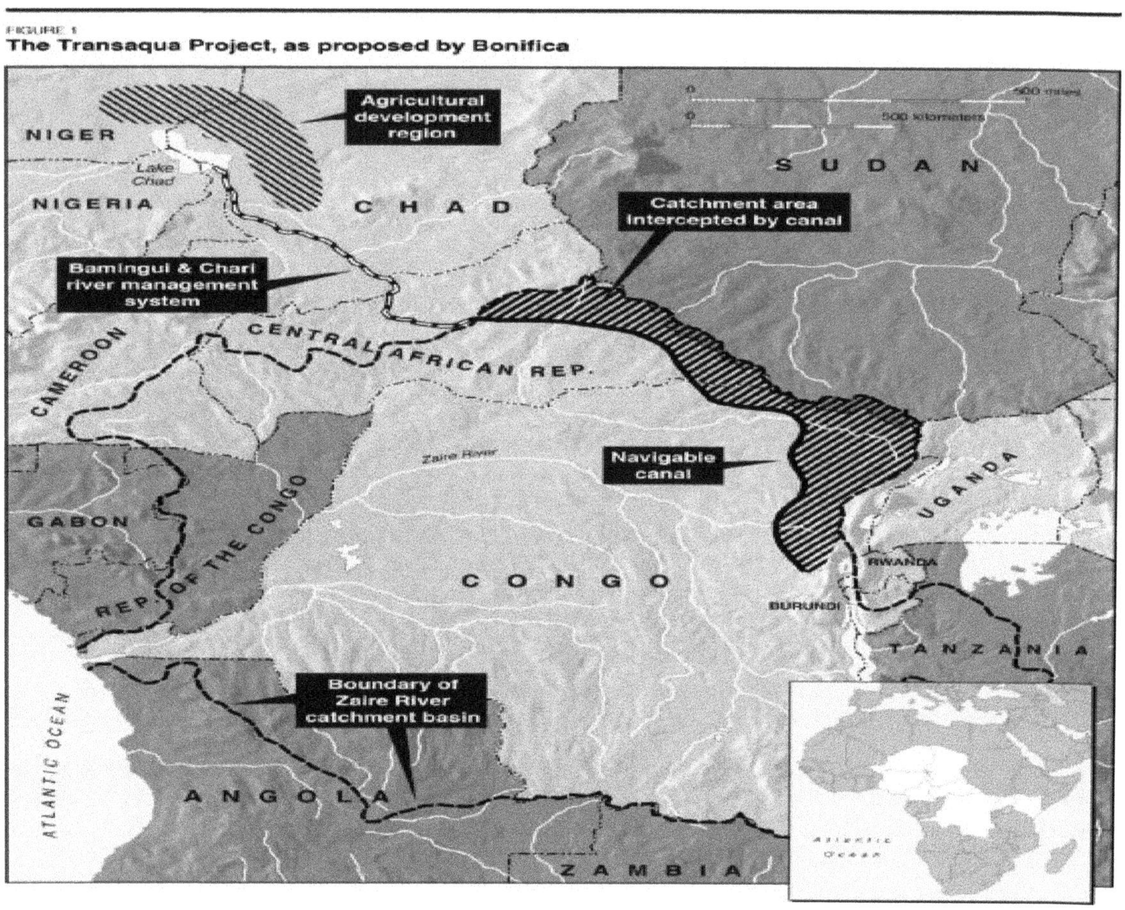

Transaqua 跨流域调水工程及其可能为乍得湖周边创造的新农业区示意图。来源：《行政情报评论》

在乍得湖流域，新引入的水源将创造出相当于意大利伦巴第大区规模的灌溉区。博尼菲卡公司在 20 世纪 90 年代的报告中曾这样描述该地区的巨大农业潜力：“在乍得境内，可部分借助沙里河原有河道，将[来自刚果河水系的]水资源输送至正面临沙漠化威胁的乍得湖以北地区，包括乍得与尼日尔区域。在这片萨赫勒地带，预计可开发 500 万至 700 万公顷的集约化与半集约化灌溉区（作为参照：4000 万埃及居民生活在不足 300 万公顷的灌溉区内，尽管其耕作集约化程度极高）”。

苏丹地区

位于乍得湖盆地以东的苏丹与南苏丹共和国所在的区域，是被公认为全球最具农业潜力的宝地之一。在这片萨赫勒地带，可耕地面积超过 8000 万公顷，相当于美国现有耕地总面积的一半以上。苏丹地区长期以来被视为非洲乃至西南亚地区共同的潜在“粮仓”。

然而，尽管多次推行发展计划，苏丹当地农业仍步履维艰。北部地区的主要挑战在于降雨极不稳定，变动幅度可达 40%；在达尔富尔西北部，则是撒哈拉沙漠。南苏丹的制约因素则相反：除了严重的流血冲突之外，最大的问题是水过多，由于缺乏基础设施，无法有效管理丰富的降雨和径流。上世纪 80 年代开始修建的“琼莱运河”（位于白尼罗河流域）本来就是为了解决这一问题，但最终未能完成。

如今，随着“新丝绸之路”合作框架的推进，这片土地的粮食生产潜力有望被重新激活。在南苏丹，需要建设排水系统治理著名的苏德沼泽；北部地区则可通过多重“新水源”来开拓灌溉体系：包括红海沿岸的核能海水淡化设施，对不稳定降雨和尼罗河偶尔出现的“过量”水流进行全面的蓄水与调控，甚至可以借助新的电离增雨技术，从“大气河流”输送的水汽中诱导降雨。这项技术已在阿联酋、阿曼和以色列得到成功应用。

在过渡阶段，可采用努比亚含水层中的“化石水”进行灌溉。2007 年，空间遥感地质学家法鲁克•埃尔-巴兹博士提出：““我们实际上提议实施一个打井计划，至少要打一千口井；我们希望在整个苏丹西北部，尤其是达尔富尔地区，能打成上千甚至数千口井”。该计划旨在通过合理开发地下水，为核能与海水淡化等长效水源设施建设争取时间。埃尔-巴兹及其同事还公布了一张通过卫星雷达探测并经地面分析验证的古地下湖地图，其面积堪比伊利湖，储水量可能超过 2500 立方公里。法国地质学家阿兰•加谢博士在达尔富尔和乍得的卓越研究证实了这些设想，本书第七章已作详细探讨。

变革承诺

非洲农业转型的挑战在于“意愿”的缺失。在这方面，2015 年是一个标志性年份。

首先，2015 年标志着联合国于 2000 年启动的“千年发展目标”（MDG）的 15 年周期到期。这一计划实际成效有限——尽管表面上设定了在 2015 年前减少全球贫困等目标，但实际上并无真正的意图去实现。千年发展目标在实施过程中被某些利益集团所主导，表面上关注改善民生，实则延续了以货币主义、债务和不平等贸易为特征的体系，在一定程度上加剧了部分国家的依赖和贫困。这一体系的核心推动者包括乔治·索罗斯、马克·马洛赫-布朗等具有英美金融背景的人士，其政策取向往往服务于伦敦金融城/华尔街及相关集团的利益，通过强加给各国的贸易与生产模式维持其支配地位并从中牟利。在农业领域，他们倾向于鼓励发展中国家放弃大规模基础设施建设与现代化转型，转而嵌入由外部主导的全球贸易“价值链”中寻求生存空间。

2015 年 9 月，两项具有奠基意义的进展相继出现——联合国大会通过《2030 年可持续发展议程》，通过“可持续发展目标”计划（列出 17 项具体目标），确立了 2030 年前消除全球贫困的新纲领。随后在 2016 年 11 月，第 71 届联合国大会将中国的“一带一路”倡议纳入决议，为真正实现“2030 年议程”提供了模式与路径。这一重要共识的形成得益于多项前期准备：2016 年 3 月，中国率先根据联合国 2030 年议程发布政策文件，提出终结贫困的具体方案；同年 9 月，联合国开发计划署与中国签署谅解备忘录，合作推动“一带一路”倡议促进经济发展。

这些倡议结合正在非洲实施与规划的基础设施项目，为实现一个没有饥饿与贫困的世界带来了乐观前景。

2017 年 7 月，约 40 国代表齐聚纽约联合国总部，出席关于 17 项可持续发展目标的高级别政治论坛，其中第二项目标明确呼吁国际社会“在 2030 年前消除饥饿、实现粮食安全与营养改善，推动可持续农业”。在 7 月 7 日由席勒研究所、中国能源基金委员会与古典文化复兴基金会联合举办的“和平与思想的粮食”边会上，时任联合国食物安全委员会前高级专家指导委员梅方权教授作了题为“中国农业进步的普遍启示”的专题报告。他介绍说，中国在 1984 年首次实现了充分且可持续的粮食生产能力与粮食安全，此后不断发展。

当然，人们理解到，在中国这样一个单一国家中，逐步升级农业似乎相对容易一些，而非洲有 54 个主权国家。但在“一带一路”倡议所倡导的合作共赢框架下，非洲实现协同发展的前景已具备现实条件。

在同一场“和平与思想的粮食”会议上，中国驻美大使馆农业参赞韦正林详细介绍了中国在非洲的一些农业支持举措。除人道主义粮食援助以及交通和其他基础设施建设外，中国在非洲关键区域派驻约 500 支专业团队，以具体项目推动当地农业产能提升。7 月 7 日会议现场（包括来自美国农业地区的代表）的听众普遍认为，美国亟需与中国合作，共同支持非洲农业的全面发展。

此外，在 7 月 6 日的联合国会议和 7 月 7 日的“和平与思想的粮食”活动上，还宣布了一项特别倡议——中东重建倡议（MERCI, Middle East Reconstruction Initiative），旨在推动整个中东和北非地区的重建。中华能源基金委员会常务副主席兼秘书长何志平博士提出这一倡议，并强调：“农业部门是推进这一倡议最为切合实际的起点。”

章节参考文献：

《粮农组织统计手册—2015 年世界粮食与农业》，粮农组织，罗马，2015。

《2014 年粮农组织统计年鉴：非洲粮食与农业》，粮农组织，阿克拉，2014。

《地质学家提议为达尔富尔“打千口井”：用科学造福人类》，法鲁克·埃尔-巴兹博士访谈录，《行政情报评论》，2007 年 9 月 14 日，第 15-19 页。

《土地资源基础：未来 25 年的非洲农业》，粮农组织，罗马，1986。

《跨流域调水：萨赫勒地区的构想》，载于《通过发展实现非洲大湖地区和平》(特别报告)，《行政情报评论》，1997，华盛顿特区。

博尼菲卡公司、伊里泰克纳公司及 IRI 集团 1992 年在罗马发布的《跨流域调水：萨赫勒地区的构想》报告重印本；以及博尼菲卡公司、意大利国家集团 1991 年在罗马出版的两份《跨流域调水》报告重印本。

第十一章 太空领域的非洲[146]

玛莎·弗里曼 (Marsha Freeman)[147]

当前，依托中国“一带一路”倡议、配套信贷机构及金砖国家跨大陆合作推进的大型基础设施项目，将有力提升非洲人民的生活水平，逐步弥合数百年来殖民掠夺造成的创伤。享有现代化交通、电力、医疗、教育以及经典文化资源，是全人类与生俱来的权利。

然而，这些发展项目不仅是将非洲大陆转变为世界经济进步的贡献者，还有着更为根本的意义：它们将奠定科学突破和新技术创造的基础，而这些正是定义人类未来的关键。颇具辩证意味的是，非洲与中国在基础设施方面的历史短板，反而转化为一种后发优势——使其有机会跳过工业化国家历经数百年的中间发展阶段，直接跃入前沿技术领域。中国正是通过这一路径，在高铁、磁悬浮列车和第四代核能等技术上实现跨越，反超了发展趋于停滞的美国和西欧。同样，中国的太空计划也并非亦步亦趋，而是不断挑战前所未有的任务。

正在推进的伟大工程以及在中非两地消除剩余贫困的努力，将依赖于航天技术的应用。卫星通信将连接偏远地区居民与外界，并为远程教育和远程医疗提供条件；地理地质数据测绘将为项目选址、交通路线规划及水土矿产勘探提供关键信息；地球遥感技术可监测农作物旱情病害、发布灾害预警、定位海洋资源。最新开发的全球卫星导航技术，甚至能够监测桥梁、水坝等大型结构的毫米级形变。这些能力共同构建起一条“太空丝绸之路”。

对于那些反对在航天技术上“花钱”的人来说，应该认识到，如果没有这样的技术飞跃，提升整个人类社会的进程将更加困难、更漫长，甚至可能根本无法实现。想想过去因航天投资而衍生出的所有技术吧。

[146] 本章选自 2017 年首版

[147] 本文作者系《行政情报评论》杂志技术编辑，著有多部空间科学著作：

《奔月之路：德国航天先驱纪实》（*How We Got to the Moon: The Story of German Space Pioneers*, 1993）

《载人航天探索的挑战》（*Challenges of Human Space Exploration*, 2000）

《克拉夫特·埃里克的星际开拓使命》（*Krafft Ehricke's Extraterrestrial Imperative*,2009）

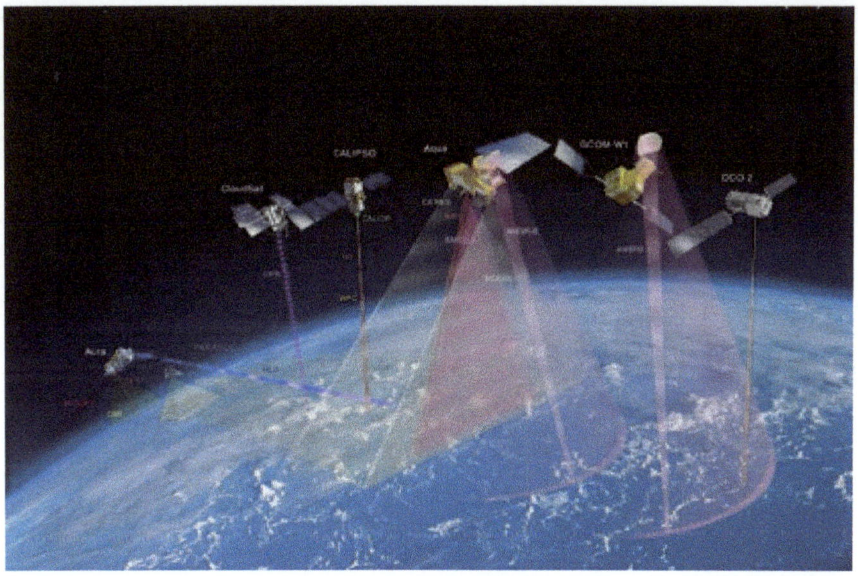

遥感卫星能帮助国际科学界和各国家以更精准的方式理解地球的复杂深层特征，从而为基础设施工程、农业活动、防灾工作及现代社会其他多项复杂活动提供精确设计与规划支持。图示为所谓的 A-Train 卫星编队。来源：美国国家航空航天局

然而，比太空探索的实际效益更为深远的，是人类作为智慧生命所肩负的求知使命。太空计划对非洲最伟大的意义，在于激发和培育新一代科学家的才华与创造力，他们将不断开拓，引领人类走向遥远未来的新发现。这也正是非洲各国积极发展空间科学与技术的根本动力。

航天先驱克拉夫特·埃里克（Krafft Ehricke）将太空探索定义为“星际开拓使命”。他认为，若将人类禁锢于地球，一旦必要的原材料濒临枯竭，必然引发危机。届时，人类只能争夺日益减少的资源，并试图以“保护”为名限制发展——这种思维将将导致破坏性的意识形态政策与战争，正如今天我们在美国和西方所看到的那样。

但埃里克坚信，人类并非注定被困在地球上。近在咫尺的月球资源丰富，整个太阳系也等待着人类去探索与开发。以造福全人类为道德准则，以全球科学进步为共同动力，这才是人类应当追寻的未来图景。

新航天国家

非洲新兴航天国家正通过协同合作，实现项目效益的倍增。今年早些时候，代表非洲联盟55个成员国的科技与教育部长会议通过了首部《非洲航天政策》，该政策指出，航天技术的多方面益处对于“非洲大陆的经济发展至关重要”，并强调要“促进科学、技术与创新”。

在航天发展中，南非在许多领域理所当然地走在前列，其中最突出的成果是主导了由八国参与的“非洲甚长基线干涉测量网络”（AVN）项目，将闲置卫星通信天线改造为射电天文望远镜。2017年8月，加纳作为首个完成网络改造的国家，获得了各方祝贺。

航天驱动发展

2011年10月，国际宇航联合会年度大会在成立62年后首次于非洲大陆召开。会议期间（10月3日至7日），包括来自超半数非洲国家的数百名代表在内，共有2000多名科学家、工程师和学生齐聚南非开普敦，探讨空间科学、技术及应用领域的最新进展。本文作者亲历现场，见证了这一历史性场景。多位发言者指出，没有哪个大陆面临的挑战比非洲更大，也没有哪个大陆比非洲更能从空间技术中获得更加显著的积极影响。尽管南非是非洲经济与科技最为发达的国家，所有东道国代表均郑重声明：此次大会是基于全非洲的共同利益召开，并应全体非洲国家之邀而举办。

在首次于非洲大陆举行的太空大会上，五位非洲航天机构负责人分别阐述了各自国家的航空计划与发展愿景。左起依次为：尼日利亚代表塞杜·奥内洛·穆罕默德（左二）、南非代表桑迪勒·马林加、肯尼亚代表哈里·卡恩、阿尔及利亚代表塔霍尔·伊夫特内。正在麦克风前发言的是来自突尼斯的穆斯塔法 • 马斯穆迪。图片来源：《行政情报评论》新闻社/威廉·琼斯。

当前，越来越多的非洲国家正在运用地球轨道卫星数据，为交通基础设施建设、农业监测、水资源评估、灾后重建及疾病追踪等关键领域注入科学决策依据。以南非和尼日利亚为主的部分国家正致力于自主研制卫星，旨在开发比国外软硬件更经济独立的替代方案，并使卫星技术能精准契合本国实际需求。多项跨国科学项目已启动或正在规划中，旨在培育非洲科技人才，并为全球科学事业作出贡献。

非洲各国领导人高度重视利用卫星遥感数据与基于空间的通信能力解决现实发展问题。在国际宇航大会的所有发言者均强调，唯有通过全大陆范围的协同努力，才能实现高效、可持续发展。值得注意的是，在国际宇航大会召开前一周，肯尼亚蒙巴萨举办了第四届“非洲空间科技促进可持续发展领导人会议”，其主题“构建非洲共享空间愿景”恰为开普敦会议进行了前瞻性铺垫。与会各国政府代表郑重承诺，将不断拓展和深化非洲在空间科学与技术领域的参与度和自主能力。2009 年，阿尔及利亚、尼日利亚、肯尼亚和南非共同组建了非洲资源监测星座（ARMC）。该星座由四颗对地观测微卫星组成，成员国可自由共享数据。在国际宇航大会上，成员国代表阐释了在已有数十颗国际对地观测卫星运行的情况下，仍须建设非洲星座的原因。南非国家航天局（SANSA）局长桑迪勒·马林加博士从实务角度指出：单颗卫星需耗时 9 天才能覆盖整个非洲大陆，这对于灾害预警、作物病害蔓延、水资源变化等需近实时相应的应用远远不足。

尼日利亚国家空间研究与开发局局长塞杜·奥内洛·穆罕默德博士指出：“为获取和利用空间数据，非洲每年流向海外购买服务的资金超过 1000 亿美元”。他表示，尼日利亚的目标是通过自主能力建设，在未来十年将这一数额减少 50%，这将“创造就业机会并促进社会稳定”。该国的五年规划路线图明确分“合作制造-本土参与-自主研制”三步走战略，逐步提升卫星技术的自主化水平。目前，阿尔及利亚、尼日利亚、安哥拉和埃及已成为拥有在轨运行的对地观测卫星。

南非目前在自主卫星设计与制造能力发展方面处于领先地位，这有赖于其逐步建立全新航天产业体系。肯尼亚高等教育、科学与技术部常务秘书亨利·卡恩教授强调：“世界上没有任何国家能在不提升制造业能力的情况下成功实现可持续发展”，并列举印度、中国和韩国作为例证。正如航天国家的发展规律所示，航天技术的高标准严要求会系统性带动整体经济领域在技能水平、技术层次和生产效率上的提升。通过这一进程，非洲将能够逐步建立起在本土收集卫星数据、将数据解读为有用信息、学习设计、建造并自主运行卫星的能力，并在未来能够从非洲土地上将卫星发射升空。这一进程的每一步都需要掌握日益复杂和先进的科学、工程与制造技能。

世界级科学工程

南非拥有逾 70 年的世界级空间科学研究积淀，其天文台是南半球开展宇宙观测的重要基地。赫曼努斯地磁观测台充分利用地磁赤道横贯非洲大陆中部的天然优势，积极开展全非洲范围的合作研究。在这个磁环境安静的区域，科学家们能够观测地球磁场的微小变化，以及太阳活动对太空天气的影响。南非国家航天局空间科学部负责人、赫曼努斯观测台台长李-安妮·麦金内尔博士在大会上介绍，该项目正致力于培养来自全非洲的学生，并推动肯尼亚、尼日利亚和赞比亚等地学生的交流互访。长期以来，该观测台始终引领非洲地区的地球物理数据收集工作，而这一领域在非洲大陆直到最近仍鲜为人知。南非天文台和哈特射电天文台均由南非国家研究基金会运营。目前，南非正推进一项极具雄心的计划——建设由 64 个射电天线组成的阵列系统，原定于 2017 年竣工[148]。卡鲁阵列望远镜（MeerKAT）的首批天线正在进行启用前测试。建成后，MeerKAT 将成为南半球最灵敏的射电望远镜，位居全球第二。该项目需应用多项前沿尖端技术。

[148] 该项目已于 2016 年中期实现部分运行，截至 2017 年 11 月，系统剩余部分的建设仍在持续推进。

激励新一代非洲空间科学家。北开普省，学生们在MeerKAT型射电望远镜前合影。图片来源：平方公里阵列（SKA
）。

但 MeerKAT 被视为一项真正巨型工程的“预演”——科学家们期待它能重塑人类对宇宙的认知。南非与其它八个非洲国家计划在南非共建“平方公里阵列”（SKA）项目。凭借其通过《北开普省天文地理优势法案》设立的“射电天文保护区”（该法案禁止任何干扰射电天文观测的活动），南非成为项目的理想选址。SKA 将包含多达 3000 个射电望远镜天线，这些天线可分布在整个非洲数千公里范围内。天线间距越大，观测精度就越高。南非的 SKA 合作国家包括纳米比亚、加纳、肯尼亚、马达加斯加、毛里求斯、莫桑比克和赞比亚，各方期待以南非基地为核心在各成员国设立观测站。SKA 的设计灵敏度将比当今最先进的射电望远镜提高 50 倍，数据处理速度提升约 10000 倍。项目预计耗资约 20 亿美元，由英国主导的约 16 国联合财团出资建设，计划于 2024 年投入运行。自 2003 年以来，非洲各国就开始筹备 SKA 提案，目前约有 100 名青年科学家和工程师在开普敦办公室参与方案设计。

当前正在南非北开普省卡鲁地区建设的MeerKAT射电望远镜全景示意图。“平方公里阵列”（SKA）

案例研究——南非：仰望苍穹促发展

南非是一个充满巨大反差的国家。这里拥有南半球最先进的射电望远镜，却仍在努力克服欧洲殖民帝国对大多数人民长达约 400 年的压迫，以及近 35 年种族隔离制度所导致的种族分离。作为非洲唯一运营核电站的国家，其农村地区仍有近 30%人口（约 800 万人）用不上电[149]。该国是世界放射性同位素生产领域的领导者（这对高端医疗诊断和治疗至关重要），但同时却有数百万非白人居民生活在缺乏电力和自来水的“非正式定居点”中，栖身于金属废料搭建的棚屋。

2005 年南非索韦托棚户区实景。图片来源：Matt-80

20 世纪后半叶，南非布尔人政府实施的种族隔离政策导致教育经费支出严重不平等，白人学生的平均教育经费约为黑人的 4 倍。尽管政府将总预算的 18%用于教育，但要消除这种历史遗留的不平等，可能仍需一代人甚至更长时间。1994 年，南非首届民选政府面临几乎难以逾越的挑战：大量受过良好教育的白人选择离开，而他们本可为国家重建提供关键支持。在这种族隔离政权下台之际，纳尔逊·曼德拉推行和解而非报复的政策，这一抉择很可能使南非免于陷入内战。

科学导向的发展战略

南非政府在重点投资住房、教育、交通、能源、医疗等基础经济设施的同时，正调动一切可用资源加速国家发展进程。其对科学进步、教育与发展的高度重视及资源投入令人瞩目。1994

[149] 世界银行“人人享有可持续能源”（SE4ALL）数据库，2014 年数据。

年之前，火箭技术与核计划均作为军事项目开发。1994 年以后，由非洲人国民大会（ANC）领导的政府中止了这些计划。近年来，在科学界、高校与产业的推动下，政府重新强调发挥人力资本与高技术基础的作用，启动国家级科学与技术项目，将其作为推动国家跨越式发展的动力和保障。

1999 年，南非成为首个将微型卫星送入地球轨道的非洲国家。这颗名为“太阳卫星”（SunSat）的卫星重 64 公斤（约 140 磅），由南非斯泰伦博斯大学工程系师生自主设计、组装并运营，通过美国运载火箭发射升空。通过解析外国卫星数据，南非逐步建立了对地观测影像的解读与应用能力。例如，约十年前，卫星应用中心（现南非国家航天局对地观测部）就开始为西北省人类住区部建立多年期数据库，利用卫星数据记录“非正式定居点”的演变。通过对比新建住房速度与定居点扩张趋势，政府能更精准识别和追踪住房缺口。

基于本国经验技术，并认识到非洲自主设计运营遥感卫星的重要性，政府委托从大学剥离的“太阳空间”公司（Sun-Space）研制了大型对地观测原型卫星“引路者”（Sumbandila，意为“引领道路”）。这款耗资 2600 万兰特（370 万美元）的卫星于 2009 年发射，持续采集地球影像达两年。时任南非国家航天局局长的桑迪勒·马林加博士在 2011 年 9 月宣布，下一步将建造实用型对地观测卫星“引路者二号”，预计成本约 4 亿兰特（约 5200 万美元）。该卫星并非独立项目，而是作为“非洲资源管理星座”（ARMC）的组成部分，旨在显著提升对非洲全境的卫星覆盖能力。

南非及非洲其他国家发展卫星项目的目标，是逐步摆脱对国外卫星图像与技术的依赖，转而培育自主能力。正如 2011 年国际宇航大会所指出的：仅购买几张本国卫星图像就需耗费数万美元，这些支出正不断加剧非洲与航天国家之间的高科技贸易逆差。南非政府正考虑重启奥弗贝格试验场的火箭测试发射设施。该设施建于 20 世纪 80 年代，原计划用于发射军事对地观测/侦察卫星。该计划还曾建立卫星集成与测试设施，以及部分工业能力，如今被用于民用航天项目。如果奥弗贝格的火箭发射场重新启用，它将成为非洲大陆首个卫星发射场。

坊间流传一个经典笑话：“上帝把天文学家都放在北半球，却把有趣的天体都扔到了南半球”。当然，并非所有天文学家都在北方！几个世纪前，当探险家们绕行好望角寻找通往东方的海上航线时，观测南半球星空具有重要实用价值。早在 1600 年前，人类就已开始测量地磁场以辅助导航。由于南大西洋磁异常区（地球磁场减弱区域）的存在，这片地域更引发特殊关注。在参与 1932-33 年国际极年活动后，开普敦大学建立了地磁观测台，后迁至赫曼努斯并运行至今。该台已被认证为国际地磁监测网络成员，负责研究日地相互作用，近期还成立了空间天气作业中心，专攻磁暴预警技术。

早期学界就已意识到：南半球天文台将揭示世界绝大多数天文学家从未亲见的宇宙图景。19 世纪 20 年代，英国在好望角建立皇家天文台，此后百余年吸引了众多国际知名天文学家到访。1972 年，位于南非干旱卡鲁地区的主天文台望远镜与约翰内斯堡、比勒陀利亚的观测设施合并，组建南非天文台（SAAO），现已成为该国级光学和红外天文学中心。目前南半球最大的单体光学望远镜是 2005 年建成的南非大型望远镜（SALT）。南非是建造该望远镜的国际财团中的主要股东，其中约 70%的建造工作在南非完成。2003 年，政府受 SALT 成功鼓舞，决定实现更大跨越——申建“平方公里阵列”（SKA）。这一项目将于 2024 年竣工，将成为全球最大、最精确的射电望远镜阵列。当时仅澳大利亚和新西兰参与竞标，虽然南非选址更受青睐，但 SKA 组织于 2012 年 5 月决定在南非与澳大利亚双址建设。自航天时代伊始，南非科学家便持续搜寻太空射电信号。1961 年，美国宇航局在约翰内斯堡以西 50 公里的哈特贝斯霍克建造射电天线，用于接收早期月球和行星探测器信号。1974 年该站结束 NASA 使命后，转型为哈特射电天文台（HartRAO），现通过激光测距等卫星精确定位技术及大陆漂移追踪，与射电天文研究形成互补。

组成 MeerKAT 射电望远镜的蝶形天线之一。图片来源：“平方公里阵列”（SKA）/南非

为攻克“平方公里阵列”（SKA）建设所需的前沿技术——包括建造、运行并协调分布在千里范围内的 3000 个射电天线（总反射面积达 1 平方公里），南非政府率先启动了先导射电天文计划，如今已进入成果转化阶段。卡鲁阵列望远镜预计将在明年全面完工，届时将包含 64 个射电天线。该阵列于 2016 年 7 月实现首次观测，而早在 2011 年就已为南非及全球顶尖科学家分配超过 500 小时的观测时长。首台原型天线于 2007 年在哈特射电天文台（HartRAO）建成并测试，首批 7 个工作天线（KAT-7）于 2011 年末通过检测，并于 2012 年在卡鲁投入运行。随着 SKA 项目竞标成功，南非与八个非洲合作伙伴国家将在此后数十年间持续开展世界级射电天文研究。

想象力与奇迹

南非政府之所以高度重视空间科学的发展，正如南非国家航天局（SANSA）时任局长桑迪勒·马林加博士在 2011 年开普敦国际空间会议上所言，是因为空间技术在农业、通信、远程教育、天气预报、医疗、灾害管理、基础设施规划等领域的广泛应用，将显著加快南非经济发展。但马林加博士强调，真正让政府为“平方公里阵列”（SKA）等项目投入资金的理由，是科学本身——那种“想象与惊奇”。

科技部长娜莱迪·潘多尔(Naledi Pandor)在接受本文作者采访时指出[150]，必须积极行动以破除“非洲悲观论”。她表示：“我们竭力确保所有项目在启动时都与非洲大陆的发展协同推进。南非拥有 23 所大学，目前在校青年约 82 万人，几乎达到承载上限。值得注意的是，其中约 5 万名学生来自其他非洲国家”。谈及政府参与 SKA 项目的初衷，她强调：“我们希望通过这一项目改变世界对非洲的刻板印象。非洲常被视为苦难、饥荒、疾病与战争之地，而非知识的沃土。如今，我们正通过建设标志性科研设施，吸引研究者来非洲开展高水平研究，以此重塑非洲形象”。她也补充道，SKA 的实际意义更在于对人力资本的巨大提升，因其涵盖众多高科技领域，将带动人才培养与技术积累。

---

[150] 《太空领域的南非：终结非洲悲观论—访娜莱迪·潘多尔》，《行政情报评论》，2011 年 11 月 4 日，http://www.larouchepub.com/eiw/public/2011/eirv38n43-20111104/46-49_3843.pdf。

南非科技部长娜莱迪·潘多尔。图片来源：马库斯·珀塞尔（Markus Possel）

空间技术助力非洲发展目标

在2017年5月8日比勒陀利亚举行的第37届环境遥感研讨会上，南非国家航天局(SANSA)新任首席执行官瓦尔·曼萨米（Dr. Val Munsami）博士指出：“非洲占地球陆表面积的22%，包含 55 个国家，是世界上最炎热的大陆，三分之一以上区域为沙漠，超过 90%的土壤不适宜农业”。这些现实条件正是非洲面临的挑战。他强调，空间技术能够支持非洲联盟为推动大陆经济与社会发展所设定的 40 项目标中的 35 项。基于这一潜力，非盟于 2016 年 1 月通过《非洲空间政策》与《非洲空间战略》，并着手研究制定实施方案。曼萨米表示，就空间支出而言，南非是唯一进入全球前 30 名的非洲国家。他透露，南非将牵头成立泛非空间大学，重点聚焦空间工程、空间科学与空间应用三大核心领域。

在同一研讨会上，科技部长娜莱迪·潘多尔在主旨演讲中更详细地介绍了一颗将推动全非洲对地观测能力的新型卫星。她强调，该卫星将重点支持粮食安全与灾害管理。潘多尔还通报了南非国家航天局正在制定的新战略规划，以推动该计划的实施。

携手中国与金砖国家

在南非 EE 出版公司于 2017 年 5 月 23 日发布的访谈中，南非国家航天局曼萨米博士阐述了该机构的新战略计划，其核心是推动空间技术在整个非洲的应用。这一五年期战略框架聚焦通信卫星与导航卫星服务两大领域，旨在促进全非洲的经济发展。

曼萨米博士透露他将造访中国“签署金砖国家框架下的联合卫星项目协议”，该倡议由中国提出。他详细说明了非洲的规划：“我们将与其他非洲研究机构建立合作伙伴关系”，整合南非政府各部门分散的技术能力，构建一个“非洲大陆统一的数据与应用平台”。SANSA 运营卫星所采集的数据将免费向其他非洲国家开放，重点服务于粮食安全与水资源管理。SANSA 近期还与非洲发展新伙伴计划（NEPAD）签署了谅解备忘录，将成立技术工作组，专门研究如何运用空间技术满足 NEPAD 发展需求。曼萨米还说明，南非已获取中巴地球资源卫星数据，并正与中国协商通过南部非洲发展共同体（SADC）分发卫星影像，其他非洲国家也可通过与巴西的合作获取这些数据。南非本身也与德国航天机构和欧盟委员会签署了新的合作协议。

中国与金砖国家引领的合作新范式，正在为国际合作开辟新的维度，其中包括中国提出的“太空丝绸之路”[151]倡议。作为金砖国家成员的南非，正在引领非洲抓住这一机遇，把非洲带入新的经济发展平台，铺就通向伟大未来的道路——在那里，连天空都不再是极限。

[151] 梅根·比茨，《中国航天计划：人类的瑰宝》，《行政情报评论》，2016 年 11 月 11 日。

第十二章 结论和建议[152]

侯赛因·阿斯卡里（Hussein Askary）杰森·罗斯（Jason Ross）

政治经济背景

联合国数据显示，到 2050 年全球人口增长的主体将集中在非洲[153]。在 2015 至 2050 年间预计新增的 24 亿人口中，将有 13 亿来自非洲。到 2030 年，西南亚与非洲将共同贡献全球最高的人口增长率（较 2015 年水平增长 46.9%），总人口预计达 19 亿，且年龄中位数仅为 23 岁。若将此趋势视为负担，仍是囿于传统思维；而将其看作发展机遇，则体现了新的发展理念。

非洲与西南亚有望逐渐摆脱战乱与贫困的标签，转而成为世界经济增长的重要引擎和全球稳定的支撑力量。只要持续推进已有的发展进程并落实有效政策，这两大区域在一代人之后有望实现显著繁荣。可以预见，它们将成为世界经济最大的增长潜力所在—这并非因为当前的生产力水平，而恰恰是由于现有生产力与资源潜力之间存在巨大的提升空间！两地蕴藏着丰富的人力与自然资源，唯独缺乏能构建经济平台、将资源提升至全新生产力水平的资本要素。

与普遍认知不同，自然资源本身并不直接构成财富。唯有将其融入创新性生产流程，才能缔造繁荣进步的社会。这也解释了为何欧美传统上将非洲的贫困人口视为负担，而中国则基于自身通过科技与工业化实现脱贫的经验，将非洲视作充满潜力的合作与发展对象。

支撑这一乐观判断的政治经济背景如下：

金砖国家推动的多项倡议，尤其是已获 70 多国响应的中国“一带一路”倡议，正在催生一种以合作共赢为核心的国际合作新范式。这种新范式致力于重塑国家、区域与大陆间的全球经济关系，逐步取代源于大英帝国时代、以零和博弈、遏制他国为特征的传统地缘政治模式。

---

[152] 本章选自 2017 年首版

[153] 《世界人口展望：2017 年修订版—核心发现与进阶数据表》，由联合国经济和社会事务部出版。

旧范式曾引发两次世界大战、冷战以及众多以“政权更迭”为名在非洲与西南亚地区引发的冲突。

新范式以人类命运共同体为理念基石，通过共享最新科技创新成果，致力于提升各国人民的生活水平与整体生产力。中国凭借长达20年对现代基础设施、工业体系及科研体系的持续投入，已发展为世界最大经济体之一。如今，中国通过输出铁路、港口、电力及水资源管理系统等产业能力，与各国分享发展经验，并依托进出口银行、丝路基金等金融机构，以及亚洲基础设施投资银行、金砖国家新开发银行等平台，为具有生产性的投资项目提供信贷支持。与西方传统模式不同，中国及金砖国家的合作尊重各国主权，不将政治经济体制或文化变革作为提供经济技术支持的前提条件。

欧盟与美国目前既缺乏意愿也缺乏能力全面参与这一新兴发展范式。过去四十年来推行的去工业化政策与意识形态束缚，以及将金融投机收益置于社会实体经济利润之上的金融体系，已使西方经济体陷入周期性金融危机，其整体金融体系面临系统性风险。然而转机依然存在：如果欧美能够放弃零和博弈的地缘政治策略，彻底扭转近几十年的结构性政策偏差，转而实施美国经济学家林登·拉鲁什的提案，这一局面是可以扭转的：

1. 恢复《格拉斯-斯蒂格尔法案》式的金融监管框架，实现商业银行与投机性投资业务的有效隔离；

2. 回归汉密尔顿国家银行体系；

3. 通过国家信贷引导资本投入基础设施建设与工业生产，创造高质量就业岗位；

4. 启动以聚变能为代表的重大科技攻关计划。

落实这些政策将使美国与欧洲国家能够参与“一带一路”和发展新范式。美国、欧洲、日本和韩国依然拥有全世界所需的先进工业和科研能力。

对西南亚与非洲国家而言，加入“一带一路”合作框架是实现和平与发展的最有效路径，无论是对单个国家还是基于文化历史地理因素形成的区域组织。非洲在交通、电力、水利基础设施及农业制造业领域的巨大缺口，不应简单视为发展困境：在这片人力与自然资源丰饶的大陆，这些缺口恰恰代表着巨大的发展潜能。中国已深度参与非洲多项关键基建项目，如安哥拉的本格拉铁路（1344公里，2014年竣工）、吉布提-亚的斯亚贝巴铁路（756公里，2016年竣工）、蒙巴萨—内罗毕标准轨铁路（485 公里，2017 年竣工）等重大项目均提前竣工。埃及、沙特、阿曼、阿尔及利亚、肯尼亚、坦桑尼亚、几内亚、利比里亚、纳米比亚、莫桑比克等国正在建设现代化港口，肯尼亚、津巴布韦、莫桑比克同步推进发电厂建设。

值得注意的是，中国在非洲多个领域的积极贡献反而引发了部分西方媒体的曲解与抹黑。那些所谓“中国为养活本国人口在非洲圈占耕地”或“派遣数百万中国民工掠夺大陆资源”的指控，均缺乏实地调研与实证支持。相反，联合国粮农组织等国际机构的研究表明，中国正通过农业技术合作与基础设施援建，切实助力非洲粮食安全与农业增产。如本书在导论中所述，实地调研显示，中资企业在非洲项目的雇员绝大多数为当地人，许多在非活跃的中国制造商正为不断增长的非洲市场生产商品，而非出口至中国。

西南亚与非洲地区的大规模移民潮及向欧洲的移民现象，唯有通过经济发展计划才能根本解决。特别是青年群体的发展诉求，若得不到合理引导，则易被极端势力利用。关键在于通过教育投入与创造就业机会来赋予青年希望：可借鉴美国 20 世纪 30 年代成立的“平民保育团”（CCC），将待业青年快速吸纳为富有活力的创造性劳动力。“平民保育团”是罗斯福总统“新政”的一部分，是一项公共工程救济计划，招募失业的、未婚的 17－28 岁青年，接受短期培训后参与自然保护和资源开发相关的项目。“平民保育团”运作九年间，累计吸纳 300 万青年，提供食宿衣物及月薪（部分需寄回家中补贴家庭）。该计划的现代版——结合更先进技术——既能赋予非洲数百万青年希望，又能为其提供参与大陆紧急发展计划及重建战乱国家（如叙利亚、伊拉克、也门）所需的技能。

西南亚与非洲军队的角色需重新定位：从传统意义上的战争破坏力量，转变为重建、建设和保护发展项目及财富的力量。官兵的纪律性与奉献精神可融入这些发展计划。虽然埃及等非洲国家拥有高度发达、组织完善的工兵体系，但多数国家尚不具备此条件。中国已着手帮助乌干达建立强大的工兵部队：今年乌干达军事工程团队赴华接受为期三个月的铁路建设与安保培训，随后将参与由中国企业承建的乌干达标准轨距铁路项目。中国还在托罗罗地区援建一所军事理工学院，作为乌干达新工兵部队的核心基地。

必要的范式革命

某些根深蒂固的范式教条与意识形态观念已成为全球多地区发展的桎梏，对非洲的负面影响尤为突出。本书重点批判两大误区：其一，声称因地球资源有限，无法为持续增长的人口提供更高生活标准。然而，人类历史证明，通过运用创造力实现科技突破，人类社会能够（且必须）提升相对潜在人口密度（这正是生活水平的科学衡量标准）。科技突破不仅改变我们与现有资源的利用关系，更能开拓出前所未有的新型资源范畴。其二，主张缺乏资金或国际信贷渠道便无法实现国家发展。事实上，各国完全可以运用主权信贷机制，有针对性地投资于基础设施与科技发展，从而提升劳动生产率并扩大国家财富基础。这已是经过历史反复验证的成功路径。国家也可创建信贷体系支持他国发展计划，如二战后美国通过马歇尔计划扶持德国，如今中国在非洲及世界其他地区正践行此道。

大型项目本质上具有变革性，绝非小型项目的简单放大。这类项目能够产生辐射多国、带动区域发展的系统性效益，实现小型增量式投资无法达到的规模效应。因此，本文所提项目的庞大规模与成本不应使各国望而却步——历史经验表明，其效益远超出初始投入。非洲需重点推进的大型项目包括：跨流域调水工程（Transaqua）、泛非高铁网络、英加大坝、苏伊士运河工业区、突尼斯-西西里隧道/桥梁、直布罗陀海峡隧道，以及南非及周边区域的核能开发计划。在西南亚地区，需通过教育投入、基础设施建设和产业升级推动石化产业链向高端延伸，并运用综合性水资源管理技术有效应对干旱挑战。

随着中国与金砖国家对世界经济增长作出重大贡献，大规模工业化已成为消除贫困、改善民生、优化环境的根本路径。这一观点在西方可能显得陌生——过去四十年间，去工业化思潮在当地盛行，工业发展常与污染、环境恶化及自然灾害挂钩。这种认知偏差导致发达国家对非洲工业化的支持长期停留在非政府组织的救济层面。

综上所述，本书提出以下建议：

建议：理解物理经济学

本书第三章运用林登·拉鲁什所创立的物理经济学理论，提出一系列关键指标（包括科技与基础设施在经济体系中的功能定位），旨在为经济规划与政策制定提供科学依据。摆脱货币主义经济观的束缚后，决策者可以从系统性视角出发，全面理解人类思维创造力如何构建更高层级的经济平台。衡量这一进程最有效的方式，是观测特定技术、文化及基础设施发展水平所能支撑的相对潜在人口密度变化。

基础设施在经济中具有独特地位，它是经济活动得以开展的平台。人类与动物本质不同在于：人类可以主动改造土地与建筑环境，使其更契合自身需求与未来规划。这种独特性体现在，基础设施以间接方式为实体投资带来实质性回报。鉴于高层级基础设施投资具有巨大的潜在效益，建议各国采取跨越式发展策略——推动各国各地区跃升至最高可行的基础设施平台，以实现效益最大化并降低早期淘汰成本。

在此基础之上，民族国家方能培育经济价值核心要素，并据此规划未来图景。

建议：基础设施融资机制

应为西南亚与北非国家——尤其是战后重建国家——提供面向关键新建基础设施（特别是交通与能源项目）的国际信贷支持。如本书其他章节所述，“一带一路”倡议的新经济范式已开启基础设施大额贷款的重要实践。本文探讨的区域开发银行既可充当此类信贷的流通渠道，亦可成为信贷的创造者。

此类信贷的本质区别在于培育高效劳动力：与此前区域内国家为军事目的或外资采掘业配套所举借的债务不同，无论涉及何种技术，旧式债务均未提升劳动力与全民整体生产率，反而使偿债成为沉重负担。这类历史债务应予豁免，或重组为期限更长、指向发展的资本。正如此处所述的区域开发银行，可通过自有股权/长期债券置换无固定期限的不良主权债务，并在此过程中吸引新的发展资本。

需特别指出的是，针对新建基础设施的长期低息贷款，与依赖收费回报的“建设-运营”模式或交钥匙工程有本质区别。采用最现代技术且服务国家核心经济需求的新基础设施，即使向用户收费（若有）不足以“回本”，也将持续提升社会整体劳动生产率。

正在与中国合作建设的肯尼亚跨境高速铁路便是一个例子，拟议中规模宏大的乍得湖补水工程则是另一例。这些大型项目将产生经济变革效应，并能长期为主权政府增加财政收入，从而偿还项目开发所需的贷款，甚至还能有所盈余。但以高铁为例，短期内其客流量将不足以实现铁路自身的快速回报——而这正是私人投资者以及外国政府贷款方对“交钥匙”工程项目投资所要求的。

反之，若规定投资者（无论是国家主体还是私营机构）必须建造并运营那些能在短期内实现盈利并自负盈亏的项目，那么被选中的将是那些局部性、小规模且通过向当地居民收取通行费、水电费等方式转嫁负担的项目。这类项目无法带来经济变革效应。作为国际警示性案例（之一），美国运输研究院最新报告显示，美国几乎所有公路领域的公私合作项目均已陷入破产境地。

我们应当牢记总体目标：通过提升生产力来实现国家经济转型。虽然关键项目的遴选至关重要，但针对发展项目的长期低息贷款，才是实现更高水平基础设施平台所能带来巨大回报的途径。

建议：科学技术领域

非洲与西南亚地区应当借助现有尖端技术实现跨越式发展，而非采用所谓“适宜技术”缓步前行。以能量通量密度作为物理经济学指标进行衡量，应优先发展核能等高效能源，而非经济价值较低的太阳能与风能。

本书所提议的非洲大陆发展项目，在推动世界经济进步之外，还承载着一个根本使命：它们将为定义人类未来的科学突破与新技术创造奠定基础。颇具反讽意味的是，非洲基础设施的严重短缺——正如几十年前的中国——反而构成后发优势，使各国得以跳过工业化国家历经数世纪的中间发展阶段，直接跃迁至技术前沿。中国正是采取这种路径，通过部署高速铁路、磁悬浮列车及第四代核裂变技术，实现了对停滞不前的美国和西欧的赶超。同样，中国的航天计划并非简单重复他国旧路，而是正在实施前所未有的挑战性任务。

对西南亚和非洲而言，航天科学是极其重要的领域。比太空探索实际效益更为深远的，是人类对知识追求这一独特使命。航天计划在非洲所能带来的最大贡献，将是培养新一代科学家的才智和创造力，他们将在未来不断作出新的发现。

对于那些反对“花钱搞航天技术”的人，他们认为这些资金应该用来“养活穷人”，必须明确认识到：如果没有航天科学和探索所推动的这种技术飞跃，摆脱贫困将更加困难，耗时更长，甚至可能根本无法实现。事实上，航天技术已经成为基础设施规划、现代商业化农业、开发水资源和矿产资源，以及自然灾害预测等领域不可或缺的工具。

建议：交通运输领域

应加快建设多式联运系统，整合各国经济，采用统一标准来消除殖民时期遗留的障碍——

如各国不同的铁路轨距等现行弊端。推动全非采用标准化系统，既能确保人员、货物和服务在非洲大陆的顺畅流动，也有利于系统各组成部分的建设和生产过程。应将非洲一体化高速铁路网和跨非洲公路等大陆级交通网络作为战略要务优先推进。非洲的河流与大型湖泊作为运输媒介尚未被充分利用，应通过运河工程建设，使其成为连接大陆各区域的繁忙通道，就像莱茵河与多瑙河被改造成从黑海到北海横跨欧洲的贸易运输大动脉那样。在建设跨国交通走廊的同时，各国应推进本国交通网络项目的发展，使其与大陆网络对接，从而受益于系统效益，助力其快速实施与发展，并避免重复建设。

建议：电力能源领域

非洲电力需求巨大！该大陆超过半数人口尚未用上电，撒哈拉以南非洲地区的人均电力消耗不足 60 瓦，仅约为美国水平的 5%。能源短缺严重制约了经济增长潜力。由于缺乏可靠电网，家庭、商户和工业设施只能使用低效率的独立柴油发电机组，导致能效低下。若要让每位非洲居民享受到与美国相当的能源生活标准，整个大陆需要超过 150 万兆瓦的电力供应，这相当于建设上千座大型发电站，或三十余座堪比英加大型水电站规模的水利设施。如此庞大的电力产能应通过何种方式实现？

水力发电虽是重要且不断增长的能源来源，但仅靠水电远不能满足非洲的需求。埃塞俄比亚复兴大坝将提供 6000 兆瓦装机容量，刚果河上的英加超级水电站群更有潜力产出 4 万兆瓦电力。然而，要想为非洲提供支撑其全面发展的电力基础，使当代及后代能够享有与农业-工业社会发展水平相称的先进生活标准，需要更多的能源。非洲未来的巨大电力需求，唯有通过以核能（裂变）为驱动的经济体系才能满足，并需尽快迈向下一阶段能源技术：热核聚变。

在追求能源目标时，规划未来能源需求不应基于过往消费量的简单推算，而应考量能源可获性带来的变革价值。能源基础设施能推动劳动生产率的提升，创造更多物质价值，促进经济发展和民生改善。“需求”的界定不是从当前未满足的需求出发，而是基于实现预期未来水平所必需的能源量。

近年来，发展中国家常被灌输，所谓最佳发展路径是采用新型“绿色”能源，这些方案被包装成现代创新技术。此论调实则谬以千里。德国的教训值得警惕：该国正快速淘汰核能与碳氢能源，导致电价飙升至邻国的 2-3 倍。对于相对富裕的国家，这尚属任性的选择，若在发展中国家推行，则无异于大规模谋杀。发达经济体以减少二氧化碳排放为名要求非洲延缓发展的主张实属不负责任，应当立即摒弃。

建议：水资源领域

数百万非洲人长期无法稳定获取充足的淡水：并非由于水资源匮乏，而是因为相关设施尚未完善。非洲大陆本就拥有充足的水资源，关键在于取水、净化和输配所需的基础设施仍有待完善。当我们认识到人类实际具备的改造能力时，所谓的“物理性水资源短缺”，实质上只是“经济性水资源短缺”。通过合理的基础设施建设，非洲与西南亚地区完全能在水资源开发领域引领世界，实现对水循环全流程的人工调控。

当前需着力推进三大水循环环节的治理：一是管理地表及地下水资源，二是通过人工影响天气改善大气水分输送，三是开展海水淡化。Transaqua 跨刚果-乍得输水工程是地表水管理的卓越范例，通过从刚果河支流引水补充乍得湖，为数千万人提供了稳定水源。人工影响天气技术已在全球多地验证实效，这项成熟技术应在持续优化中推广应用。新型材料已使海水淡化的能耗成本逼近理论最低值的两到三倍，配合大规模电力供应，海水淡化将成为可靠的淡水来源。

成功实施水资源政策的最大障碍，在于认为小型基础设施才“适合”非洲的这种认知误区，以及将任何自然环境改造都视为“非自然”和有害的偏见。非政府组织提供的再多人力水泵，其效益也无法与大型调水工程相提并论。地球当前的气候与降水模式只是未经改造的自然状态，其存在本身并不具有特别的优越性。人类与动物根本的不同之处，正在于我们能够主动改善生存环境。然而，长期以来，环保主义已被异化为阻碍发展的工具。

建议：农业领域

“新丝绸之路”范式对非洲农业的意义，在于为非洲大陆乃至全世界实现粮食丰裕创造了历史性条件。这一动态进程首先需要为农业生产力提供物质基础，包括稳定的水源、充足的电力、交通运输、生产投入、仓储加工物流体系，以及科研开发与专业农民培养。典型范例包括：

重获生机的乍得湖盆地可能开辟出大片“新”农田，埃及及地中海、红海与海洋沿岸地区通过核能海水淡化创造的“新”农业潜力，西非与东非水资源管理带来的巨大生产力提升，以及苏丹和南部非洲“粮食主产区”的全面开发。中国杂交水稻在非洲的成功引种表明，先进农业技术可转化为非洲农业生产力持续提升的现实动力。通过提供充足的基础设施、机械与农业技术，刚果民主共和国有望成为全球最具生产力的区域之一。

农业政策应当由政府而非“市场”来决定。那种迷信世界“市场”体系能自动满足全部粮食需求、食物韧性及其他生活必需品的旧时代正走向终结——那实质上是制造饥荒的政策。

如今，各国领导人与合作的政治家、科学家可以针对非洲各地改善农业所面临的独特问题提出解决方案，涉及土地使用管理、水资源分配政策、教育体系、机械化路径、扶贫减困等议题。中国正是范例：通过数年对农业实践的成功干预，截至 1984 年已实现全面粮食安全。更重要的是，中国在过去 30 年间让约 7 亿人口摆脱贫困。非洲可借鉴中国的部分成功经验，其余则需因地制宜。

值得汲取的核心在于：科学规划与主动作为能够实现农业与发展的双赢。

第十三章 非洲拟建大型项目选编[154]

泛非高速铁路网

如第二章所述，时任中国国务院总理李克强于 2014 年 5 月访问非洲时宣布，中方愿支持非洲各国首都通过高速铁路网相互联通。中国以其建设全国高铁网络的惊人速度，成为最有望助力这一宏伟工程落地的国家。通过正在推进的建设项目，中国已培育出自主的高铁设计与制造产业，使其具备在全球任何区域独立承建此类项目的能力。

截至 2017 年，非洲人口规模与中国大致相当（分别为 12 亿与 13 亿），但陆地面积是中国的三倍（3000 万平方公里对比 950 万平方公里）。非洲人口主要集中分布在北部、东部和西南部地区，这些区域被 900 万平方公里的撒哈拉沙漠阻隔。发展高速地面交通将有助于“压缩”非洲大陆的空间距离，促进各地人力与自然资源更紧密联通，同时为人口稀少地区开辟新发展机遇。

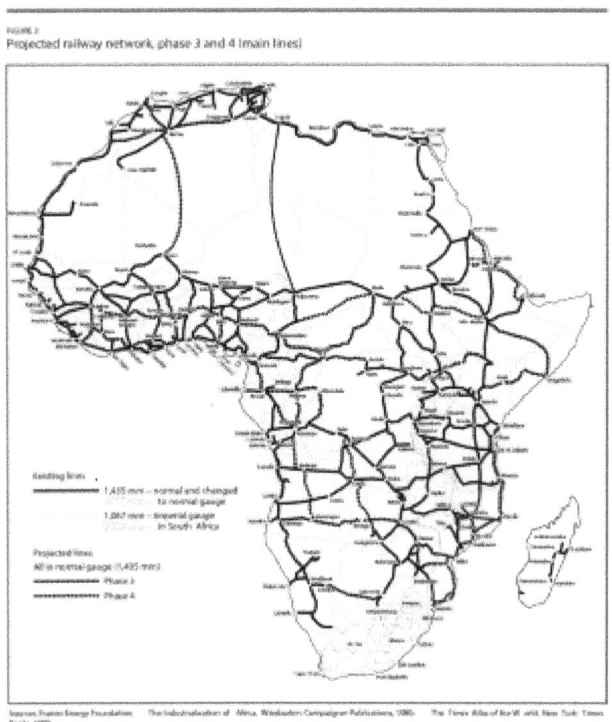

上世纪90年代，由林登·拉鲁什协会同仁提出的非洲铁路发展构想，其总体规划纲要至今仍具有现实意义

[154] 本章选自 2017 年首版

2016 年 10 月 5 日，非洲联盟委员会与中国政府在非盟亚的斯亚贝巴总部签署了五年行动计划，承诺共同致力于在更长时期内实现“非洲一体化高速铁路网”，这也是非洲联盟《2063 年议程》的重要组成部分。根据非盟委员会发布的新闻稿[155]，双方将合作“支持并促进中非企业间合作，重点推动非洲本土企业供应商发展、先进制造业全境覆盖、技术转让、本地制造能力建设与本土内容发展，以及教育和相关技能培养”。根据协议，中方将成立“中非铁路与高速铁路合作工作组”，整合金融机构、铁路建设公司及铁路运营管理公司的资源优势。

在各类陆路运输方式中，铁路在速度与运输效能方面最具潜力。覆盖全洲的铁路网络将有助于释放非洲的经济潜能。

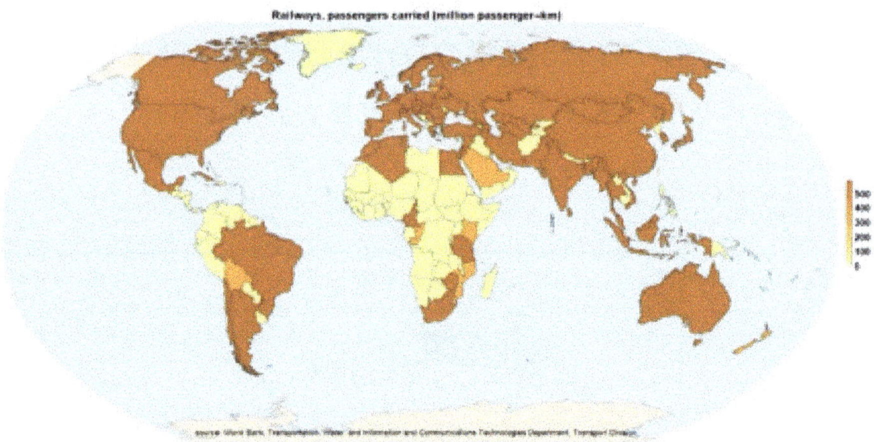

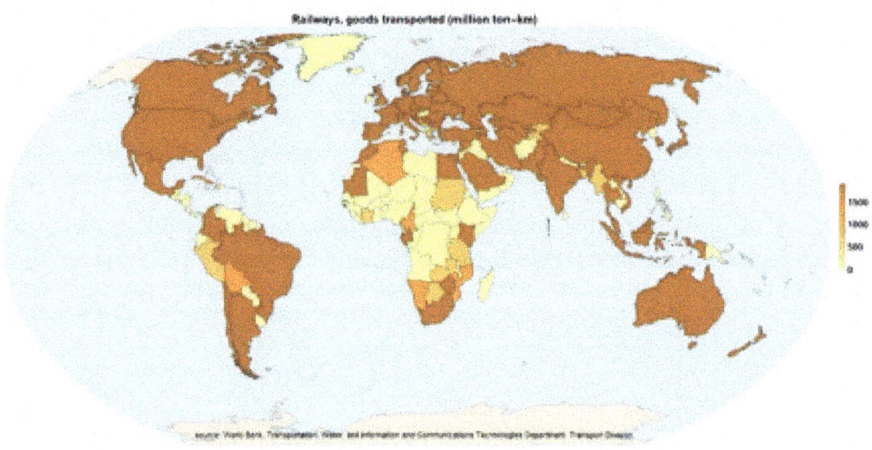

155 《非洲联盟签署高铁网络建设协议》，2016 年 10 月 10 日，

https://au.int/en/pressreleases/31462/african-union-signs-agreement-africas-high-speed-railway-network。

区域与大陆走廊

尽管该铁路网的具体线路规划尚未公布，但其规划很有可能将参照非盟于 20 世纪 70 年代规划的泛非公路系统。该公路系统全长 56,500 公里，目前仍在建设之中[156]。这一公路体系由九大主要运输走廊构成，其设计基础是规模较小但已存在的传统商路，其规划目标包括：（一）为非洲各国首都提供最优直达路线；（二）促进非洲政治经济与社会的一体化进程及内部凝聚力；（三）确保大陆重要产区与消费区之间公路运输设施的完备性。

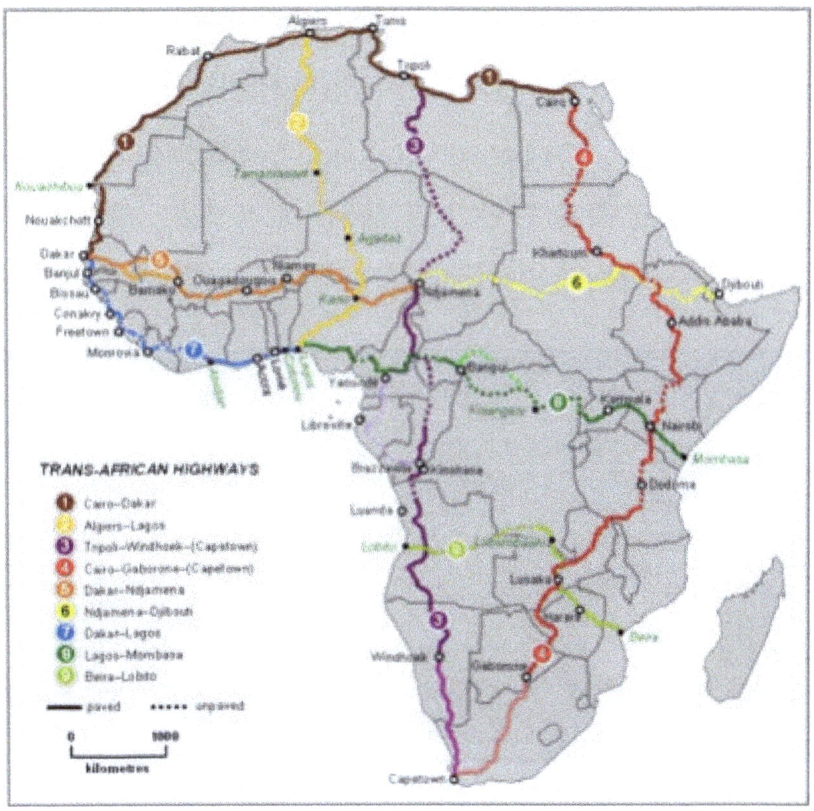

主要路线包括：

1. 开罗-达喀尔线（8，600 公里）

[156] 《泛非公路系统建设进展评估与缺失路段分析》（第二卷），《走廊通道详解》，非洲开发银行，2003年，https://www.afdb.org/fileadmin/uploads/afdb/Documents/Project-and-Operations/00473227-EN-TAHFINAL-VOL2.PDF。

2. 阿尔及尔-拉各斯线（4，500 公里）

3. 的黎波里-温得和克-开普敦线(10,800 公里）

4. 开罗—开普敦线（10，200 公里）

5-6. 达喀尔—恩贾梅纳—吉布提线(8,700 公里）

7. 达喀尔-拉各斯线(4，000 公里）

8. 拉各斯-蒙巴萨线（6，250 公里）

9. 贝拉-洛比托线(3,500 公里）

然而，公路运输在中长途货运方面效率不足，必须通过铁路系统进行补充。

中国已参与非洲若干铁路项目建设，其中多数采用标准轨距。未来规划旨在将这些铁路线延伸并跨越国境，构建区域性标准轨距铁路网络，并逐步发展成覆盖全大陆的干线系统，从而克服殖民时期遗留的轨距不统一的问题——这一直是非洲跨国铁路互联互通的主要障碍。此举将为建设高速铁路乃至未来的磁悬浮线路奠定基础。如本书第三章所述，高速铁路与磁悬浮技术在运输效率方面的优势已得到充分论证。

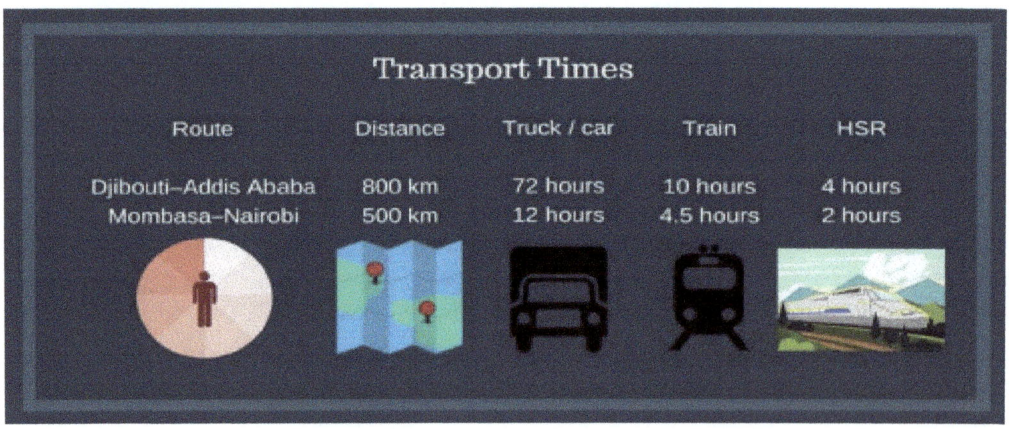

新苏伊士运河及工业区

2015 年 8 月 6 日，新苏伊士运河在多位世界领导人的见证下正式启用。这项实现运河双向通航的分流系统工程仅用时一年，且全部由本国斥资完成。

出席新苏伊士运河开通庆典的各国元首。身着蓝色西装居中者为埃及塞西总统。https://dailynewsegypt.com/2015/08/06/al-sisi-promises-political-reform-to-follow-new-suez-canal-inauguration/。图片来源：埃及总统府新闻资料照片

苏伊士运河最初建于 1859 至 1869 年间，能将相关航线航程缩短多达 8900 公里，每年为近 2 万艘船舶提供通道，产生超过 50 亿美元的年通行费收入。新苏伊士运河将每日通航能力翻倍，从约 50 艘增至约 100 艘，南向通行时间缩短 7 小时，船舶等待使用运河的时间也减少约 7 小时。以下数据可体现该工程的规模与效率：

- 工程投资 80 亿美元（640 亿埃及镑），通过向埃及公民和金融机构发售投资凭证，在数周内即完成融资。

- 干挖与疏浚量均达约 2.5 亿立方米，相当于吉萨大金字塔体积的 100 倍。

- 施工采用 24 小时连续作业，高峰期动用了全球 75%的挖泥船队。

- 工程于 2014 年 8 月 4 日启动，2015 年 7 月竣工。

这条运河并非孤立项目，而是更宏大区域发展计划的重要组成部分。整体规划涵盖在艾因苏赫纳（Ain Sokhna）建设 200 公里长的工业区 、在伊斯梅利亚打造可创造百万就业岗位的技术中心、修建七条运河底隧道，以及于艾因苏赫纳新建电力与海水淡化设施。此外，位于地中海与印度洋之间最大集装箱枢纽之一的塞得港东侧的苏伊士运河集装箱码头（SCCT）也在扩建中。该码头地处苏伊士运河北端出海口，占据亚非大陆交汇点的战略位置。待二期工程竣

工后，其年处理能力将达 510 万标准箱，成为地中海地区规模最大的集装箱码头。

凭借毗邻运河及完善的交通、能源基础设施，苏伊士运河走廊地带已规划投入 500 亿埃及镑，用于推动工业、农业及科技领域的综合开发。

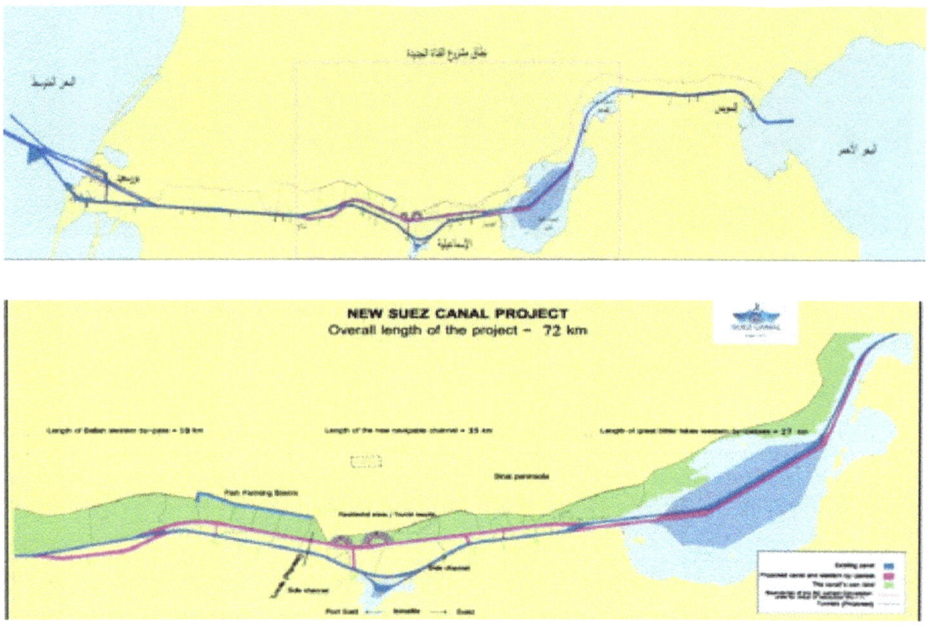

新苏伊士运河（洋红色标示）与既有运河航道对照示意图。新航道建成后，可实现运河全段双向通航。

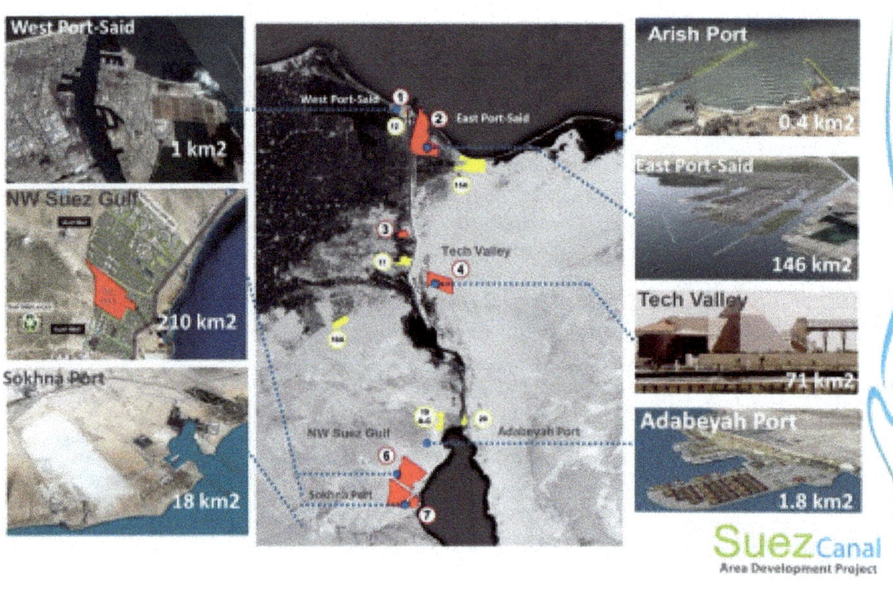

此图示源自苏伊士运河区域开发项目，展示了与新苏伊士运河建设配套的规划升级方案。该运河区域远不止是过境运输通道，更是依托世界级交通动脉区位优势实现发展的战略机遇。

Transaqua 跨刚果-乍得输水工程：非洲发展的核心枢纽

克劳迪奥·塞拉尼（Claudio Celani）

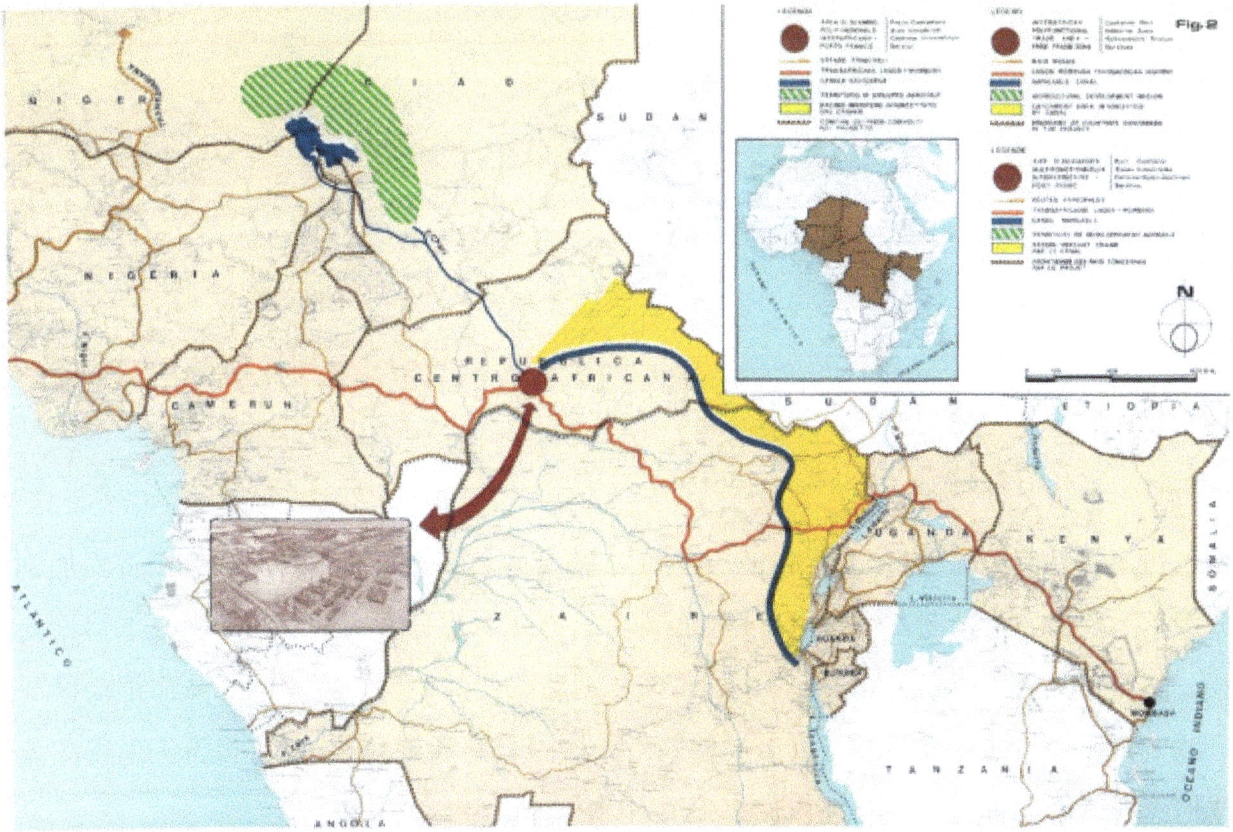

Transaqua 跨刚果-乍得输水工程总体示意图。黄色区域为运河（蓝线标示）的集水区域，该运河贯穿刚果民主共和国与中非共和国境内的刚果河上游右岸支流。工程线路与蒙巴萨-拉各斯跨大陆运输走廊（红线标示）交汇，形成连接非洲东西部的交通枢纽。资料来源：Transaqua 项目官方网站（http://www.transaquaproject.it/index.html）

若大型项目的本质在于其变革性——即能推动国家、区域乃至整个大洲在物质环境、经济结构、社会形态与文化格局上的全面转型，那么 Transaqua 跨刚果-乍得输水工程便是此类项目的典范。

该工程是一项针对中西非地区的水利、交通、能源与农业工业综合开发构想，最初由意大利博尼菲卡工程公司于 20 世纪 70 年代提出，旨在使乍得湖水域恢复至 1950 年的原有规模。这一构想曾被搁置 35 年，近期因两份谅解备忘录的签署重获动力：一份是博尼菲卡与中国电力建设巨头（中国电建）的协议，另一份则是中国电建与乍得湖流域委员会的合作文件。

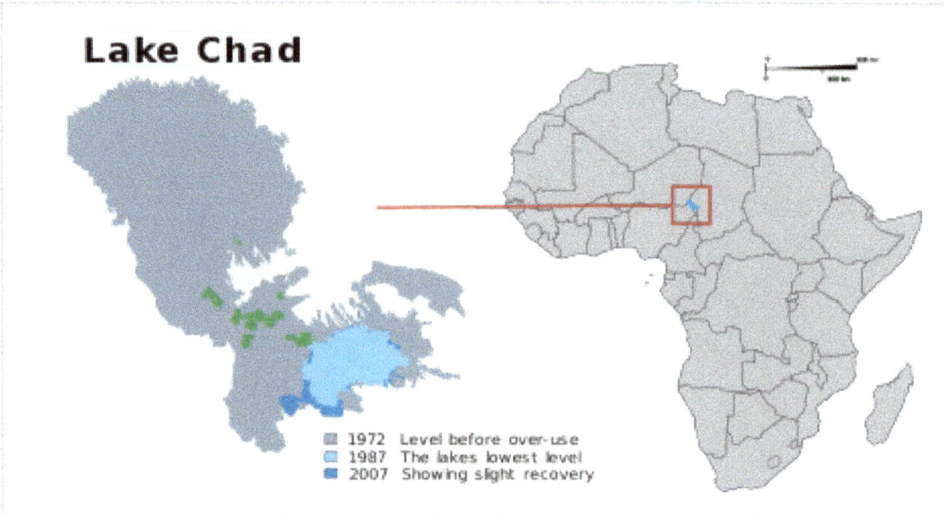

乍得湖，其水域关系着数千万人的生计，在过去半个世纪里已萎缩至原来的很小一部分。

乍得湖的持续萎缩（1963 至 1998 年间缩水幅度高达 95%）是导致沿岸居民贫困加剧的主要根源，不仅引发移民潮，更成为“博科圣地”恐怖组织招募人员的温床。恢复乍得湖的水域规模，将有望为近 3000 万人口重建生计基础、创造就业并拓展发展空间，从而推动区域经济走向稳定，减少被迫迁徙，根除社会动荡的潜在诱因。据乐施会 2016 年报告，乍得湖流域国家当时至少存在 250 万难民与境内流离失所者[157]。

因此，乍得湖流域委员会与中国电建、中国电建与博尼菲卡公司签署的谅解备忘录，不仅是实现乍得湖/萨赫勒地区稳定的重要开端，更是建设改变整个非洲大陆面貌的大型基础设施的关键第一步。

157 《乍得湖的隐性危机》，乐施会，2017年8月，http://www.oxfam.org.hk/filemgr/5167/bn-lake-chadrefugees-idps-190816-en.pdf。

从左至右：穆罕默德·比拉（乍得湖流域委员会）、安德烈亚·曼加诺、马尔切洛·维基与作者克劳迪奥·切拉尼，2015年夏季在罗马博尼菲卡办公室讨论Transaqua跨刚果-乍得输水工程计划。资料来源：《行政情报评论》

乍得湖流域委员会与中国电建签署的谅解备忘录，确立了“双方就乍得湖流域调水工程及其他未来项目开展深度研究的基础”[158]，而中国电建与博尼菲卡公司的备忘录则约定，双方“基于对 Transaqua 跨刚果-乍得输水工程的全面技术评估与信息交流，合作提交具体项目方案”[159]。

意大利外交部已对该项目表示关注，目前正在努力争取罗马对可行性研究的融资支持。部分原因是 Transaqua 直接应对了迫使当地居民移民至欧洲的经济困境，并通过在移民原籍国（主要来自萨赫勒地区）创造就业与发展机会，为实施“马歇尔计划”提供了切实可行的方案。

2017 年 8 月 21 日，《人民日报》刊文确认中国机构和舆论对这一伟大项目的关注[160]。

Transaqua 工程的构想既简洁又精妙。在时任博尼菲卡 CEO 弗朗切斯科·库拉托推动下，由马尔切洛·维基博士领导的团队自 1972 年起开始研究从刚果河北部支流调水，以补充乍得湖并开发水电与灌溉。经测算，恢复乍得湖原貌需年均增补约 500 亿立方米水量。工程师们规划建设一条全长 2400 公里的水库-运河系统，可调取两倍于此的水量（约占刚果河总流量的 5-8%）。

该运河始于刚果民主共和国东南地区，贯穿刚果（金）与中非共和国境内所有上游支流，抵达中非与乍得分水岭（海拔约 500 米）后注入乍得湖支流沙里河，通过一条 10 米×100 米的重力运河每年输送约 1,000 亿立方米水。这将是一条真正的人造河，其尺寸与尼罗河阿斯旺大坝处的水流可比。

沿线，Transaqua 将建设水库、水量调节和水电系统，惠及刚果各支流水系，而不影响其承载能力、渔业或航运。此外，随运河-水坝系统建设的配套道路将转化为中非地区的现代化

---

158 乍得湖流域委员会，《流域间调水工程：与中电建国际集团有限公司谅解备忘录签署纪要》，http://www.cblt.org/en/news/inter-basin-water-transfer-project-signing-memorandum-understandingbetween-lcbc-and-powerchina。

159 中电建国际集团有限公司与博尼菲卡工程公司意向书，2017 年 6 月 8 日于杭州签署。

160 金恩·希尔顿·恩杜孔，《中国与意大利企业达成协议：共助急剧萎缩的乍得湖生态恢复》，《人民网》，2017 年 8 月 21 日，http://en.people.cn/n3/2017/0821/c90000-9258249.html。

交通线路。运河本身将成为宏伟航道，规划至少在中非共和国建设一座大型内陆港及经济发展区。

在中非共和国沿 Transaqua 运河拟建的港口、水电站及自由贸易区。

新增的灌溉潜力将在乍得湖周边打造出一片可媲美意大利伦巴第大区或吉布提国家面积的农业发展区。

工程建设将从中非各国招募数十万劳动力，不仅创造大量就业机会和收入来源，还将催生覆盖整个非洲大陆的物资与建材需求。

对乍得湖本身及湖畔约 3000 万居民而言，该工程意味着持续贫困、背井离乡、恐怖主义的终结。乍得湖将重现半个世纪前的景象：成为一座真正的淡水内海，渔产丰饶，为尼日尔、尼日利亚、喀麦隆和乍得等国数百万人口提供农田灌溉与地下水补给。

未直接受萨赫勒干旱带影响的中非共和国与刚果（金），也将从该工程中获得重大基础设施的收益。两国将通过航道建设、水力发电、公路联通以及数年内为大量劳动力提供生产性就业与技能培训，成为项目的主要受益方。博尼菲卡公司 1983 年与 1985 年发布的《Transaqua

跨刚果-乍得——刚果篇》和《Transaqua 跨刚果-乍得——中非篇》两份出版物对此进行了详细阐述[161]。

根据规划，Transaqua 工程将助力中非共和国建设具有强大发电能力的大型水库、自由贸易港，推动非洲农产品实现产业化转型，进而通过拉各斯、蒙巴萨和的黎波里等港口走向全球市场。该国这一项目将使其从内陆国变为非洲历史上最大项目的水利、工业和交通枢纽。

受 Transaqua 项目影响的国家，该项目与两条主要跨非洲运输走廊相交：第 8 号（蒙巴萨 - 拉各斯）和第 3 号（的黎波里 - 温得和克 - 开普敦）。

至于刚果民主共和国，它很可能成为改工程的最大受益方。该运河最长段（约 1600 公里）将流经刚果（金）境内，为约 20 万平方公里区域提供内河航运通道，并通过运河及并行公路连接非洲主要经济中心。此外，通过调控水位暴涨暴跌的刚果河支流，还将开辟更广阔的农业发展区域。工程建设产生的大量劳动力需求将直接吸纳刚果失业人口，并创造持续近二十年、几乎涵盖整整一代人的生产性就业机会。

[161] http://www.transaquaproject.it/storia2.html

然而，该工程也面临一些异议，部分涉及技术、政治和资金问题，另一些则更具意识形态色彩。

财务异议主要针对此类大型基建项目的高昂成本。35 年前项目估算成本约 1000 亿美元。

政治异议则聚焦于如何让所有相关国家达成共识这一艰巨任务。

针对这些异议，博尼菲卡公司在近期提交意大利政府的备忘录中已作出回应。

博尼菲卡与中国电建正以“功能分段”模式推进整体方案，确保各段工程可独立实施。在考虑工程整体框架的前提下，若刚果（金）暂不介入，将优先评估贯穿中非共和国境内刚果河多条支流、连接班吉、布里亚、奥博与班布蒂等城镇的河段，即运河末段的独立可行性及效益。此段运河将穿越钦科河、瓦拉河、姆巴里河与科托河，首期工程可形成六大农业产区并配套建设六座高产能水坝，同时支持四个内陆港口及多式联运枢纽。

博尼菲卡报告指出：“该首期方案将为班吉、布里亚、穆卡、奥博和班布蒂等城镇中心创造社会经济发展条件。按比例计算，我们首阶段推进的试点项目约占整体工程的 15%，预估总成本 120 亿欧元。这绝非无偿投入项目，因为初步宏观测算表明，项目可能在 35 年内实现收支平衡”。

意大利企业的参与为项目打开了获取欧盟各类资金支持的大门，包括欧洲开发银行资金、欧盟凝聚力基金以及意大利存款和贷款机构股份有限公司等各国发展机构资源。

针对“调走刚果河水会降低英加水电站计划发电能力”的技术性质疑，回应十分明确：Transaqua 工程所调取的水量将全部用于水力发电。因此不仅不会损失发电能力，反而通过分散生产降低输电成本。

正如原工程文件所述：“该倡议的部分或全面实施，将在非洲大陆的自然、经济和社会层面产生巨大的直接与间接影响，引发洲际性的社会经济共振。这场非洲腹地的空前发展将涵盖农业、畜牧业、工业和交通领域，惠及领土占全非面积约三分之一的十个国家”。

英加水电站项目

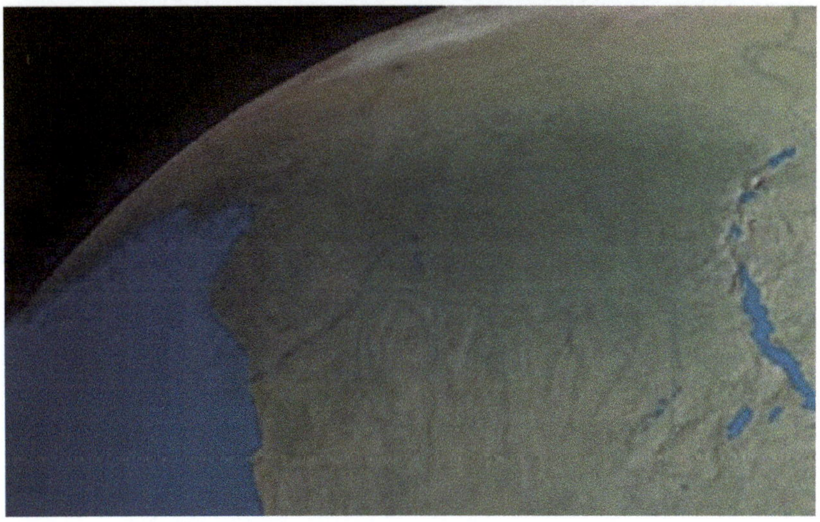

刚果河太空俯瞰效果图。图片来源：Globe Master 3D

刚果河按流量计算为世界第二大河，具有巨大的水力发电潜力，据估计沿河及其支流的总潜力超过 8 万兆瓦（MW）[162]。这一潜力主要集中在英加地区：此处河道在极短距离内出现 100 米落差，使英加水电站址具备 4.38 万兆瓦的水电潜能。

如此庞大的发电规模使刚果（金）当前约 1000 兆瓦的消费量相形见绌，未来将为该国及周边国家数百万人口提供稳定电力。大坝可采用分阶段建设模式，在现有英加一号、二号水电站基础上逐步增建三至八号机组。尽管原定于 2016 年启动建设，但世界银行于当年 7 月中止了对该项目的融资，导致项目暂缓[163]。

---

[162] 刚果民主共和国国家电力公司 2009 年度研究报告。

[163] 世界银行新闻稿，《世界银行集团暂停对英加三号低坝技术援助项目的融资支持》，2016年7月25日，http://www.worldbank.org/en/news/press-release/2016/07/25/world-bankgroup-suspends-financing-to-the-inga-3-basse-chute-technical-assistance-project

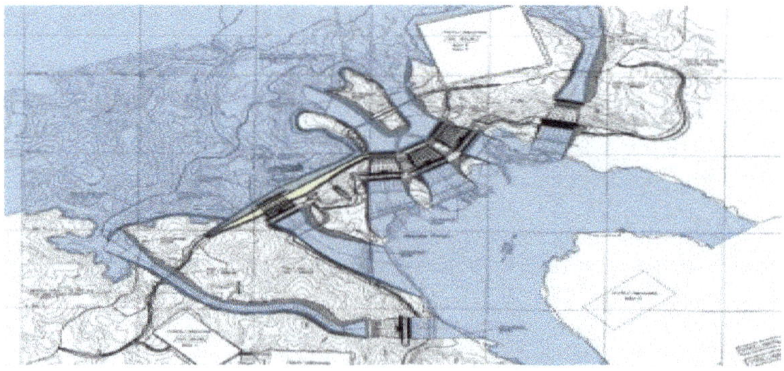

英加超级水电站群及配套水库系统示意图。图片来源：刚果（金）国家电力公司。

尽管如此，刚果民主共和国政府仍在持续推动该项目实施，因其对国家经济及未来发展具有重要价值。

2017 年 6 月，英加水电站开发促进局发布新闻稿[164]，宣布已促成剩余两家竞标企业——中国英加 III 财团(由中国三峡总公司领导)与西班牙 ProInga 联合体（由 ACS 服务通信能源公司与科布拉安装服务公司组成的合资企业）携手合作，以联合投标取代相互竞争。这两大巨头能否成功整合资源尚待观察，但可以肯定的是，刚果政府与人民迫切期待项目建成，当前及未来的发展进程都亟需这一工程。

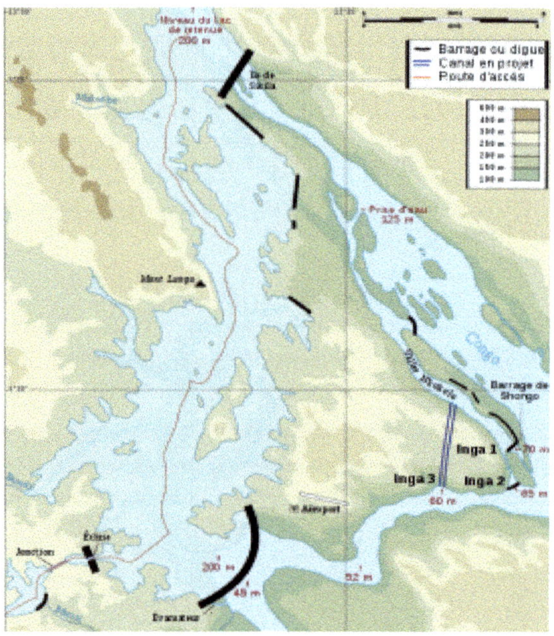

[164] 美国商业咨询电讯稿，《英加三号项目：两家最终候选方被邀提交联合方案》，2017年6月13日，

http://www.businesswire.com/news/home/20170613006491/en/Inga-3-Project-Remaining-Candidates-Invited-Submit。

在距离大西洋约150公里的英加瀑布区，英加一号和英加二号项目目前已投入运行。规划中的英加水电站建筑群由左下方的黑色弧线标示。图片来源：Sémhur。

南非核能计划

非洲必须发展核能！

非洲确为“黑暗大陆”，目前全球约 13 亿无电人口中，半数居住在非洲，占非洲总人口约 50%。美国人均年耗电量达 1.2 万千瓦时，德国为此数值的一半，而南非为 3900 千瓦时，纳米比亚为 1500 千瓦时，尼日利亚仅 128 千瓦时[165]。据世界银行统计，48 个非洲国家中有 32 个处于“能源危机”状态。

若没有充足可靠的电力供应，非洲亟需且正在规划的各项基础设施项目都将无法实施。尽管撒哈拉以南多国煤炭储量丰富，但核能能量通量密度的高数量级优势既能提升生产效率，又可避免运输系统承担数亿吨煤炭的输送负担。利用原子核的能量，而不仅仅是燃烧化石燃料，可以创造新的应用平台，这些应用得益于核反应产生的高温和辐射，包括：用于疾病诊断和治疗的放射性同位素、海水淡化，用于医学、农业和工业的核化学、食品辐照处理，以及航天事业的推进，为人类开展载人太阳系探索提供可能。

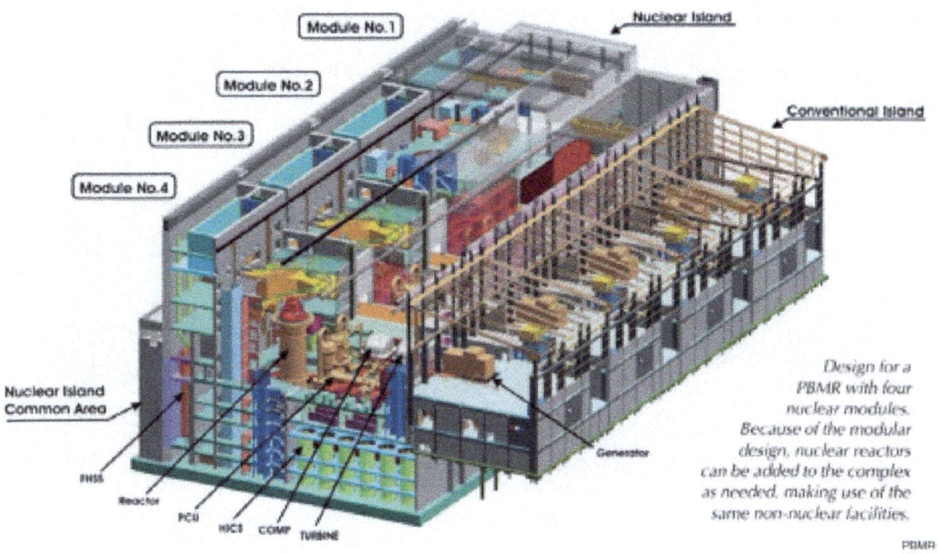

Design for a PBMR with four nuclear modules. Because of the modular design, nuclear reactors can be added to the complex as needed, making use of the same non-nuclear facilities.

南非正处在引领非洲大陆核能复兴的独特位置。该国目前发电量占全非总量的 45%，并向邻国输送部分电力，同时在能源、基础设施、太空与天文学等尖端技术领域分享其专业能力。

---

[165] 该数据引自 2016 年版《世界概况》，美国中央情报局编撰。

南非的工业化进程始于布尔人的民族自觉（即便在英国统治时期亦然），并在二战期间受英国要求增产军需品时加速推进。战后，大英帝国未能遏制其工业化势头——包括发展核能乃至核武器的努力。这段历史为当下实行多数统治的南非留下了非洲独一无二的核设施与人才资源[166]。

南非曾开展过广泛的核技术计划。在 20 世纪 50 年代德怀特·艾森豪威尔总统“原子用于和平”计划的合作框架下，该国建成南非基础原子研究装置（SAFARI-1）——一座 20 兆瓦的反应堆，并于 1965 年达到临界状态。该反应堆设计用于培训与基础研究，最初使用高浓缩（武器级）铀燃料，亦是 1961 年南非退出英联邦前英-南非核武器计划的组成部分。随着 20 世纪 90 年代权力移交至多数统治政府后，核武器计划终止，SAFARI-1 被改造为使用低浓缩铀燃料，如今供应全球 25%的放射性医用同位素。

1984 年，非洲首座也是迄今唯一的商用核电站投入运行。科贝赫核电站拥有两座反应堆，总装机容量 1860 兆瓦。鉴于南非持续遭受严重干旱，政府于 5 月宣布计划在厂区安装小型海水淡化装置，先行满足电站自身用水需求，后续将建设更大系统为干旱地区供水。科贝赫反应堆不仅提供关键电力，更昭示着核能在非洲未来发展的可能性。

南非将自身定位为非洲项目的引领者，其目标不仅是追赶开发第一代核电站的工业国，更要跻身核技术发展的前沿阵地。

PBMR

The PBMR Helium Test Facility at Pelindaba is testing many of the plant components in a helium environment. The non-nuclear facility is designed to test helium at the high temperatures and pressures that will be experienced in the Pebble Bed Modular Reactor.

166 参见：大卫·切里与拉马西蒙翁·菲利普·措科利巴内合著，《英国对南非的“国家操控”必须终结!》，《行政情报评论》，2017 年 8 月 25 日，第二部分，第 23-27 页，

http://www.larouchepub.com/eiw/public/2017/eirv44n34-20170825/19-30_4434.pdf。

1993 年，南非国有电力公司 Eskom 启动开发南非球床模块式核反应堆计划。这项第四代核技术最初由西德研发，但未能实现商业运行。南非设计的反应堆兼具发电与工业流程供热功能。1999 年，西屋公司加入项目，并建成球形燃料元件制造厂。然而，2009 年项目支持力度减弱，次年公共企业部长宣布政府终止资金投入。席卷全球的经济“衰退”被政府列为中止球床反应堆项目的主要原因。

PBMR

Wildebeest and zebra grazing near the Koeberg nuclear site, where Eskom, the state utility, operates two 900-megawatt pressurized-water nuclear reactors, the only nuclear reactors on the continent. The PBMR demonstration reactor will be built near here. Koeberg is on the coast, near Cape Town.

去年，南非重启了基于球床模块堆技术的反应堆研发计划。新设计将更进一步简化系统结构，并增加工业供热应用能力。该技术被称为先进高温反应堆（AHTR），按当前规划将于21世纪30年代投入商业应用。

然而，为使南非经济在短期内升级为非洲的经济与技术引擎，仍需增建传统反应堆。自2011年起，政府的《综合资源计划》已包含新建核电站内容，旨在为电网增加 9600 兆瓦发电容量。然而计划公布后，阻止该计划的政治势力持续发力。反对力量来自反核的“环保主义”运动、受外国资助且致力于在发展中国家推行种族灭绝色彩的“适宜技术”的国际非政府组织，以及包括祖马总统内阁中的一些金融官员在内的势力。他们宣称南非“负担不起”核电站建设。这场运动充斥着对招标流程及总统本人活动的无端腐败指控。值得钦佩的是，尽管遭遇政治攻击导致项目多次延期、规模缩减及进度拖延，祖马总统并未屈服于压力，始终重申南非将新建核电站。在历经数年官僚程序与政治化阻挠后，环境事务部于 10 月 13 日批准科贝赫核电站附近的杜因方丹（Duynefontein）作为新反应堆建设厂址。

PBMR

The Pelindaba site of the Helium Test Facility, with the Hartebeespoort Dam in the background. The 43-meter-high facility was built to test the helium blower, valves, heaters, coolers, recuperator, and other components at pressures up to 95 bar and 1,200°C

随着南非加入金砖国家，将于 2018 年担任金砖轮值主席国并在约翰内斯堡主办第十届金砖峰会，以及“一带一路”倡议向非洲延伸，南非将获得支持，助力引领整个非洲迈入核能时代。

西西里-突尼斯跨海通道——意大利—突尼斯桥梁/隧道项目（TUNeIT）

该项目规划连接意大利与突尼斯，实现欧非大陆经地中海贯通。工程将分两阶段实施：(1) 连接意大利本土与西西里岛；（2）跨越西西里岛与突尼斯之间 150 公里海域。

首段工程为 3.3 公里长的墨西拿海峡大桥，将成为世界最长单跨悬索结构，从意大利本土雷焦卡拉布里亚直达西西里岛墨西拿市。

西西里岛（红色标示）与意大利本土仅隔数公里海峡。规划中的墨西拿海峡大桥将联通两岸。突尼斯位于西西里岛西南方向。图片来源：柏林工业大学制图系（TUBS）。

墨西拿大桥设计效果图。图片来源：恩佐·西维罗教授（Prof. Enzo Siviero）授权提供。

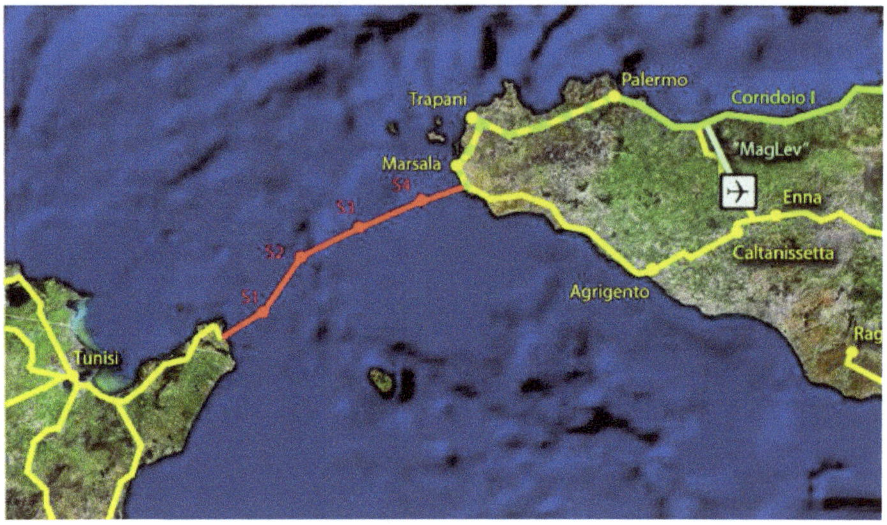

突尼斯（左）与西西里岛（右）之间规划建设的隧道及四座人工岛示意图。图片来源：《行政情报评论》特别报告《新丝绸之路成为世界陆桥》

该项目计划通过五段隧道跨越西西里与突尼斯之间约 150 公里的距离，隧道之间设置四个人工岛。人工岛将利用隧道开挖物料建造，除辅助隧道功能外，还设有经济与休闲区。线路将构建快速商业铁路通道，不仅便利意大利，也使中欧的商品能够出口至北非以支持其发展。意大利国家新技术能源与可持续经济发展局（ENEA）提出设计方案，采用五管隧道结构连接各段——双向各设两条客货运输隧道，另加一条服务隧道。

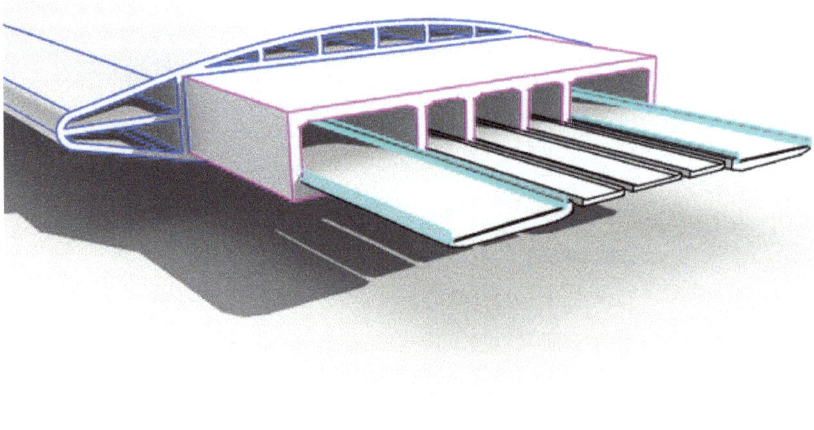

规划中的西西里-突尼斯隧道横截面示意图，包含两条铁路隧道、两条公路隧道及位于中央的一条运维隧道。

另一替代方案“突尼斯-意大利大桥”于 2014 年 9 月由意大利建筑科学教授、上海同济大学顾问恩佐·西维罗（Enzo Siviero）公布。方案提议用五座桥梁连接人工岛（下图中的 S3、S4 及西西里岛），类似于规划中连接意大利本土与西西里岛的悬索桥。据西维罗教授所述，人工岛不仅是多跨悬索桥的独立桥塔基座，更将发展为与建筑结构相关的商业活动区——尤其是旅游业——并可能配备船舶停靠码头。

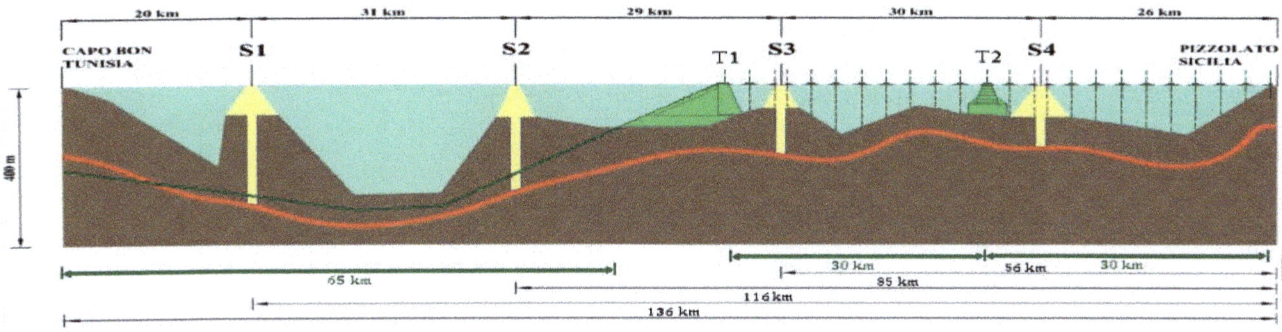

规划隧道（橙色标示）与人工岛（黄色标示）示意图。西维罗博士提出的替代方案包含绿色标示的隧道及经 S3、S4 人工岛的 T1 系列桥梁。

铁路，尤其是高速铁路，将成为这一项目的关键要素。线路从巴勒莫延伸至特拉帕尼省的小镇皮佐拉托，此处将通过海底隧道连接突尼斯的邦角。墨西拿大桥将连通墨西拿与雷焦卡拉布里亚两市，形成人口超两百万的单一大型城市集群。这一中心城市将通过高速铁路连接意大利中北部、中欧地区，并借由同一线路及西西里-突尼斯跨海通道直达北非。城市集群的卡拉布里亚区段包含焦亚陶罗深水港，此港口有望成为接收经苏伊士运河与海上丝绸之路而来的货轮的主要港口。高速铁路需经墨西拿大桥延伸至巴勒莫及更远区域，从而使泛欧交通网络 29 号一号走廊（TEN-T 29）能一直延伸至非洲。

西维罗教授指出：“突尼斯-西西里的连接不仅具有商业意义……更将促使多层面差异显著的世界与文化相互接触。其效应将是创造新的交流图景，加强相关国家间关系，并催生欧非地区间新的发展与合作计划（主要集中于经济与商业领域）”。

直布罗陀欧非隧道

这条规划中穿越直布罗陀海峡、连接西班牙与摩洛哥的 40 公里海底隧道，将使欧洲铁路走廊与未来的北非铁路系统对接，并进一步延伸至整个非洲大陆。

MAP 5

Projected Tunnel Under the Strait of Gibraltar

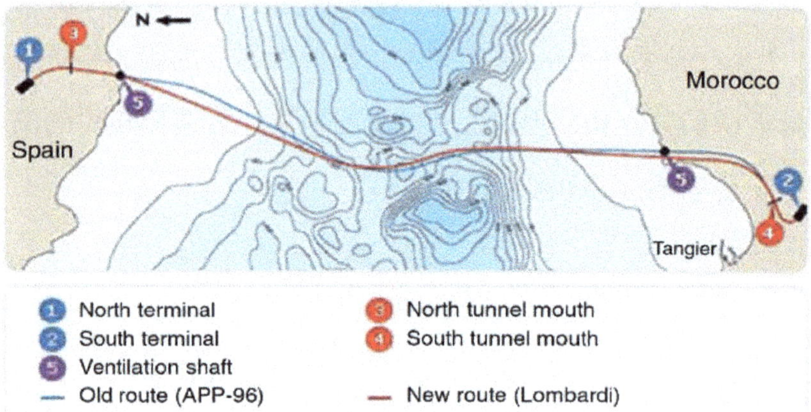

Source: SECEGSA (Spain)

该铁路网在西班牙的最南端为阿尔赫西拉斯。由此将新建一条通往塔里法和加的斯的高速铁路线，其中塔里法将成为隧道的西班牙终点站，高速铁路将从这里穿越直布罗陀海峡抵达摩洛哥的丹吉尔，再延伸至世界陆桥的非洲部分。

隧道构想最早于 1930 年在西班牙提出，此后考虑过多种方案：包括固定桥梁（因 300 米以上水深无法建造桥墩而被排除）、浮桥（因海峡强烈横流而放弃）以及固定在海床上的隧道（因急流及海床不稳定均不可行）。

2003 年，西班牙与摩洛哥同意勘探固定隧道建设方案。2006 年，两国国有企业——西班牙公司 SECEGS 和摩洛哥公司 SNED 委托著名的瑞士隧道工程公司 Lombardi 为项目起草设计方案。2009 年，Lombardi 方案提交至欧盟，但此后项目陷于停顿，原因在于整个欧元区及跨大西洋金融体系的崩溃。，Lombardi 方案曾考虑在两大陆之间最窄处（14 公里）修建桥梁，但该处海床深达 900 米，故该线路因不可行被否决。最终选定线路位于更西侧，从西班牙塔里法至摩洛哥丹吉尔，此处海床深度“仅”为 300 米。即便如此，这仍将成为世界最深海底隧道。该线路隧道长约 40 公里，设计包括两条列车隧道（客运与货运），中间设一条应急或服务隧道。Lombardi 估算，考虑到需要解决的工程难题——包括隧道穿越高度活跃地震带（亚速尔-直布罗陀转换断层），以及复杂的海床地层，被形容为“沙子、岩石和泥浆的鸡尾酒，堪称掘进者的噩梦”，建设周期约需 15 年。事实上，鉴于特殊岩层构造和强烈洋流，工程师们不得不为勘探钻孔发明新掘进技术。作为对比，49 公里长的英法海峡隧道仅位于海平面下 50 米。

据 SECEGSA 和 SNED 测算，隧道建成并接入高铁网络后，卡萨布兰卡至丹吉尔隧道终点需 1.5 小时，再花 30 分钟穿越至西班牙塔里法；随后不到 3.5 小时即可到达马德里；再加上 2.5 小时便能抵达巴塞罗那。换句话说，从卡萨布兰卡到巴塞罗那的行程将不到 8 小时！SECEGSA/SNED 联合官网将项目理念概括如下：“直布罗陀海峡固定连接可视为两大洲与两大海的决定性纽带，将构建前所未有的欧非与地中海区域交通系统”。

在摩洛哥一侧，隧道将与北非高铁网络衔接。法国已参与摩洛哥高铁建设，整个北非铁路项目为法国与西班牙的合作提供了广阔的空间。

www.ingramcontent.com/pod-product-compliance
Ingram Content Group UK Ltd.
Pitfield, Milton Keynes, MK11 3LW, UK
UKHW052153041026
15590UKWH00007B/2050

9 781882 985050